日本史の出題状況

■国家一般職（高卒者）

例年1～2題出題。江戸時代や明治初期など時代を区切った問題と，政治史などの通史の問題が出題される。

■地方初級

全国型　例年1～2題出題。政治，宗教，文化，経済，外交など幅広く出題される。

東京23区　選択問題で例年2題出題。内容，時代とも幅広く，また律令制度の内容など細かな部分の出題もある。

＜対策について＞

各時代の基本的な特色は確実に理解しながら，全体の流れをつかんでいくことが必要である。通史の出題も多いことから，テーマ別に各分野を見ることで全体像を把握していき，効率的に学習することが重要である。また文化や宗教などにも目を通しておき，著名な人物とその作品や考え方をしっかりと押さえておくこと。

世界史の出題状況

■国家一般職（高卒者）

例年2題出題。西洋史と東洋史から1題ずつ出題される。西洋史は古代から中，近世のヨーロッパ史が頻出，東洋史は中国史が中心だが，朝鮮史や第二次世界大戦後の東南アジア史の出題もある。

■地方初級

全国型　例年1～2題出題。国家とほぼ同様の傾向が見られる。

東京23区　選択問題で例年2題出題。他の試験と比べると東洋史の出題が多く，アジア諸地域やインカ帝国，モンゴル帝国などの出題も見られる。

＜対策について＞

特に中・近世の欧米史と中国史は確実に押さえておく必要があるが，同時期の諸外国との関係やアジアの特定地域の通史など，幅広い知識が求められる。まずは全体的な西洋史，東洋史の流れを理解した上で，通史として全体的な歴史の学習をするのが効果的である。

地理の出題状況

■国家一般職（高卒者）

例年 1 ～ 2 題出題。出題が 2 題の場合は，地形，民族，領土，気候などの地理学的問題と農産物・鉱物の主要生産国などの地誌学的問題が 1 題ずつ出題される。

■地方初級

| 全 国 型 | 例年 2 ～ 3 題出題。国家とほぼ同様の傾向だが，グラフや図を使った問題など，出題方法に工夫が見られる。

| 東京23区 | 選択問題で例年 1 題出題。内容は「国家一般職」とほぼ同様の傾向が見られる。

＜対策について＞

地理学的問題は，その用語や名称が何を意味するのかが分からなければ解答できないので，確実に頭に入れておく。また地誌学的問題は，農工業や貿易といった各国の基本的な特色を把握した上で，各分野の各国別比較といったテーマ別の演習をすると効果的である。また地理は，グラフや図を利用した問題が出題されやすい科目でもある。視覚を重視する学習も有益である。

「人文科学」 目次

日本史

第1章 旧石器時代〜推古朝

今からおよそ1万年前，海面の上昇により大陸から切り離された列島が，今とほぼ同じ形の日本列島となった。現在に近い自然環境が形成され，その中で人々は文化を形成していった。この時代について理解するためには，まだ国家と呼ばれる体制が形成される前の日本において，人々がどのような道具を用い，どうやって生活を送っていたか，その変遷を学習することが重要である。

約1万2000年前には狩猟や漁労を行いながら移住生活を行っていた人々は，農耕の技術が進歩するに従い，定住生活を始めるようになる。この頃になると，次第に身分の差が生まれるようになり，支配者によって統治される「くに」と呼ばれる小国家が各地に成立した。その代表的なものが邪馬台国であり，女王の卑弥呼によって統治されていた。

3世紀頃には各地に小国家が成立していた日本列島であったが，4世紀頃には，ヤマト政権によって国土のかなり広い範囲が統治されるに至った。ヤマト政権とは大王を中心に，豪族と呼ばれる特定の地域に土着して権力を持つ一族と，これに服従する勢力との連合政権であると考えられている。また，この頃には古墳文化が栄え，支配者の権力の大きさを示すような大規模な墳墓が作られた。また，大陸から漢字や仏教といった文化が伝来したのもこの頃である。次第に国家としての体制を形成し始めたこの頃の日本については，大王がどのように豪族たちを統率していたか，氏姓制度を中心に理解していくとよいだろう。

ヤマト政権の首長である大王は，7世紀頃から天皇と呼ばれるようになった。7世紀初頭，推古天皇の下で補佐役である摂政となったのが厩戸皇子（聖徳太子）である。聖徳太子は有能な人材を広く登用し，天皇を中心とした国家体制を整えようと，様々な政策を打ち出した。また聖徳太子は，隋との国交を開くために遣隋使として小野妹子らを派遣した。当時の史料からは，隋に対等の国交を求めようとしたことをうかがい知ることができる。

約10万年前	石器の使用
1万2000年前	土器の使用＝縄文土器
	狩猟・採集の開始
BC7000年頃	土偶が作られる
BC300年頃	農耕の開始
	弥生時代
	土器の使用＝弥生土器
	青銅器・鉄器の使用
	小国（くに）の分立
AD57年	倭の奴国王，後漢より金印を授かる
185年	邪馬台国による統治
300年頃	前方後円墳の登場＝古墳時代
4世紀中頃	大和朝廷の成立
391年	倭軍の朝鮮出兵
	大陸文化の伝来
	渡来人の登場
	漢字，儒教の伝来
400年頃	鉄製農具の使用
5世紀 ⟨ 6世紀	倭の五王（讃・珍・済・興・武）
527年	磐井の乱
538年	仏教の伝来
593年	厩戸皇子（聖徳太子）摂政になる
603年	冠位十二階の制を制定
604年	憲法十七条を制定
607年	遣隋使を派遣

🖊️ ポイント

1）旧石器時代(先土器時代)…十数万年前～約 1 万 2000 年前

打製石器(打製石斧・尖頭器・細石器など)使用

2）縄文時代…約 1 万 2000 年前～前 3 世紀頃

無階級社会

打製石器，磨製石器登場，骨角器などの使用

縄文土器：厚手・黒褐色

狩猟・漁労・採取の生活

3）弥生時代…前 3 世紀頃～後 3 世紀頃，北九州から関東地方に
- 水稲耕作→定住生活＝竪穴住居，高床倉庫
- 金属器(青銅器，鉄器)…鉄製工具
- 磨製石器普及＝石包丁，木製農具
- 弥生土器：薄手・赤褐色(壺・高杯(坏)・甕など)…ろくろの使用
- 階級の成立…貧富の差→身分の差・階級の発生

　　　　　　→小国家(くに)の成立：邪馬台国・女王**卑弥呼**

4）ヤマト政権と古墳文化…3 世紀末から 4 世紀初～6 世紀末
- 前方後円墳，円墳，方墳など
- 大王と豪族…豪族は同族集団を率い私有地・私有民を支配

　　　　　　→ヤマト政権に服従，氏姓制度
- 大陸文化の伝来…5 世紀頃鉄器生産，機織・金属工業の諸技術の伝来

　　　　　　漢字の使用，儒教・仏教の伝来(渡来人による)

5）推古朝の政治
- 天皇中心の国家体制を整えるための政治改革→摂政：厩戸皇子(聖徳太子)

冠位十二階の制の制定(603 年)…人材登用のため

憲法十七条の制定(604 年)…官吏の心得

遣隋使の派遣(607 年)…小野妹子ら

演習問題

（解答▶P.1）

No.1

縄文〜弥生時代について述べられた以下の各文のうち，正しいものはどれか。

① 縄文時代になると，気候の温暖化によって海面が上昇し，漁労活動が盛んに行われるようになった。

② 縄文土器は薄手・赤褐色のものが多く，「縄文」という名称は，土器が発見された地名にちなんだものである。

③ 弥生時代中期に稲作が伝わると，西日本を中心に急速に広がり，後期には日本全土に広まった。

④ 弥生時代になると，農業の発達で定住性が高まったことにより，縄文時代にあった貧富の差は次第に解消されていった。

⑤ 弥生時代に青銅器や鉄器が普及するようになると，それまで使われていた石器や木器が使用されなくなった。

（解答▶P.1）

No.2

弥生時代の記述として妥当なものは，次のうちどれか。

① 日本人の原型である古モンゴロイドが渡来してきた。

② 食生活の多様化によって，各地に貝塚が出現するようになった。

③ 大型の墳丘墓や多量の埋葬品を持つ墓が各地に作られた。

④ 木製の農具は使われていたが，金属器はまだ伝来していなかった。

⑤ 稲作は西日本で行われていたが，まだ本州北部には伝わっていなかった。

憲法十七条に記されている内容を述べた文として正しいものは次のうちどれか。

① 君主の命令としての 詔 は忠実に守るべきこと。

② 戸籍を作成して班田収授を行うべきこと。

③ 豪族の所有する部曲を廃止すべきこと。

④ 神道を盛んにし，伊勢神宮を篤く敬うべきこと。

⑤ 国分寺を興し，鎮護国家の思想を根本とすべきこと。

MEMO

第2章 律令国家の形成〜奈良時代

7世紀半ばには蘇我氏が大きな権力を握っていた。そこで中大兄皇子（のちの天智天皇）・中臣鎌足らは，氏姓制度を廃し，唐の律令制にならった天皇中心の中央集権国家体制を成立させることを目指して，蘇我氏を滅ぼした。この政治改革を大化の改新という。

しかし大化の改新の後も，百済を援護して新羅・唐軍に敗れた白村江の戦い，大海人皇子と大友皇子が皇位をめぐって争った壬申の乱と，日本の国内外では混乱が相次いだ。

このような混乱の中で，壬申の乱後に即位した天武天皇は，律令国家体制の確立に尽力した。また，701年には文武天皇の下で大宝律令が制定され，唐にならった日本の律令制はほぼ確立した。律令制とは，成文法である律令に基づいて，国家機構の整備と政治運営を行う制度である。しかし唐とは文化的な背景などが異なるため，地方の民衆などには混乱が生じた。また，政府は班田収授の法に基づいて口分田と呼ばれる土地を農民に与えた。これは，豪族による農民の支配を防ぎ，農民・土地を国家の支配の下に置こうとしたものと考えられる。

710年，元明天皇の下で平城京に都が移された。ここより約80年間を奈良時代という。遷都後しばらくは皇族や豪族らの勢力は均衡していたものの，次第に藤原氏が天皇との外戚関係をもって権力を握るようになっていった。こういった情勢の中で，仏教を厚く信仰していた聖武天皇は，国家の不安を仏教によって鎮めたいという鎮護国家の思想の下，国分寺建立の詔や大仏造立の詔を発している。このようにこの時代には，天皇が政治に関わらず，貴族が実権を握る政治形態が見られる。

一方，重い税負担のために浮浪・逃亡する農民が増えたこと，人口が増加して口分田が不足したことによって土地制度を改革する必要が生じた。政府は743年に墾田永年私財の法を発して農民に新田の開墾を促した。しかし，これによって有力な貴族や寺院などが私有地を拡大し（初期荘園），結果として公地公民制の原則が崩れることとなった。

630 年	第 1 回遣唐使派遣
645 年	大化の改新
663 年	白村江の戦い
672 年	壬申の乱
694 年	藤原京遷都
701 年	大宝律令制定
708 年	和同開珎鋳造
710 年	平城京遷都
723 年	三世一身法発布
743 年	墾田永年私財の法発布
	盧舎那大仏造立の詔
770 年頃	『万葉集』成立

ポイント

1）大化の改新（645 年）…中大兄皇子，中臣（藤原）鎌足ら

　●蘇我氏の打倒，中央集権国家の成立

　●改新の 詔 …4 カ条

　① 私地私民を改めて公地公民とする

　② 国・郡・里の地方行政制度を定める：中央集権的政治体制の確立

　③ 戸籍・計帳を作り，班田収授の法を実施

　④ 租・庸・調の税制を確立

2）大化の改新後の展開

　●蝦夷征討…渟足柵，磐舟柵を設置

　●百済救援（朝鮮半島）…660 年　百済滅亡，日本に援助求める

　　　　　　　　　　　663 年　白村江の戦い→敗北

　●国内政策…667 年　中大兄皇子，近江の大津宮に遷都

　　　　　　668 年　天智天皇として即位。近江令制定

　　　　　　670 年　庚午年籍作成

　●壬申の乱（672 年）…大友皇子と大海人皇子が皇位をめぐって争う

　　　　　　　　→大海人皇子勝利，飛鳥浄御原宮で天武天皇として即位

3）大宝律令の制定（701年）…律令国家体制の確立

●中央…二官（＝太政官・神祇官），八省

●地方…国（国司），郡（郡司），里（里長）

九州には大宰府

●農民の負担…班田収授の法に基づき口分田を班給

租・庸・調，雑徭，兵役など重い負担→農民の逃亡

4）奈良時代

● 710年に元明天皇が平城京へ遷都…奈良時代

●駅制…駅家の設置

●銭貨の鋳造…蓄銭叙位令

●藤原不比等…藤原氏発展の基礎

●聖武天皇…鎮護国家の思想→国分寺建立の詔，大仏造立の詔

5）公地公民制の崩壊

●農民の浮浪や逃亡，人口増加による口分田の不足→土地制度の改革

● 723年　三世一身法

743年　墾田永年私財の法…公地公民制の原則崩壊→初期荘園の形成

演習問題

No.1 (解答 ▶ P.1)

次のうち，大化の改新に関する説明文として誤っているものはどれか。

① 645年に中臣鎌足（なかとみのかまたり）が中大兄皇子（なかのおおえのおうじ）と図って蘇我氏（そがし）を滅ぼすと，中大兄皇子は天智天皇（てんじ）として即位し，翌年改新の詔（みことのり）を発布した。
② 公地公民制を実施し，土地や人民を国家の所有とした。
③ 全国を畿内（きない），七道（しちどう），その下を国・郡・里（こく・ぐん・り）に分け，中央集権的な政治体制を作った。
④ 戸籍・計帳（けいちょう）を作り，唐の均田制（きんでんせい）にならって班田収授（はんでんしゅうじゅ）の法（ほう）を行った。
⑤ 租・庸・調（そ・よう・ちょう）などを定め，新しい統一的な税制を施行した。

No.2 (解答 ▶ P.1)

以下の各天皇と特徴の組合せとして正しいものは，次のうちどれか。

① 天智天皇（てんじ）――――八色の姓（やくさのかばね）・近江令（おうみりょう）の制定
② 元明天皇（げんめい）――――藤原京（ふじわらきょう）の造営，和同開珎（わどうかいちん）の鋳造
③ 聖武天皇（しょうむ）――――国分寺（こくぶんじ）の造立，東大寺盧舎那大仏（るしゃな）の鋳造
④ 桓武天皇（かんむ）――――平安京遷都（せんと），検非違使（けびいし）の設置
⑤ 嵯峨天皇（上皇）（さが）――――蔵人所（くろうどどころ）・勘解由使（かげゆし）の設置

No.3 (解答 ▶ P.1)

わが国における律令体制の形成に伴って行われた事柄として妥当なものは，次のうちどれか。

① 平安京遷都が実現し，豪族・寺院勢力を抑えて天皇親政が行われた。
② 氏姓制度（しせい）に基づく恒常的な支配体制が整えられた。
③ 戸籍が作成され，班田収授の法が実施された。
④ 武士団が成立して，天皇直属の軍団が確立した。
⑤ 墾田（こんでん）の開発が進み，私有地が増加して荘園制度（しょうえん）が普及した。

以下の記述は，7世紀半ばから8世紀初頭の人物について述べられたものである。説明と人物が一致している組合せとして，正しいものはどれか。

ア　この人物は645年，乙巳の変によって蘇我蝦夷・入鹿父子が倒された直後，天皇に即位した。

イ　この人物は白鳳文化の代表的歌人で，雄大・荘重な長歌を作ったが，天皇讃歌の歌も多い。

ウ　この人物は天智天皇の子供で，天皇の死後，天皇の弟と皇位継承権をめぐって争ったが，敗れて自殺した。

	ア	イ	ウ
①	皇極天皇	額田王	大海人皇子
②	孝徳天皇	柿本人麻呂	大友皇子
③	皇極天皇	額田王	大友皇子
④	孝徳天皇	柿本人麻呂	大海人皇子
⑤	皇極天皇	柿本人麻呂	大海人皇子

わが国の荘園に関する記述として妥当なものはどれか。

① 大化の改新によって，皇族や豪族の私有地が定められたのが荘園の始まりである。
② 三世一身法は個人による荘園経営を禁じ，公地制を推進するものであった。
③ 墾田永年私財の法が15世紀に施行されてから，農民所有の荘園が各地に増加した。
④ 8世紀頃までは寺院の所有地であった荘園の多くは，その後12世紀頃までに貴族，豪族の所有地となり，さらに13世紀以降はすべて大名の所有地となっていった。
⑤ 豊臣秀吉は全国ほぼ同一の基準で検地を実施し，土地の権利関係などを整理したので荘園制は消滅した。

7～8世紀における土地制度に関する記述の空欄A～Cに入る語句の組合せとして最も適当なものは，次のうちどれか。

大化の改新→班田収授の法：6歳以上の男女に（　A　）班給

　　↓

人口の増加による（　A　）の不足

　　↓

723年　（　B　）施行：新しく灌漑施設をつくり開墾した者に，三世代に限り
　　　　　　　　　　　　土地保有を認める

　　↓

743年　（　C　）発布：開墾した土地は，定められた面積に限り永久に私有できる

	A	B	C
①	口分田	三世一身法	墾田永年私財の法
②	口分田	三世一身法	加墾勧農法
③	口分田	百万町歩開墾計画	加墾勧農法
④	職田	三世一身法	墾田永年私財の法
⑤	職田	百万町歩開墾計画	加墾勧農法

以下の文は，大宝律令について書かれたものである。（　）内に入る適当な語句の組合せとして正しいものは，次のうちどれか。

　大宝律令で制定された行政組織は，中央と地方に分かれている。中央官制は祭祀を司る神祇官と，一般政務を取り扱う（　Ａ　）の二官に分け，（　Ａ　）の下に（　Ｂ　）を置いて行政の実務を担当させた。一方，地方行政機構は，全国を畿内と（　Ｃ　）の行政区に大別し，制定当初はその下に国・郡・（　Ｄ　）を設けた。また外交・国防上の要地である九州には大宰府を，難波には（　Ｅ　）を置いた。

	Ａ	Ｂ	Ｃ	Ｄ	Ｅ
①	太政官	八省	七道	里	摂津職
②	四等官	十二省	五畿	里	右京職
③	四等官	十二省	七道	郷	右京職
④	太政官	八省	五畿	郷	右京職
⑤	太政官	十二省	七道	郷	摂津職

8～9世紀に成立した大宝律令，養老律令，弘仁格式に関する表中A～Cに入る人物の組合せとして適当なものは，次のうちどれか。

名称	成立年	成立時の天皇	編者
大宝律令	701 年	文武天皇	刑部親王,（　B　）ら
養老律令	718 年	元正天皇	（　B　）ら
弘仁格式	820 年	（　A　）	（　C　）ら

	A	B	C
①	天智天皇	藤原不比等	藤原冬嗣
②	天智天皇	太安万侶	藤原冬嗣
③	天智天皇	太安万侶	菅原道真
④	嵯峨天皇	藤原不比等	藤原冬嗣
⑤	嵯峨天皇	藤原不比等	菅原道真

第3章 平安時代

794年, 桓武天皇の下で, 都が平安京に遷された。以降約400年を平安時代と呼ぶ。そして, 平安時代を理解する上で重要なのが, 実権を握った者の推移である。

平安時代の初期には桓武天皇や嵯峨天皇によって親政が行われた。この時期には, 律令には定められていない新たな役職である令外官が設置されたり, 律令制定後に制定された法令をまとめて『格式』として編纂したりと, 奈良時代の律令に対して調整が加えられた。

以上のように平安時代初期には天皇が自ら政治を行い, 貴族を抑えて権力を握っていたが, 9世紀後半からは天皇と強い結びつきを持つ藤原氏が, 摂政や関白を務めて権力を握った。藤原氏の権威は1000年頃, 道長や頼通の時代に最盛期を迎え, この頃にはかな文学の発展による優雅な国風文化が栄えた。

しかし, その後即位した後三条天皇は藤原家を外戚に持たなかったために, 親政を行った。ここで藤原氏の摂関政治は終焉を迎え, 以降11世紀中頃からは白河上皇・鳥羽上皇・後白河上皇による院政期となった。院政とは, 天皇の地位を他の者に譲り, 自らは上皇となって国務にあたる政治の形態である。

一方, 地方では自衛や勢力の拡大を目的として農民や豪族が武装し, 武士と呼ばれるようになった。こうした武士たちは各地で反乱を起こしたが, これらの反乱は皇族や貴族に仕える武士たちによって鎮圧された。このような形で武士が貴族社会との結びつきを強めた結果, 保元の乱や平治の乱といった貴族間の争いにも武士の力が動員されるようになっていった。武士の力で貴族間の争いが解決されていくことによって, 武士の地位, 特に平清盛の地位は高まっていき, 清盛は太政大臣となった。その他の平家の一族も高い位に就き, 平氏政権が確立されていき, 12世紀の半ば頃には平家が大きな権力を握った。

このように, 様々に権力主体が変遷した平安時代であったが, 前提としては天皇の権威と荘園制社会が基盤となっていた時代である。

794 年	平安京遷都
894 年	遣唐使停止（廃止）
939 年	承平・天慶の乱（〜 941 年）
1016 年	藤原道長，摂政になる
1017 年	藤原頼通，摂政になる
1051 年	前九年の役（合戦）（〜 62 年）
1083 年	後三年の役（合戦）（〜 87 年）
1086 年	白河上皇の院政の開始
1156 年	保元の乱
1159 年	平治の乱
1167 年	平 清盛，太政大臣になる

📖 ポイント

1）平安遷都（794 年）…桓武天皇

- 桓武天皇→①蝦夷征討…坂上田村麻呂
    - ②勘解由使の設置
- 平城天皇（太上天皇）→ 810 年　薬子の変で復位と平城遷都を図るが失敗
- 嵯峨天皇（上皇）→①蔵人頭，検非違使の設置
    - ②法制の整備…格・式に分類
        - 三代格式：『弘仁格式』『貞観格式』『延喜格式』

2）摂関政治の成立

摂関政治…平安中期，藤原氏が天皇の外戚（母方の親戚）として摂政・関白の地位に就き，国政を取り仕切っていた政治体制

- 藤原冬嗣…嵯峨天皇の信頼が厚く，初めての蔵人頭に任命。藤原北家興隆の元
- 藤原良房…天皇の外戚として皇族以外で初めて摂政就任
- 承和の変（842 年）で伴健岑・橘逸勢らを，応天門の変（866 年）で伴善男などの有力な貴族を政界から追放
- 藤原基経…884 年に事実上の関白就任

3）摂関政治の確立

● 10世紀前半，醍醐天皇・村上天皇の親政：「延喜・天暦の治」
● 安和の変(969年)で源高明が左遷→摂政・関白がほぼ常置：藤原氏独占
● **藤原道長**，頼通…摂関政治全盛期

4）院政…天皇を後見しながら政治の実権を握る

● 白河天皇…親政後堀河天皇に譲位，上皇として院庁を開く→**院政**の始まり
● 鳥羽上皇・後白河上皇と100年あまり続く

5）武士の台頭

● 地方政治の乱れに伴い，自衛と勢力拡大のため豪族や有力農民が武装
● 939年　承平・天慶の乱(平将門の乱，藤原純友の乱)
● 前九年の役(合戦)(1051〜62年)，後三年の役(合戦)(1083〜87年)
　　→源氏…東国武士団の主従関係が強まり，武家の棟梁としての地位を固める
● 白河上皇…北面の武士

6）平氏の興隆

● 保元の乱(1156年)…崇徳上皇＋藤原頼長と後白河天皇＋藤原忠通の争い

　　　　　　　　→武士(源氏・平氏)の動員
● 平治の乱(1159年)…藤原通憲(信西)＋平清盛と藤原信頼＋源義朝の争い

　　　　　　　　→信西は殺されるが清盛勝利
● 清盛，太政大臣就任(1167年)→平氏政権を確立

演習問題

No.1

(解答 ▶ P.2)

以下の文は, 9 ～ 10 世紀の藤原氏（ふじわら）に関する記述である。（A）～（D）に入る語句の組合せとして正しいものは，次のうちどれか。

　藤原北家（ほっけ）の藤原（　A　）は，嵯峨（さが）天皇の信任を得て勢力を伸長，810 年に朝廷の機密事項や文書を取り扱う（　B　）の地位に就いた。842 年に（　C　）で伴氏（とも）や橘氏（たちばな）の勢力を抑えたその子良房（よしふさ）は，清和（せいわ）天皇が幼少で即位したため，858 年に外祖父として臣下で初めて摂政（せっしょう）の地位に就いた。866 年の応天門（おうてんもん）の変（き）で伴氏や紀氏（き）を圧倒した藤原氏は，親政を行った醍醐（だいご）・村上両天皇の時を除いて摂政・関白（かんぱく）に任ぜられ，969 年の（　D　）によって源高明（みなもとのたかあきら）を失脚させ，その地位を確固たるものにした。

	A	B	C	D
①	冬嗣（ふゆつぐ）	検非違使（けびいし）	薬子の変（くすこ）	延喜の治（えんぎ　ち）
②	広嗣（ひろつぐ）	蔵人頭（くろうどのとう）	承和の変（じょうわ）	安和の変（あんな）
③	広嗣	蔵人頭	薬子の変	延喜の治
④	冬嗣	蔵人頭	承和の変	安和の変
⑤	冬嗣	検非違使	承和の変	延喜の治

No.2

(解答 ▶ P.3)

律令（りつりょう）制度崩壊の最大の原因は次のどれか。

① 蔵人，検非違使の設置

② 重税による農民の窮乏

③ 荘園（しょうえん）の激増

④ 藤原氏の台頭

⑤ 三世一身法（さん ぜ いっしんのほう）の施行

平安時代の政治について述べた次の文で，誤っているのはどれか。

① 令外官^{りょうげのかん}として蔵人と検非違使を設けて，政治の簡略化を図った。
② 守護^{しゅご}，地頭^{じとう}の力が強くなり，国司^{こくし}や荘官^{しょうかん}の力が衰えた。
③ 藤原氏が実権者として政治を独占した。
④ 『内裏式^{だいりしき}』，『儀式^{ぎしき}』が制定され，宮廷儀礼の整備とその唐風化^{とうふうか}が盛んだった。
⑤ 国司を取り締まるため，勘解由使^{かげゆし}を置いた。

次に挙げた戦乱・事変の名称とそれに関する記述とが一致するものは，次のうちどれか。

① 承平^{じょうへい}・天慶^{てんぎょう}の乱 ── これによって藤原氏は旧来の有力者を排斥し，摂関政治の体制を築いていった。
② 保元^{ほうげん}・平治^{へいじ}の乱 ── 朝廷・貴族内部の争いが武士の力で解決されることを明らかにし，武家政治移行への道を開いた。
③ 正中^{しょうちゅう}・元弘^{げんこう}の変 ── これによって公家政権は決定的な打撃を受け，院政^{いんせい}が国政の中心である時代は事実上終わった。
④ 南北朝の内乱 ── この戦乱の後，室町幕府の権威は失墜し下剋上^{げこくじょう}の風潮が広がり，旧来の秩序は崩れていった。
⑤ 由井^{ゆい}(比)正雪^{しょうせつ}の乱 ── この事変の後，江戸幕府は幕藩体制を維持強化するため，鎖国体
（慶安^{けいあん}の変） 制をさらに強化した。

No.5

（解答 ▸ P.3）

奈良時代から平安時代の初期にかけて，天皇は令制にない官職として「令外官」を置くことがあった。次のうち，令外官に当たるものはどれか。

① 太政大臣
② 大納言
③ 蔵人頭
④ 右大臣
⑤ 少納言

No.6

（解答 ▸ P.3）

10世紀初頭，大宰府に左遷されて失意のうちに死亡し，この地に祀られた人物として正しいものは次のうちどれか。

① 伴　善男
② 橘　逸勢
③ 菅原道真
④ 藤原時平
⑤ 源　高明

日本の荘園に関する記述として最も妥当なのは，次のうちどれか。

① 8～9世紀に，貴族・寺社・地方豪族が，開墾や墾田を買得して所有した私有地のことを，寄進地系荘園という。

② 10世紀以降，貴族や大寺院の権威を背景に，中央政府から租税を免除してもらう，いわゆる不入の権を持つ荘園が増加した。

③ 10世紀以降になると，大名田堵が開発領主となって荘園を支配するようになり，国司の支配下にある国衙領（公領）は一切なくなった。

④ 11世紀半ば，開発領主は国司からの圧迫を逃れるため，所領を中央の権門勢家に差し出し，自らは荘官となって荘園を支配するようになった。

⑤ 藤原氏と外戚関係になかった堀河天皇は，荘園の増加を防止するため，延喜の荘園整理令を出した。

平安時代に関する以下の記述のうち，正しいものはどれか。

① 桓武天皇は蝦夷征討に力を入れ，文室綿麻呂を勘解由使として派遣し反乱を鎮定した。

② 藤原基経は応天門の変で伴健岑らを失脚させ，臣下で初めて摂政の地位に就いた。

③ 初期荘園に代わって，開発領主が中央の権門勢家に名目上寄進する寄進地系荘園が広まった。

④ 堀河天皇が上皇となって始めた院政は，白河上皇，後白河上皇とおよそ200年にわたって続いた。

⑤ 保元の乱で源氏を討ち，「武家の棟梁」としての地位を固めた平氏は，平忠正の時にその全盛期を迎えた。

No.9　　　　　　　　　　　　　　　　　　　　　　　　（解答▶P.3）

次のうち，白河天皇（上皇）と直接関係がないものはどれか。

① 延久の荘園整理令
② 堀河天皇に譲位
③ 院政
④ 北面の武士
⑤ 鳥羽離宮

No.10　　　　　　　　　　　　　　　　　　　　　　　　（解答▶P.4）

平清盛が行った施策について述べた文として正しいものはどれか。

① 六波羅探題を設置して，朝廷を監視した。
② 日宋貿易に力を注ぎ，瀬戸内海航路の安全を図った。
③ 西面の武士を置いて，権力を強化した。
④ 六勝寺を建立して，仏教を深く崇拝した。
⑤ 北面の武士を置いて，権力を強化した。

第4章 鎌倉時代

　平家が権力を握る中，貴族や武士団の中には平家に不満を持つものたちが増え始めていた。そこで後白河法皇の皇子である以仁王は，挙兵して平家を倒そうと呼びかける令旨を諸国に出した。それをきっかけに源頼朝らが挙兵し，以降5年をかけて平家を滅ぼしていく。平家を倒した頼朝は，鎌倉に幕府を興し，1192年には征夷大将軍に任命された。以降150年間ほどを鎌倉時代という。

　鎌倉時代の大きな特徴として，幕府と朝廷とが二重支配をしていたことが挙げられる。これは，幕府は各地に守護や地頭を置いたが，一方で朝廷も変わらず各地に国司を置いていたためである。幕府は守護や地頭に全国の治安維持を行わせていたため，ある意味で幕府が朝廷の支配を助けていたといえるが，次第に守護・地頭と国司・荘園領主は土地の支配をめぐって対立していった。

　また，頼朝の時代にこそ将軍中心の政治が行われたものの，頼朝の死後は御家人中心の政治を行おうという動きが高まった。中でも，頼朝の妻である政子の父・北条時政が権力を握った。時政は執権を設置して，以降北条氏が執権を継承していった。これ以降の鎌倉幕府の政治は，北条家を中心とする御家人たちによって展開していく。

　一方朝廷では，拡大していく幕府の勢力に対抗しようと，後鳥羽上皇が倒幕のために挙兵した。これを承久の乱という。しかし，この乱を幕府が鎮めたことによって，幕府の朝廷に対する優位が確定することになった。このように幕府は，全国的に武家の支配を次第に確立していった。

　こうして確固たる基盤を築いてきた鎌倉幕府だったが，元寇で戦った御家人に十分に恩賞を与えることができなかったことや，当時の武士は土地を分割相続していたために所領が細分化したことなどから御家人は窮乏していった。このような御家人たちの動揺に対して，北条氏は専制政治を強化して対応しようとし，それが一層御家人の不満をあおった。最終的には鎌倉幕府は，御家人である足利尊氏らに滅ぼされるに至った。

1180 年	以仁王の令旨，源氏に下る
	→ 源 頼朝，伊豆に挙兵・源義仲挙兵
1181 年	平 清盛没
1185 年	壇ノ浦の戦いで平氏敗北→平氏滅亡
	頼朝が守護・地頭を設置
1192 年	頼朝，鎌倉幕府を開く
1203 年	北条時政，執権になる
1205 年	『新古今和歌集』が編纂される
1221（承久 3 ）年	承久の乱
1232（貞永元）年	御成敗式目（貞永式目）制定
1274（文永 11）年	文永の役
1281（弘安 4 ）年	弘安の役
1297（永仁 5 ）年	永仁の徳政令発令
1318 年	後醍醐天皇即位
1333 年	鎌倉幕府滅亡

ポイント

1）鎌倉幕府の成立

●幕府の組織

中央
- 侍所：1180 年設置。軍事，警察
  - 初代別当＝和田義盛
- 政所（当初は公文所）：1184 年設置。一般政務
  - 初代別当＝大江広元
- 問注所：1184 年設置。訴訟，裁判
  - 初代執事＝三善康信

地方
- 京都守護…京都警備
- 鎮西奉行…九州の地方統治機関
- 奥州総奉行
- 守護：諸国，地頭：荘園・国衙領（公領）

25

●**守護・地頭の設置**（1185 年）…全国支配の基礎

義経追捕，治安維持を口実

守護：国ごとに設置，有力御家人任命

任務
- 平時
  - 大番催促
  - 謀叛人の逮捕
  - 殺害人の逮捕

  大犯三カ条
- 戦時…御家人を統率して戦闘

地頭：荘園・国衙領に設置，御家人任命

任務…土地管理，年貢徴収，治安維持

得分…反別5升の兵粮米

2）公武二重政権

朝廷…国司：行政権保持

幕府…守護・地頭：軍事，**警察権**

幕府の経済的基盤…荘園，知行国

幕府の政治的，軍事的基盤…御家人

3）鎌倉御家人制度

御恩
- 本領安堵
- 地頭職などの給与（新恩給与）

| 将軍 | ←土地を媒介→ | 御家人 |…封建関係

奉公
- 京都大番役，鎌倉番役
- 臨時の軍役

4）執権政治…執権北条氏が幕府の実権を独占掌握

●**承久の乱**（1221 年）：後鳥羽上皇，倒幕のために挙兵→敗北

乱後，幕府の朝廷に対する政治的優位確立

●**御成敗式目（貞永式目）**制定（1232 年）…全文51カ条

武士最初の体系的法典，公平な裁判の基準

3代執権北条泰時のとき

5）幕府の滅亡

- 元寇での不十分な恩賞

- 分割相続による所領細分化

  ｝ 御家人の窮乏化→幕府に対する不満増大

- 後醍醐天皇（大覚寺統）…倒幕計画（2度）→失敗

- 足利尊氏・新田義貞の反旗→幕府の滅亡（1333 年）

No.1 （解答 ▶ P.4）

鎌倉時代の政治に関する記述として正しいのは，次のうちどれか。

① 源頼朝の死後，幕府政治の実権は北条氏に移り，将軍職は北条一族により世襲された。
② 全国に守護・地頭が設置され，貴族，寺社の経済的基盤であった荘園制度は廃止された。
③ 元寇の勝利の後，幕府機構が整って幕府政治は名実ともに安定した。
④ 我が国最初の武家法である武家諸法度が制定され，武家政治の根本原理となった。
⑤ 将軍と御家人は御恩と奉公の関係で結ばれ，武士独自の政権が誕生したが，一方では朝廷を中心とする公家政権も存在していた。

No.2 （解答 ▶ P.4）

鎌倉幕府の政治組織とその説明の組合せについて正しいものは，次のうちどれか。

① 侍所 ──────御家人の統制や軍事・警察の任に当たる。長官は別当。
② 政所 ──────訴訟や裁判処理に当たる。長官は執事。
③ 問注所───── 当初は公文所と呼ばれていた。一般政務を担当。長官は別当。
④ 鎮西奉行──── 東国御家人の統制，幕府への訴訟取り次ぎに当たる地方機関。
⑤ 京都大番役──── 京都の治安維持，朝廷と幕府との交渉に当たる。後に六波羅探題となる。

No.3 （解答 ▶ P.4）

承久の乱後に幕府が採った処置および政策について正しいものは，次のうちどれか。

① 幕府軍に敗れた後醍醐天皇は廃され，隠岐に配流された。
② 本補地頭を廃して，新たに新補地頭が任命された。
③ 執権を補佐するために引付衆を置いた。
④ 宮廷・公家の監視，西国の武士を統制するため，六波羅探題を置いた。
⑤ 乱後の処理がうまくいかなかったため，3代将軍 源 実朝が暗殺され，摂家将軍が置かれた。

No.4　(解答 ▶ P.4)

鎌倉時代の財政や経済に関する記述として最も適当なものは，次のうちどれか。

① 鎌倉幕府では，引付衆が財政事務を担当した。
② 日明貿易によって明銭が輸入され，その中でも永楽通宝が最も多く使用された。
③ 撰銭による経済的混乱を収束するため，幕府は撰銭令を発令した。
④ 定期市に，月に4日以上，市が立つところが一般化した。
⑤ 商品の中継ぎや委託販売，輸送に当たる問丸が発達した。

No.5　(解答 ▶ P.4)

鎌倉幕府が御家人に負担させた番役・警固役について述べた文として正しいものは次のうちどれか。

① 番役ははじめ京都大番役と鎌倉番役だけであったが，承久の乱後，朝廷を監視する西面の武士の役が加わった。
② 京都大番役は源平の争乱後に設置され，京都守護を警備することが第一の任務であった。
③ 鎌倉番役は鎌倉の幕府を警備するのが任務で，東国の御家人が動員された。
④ 天皇を守る警固役として北面の武士があり，全国の御家人が交代で命じられた。
⑤ 大番催促の権限は地頭の権限であり，これが後に荘園侵略の手段となった。

No.6　(解答 ▶ P.4)

以下に挙げた鎌倉時代の各執権と関係が深いものの組合せとして，誤っているものはどれか。

① 北条時政 ── 源頼家の謀殺
② 北条義時 ── 承久の乱
③ 北条泰時 ── 御成敗式目
④ 北条時頼 ── 評定衆の設置
⑤ 北条時宗 ── 元寇

第5章 建武の新政〜室町時代(〜応仁の乱)

　1333年に鎌倉幕府が滅びると，以前から幕府を倒そうと画策していた後醍醐天皇が新たに親政を始めた。後醍醐天皇は古代的な天皇親政を復活しようとし，自身の独断で恩賞を与えたり，綸旨を出したりしたため，武士たちは不満を募らせた。この後醍醐天皇の政治を建武の新政という。ついには足利尊氏が反乱を起こし，新たに幕府を興したことによって新政府は崩壊した。これ以後の約240年間を室町時代という。この時代については，①南北朝合一まで，②南北朝合一から応仁の乱まで，③応仁の乱以降に分けて理解すると分かりやすい。

　尊氏は，持明院統から新たに京都に光明天皇を擁立した。こちらの朝廷を北朝という。一方，後醍醐天皇の皇統である大覚寺統は，吉野で南朝を興し，正当な皇統であることを主張した。南北朝の争いは，この後約60年にわたって続く。

　3代将軍の義満は，幕府を京都の室町に移した。この頃には南北朝の争いはだいぶ治まっていたが，義満によって南北朝の合体が斡旋された。また，義満は明に対する朝貢貿易を行って大きな利益を上げていた。以上のように義満の頃には，幕府の権威は次第に確立されていった。

　また，室町幕府の特徴の1つとして守護大名の連合政権としての性格が強かったことが挙げられる。室町幕府の構造は，ほぼ鎌倉幕府を踏襲したものであり，鎌倉幕府の執権にあたる職は管領と呼ばれる。この職には，有力守護である細川・斯波・畠山の三家(三管領)が交代で就いた。また，侍所の長官である所司には，山名・赤松・一色・京極の四家(四職)から任命された。これらの有力な守護たちは京都に留まり，幕府の中枢となっていた。

　6代将軍である義教は，将軍の専制政治を強行し，このために守護たちの政治不安は高まった。このような情勢にあって，義教が守護の赤松満祐によって謀殺される事件が起こった。赤松氏は幕府軍に追討されたものの，これによって将軍の権力は弱体化していく。

　幕府の権力主体が将軍から有力守護たちに移動していく中，応仁の乱が起こった。これは，将軍の継嗣争いと，管領家である畠山氏・斯波氏の家督争い，更に細川勝元と山名持豊の権力争いが絡んで起こった戦乱である。11年間に及んだこの戦乱の結果，幕府の権威は失墜し，荘園制は崩壊し，戦乱が全国的に広まって戦国時代となった。

1333 年	建武の新政が始まる（～36年）
1336 年	南北朝の対立が始まる
1338 年	足利尊氏，征夷大将軍となり室町幕府を開く
1392 年	将軍足利義満，南北朝の合体を実現
1404 年	日明貿易（＝勘合貿易）の開始
1428（正長元）年	正長の土一揆（正長の徳政一揆）
1449 年	足利義政が将軍になる
1467（応仁元）年	応仁の乱（応仁・文明の乱）（～77年）

ポイント

1）建武の新政

- 後醍醐天皇の親政

  恩賞が不公平 → 武士の不満 → 足利尊氏の挙兵（1335年）→ 新政の崩壊（1336年）

- 南北朝の内乱（1336～92年）

  足利尊氏＝京都に持明院統の天皇擁立 → 北朝

  後醍醐天皇（大覚寺統）＝吉野に逃れて対立 → 南朝

- 守護大名

  守護の荘園に対する権限強化 → 一国の支配権確立 → 守護大名化（守護領国制）

2）室町時代

- 3代将軍足利義満 … 幕府権威の高まり

  南北朝の合一（1392年）… 足利義満の斡旋

  勘合貿易…倭寇の取り締まりを条件に明と貿易開始

    勘合符により倭寇と区別

    輸入品＝銅銭（明銭）

    輸出品＝銅，硫黄，刀剣，屏風など

● 幕府の組織

ほぼ鎌倉幕府の機構を踏襲

将軍を補佐する**管領**(鎌倉では執権職)

＝細川・斯波・畠山の三有力守護大名家：三管領

侍所の長官(＝所司)＝山名・赤松・一色・京極の四家：**四職**

★室町幕府は，守護大名の連合政権的性格が強い

3) 応仁の乱(応仁・文明の乱　1467～77年)

8代将軍足利義政の継嗣問題に，斯波・畠山両家の家督争いが絡み，守護大名が分裂

→11年間，京都を中心に戦乱

影響：① 幕府権威失墜

② 公家，僧侶…難を逃れて地方に→文化が地方に普及

③ 荘園制はほとんど崩壊

④ 下剋上の風潮が広がる→戦国時代の始まり

演習問題

No.1

（解答▶P.4）

建武の新政に関する記述として正しいものは，次のうちどれか。

① 倒幕の論功行賞を扱う機関として恩賞方を設けたが，公正さに欠けたため，新政崩壊の一因となった。

② 各諸国には守護と国司を併置したが，その任用は公家にのみ認められた。

③ 天皇親政を望んだ後醍醐天皇は摂政・関白を廃止し，院政を認めなかったが，武家との関係を重んじたため，幕府の存在は認めた。

④ 後醍醐天皇は親政の基本方針として建武式目を制定した。

⑤ 有力守護であった足利高氏（のちの尊氏）は幕府に背いて丹波で兵を挙げ，赤松則村（円心）らと共に鎌倉幕府を滅ぼし，建武の新政が始まった。

No.2

（解答▶P.5）

室町幕府の政治と法に関する説明として誤っているものは，次のうちどれか。

① 足利尊氏は京都を制圧したのち，建武式目を定めて幕府の施政方針を示した。

② 創立期の室町幕府では尊氏が軍事指揮権を，弟の直義が行政・司法の両面を担当したが，のちに幕府の運営をめぐって対立が生じた。

③ 室町幕府は鎌倉幕府の制定した御成敗式目（貞永式目）を基本法とした。

④ 観応の擾乱ののち発布された半済令は，戦乱地域における荘園の土地の半分を守護と国人に与えるものであった。

⑤ 建武以来追加は室町幕府が発布した追加法令を集めたものである。

No.3 (解答 ▶ P.5)

南北朝内乱期に起こった出来事に関する以下の記述のうち，正しいものはどれか。

① 足利尊氏は持明院統の光厳天皇を立てて，大覚寺統の後醍醐天皇を吉野に退けた。

② 室町幕府が発足して間もなく，足利尊氏・高師直と足利直義の両派が対立した。

③ 室町幕府は，土倉業者や酒造業者に対して段銭や棟別銭を賦課した。

④ 足利尊氏は元寇のあった九州を特に重視し，その子基氏を九州公方として派遣した。

⑤ 将軍足利義持は，南北朝の合体を実現させ，観応の擾乱を終結させた。

No.4 (解答 ▶ P.5)

鎌倉幕府と室町幕府についての以下の記述のうち，正しいものはどれか。

① 鎌倉時代の将軍家の所領を「関東御領」といったのに対し，室町時代のそれは「御料所」と呼ばれた。

② 鎌倉，室町両時代の政治機構は，将軍以外共通点がない。

③ 鎌倉幕府は大輪田泊を築造し，日宋貿易を行ったが，室町幕府は明と勘合貿易を行った。

④ 鎌倉幕府の守護は大犯三カ条に刈田狼藉を取り締まることと使節遵行を職務としたが，室町時代の守護は大犯三カ条のみを職務とした。

⑤ 鎌倉時代の政治は執権が実権を握ったが，室町時代の政治は評定衆が実権を握った。

No.5

（解答 ▶ P.5）

室町幕府に関する記述として最も妥当なものは，次のうちどれか。

① 将軍を補佐する中心的な職として管領を置き，赤松・山名・一色・京極の四職を交互に任命した。

② 京都市中の警備や刑事裁判を司る評定衆の所司（長官）には，細川・斯波・畠山の3氏が交互に任命された。

③ 幕府の直轄軍として奉公衆が編成され，平常は在京して御所警護や将軍の護衛に当たった。

④ 地方の荘園である御料所には酒屋役や関銭などの税が課せられ，幕府財政の基礎となった。

⑤ 幕府の地方機関としては，関東に鎌倉将軍府，奥羽に陸奥将軍府，九州に九州将軍府を置いた。

No.6

（解答 ▶ P.5）

守護，大名に関する記述として正しいものは，次のうちどれか。

① 戦国大名の大半は，元々守護大名だった。

② 鎌倉時代守護の職務だった大犯三カ条は，室町時代に入ってもそのまま守護の職務とされた。

③ 室町時代，守護は段銭や棟別銭を幕府から課せられていた。

④ 在地の有力武士や，地頭などが領主層になったものを守護大名という。

⑤ 鎌倉時代，守護は半済令や守護請で土地の一円支配を進めた。

室町時代末期，各地では一揆が頻発したが，以下の各文のうち，「山城の国一揆」について書かれたものはどれか。

① 1428 年，近江坂本の馬借が徳政を求めて起こし，近畿一帯に波及した一揆。

② 1441 年，足利義勝が将軍に就任した際，「代始めの徳政」を要求して起こった一揆。

③ 1485 年，領国内で対陣していた畠山義就軍と畠山政長軍の撤退などを要求，貫徹した一揆。

④ 1429 年，守護赤松氏の軍勢を国内から追放すべく起こした一揆。

⑤ 1488 年，守護富樫政親を滅ぼし，その後約 100 年間，国人・坊主・農民の寄合が一国を自治支配した一揆。

室町時代に行われた日明貿易に関する以下の記述のうち，誤っているものはどれか。

① 貿易形態としては，朝貢貿易の形を採った。

② 各船は，勘合と呼ばれる証票を持参することが義務づけられた。

③ 中国からは，銅銭・生糸・絹織物などが輸入された。

④ 16 世紀後半になると，貿易の実権は堺商人と結んだ細川氏や博多商人と結んだ大内氏の手に移った。

⑤ 足利義教によって一時中断したが，足利義持が復活させた。

応仁の乱の結果に関する記述として誤っているものは，次のうちどれか。

① 下剋上の風潮が高まった。

② 公家や僧侶の中には地方へ下る者もいた。

③ 京都とその周辺は焦土となった。

④ 将軍の権威は地に落ちた。

⑤ 守護大名の権威が高まった。

MEMO

第6章 戦国時代～桃山(織豊政権)時代

　11年間にわたった応仁の乱によって，全国的に戦乱が広まった。その結果，各地に有力な支配者が台頭し，それぞれが自分の領国内で自治を行うようになった。このような有力者を戦国大名といい，応仁の乱の後約1世紀を戦国時代という。

　戦国時代にはそれぞれの大名が独自の方法で領国を治めた。分国法を制定したり，指出検地を行ったり，鉱山を開発したり，楽市・楽座政策を打ち出したりと，戦国大名たちは常に戦乱の危険がある中，様々な方法で領国の治安を維持し，城下を豊かに発展させた。

　以上のように，全国的に戦国大名が群雄割拠する中で，最初に全国統一に動き出したのが織田信長である。信長，また信長の死後に豊臣秀吉が権力を握った桃山時代については，それぞれが領国をどのような政策で治めようとしたか，またそれぞれの宗教に対する姿勢について対比させると理解しやすいであろう。

　まず信長は，楽市・楽座政策を打ち出した他に，延暦寺を焼き討ちしたり，石山本願寺を屈服させたりと寺社勢力に対して弾圧を行った。その一方で，信長はキリスト教の保護に努めている。

　一方で秀吉の政策は，基本的には信長の政策を受け継ぎつつ，それを発展させたものである。まず秀吉は測量の単位を統一し，全国の耕作地の測量を行った。これを太閤検地という。また，太閤検地の際に作成された検地帳には，耕作者を1人の農民に定めて記帳したため，荘園領主といった税の中間搾取者の存在は記録から削除されている。これを一地一作人の原則といい，これによって荘園制は完全に崩壊した。更に，秀吉は兵農分離を目的に刀狩令を出し，キリスト教を取り締まるためにバテレン追放令を出した。

　以上のように秀吉は国内を充実させ，更に領土を広めようと朝鮮にまで出兵するも成果は上がらず，朝鮮出兵は結果的に豊臣政権を疲弊させるきっかけとなった。また，信長や秀吉の行った検地や刀狩のような村落の支配や，バテレン追放令のような宗教に対する弾圧は，後の近世封建社会の基礎となるものであった。

1485 年	山城の国一揆（〜 93 年）
1543 年	種子島に漂着したポルトガル人から鉄砲伝来
1549 年	フランシスコ＝ザビエル，鹿児島に到着＝キリスト教伝来
1568 年	織田信長，足利義昭を奉じ入京
1573 年	室町幕府滅亡（15代将軍義昭を織田信長が追放）
1582 年	本能寺の変：織田信長敗死 山崎の戦い：豊臣秀吉，明智光秀を討つ 天正遣欧使節をローマ教皇の下に派遣 太閤検地実施（〜 93 年）
1585 年	豊臣秀吉，関白になる
1586 年	豊臣秀吉，太政大臣になる
1587 年	バテレン追放令発令
1588 年	刀狩令が出される
1590 年	豊臣秀吉全国統一
1592 年	文禄の役（〜 93 年）
1597 年	慶長の役（〜 98 年）
1598 年	朝鮮出兵失敗 →豊臣秀吉死去

🌏 ポイント

1）戦国大名の領国（分国）支配政策

富国強兵策を採る

① 家臣団の統制…家臣の城下町への集住，分国法の制定

② 農民への支配…指出検地

③ 楽市・楽座政策，鉱山開発

2）桃山（織豊政権）時代

● 織田信長の統一政策

① 座の特権を廃止→楽市・楽座政策

② 寺社勢力を弾圧：一向一揆に対抗→ 1570 ～ 80 年　石山本願寺攻め

　　　　　　　　　　　　　　　　　　　　　1571年　延暦寺焼き打ち

③ キリスト教を保護

● 豊臣秀吉の統一政策 → 信長の政策を引き継ぎ，発展させる

① 太閤検地…単位を統一し，全国の耕地を測量（1582 ～ 98 年）

　　　　　　検地帳の作成：耕作者が直接年貢負担

　　　　　　　　　　　　　一地一作人制の原則確立→荘園制の崩壊

② 刀狩令…兵農分離

③ バテレン追放令…宣教師の国外追放

④ 朱印船貿易

演習問題

No.1

(解答 ▶ P.6)

戦国時代～織豊時代に関する記述として，正しいものはどれか。

① 応仁の乱で使用された鉄砲は戦国時代，有力な武器として広く戦国大名に使われた。
② 越後の上杉謙信と甲斐の武田信玄は，信濃国川中島で5回にわたって戦ったが，勝敗がつかなかった。
③ 駿河・遠江・三河の三国を支配した今川義元は1560年，西上の途中三河長篠で織田信長に敗れた。
④ 織田信長は全国の都市に楽市・楽座制を実施して，新興商人らの集住を進めた。
⑤ 豊臣秀吉は荘園制を保護するため，測量基準を統一して全国的に精密な検地を行った。これを太閤検地という。

No.2

(解答 ▶ P.6)

戦国時代には，農村手工業の発達や商品経済の発達によって都市が発達していった。以下の都市の種類と都市名の組合せとして，正しいものはどれか。

	都市の種類	都市名
①	港町	敦賀(越前)
②	門前町	石山(摂津)
③	寺内町	長野(信濃)
④	城下町	草津(近江)
⑤	宿場町	府内(豊後)

No.3 （解答 ▶ P.6）

織田信長に関する記述として最も適当なものは，次のうちどれか。

① 1560年の姉川の戦いで今川義元を破り，濃尾平野を支配した。
② 1568年，足利義昭の弟義輝をたてて入京し，将軍職に就けた。
③ 1575年，鉄砲を使用した長篠合戦で，武田勝頼の軍に大勝した。
④ 一向一揆の頂点にあった比叡山延暦寺を攻め，1580年に屈服させた。
⑤ 1582年，朝倉氏征討の途中で滞在した本願寺において，家臣の明智光秀に討たれた。

No.4 （解答 ▶ P.6）

豊臣秀吉の行った出来事として，誤っているものはどれか。

① 最初は貿易上の利益のためキリスト教を保護したが，キリスト教の教義が封建倫理と相反し，国内統一の妨げになると考え，布教を禁止し，宣教師を国外に追放した。
② 農民を耕作に専念させるため，刀狩令を出して農民の所有する武器を没収し，兵農分離を進めた。
③ 貢納を確実にするため，名主に土地の面積・収穫高などを記した指出と呼ばれる土地台帳を作らせ，これに基づいて検地を行った。
④ 身分統制令を出し，農民が町人になることや，武士が農民や町人になることを禁止した。
⑤ 倭寇と区別するため正規の商船に朱印状を与え，朱印船貿易を行った。

No.5 （解答 ▶ P.6）

ローマの少年使節派遣の事業に力を尽くし，セミナリオやコレジオなど伝道師を養成する学校の設立を進めた人物として，正しいものはどれか。

① フランシスコ＝ザビエル
② ヤン＝ヨーステン
③ ヴァリニャーニ
④ ガスパル＝ヴィレラ
⑤ ウィリアム＝アダムス

MEMO

第7章 江戸時代(初期〜三大改革)

　秀吉の没後，秀吉の家臣であった石田三成と，関東に拠点を持つ大名・徳川家康とが対立し，両軍は関ヶ原の戦いで激突した。この戦いに勝利した家康は，1603年に征夷大将軍に任命され江戸幕府を興した。この後，約270年間を江戸時代という。

　まず，江戸時代を理解する上で重要なのが鎖国政策である。これによりキリスト教の布教や信仰が禁じられ，貿易による利益を幕府が独占したために，幕府の権威は一層，拡大していった。

　これ以降，江戸時代を理解するには政治改革ごとにまとめていくとよい。それぞれの改革を行ったのは誰か，方針や主な政策は何か，どのような結果が得られたかに着目するとよいだろう。

　仏教に深く帰依した5代将軍綱吉は，極端な動物愛護を求める生類憐みの令を発して庶民の困惑を招いた。さらに財政難を解決しようと，金の含有量の少ない悪質な小判を発行することによって大きな利益を上げた。しかし，これによって貨幣価値が下落し，物価が高騰して経済は混乱した。

　綱吉の没後には新井白石による政治が行われた。白石は庶民生活の混乱を鎮めるため，小判の質を以前と同じに戻し，金銀の流出を抑えるために海舶互市新例を発した。この白石による政治を正徳の治という。

　8代将軍の吉宗は，将軍専制の復活を目指して自ら政治を行った。吉宗は，上げ米の制や定免法の導入などによって財政を豊かにした。また目安箱を設置したり，『公事方御定書』を制定したりして幕政の改革に努めた。このような一連の政治改革を享保の改革という。享保の改革には一定の効果が見られたものの，年貢増徴や飢饉により疲弊した農民によって一揆などが相次いだ。

　9代将軍家重から10代将軍家治の時代になると，老中の田沼意次が政治を行った。意次は幕府の財政を改善するために，株仲間を広く認めて営業税の増収を目指し，新田開発を積極的に行うなどしたが，賄賂政治を行ったために批判も大きかった。

　11代将軍家斉の時代に実権を握ったのが，老中の松平定信である。定信は田沼政治の修正を図り，幕府の権威を取り戻そうとした。囲米の制，棄捐令といった財政政策や，旧里帰農令の発布，人足寄場の設置といった都市政策を行った。また幕府の権威を確立するために，上下の秩序を守ることを説く朱子学を推奨する寛政異学の禁を発した。以上のような一連の

政策を寛政の改革という。寛政の改革は人々を厳しく統制する内容であったために，幕府内部からも庶民からも反発が大きく，定信は失脚した。

　家斉の死後，政治改革を行ったのが老中の水野忠邦である。忠邦もやはり，幕府の財政を立て直そうと厳しい統制政策を採っており，人返しの法を発し，株仲間の解散を命じた。また忠邦は，江戸・大坂周辺の土地を幕府の直轄地にするために大名・旗本に領地を差し出させる上知令を実行しようとした。しかし，これが大名・旗本の猛反発を招いて忠邦は失脚した。これを天保の改革という。

　このように，三大改革を中心に様々な改革が行われたものの，江戸幕府は18世紀後半頃から動揺が目立つようになってきた。一方で長州藩や薩摩藩は，この時期政治改革に成功し，幕末期に主導権を握ることとなった。

年代	できごと
1600（慶長 5 ）年	関ヶ原の戦い
1603 年	徳川家康，征夷大将軍となる
1612 年	禁教令（キリスト教禁止令）が出される
1614 年	大坂冬の陣
1615 年	大坂夏の陣→豊臣氏滅亡
	一国一城令が出される
	武家諸法度制定
	禁中並公家諸法度制定
1637 年	島原・天草一揆（〜 38 年）
1639 年	ポルトガル船の来航禁止
1641 年	鎖国体制が完成
	平戸のオランダ商館を長崎出島に移す
1643 年	田畑永代売買の禁令が出される
1649 年	慶安の触書（全 32 条）発布
1685 年	生類憐みの令が出される
1716（享保元）年	享保の改革始まる（〜 45 年）
1721 年	目安箱を評定所に設置する
1758（宝暦 8 ）年	宝暦事件
1767（明和 4 ）年	明和事件
1772 年	田沼意次が老中となる
1782（天明 2 ）年	天明の飢饉（〜 87 年）
1787（天明 7 ）年	天明の打ちこわしが起こる
	松平定信の寛政の改革始まる（〜 93 年）
1837 年	大塩の乱
1841（天保 12）年	水野忠邦の天保の改革始まる（〜 43 年）

ポイント

1）幕府開設…徳川家康(1603 年)

1600 年	関ヶ原の戦いで石田三成を破る
1603 年	征夷大将軍に任命される
1614 〜 15 年	大坂の役(陣)→全国統一

2）大名の統制…2 代将軍徳川秀忠

1615 年	一国一城令：諸大名の居城以外は破却
	武家諸法度：大名に対する根本聖典
	禁中並公家諸法度：朝廷・公家への統制令

3）農民統制

- 五人組：隣保制度。年貢連帯責任, 犯罪相互防止が目的
- 田畑永代売買の禁令(1643 年)：富農への土地集中と本百姓解体防止
- 慶安の触書：農民に与えた生活心得 32 条
- 身分制度…士・農・工・商の身分差

4）外交

徳川家康：**朱印船貿易**奨励, 朝鮮と国交回復

徳川家光：キリスト教禁止, 貿易統制→鎖国の実施(1641 年完成)

5）元禄時代…5 代将軍徳川綱吉(1680 〜 1709 年)

幕府財政悪化→貨幣改鋳：元禄金銀→物価高騰

1685 年〜　生類憐みの令(1687 年〜犬に関して極端化)

元禄文化：上方中心(340 ページの表を参照)

6）正徳の治…新井白石の政治(1709 〜 16 年)

- 海舶互市新例(長崎新令〈例〉・正徳新令〈例〉)＝長崎貿易の制限(金銀の流出防止)
- 貨幣改鋳：正徳金銀
- 宣教師シドッチを尋問…『西洋紀聞』を著す

7）享保の改革…8代将軍徳川吉宗(1716 ～ 45 年)「幕府中興の英主」

　　　(49 ページの表を参照)

8）老中田沼意次の時代(1767 ～ 86 年)…10 代将軍徳川家治
　　●新田開発…印旛沼・手賀沼の干拓
　　●株仲間の公認
　　●長崎貿易の拡大…俵物や銅の輸出奨励
　　　天明の飢饉(1782 ～ 87 年)

9）寛政の改革(1787 ～ 93 年)：老中松平定信(50 ページの表を参照)
　　　　　　　　　　　　　　　…11 代将軍徳川家斉の時代
　　化政文化：江戸中心(336 ページの表を参照)

10）天保の改革(1841 ～ 43 年)：老中水野忠邦(51 ページの表を参照)
　　　　　　　　　　　　　　　…12 代将軍徳川家慶の時代
　　天保の飢饉→大塩の乱→各地に一揆を誘発

江戸時代の三大改革

A　享保の改革(1716〜45年)

改革者	8代将軍　徳川吉宗
財政 経済	1．上げ米の制：大名から米を上納させ幕府の財政不足を補う 　　　　　　→ 大名の在府を半年に短縮 2．年貢徴収を検見法から定免法に：年貢増徴 3．足高の制：役職の標準石高を定め，それ以下の者が就任の場合，在職中のみ 　　　　　不足の役料を支給 4．相対済し令：旗本・御家人と札差との金銭貸借訴訟を認めず，当事者同士で 　　　　　和解させた
産業	1．新田開発 2．実学奨励：甘藷・朝鮮人参などの栽培 3．株仲間公認→独占的営業の認可
学問思想	1．実学の奨励 2．漢訳洋書輸入緩和：キリスト教関係以外の輸入緩和
文芸風俗	質素倹約・文武奨励
社会	1．目安箱の設置：庶民の直訴の受付→小石川養生所の設置 2．『公事方御定書』の制定：幕府の成文法　大岡忠相らが編纂
結果	●幕府財政の再建には一応成果あり ●年貢増徴や享保の飢饉による農村の疲弊→百姓一揆や打ちこわし

B　寛政の改革(1787～93年)

改革者	老中　松平定信
財政 経済	1．棄捐令：旗本・御家人救済のため札差の借金を破棄させた令 2．囲米の制：備荒貯蓄や米価調節のため，籾米を貯蔵 3．七分積金(七分金積立)の制 　　江戸の町入用(町費)を節減し，その一部を積み立てて融資で増殖，貧民救 　済に充てた
産業	旧里帰農令：帰村や帰農を奨励する下層町人対策
学問思想	1．寛政異学の禁：朱子学を正学とし，それ以外の学派を湯島聖堂の学問所で教授 　　　　　　　　することを禁じた 2．昌平坂学問所の設置 3．林子平の処罰：『海国兵談』
文芸風俗	出版統制令→洒落本作家　山東京伝処罰
社会	人足寄場の設置：無宿者で軽罪者を収容，職業技術を授ける 　　　　　　　　　隅田川の石川島に設置
対外政策	ラ(ッ)クスマン ロシアの通商要求→拒否。海防強化
結果	反動傾向が強く，幕府内部・庶民ともに反発 → 松平定信失脚

C 天保の改革（1841〜43年）

改革者	老中　水野忠邦
財政 経済	1．上知(地)令：江戸・大坂周辺の大名・旗本領を直轄地にする 　　　　　　＝政治的・経済的基盤の再建を企図 → 失敗 2．株仲間解散：物価高騰抑制 3．棄捐令
産業	1．人返しの法（人返し令）：強制的帰農策 2．印旛沼干拓の再興
文芸風俗	人情本禁止→為永春水，柳亭種彦処罰
対外政策	1．天保の薪水給与令：異国船打払令の緩和 2．西洋砲術の採用：高島秋帆
結果	●各層の反発 ●経済活動の停滞と社会混乱→上知(地)令の失敗により水野忠邦失脚

（解答 ▶ P.6）

江戸幕府に関する記述として，最も妥当なものはどれか。

① 幕府が置かれた江戸は「天下の台所」と呼ばれ，全国の商業や金融の中心地として栄えた。
② 幕府は島原・天草一揆後キリスト教を禁教とし，オランダの商館を長崎から平戸に移した。
③ 幕府の政治の実権は大老が握り，その下で若年寄がその運営に当たり，奉行がこれを助けた。
④ 幕府は各地に天領を持ち，主要な都市や鉱山も直接支配したので，経済力は極めて大きかった。
⑤ 幕府は公家諸法度を定め，これによって領地替えを行って大名を統制した。

（解答 ▶ P.6）

徳川家康の対外政策および貿易政策に関する記述のうち，正しいものはどれか。

① 糸割符制度が貿易拡大の障害になっていると考え，廃止した。
② 秀吉時代の朝鮮との関係を修復するため，対馬の宗氏を通じて交渉し，国交を回復した。
③ 秀吉の貿易政策を変更して朱印船の渡航を認め，貿易の拡大に努めた。
④ 海外に居住している日本人の帰国を禁止した。
⑤ 外国との貿易を，幕府の直轄地である長崎に限って実施した。

No.3

（解答 ▶ P.6）

鎖国政策実施以前における，江戸幕府の対外関係に関する記述として正しいのは，次のうちどれか。

① 東南アジア諸国との貿易を望み，ルソン，安南などに書状を送って親善を図る一方で，貿易船に朱印状を与え，海外への渡航を奨励した。

② 宋と正式に国交を開かなかったため，貿易は民間による往来に頼っていた。宋からの新しい知識は，もっぱら渡航を許されていた僧侶を通じてもたらされた。

③ 明と正式な国交を開き，以後毎年のように勘合符を携帯する船による朝貢の形式の勘合貿易を行った。

④ 仏教に対しては抑圧政策を行っていたが，ポルトガルやイスパニア両国との貿易を推進するため，キリスト教を積極的に受け入れる政策を採った。

⑤ 清との貿易を望み，清との仲介を朝鮮に依頼したが拒絶されたため，イギリスやフランスとの間で貿易を行った。

No.4

（解答 ▶ P.7）

次のうち，5代将軍徳川綱吉について書いてあるものはどれか。

① 享保以来公認されていた株仲間の結成を，都市だけでなく農村の商人にも奨励した。

② 金銀の海外への流出を抑えるため，海舶互市新例を出して貿易額を制限した。

③ 武断政治を方針として，大名統制の基本方針となる武家諸法度を公布した。

④ 従来の牢人対策を緩和して任官の道を開き，50歳未満の者には末期養子を認めた。

⑤ 文治政治を方針として，上野忍ヶ岡の林家の家塾を学問所として整備した。

No.5

（解答 ▶ P.7）

次のうち，生類憐みの令が出された時期と，ほぼ同時期に行われたものはどれか。

① 湯島聖堂が建設された。　　② 海舶互市新例が制定された。

③ 閑院宮家が創設された。　　④ 慶安の触書が発布された。

⑤ 紫衣事件が起こった。

以下の各文は，江戸時代の職制について書かれたものであるが，正しいものはどれか。

① 老中は，幕府の政務を総括する職であり，親藩から選ばれた。
② 大目付は，旗本・御家人の監察に当たる職で，旗本の中から選ばれた。
③ 若年寄は，老中を補佐する役で，外様(大名)から選ばれた。
④ 町奉行，勘定奉行，寺社奉行の三職を，三奉行と呼んだ。
⑤ 京都所司代は，幕府の重要直轄地に置かれた奉行の総称である。

正徳の治(政治)に関する記述として正しいものは，次のうちどれか。

① 勘定吟味役，荻原重秀の献策を入れて，純度を落として改鋳した元禄金銀を発行した。
② 海舶互市新例を制定して，俵物の輸出を奨励した。
③ 享保の改革の後を受けて，新井白石が行った。
④ 閑院宮家を創設した。
⑤ 側用人である間部詮房は，将軍を補佐して武断政治を断行した。

新井白石の対外政策について述べた文として正しいものは，次のうちどれか。

① 特定の商人に糸割符仲間を作らせた。
② 長崎貿易について貿易額を制限した。
③ 印旛沼・手賀沼の干拓計画を立てた。
④ 貿易統制のために，奉書船制度を始めた。
⑤ 間宮林蔵に命じて，樺太とその対岸の探検をさせた。

No.9　　　　　　　　　　　　　　　　　　　　　　　　　（解答▶P.7）

享保の改革に関する記述として妥当なものは，次のうちどれか。

① 人材登用のために，在職期間中不足の石高（役料）を補う上げ米を実施した。

② 金銭貸借の問題は必ず幕府へ訴えるよう定めた，金銭訴訟令を出した。

③ 年貢の増徴を目指して，検見法を採用した。

④ 大岡忠相に『徳川禁令考』を編纂させ，裁判や刑の基準を定めた。

⑤ 実学を奨励し，キリスト教関係以外の漢訳洋書の輸入制限を緩和した。

No.10　　　　　　　　　　　　　　　　　　　　　　　　（解答▶P.7）

次に挙げる事項を主要政策とし，改革を行ったのは誰か。

・専売制の実施　　　　　　　・株仲間結成の奨励

・銅，俵物などの輸出奨励　　・印旛沼，手賀沼の干拓計画

① 田沼意次

② 水野忠邦

③ 徳川吉宗

④ 松平定信

⑤ 新井白石

No.11　　　　　　　　　　　　　　　　　　　　　　　　（解答▶P.7）

天明の飢饉後に多く発生した，富商や米商人などを襲って家屋や家財を破壊する，町民や農民の反抗運動を何というか。

① 代表越訴型一揆

② 惣百姓一揆

③ 村方騒動

④ 打ちこわし

⑤ 国訴

荒廃した農村の復興や都市政策を柱とした，18世紀末の江戸幕府の改革に関する記述として，誤っているものはどれか。

① 異国船打払令を出し，清・蘭船以外は撃退することを命じた。
② 凶作に備え，各地に籾米を蓄えさせる囲米を命じた。
③ 江戸の町に町入用の節約分を財源とする，七分積金を命じた。
④ 江戸の石川島に人足寄場を設けて，無宿者などを収容した。
⑤ 流入農民に対し，旧里帰農令を発した。

次のうち，天保の改革について書かれたものはいくつあるか。

A　株仲間を解散した。
B　上知令を出して幕府の支配体制と財政の強化を図ったが，失敗した。
C　江戸に流入した農民を強制的に帰農させる，人返しの法を出した。
D　高島秋帆に西洋砲術の教授を行わせた。

① すべて　　　　　　② 3つ　　　　　　③ 2つ
④ 1つ　　　　　　　⑤ 1つもない

株仲間に関する歴史的な事実を述べた文として，誤っているものはどれか。

① 株仲間は同業者で組織され，営業を独占するための団体であった。
② 株仲間を認めた際，幕府は運上金や冥加金を徴収した。
③ 株仲間として代表的なものに江戸の十組問屋，大坂の二十四組問屋があった。
④ 徳川吉宗は株仲間の結成を認め，商業統制を試みた。
⑤ 老中田沼意次は財政対策として長崎貿易を縮小し，株仲間の結成を制限した。

次に挙げる江戸時代の事項のうち，直接関係のあるものの組合せとして，正しいものはどれか。

① 一国一城令————————大塩の乱

② 武家諸法度————————島原・天草一揆

③ 由井(比)正雪の乱————蛮社の獄

④ 禁教令————————————寺請制度

⑤ 打ちこわし——————————末期養子の禁緩和

第8章 江戸末期

　1853年,浦賀にペリーが来航して幕府に開国を求めた。幕府は翌年日米和親条約を締結し,更に1858年には日米修好通商条約を締結した。これは領事裁判権を承認し,関税自主権を放棄せねばならない不平等な内容であったが,当時の大老である井伊直弼が欧米諸国の脅威を重く見て,勅許の得られぬまま調印したものであった。更に幕府は他の国々とも同様の条約を締結し,200年以上に及んだ鎖国政策は崩壊した。

　一方朝廷では,井伊直弼が勅許を得ないまま条約に調印したことが問題になっていた。これに対して井伊は強硬な態度をとり,逆に自身の政治方針に反対していた吉田松陰らを処刑した(安政の大獄)。これが尊攘派の怒りを招き,井伊は水戸藩出身の浪士らに殺害された(桜田門外の変)。これ以降,在野の身で政治を論ずる志士たちの力で,幕末の政治は動いていく。

　幕末の日本について理解するには,長州藩と薩摩藩の動きに着目するとよいだろう。まず両藩の幕府との関係について見ていくと,安政の大獄で吉田松陰を処刑された長州藩は,当初から幕府の意に添わない動きを見せている。一方薩摩藩は,当初は幕府に従う姿勢を見せており,反幕府的な動きを明確にするのは薩長同盟以降である。また両藩とも初めは攘夷を目的として武力を蓄えるが,長州藩は四国艦隊下関砲撃事件,薩摩藩は薩英戦争で攘夷の不可能に気付き,蓄えた武力は戊辰戦争で生かされることになった。両藩は立場の違いから,薩長同盟以前は敵対関係にあった。しかし,1866年には土佐藩の坂本竜馬・中岡慎太郎の仲介によって薩長同盟が成立し,薩摩藩は第二次長州征討への参戦を拒んだ。

　同盟を結んだ長州藩・薩摩藩は武力討幕を目指していた。しかし土佐藩はあくまで公武合体を主張し,前土佐藩主の山内豊信は15代将軍である慶喜に対して大政奉還を上表した。慶喜もこれを受け入れたため,政権は朝廷に返還された。しかし,これに対して長州藩・薩摩藩は,王政復古の大号令を発表させた。これは幕府を完全に廃絶し,天皇を中心とした新たな政府を樹立することを目指すものであり,これによって新政府軍と旧幕府軍が交戦した戊辰戦争が開戦した。

1853 年	ペリー来航
1854 年	日米和親条約調印
1858 年	日米修好通商条約調印
	安政の大獄(～ 59 年)
1860 年	桜田門外の変：大老井伊直弼暗殺
1862 年	生麦事件
1863 年	薩英戦争が起こる
1864 年	第一次長州征討(征伐)
1866 年	薩長連合(同盟)成立
	第二次長州征討
1867 年	大政奉還
	王政復古の大号令

📖 ポイント

1) 開国(1853 年～)

浦賀にペリー来航…開国要求

1854 年　**日米和親条約**：①　下田・箱館を開港して領事(コンシュル)を駐在させる

②　アメリカに一方的な最恵国待遇を与える

③　アメリカ船が必要な薪炭や食料の供給

④　遭難船員の救助　など

1858 年　**日米修好通商条約**：①　神奈川，長崎，新潟，兵庫の開港と江戸，大坂の開市

②　通商は自由貿易

③　領事裁判権(治外法権)の承認

④　協定関税制＝関税自主権なし

→初代総領事ハリスの要求に対し，大老井伊直弼が勅許を得ずに調印

→オランダ・ロシア・イギリス・フランスとも同様の条約を締結
＝安政の五カ国条約

2）討幕運動の展開

●貿易の開始→輸出増(生糸，茶，海産物，蚕卵紙など)→物価高騰

●日本と外国の金銀比価の違い→大量の金貨流出→貨幣改鋳→物価高騰に拍車

下級武士，庶民生活の圧迫，不満→ ●攘夷運動の高揚

●打ちこわし・百姓一揆の激化

●外国人殺傷事件　　など

3）安政の大獄

●将軍継嗣問題：13代将軍家定に嗣子がいなかったために問題化。

徳川慶福を推す南紀派と徳川(一橋)慶喜を推す一橋派が対立。

1858年，南紀派の井伊直弼の大老就任で徳川慶福が14代将軍

に＝徳川家茂(改名)

●条約勅許問題：日米修好通商条約締結に際し，大老井伊直弼が孝明天皇の勅許

を得ずに条約に調印

→ 1858～59年　幕府：反対派を弾圧＝安政の大獄

→憤激した尊攘派(尊王攘夷派)の志士が井伊直弼を暗殺

＝桜田門外の変(1860年)

4）幕府の滅亡

●長州藩…① 1863年5月　下関で外国船砲撃

→四国艦隊下関砲撃事件：英・仏・米・蘭の攻撃

② 1863年8月　八月十八日の政変

薩摩，会津などの公武合体派が長州藩などの尊攘派を京都から追放

→ 1864年7月　禁門(蛤御門)の変

八月十八日の政変で京都を追われた長州藩の急進派が入京し，薩摩・

会津などの藩兵と交戦し敗走

→第一次長州征討：幕府が勅命により攻撃

●薩摩藩… 1862年8月　生麦事件

島津久光一行が江戸から帰途する際，その従士が行列へのイギリス人の

非礼をとがめて，3人を殺傷

→ 1863年7月　薩英戦争：開国派へ転換，イギリスと接近

● 1866 年薩長連合(同盟)結成：坂本竜馬，中岡慎太郎の仲介

→討幕派の主力形成

● 1867 年 10 月 14 日　**大政奉還**

15 代将軍徳川慶喜が，前土佐藩主山内豊信(容堂)の建白により上表

↓

1867 年 12 月 9 日　　王政復古の大号令：討幕派が計画

5）幕末の重要人物

人物名	説　　　　　　明
西郷隆盛	薩摩藩士。尊王攘夷運動に尽力し，薩長連合締結。 1870 年参議。征韓論で下野し，西南戦争に敗れて自刃。
大久保利通	薩摩藩士。薩長連合や王政復古で活躍。藩閥政府の中心として権勢を誇ったが，東京の紀尾井坂で暗殺された。
木戸孝允 （桂小五郎）	長州藩士。討幕運動で活躍し，薩長連合締結。版籍奉還，廃藩置県などに尽力。
高杉晋作	長州藩士。奇兵隊を組織し下関で挙兵。
坂本竜馬	土佐藩士。海援隊を組織し，薩長連合を斡旋。
中岡慎太郎	土佐藩士。陸援隊を組織し，坂本と共に薩長連合を斡旋。
山内豊信 （容堂）	土佐藩主。大政奉還を徳川慶喜に建議。
岩倉具視	公家。公武合体を策した後，討幕派に転向。王政復古に尽力。1871 年，遣外使節の大使として欧米を視察。
島津久光	薩摩藩主島津忠義の父で島津斉彬の弟。公武合体の中心として文久の改革を推進。
松平容保	会津藩主。薩摩藩と協力して八月十八日の政変を起こす。
三条実美	公卿。八月十八日の政変で失脚，長州に七卿落ち。

No.1

（解答 ▶ P.8）

以下の各文は，江戸時代後半に来日した外国人に関するものである。このうち，ラックスマンについて書かれたものはどれか。

① 1792 年，女帝エカチェリーナ 2 世の命で，漂流民大黒屋光（幸）太夫らの返還と通商を求めて根室に来航した，ロシア軍人。

② 1804 年，漂流民の返還と通商を求めて長崎に来航した，アレクサンドル 1 世の遣日使節。

③ 1811 年に千島列島の測量中に捕らえられ，箱館・松前に監禁されたロシア海軍の軍人。『日本幽囚記』の著者。

④ 1846 年，浦賀に来航して通商を要求した，アメリカ東インド艦隊司令長官。

⑤ 1853 年，長崎に来航して条約締結を要求，翌年下田に来航したロシア極東艦隊司令長官。

No.2

（解答 ▶ P.8）

1858 年に締結された日米修好通商条約に関する記述として正しいのは，次のうちどれか。

① 日本の関税は日本が独自に決定することとした。

② 領事裁判権を認めた。

③ 開港場に両国雑居の地を定め，一般外国人の国内旅行を認めた。

④ 老中堀田正睦とアメリカの総領事ペリーとで調印，条約が締結された。

⑤ 下田・箱館の 2 港の開港を取り決めた。

No.3 （解答▶P.9）

1850 年代に日本と諸外国との間で結ばれた条約に関する記述として最も妥当なものは，次のうちどれか。

① 日米和親条約は，井伊直弼とアメリカの使節プチャーチンとの間で調印された。
② 日米和親条約では，アメリカに片務的最恵国待遇が供与されていた。
③ 日米和親条約締結後，イギリスやオランダとも同様の条約を結んだが，ロシアとは締結していない。
④ 日米修好通商条約では，神奈川と長崎の開市が定められた。
⑤ 日米修好通商条約締結後，幕府は次いで，イギリス・オランダ・中国・スペインとも同じような条約を結んだ。これを安政の五カ国条約という。

No.4 （解答▶P.9）

次のA〜Dの出来事を古い年代順に並べたものとして正しいのは，次のうちどれか。

A　江戸から帰る途中の薩摩藩の島津久光一行とすれちがったイギリス人が，横浜郊外で殺傷される事件が起こった。
B　大老井伊直弼はアメリカの総領事ハリスの強い要請を受けて，勅許を待たずに日米修好通商条約に調印した。
C　長州藩と薩摩藩では攘夷の不可能なことをさとった下級武士が藩政を掌握し，討幕のため両藩が同盟を結んだ。
D　尊王攘夷論が高まり，長州藩は下関海峡を通過する外国船を砲撃した。

① A→B→C→D
② B→A→C→D
③ B→A→D→C
④ B→D→A→C
⑤ C→B→A→D

下記の幕末に関する事項のうち，説明が妥当でないものはどれか。

① 奇兵隊―――――尊王攘夷の理想実現のために，長州藩の高杉晋作が組織した。

② 生麦事件――――イギリス艦隊が鹿児島沖に来航して薩摩藩と交戦した。

③ 寺田屋事件――薩摩の島津久光が，倒幕挙兵を策する自藩の急進派を弾圧した。

④ 天誅組の変――公卿中山忠光，土佐藩士吉村寅（虎）太郎ら天誅組が大和国五条の代官所
を襲撃した。

⑤ 安政の大獄――大老井伊直弼が，将軍継嗣問題や条約勅許問題において批判的な勢力を
弾圧，処罰した。

幕末に起こった出来事に関する記述として最も適当なものは，次のうちどれか。

① 公武合体を推進した安藤信正は，孝明天皇の妹和宮と将軍徳川慶喜の結婚を実現させた。
しかしそれに反対する尊王攘夷派の志士に桜田門外で襲われ，暗殺された。

② 公武合体派の中心人物だった島津斉彬は，勅命を受けて江戸に赴き，慶応の改革を推進
した。これにより，一橋慶喜は将軍後見職に就任した。

③ 薩摩藩を中心とする尊王攘夷派の動きに対し長州藩と会津藩は，薩摩藩勢力と急進派公
家を京都から追放した。これを八月十八日の政変という。

④ 長州藩は，下関海峡を通る外国船を砲撃する事件を起こした。それに対する報復として
起こったのが，四国艦隊下関砲撃事件である。

⑤ 尊王攘夷派の志士が新撰組を殺傷した池田屋事件が起こった後，薩摩藩は京に攻め上っ
たが，失敗して敗走した。これを禁門の変という。

No.7

(解答 ▶ P.9)

江戸末期の日本の情勢に関する記述として正しいものは，次のうちどれか。

① 老中首座となった堀田正睦が，日米修好通商条約の締結を狙ったことから，尊王攘夷派の志士に襲われるという坂下門外の変が起こった。

② 1862年，勅命によって文久の改革が実施され，将軍後見職として田安慶頼が，政事総裁職として松平慶永が任用された。

③ 薩英戦争や四国艦隊下関砲撃事件によって，外国との戦いを経験した薩摩藩や長州藩では，藩内に尊王攘夷論を唱える勢力が台頭した。

④ 1856年，洋学所としていた蛮書和解御用（掛）を蕃書調所と改称し，翌57年幕府の洋学教授・翻訳所として開校した。

⑤ 13代将軍家定に跡継ぎがなかったことから将軍継嗣問題が起き，南紀派と一橋派が対立したが，結局一橋派が勝利した。

No.8

(解答 ▶ P.9)

幕末の雄藩連合運動に関連する藩と藩主（前藩主も含める）の組合せとして，誤っているものはどれか。

	藩	藩主
①	水戸	徳川斉昭
②	尾張	徳川慶勝
③	越前福井	松平慶永
④	長州	島津久光
⑤	土佐	山内豊信

第9章 明治初期（〜日清戦争）

　王政復古の大号令をきっかけに，新政府軍と旧幕府軍は対立した。この新政府軍と旧幕府軍の戦争を戊辰戦争という。まず，鳥羽・伏見の戦いで激突した両軍だったが，旧幕府軍がこれに敗れると同軍が擁した徳川慶喜は江戸城へ逃れた。新政府軍は慶喜を朝敵として江戸を攻撃しようとしたが，勝海舟らの発案により江戸城は無血開城された。それでも旧幕府軍の中には戦うことを諦めない者も多く，新政府軍は東北諸藩からなる奥羽越列藩同盟との戦い，五稜郭に立てこもった旧幕臣らとの戦いに勝利して戊辰戦争を平定した。

　新政府の基本方針は，天皇を中心としつつ藩閥官僚による中央集権国家を形成することであり，実際に新政府の要職は長州藩や薩摩藩の出身者によって占められたため藩閥政治と呼ばれていた。また，全国的に旧来の藩体制をなくして中央集権体制に移行しようと，版籍奉還，廃藩置県が相次いで行われた。

　このような新政府に対して，民主的改革を求めた運動が自由民権運動である。政府は讒謗律などを制定して運動を取り締まったが，民主的改革を求める世論の動きは大きかったため，国会開設の勅諭が発せられ，10年後に国会を開設することが公約された。

　また国家制度を整備する過程で，憲法を制定する必要が生まれた。1889年に発布された大日本帝国憲法は，ドイツ憲法にならいつつも天皇と行政府の権限が大きいものであったが，国民に対して一定の自由を保障するものであり，日本の近代化にとって大きな進歩であったと言える。更に，民法や商法などの諸法典の整備や衆議院議員総選挙，第1回の帝国議会が召集されるなど，日本は次第に近代国家としての国家制度を整え，更に不平等条約の撤廃にも成功した。

　以上のように，明治期の日本は欧米に追従的であった一方，アジア諸国には強圧的な態度で臨んだ。日本は朝鮮への進出を目指し，朝鮮との貿易を拡大した。結果，当時朝鮮に対して宗主権を主張していた清と対立を深め，ついには朝鮮の支配権を争って戦争となった（日清戦争）。これに勝利した日本は，清が日本に遼東半島などを割譲するといった内容の下関条約を締結した。しかし，露・独・仏の3国から遼東半島を返還するよう求められ（三国干渉），やむなく日本は受諾した。日本政府は国民に対して「臥薪嘗胆」のスローガンを広め，ロシアに対して国民の敵意をあおり，のちの日露戦争につながった。

1868(明治元)年	戊辰戦争(戊辰の内乱)(〜69年)
1871(明治4)年	廃藩置県
1872年	学制公布
1873(明治6)年	徴兵令
	地租改正条例
1874年	民撰議院設立の建白書
1877(明治10)年	西南戦争
1879年	琉球藩を廃して沖縄県を設置
1881(明治14)年	国会開設の勅諭
1884年	秩父事件
1889年	大日本帝国憲法発布
1890年	第1回帝国議会開会
1894年	日清戦争開始(〜95年)
1895年	下関条約調印

🕰 ポイント

1）戊辰戦争(戊辰の内乱)(1868〜69年5月)

1867年12月　王政復古の大号令

明治維新…封建制度を解体し，近代的統一国家建設に向かう変革過程
討幕派，旧幕府勢力の一掃を図る
1868年　鳥羽・伏見の戦い
1868年3月　江戸(無血)開城
内戦…彰義隊，奥羽越列藩同盟鎮圧・五稜郭陥落→平定

2）新政府の基本方針

- 1868年3月　**五箇条の(御)誓文**
  公議世論の尊重と開国和親(外交政策の転換)，天皇が神に誓う形式
- 五榜の掲示：徒党・強訴・逃散・キリスト教など厳禁→旧来の民衆統治政策を継承
- 一世一元の制：天皇一代の間をまとまりとして，元号も変えない制度
- 東京遷都：江戸を東京と改めて，東京府設置

３）新政府の政策：藩閥出身官僚が実権掌握＝藩閥政治→専制的傾向強まる

① 1869 年　版籍奉還：諸藩主が土地(版図)と人民(戸籍)を返上

　　　　　　　　　　→薩摩・長州・土佐・肥前の４藩主が上表，他藩主もならう

　　　　　　　　　　→旧藩主を知藩事に任命…旧藩領を統治(家禄，藩実収入の 10

　　　　　　　　　　　分の１)

② 1871 年　廃藩置県：旧態を解体して全国を政府の直轄地に

　　　　　　　　　　　→薩摩・長州・土佐から(御)親兵を募って断行

　　　　　　　　　　　→知藩事を罷免，藩を県にして中央政府が任命した府知事，県

　　　　　　　　　　　　令を置く

　　　　　　　　　　　→中央集権体制の確立

③ 　　　　　四民平等：封建的身分制度(士農工商)を撤廃，華族・士族・平民に再編

　　　　　　　　　1871 年　(身分)解放令布告→経済的，社会的差別は残る

④ 　　　　　富国強兵：経済発展と軍事力強化による近代国家の形成

　　　　　　　　→・殖産興業：軍事・造船・製糸などの官営模範工場設立

　　　　　　　　　・軍備の近代化：砲兵工廠・造船所の拡充

　　　　　　　　　・鉄道の開通，郵便制度の発足(前島密)

　　　　　　　　　・北海道の開拓→開拓使の設置，屯田兵制度，札幌農学校開設

　　　　　　　　　・政商：政府から特権を与えられ，独占的利益をあげた民間の事業家

　　　　　　　　　　→岩崎弥太郎(三菱)，三井組，五代友厚など

⑤ 　　　　　貨幣制度：1871 年　新貨条例制定

　　　　　　　　　1872 年　国立銀行条例制定(渋沢栄一)

⑥ 1873 年　地租改正：地価を定め，土地所有者に地券発行，地税＝地価の３％を

　　　　　　　　　　金納させる

　　　　　　　　　　　　→新政策の財政基盤確立のため↔地租改正反対一揆

⑦ 1873 年　徴兵令発布：国民皆兵の方針に基づき，満 20 歳以上の男子を徴兵

　　　　　　→ 1873 〜 74 年　血税一揆(騒動)(徴兵反対一揆)勃発

⑧ 1872 年　学制公布：国民皆学，実学の理念などを明示

　　　　　　　　　　→ 1886 年　小学校の義務教育(４年制)

⑨ 1876 年　金禄公債証書発行：華・士族の秩禄廃止(秩禄処分)
　　　　　　廃刀令：軍人・警官以外の帯刀禁止　　　　　　　　　　}士族の特権喪失

4）征韓論と不平士族の反乱

征韓論：当時鎖国政策を採っていた朝鮮に対し，武力を用いて開国させようとする主張

→征韓派と内治派（国内問題解決を優先）が対立

征韓派：西郷隆盛，板垣退助，後藤象二郎，江藤新平，副島種臣など

内治派：岩倉具視，大久保利通，木戸孝允，大隈重信など

1873年　明治六年の政変：征韓派，一斉に下野

1874年　佐賀の乱：江藤新平，征韓を主張し挙兵→大久保利通ら政府軍が鎮圧

1876年　神風連の乱：廃刀令に反対して熊本で挙兵→鎮圧

秋月の乱：神風連の乱に呼応して，国権拡張を主張し旧秋月藩（福岡県）で挙兵→鎮圧

1877年　西南戦争：鹿児島県の私学校生が西郷隆盛を首領に挙兵

→鎮圧，不平士族の武力反乱終結

5）自由民権運動

欧米諸国の立憲政治の実情

イギリス自由主義思想 ｝の紹介→**自由民権運動**の理念

フランス天賦人権思想

↓

民撰議院設立の建白書提出

政治結社の設立…板垣退助：1874年　立志社設立→翌年愛国社結成

↓

政府の対応→●弾圧：反政府運動の取り締まり

→1875年　讒謗律，新聞紙条例，出版条例改正

●1881年　国会開設の勅諭＝10年後に国会開設を約す

→反政府世論の緩和を図る

政党の結成（1881〜82年）

●自由党＝板垣退助：フランス流の急進的自由主義

●立憲改進党＝大隈重信：イギリス流の漸進的立憲主義

●立憲帝政党＝福地源一郎：政府支持保守的

民権運動の激化→自由党員中心，中・下層農民と結びつく

背景：インフレによる物価高騰，輸入超過による国際収支の悪化

    →大蔵卿松方正義による財政政策＝松方財政⇔激しい緊縮政策でデフレに

    →自作農の没落

- 1882 年　福島事件

県令三島通庸の土木工事強制に対し，農民や県会議長河野広中らが反対運動を展

開→多数の者を逮捕・処罰：自由党弾圧

- 1884 年　秩父事件

埼玉県秩父地方で数万の農民が負債の減免を求めて蜂起

    →政府：軍隊を派遣して鎮圧

6）憲法の制定

憲法制定の準備…1881 年より本格的に着手

    →伊藤博文渡欧，各国憲法を調査，草案作成に着手

内容
- 主権在君：天皇大権＝議会の協力なしに行使できる機能
    →文武官任免，陸海軍統帥，宣戦・講和・条約締結など
- 三権分立：天皇の統治権のもと，政府の権限強大
- 帝国議会：二院制＝衆議院と貴族院→代議制による国民の立法参加
- 緊急勅令：天皇大権の一つ。議会の協賛を経ずに立法
- 国民：天皇の臣民，権利は法律の範囲内

1889 年　**大日本帝国憲法**発布＝欽定憲法（7 章 76 条）

7）初期議会

1890 年　第 1 回衆議院議員総選挙

    選挙権…満 25 歳以上の男性で，直接国税年額 15 円以上納める者

        ＝総人口の 1 ％強

1890 年　第 1 回帝国議会召集

8）法典の整備

条約改正の推進→近代法治国家の体制整備が必要→法典編纂

　刑法・民法制定…ボアソナードを顧問に

　　刑法…1882年施行

　　民法…1890年公布→穂積八束らが反対：民法典論争→再起草，1898年施行

　　商法…1890年公布→修正→1899年までに全編施行

9）条約改正

1871年　岩倉使節団（岩倉具視，木戸孝允，大久保利通，伊藤博文など）欧米に派遣
　　　　：条約改正の予備交渉目的→視察にとどまり，予備交渉なく帰国

1878年　寺島宗則外務卿，関税自主権回復の条約改正交渉

　　　　→米とは同意するも，英・独の反対で不成立

1882年　井上馨外務卿（のち外務大臣），条約改正の予備会議を東京で開催

　　　　→領事裁判権の撤廃，関税率引き上げのかわりに，外国人判事任用と

　　　　　内地雑居を認める

1883年　鹿鳴館竣工：井上馨が条約改正のために行った欧化政策の一環

　　　　　　　　↓

　　　　極端な改正案や欧化政策への反発，ノルマントン号事件の勃発により，

　　　　三大事件建白運動に発展→井上馨辞任

1888年　大隈重信外相，各国別個別交渉開始：外国人判事任用を大審院のみに限定

　　　　→米・独・露などと改正条約に調印するも，反対運動高まる

1889年　大隈重信，玄洋社員に襲撃され負傷，外相辞任
　　　　→青木周蔵が外相に就任

1891年　大津事件勃発→青木周蔵外相辞任

1894年　陸奥宗光外相，日英通商航海条約調印：領事裁判権撤廃，関税率引き上げ，

　　　　　　　　　　　　　　　　　　　　　　　　相互対等最恵国待遇

　　　　→他欧米諸国とも改正条約調印，1899年同時施行

1911年　小村寿太郎外相，関税自主権回復を実現

10）日清戦争

日本…朝鮮市場に進出→日朝貿易増加

↕　　鋭く対立

清国…朝鮮に対する宗主権主張

1894年　**日清戦争**勃発…日本勝利

1895年　**下関条約**締結

内容
- ●清国が朝鮮の独立を認める
- ●遼東半島，台湾，澎湖諸島の割譲
- ●賠償金2億両（約3億1,000万円）の支払い
- ●日清通商航海条約の締結→揚子江沿岸の4市（沙市・重慶・蘇州・杭州）開港
- →不平等条約

三国干渉…露・独・仏，遼東半島の返還要求→日本：やむなく受諾（臥薪嘗胆）

政府・国民の憤慨→戦後の軍備充実に努める

演習問題

No.1

（解答 ▶ P.9）

下の文は，明治時代に発布されたものである。これは次のうちのどれか。

一．広ク会議ヲ興シ，万機公論ニ決スヘシ。

一．上下心ヲ一ニシテ，盛ニ経綸ヲ行フヘシ。

一．官武一途庶民ニ至ル迄各其志ヲ遂ケ，人心ヲシテ倦マサラシメン事ヲ要ス。

一．旧来ノ陋習ヲ破リ，天地ノ公道ニ基クヘシ。

一．智識ヲ世界ニ求メ，大ニ皇基ヲ振起スヘシ。

① 王政復古の大号令
② 五箇条の御誓文
③ 五榜の掲示
④ 一世一元の制
⑤ 徴兵令

No.2

（解答 ▶ P.9）

明治初期の政治に関する記述として正しいものは，次のうちどれか。

① 戊辰戦争に勝利した薩長両藩は，王政復古の大号令を出して，天皇中心の新政府樹立を目指した。

② 五箇条の御誓文は，明治天皇が神に誓う形で発布され，公議世論の尊重と開国和親，キリスト教の禁止について規定された。

③ 兵部大輔だった大村益次郎（村田蔵六）は国民皆兵主義による常備軍編成の必要性を唱えたが，実際に徴兵令の制定に成功したのは山県有朋である。

④ 渋沢栄一らの努力によって国立銀行条例が公布され，東京の第一日本銀行を最初に，第百五十三日本銀行まで設立が続いた。

⑤ 近代産業の急速な成長を企図して殖産興業政策を採り，官営模範工場として富岡製糸場や八幡製鉄所を建てた。

以下の４つの文は，明治初期の諸政策について述べられたものである。正しいものの組合せはどれか。

A　1868年，政府は神仏分離(判然)令を発布し，神道の国教化を目指した。
B　旧大名領主層は，金禄公債証書の発行以後，一切の政治的特権を失った。
C　蝦夷地を北海道と改称した政府は，先住民アイヌに対して同化政策を採った。
D　1871年廃藩置県が断行され，沖縄でもこの年，琉球藩が解体され沖縄県が置かれた。

①　A・B
②　A・C
③　B・C
④　B・D
⑤　C・D

明治政府は，旧藩時代の社会や経済の仕組みを撤廃したが，そのことに関する文として誤っているものは，次のうちどれか。

① 四民平等によって公家・大名を華族，旧幕臣・諸藩士を士族，百姓・町人を平民と称することになった。
② 版籍奉還の際，政府は華・士族と卒に金禄を与えていたが，財政を圧迫するようになったので，賞典禄公債証書を発行し，金禄を廃止した。
③ 家禄を失った士族を救済するために政府は生業資金を貸与したり開墾を奨励したりしたが，士族の商法で失敗し没落する者が多かった。
④ 政府は地租改正を行い，収穫高を基準とする年貢から地価を基準とする金納の課税制度に改めた。
⑤ 政府は近代工業の移植・育成を目指して，富岡製糸場などの官営工場を設立した。

No.5　(解答 ▶ P.10)

明治初期，朝鮮を武力で開国させようとする「征韓論」が主唱され，内治派と対立した後敗れて，征韓派が一斉に下野するという「明治六年の政変」が起きた。以下の５人のうち，明治六年の政変で下野したのは誰か。

① 岩倉具視
② 大久保利通
③ 木戸孝允(桂小五郎)
④ 大隈重信
⑤ 板垣退助

No.6　(解答 ▶ P.10)

自由民権運動に関する記述として最も妥当なものは，次のうちどれか。

① 板垣退助らが民撰議院設立の建白書を提出した直後，東京に全国の有志が集まり，立志社が結成された。

② 板垣退助，大隈重信，後藤象二郎の３人は大阪会議を行い，10年後に国会を開設することで合意した。

③ 立志社を改称してつくられた国会期成同盟が提出した国会開設請願書を受けて，立憲政体樹立の詔が発せられた。

④ 福島県令三島通庸による福島事件に対する世論の政府攻撃をかわすため，国会開設の勅諭が出された。

⑤ この当時出された私擬憲法には，慶應義塾出身者を中心とする交詢社の「私擬憲法案」や，植木枝盛の「東洋大日本国国憲按」などがある。

明治時代の条約改正について正しいものは，次のうちどれか。

① 1871 年，右大臣岩倉具視，大蔵卿大久保利通らが欧米に渡航して，条約改正の予備交渉を行い，成功に終わった。

② 外務卿井上馨は，条約改正を行うために徹底した反欧化政策を採り，政府内外の支持は得たが，外国には反感を買い，条約改正は成功しなかった。

③ 外務大臣青木周蔵は，イギリスとの条約改正交渉を順調に進めていたが，1891 年に福島事件が起こったことで外務大臣を引責辞任したため，交渉は中断した。

④ 外務大臣陸奥宗光は，日清戦争の直前に日英通商航海条約の調印に成功し，次いで各国とも改正した。これによって治外法権が撤廃された。

⑤ 外務大臣小村寿太郎は，日英通商航海条約の更新時期である第一次世界大戦直後に，関税自主権の回復に成功した。

明治初期に出された諸法令の内容と，それに対する人々の反応について正しいものは，次のうちどれか。

① 1873 年，地租改正条例が公布されたが，農民の負担が軽減したわけではなかったので，各地で地租軽減を求める血税一揆（騒動）が起こった。

② 1873 年に出された徴兵令は，満 20 歳に達した男性に例外なく 3 年間の兵役を課したことから，各地で徴兵反対の農民一揆が頻発した。

③ 1872 年，学制が公布されたが，国民皆学，教育の機会均等の原則を定めていたため，民衆の反対はなかった。

④ 1876 年に廃刀令が出され，軍人および警官以外の帯刀が禁止されたが，士族という特権身分が保障されていたため，旧藩士などの反対はなかった。

⑤ 1871 年の身分解放令によって賤民は廃止されたが，その後も社会的・経済的差別がなくならず，反対に解放令反対一揆が起こった。

No.9 （解答 ▶ P.11）

以下の文章の（　）内に入る適語の組合せとして正しいものは，次のうちどれか。

（　A　）戦争の軍費の必要性からくる不換紙幣の増発と，（　B　）の不換銀行券の発行によって，激しいインフレに見舞われた政府は，官営工場の払い下げなどによって，財政・紙幣整理に着手するようになった。1881年，大蔵卿に就任した（　C　）は，軍事費以外の財政支出の削減，増税による財政増収を進め，翌年には（　D　）を設立した。1885年には（　E　）兌換による紙幣も発行されるようになり，日本でもようやく近代的な貨幣制度が確立された。

	A	B	C	D	E
①	日清	日本銀行	松方正義	国立銀行	金
②	日清	国立銀行	大隈重信	日本銀行	金
③	西南	国立銀行	松方正義	日本銀行	銀
④	西南	国立銀行	大隈重信	日本銀行	金
⑤	日清	日本銀行	大隈重信	国立銀行	銀

No.10 （解答 ▶ P.11）

日清戦争に関する以下の記述のうち，正しいものはどれか。

① 1897年，朝鮮で五・四運動が起こり，それに対して日清両国が出兵したことに端を発している。

② 開戦後，日本軍は旅順を占領し，その後の日本海海戦で勝利したことが戦局を決定づけた。

③ 下関条約によって長春〜旅順の鉄道とその権益を譲り受けた日本は，南満州鉄道株式会社を設立した。

④ 下関条約によって遼東半島を割譲されたが，ロシア・アメリカ・イギリスからの返還要求，いわゆる三国干渉によって清国に返還した。

⑤ 下関条約によって領有した台湾の統治に力を入れ，台湾総督府を設置して初代総督に樺山資紀を任命した。

第10章 明治中期〜太平洋戦争

　1890年ごろ，日本では会社の設立ブームが起こり，近代的な工場制機械工業が盛んになった。これが日本の産業革命である。更に，日清戦争で多額の賠償金を得たことから，日本の産業はますます発展した。

　この時期にも，日本や列強諸国は植民地政策を進めようと，アジアへの進出を目指していた。中でも日清戦争に敗れたことによって弱体が暴露された清には，相次いで列強が進出した。その中でロシアは南下政策を採り，満州を征服した。しかし，ロシアの南下政策は日本の大陸政策と対立することになり，日露戦争が勃発した。この戦争で日本は大いに国力を消耗し，アメリカの仲介でロシアとポーツマス条約を締結して戦争は終わった。この条約で日本は韓国に対する優越権をロシアに認めさせたが，賠償金は獲得できなかったために国民の不満は大きかった。一方で，日本は韓国併合を行い，韓国を事実上の植民地にした。更に，1914年には第一次世界大戦が勃発し，日本も日英同盟を理由に参戦した。これを機に日本は，アジアでの植民地獲得，大戦景気による経済不況の打破に成功した。

　しかし，第一次世界大戦が終結すると，戦時中の好況の反動として戦後恐慌となった。さらに関東大震災，金融恐慌，昭和恐慌が相次いで，日本の経済は危機的な状況に陥ってしまった。浜口雄幸内閣，第二次若槻礼次郎内閣では，協調外交のもとデフレ政策を行ってこの状況を打破しようとしたが，どちらもうまくいかなかった。また，恐慌の中で庶民生活は破綻したために社会運動が激化した。政府ではこれを抑えるために軍部が台頭していき，更に五・一五事件，二・二六事件と軍部によるクーデターも相次いで，政府内における軍部の発言力は拡大していった。

　一方，満州を占領した日本軍は，中国軍と対立し，日中戦争が勃発した。日本は，このような大陸政策によってアメリカ・イギリスとの対立を深めた一方，ファシズム国であるドイツ・イタリアとは相互援助を目的に同盟を結んだ。これによってアメリカ・イギリスとの対立が決定的になり，1941年には太平洋戦争が開戦した。

1897 年	金本位制確立
	八幡製鉄所着工(1901 年〜操業開始)
1900(明治 33)年	治安警察法公布
1902 年	日英同盟締結
1904(明治 37)年	日露戦争(〜 05 年)
1905 年	ポーツマス条約(日露講和条約)調印
1910 年	韓国併合
	大逆事件
1914 年	第一次世界大戦参戦(〜 18 年)
1915 年	二十一カ条の要求(対中国)
1918(大正 7)年	シベリア出兵
	米騒動
1919 年	ヴェルサイユ条約
1921 年	ワシントン会議
1923(大正 12)年	関東大震災
1925(大正 14)年	普通選挙法成立
	治安維持法成立
1927 年	金融恐慌起こる
1929 年	世界恐慌(10 月 24 日　暗黒の木曜日)
1931 年	満州事変(9 月 18 日　柳条湖事件)
1932(昭和 7)年	満州国建国
	五・一五事件
1933 年	国際連盟脱退
1936 年	二・二六事件
1937(昭和 12)年	盧溝橋事件→7 月 7 日　日中戦争勃発
1938 年	国家総動員法公布
1939 年	第二次世界大戦勃発(独，ポーランドへ侵攻)
1940 年	日独伊三国同盟締結
1941 年	太平洋戦争勃発(12 月 8 日)
1945 年	米軍沖縄に上陸
	広島・長崎に原子爆弾投下
	ソ連の対日参戦
	ポツダム宣言受諾

📖 ポイント

1）資本主義の確立

1880 年代…民間産業の保護・育成＝官営工場払い下げ，殖産興業政策

1890 年代…近代的な工場制機械工業が勃興＝日本の産業革命

日清戦争→日本資本主義の飛躍的発展

$$\left\{ \begin{array}{l} \text{新海外市場の開拓・進出} \\ \text{金本位制確立（賠償金土台に）} \end{array} \right\} \text{経済界活況}$$

2）列強の中国進出

列強，帝国主義の段階へ（19 世紀末）→植民地・勢力圏をめぐる対立激化

日清戦争での敗北→清国の弱体暴露→列強の中国進出（利権獲得）

民衆の排外的気運高揚→ 1900 年　義和団，北京包囲→列強，出兵・鎮圧＝北清事変

ロシアの南下政策…満州占領→日本の大陸政策と対立

1902 年　**日英同盟**締結…日英提携してロシアの南下政策防止

3）日露戦争

ロシア，満州の兵力増強，韓国にも勢力が及ぶ

日露交渉：妥結せず→ 1904 年　**日露戦争**勃発

日本，陸海戦に勝利→戦費，日清戦争のほぼ 10 倍→内外債・租税増徴

$$\left\{ \begin{array}{l} \text{日本：国力消耗} \\ \text{ロシア：国内情勢不安定（第一革命）} \end{array} \right.$$

→戦争継続困難→アメリカ大統領セオドア＝ローズヴェルトが講和斡旋

ポーツマス条約締結（1905 年）

$$\left\{ \begin{array}{l} \bullet\text{韓国における政治・経済・軍事上の優越権確保} \\ \bullet\text{長春以南の鉄道利権の獲得} \\ \bullet\text{旅順・大連の租借権の獲得} \\ \bullet\text{樺太の北緯 50 度以南獲得} \\ \bullet\text{沿海州とカムチャツカ半島の漁業権獲得} \end{array} \right.$$

→賠償金なし→国民不満→日比谷焼打ち事件

4）韓国併合

1904 年　日韓議定書，第一次日韓協約締結

1905 年　第二次日韓協約締結…韓国の外交権を接収，保護国化

　　　　　統監府を漢城（現ソウル）に設置：初代統監伊藤博文

1909 年　伊藤博文暗殺事件→ 1910 年　韓国併合条約締結

1910 年　朝鮮総督府設置
$$\left\{\begin{array}{l} ●朝鮮人の権利 \\ ●自由に厳しい制限 \\ ●土地調査→官有地として土地接収 \end{array}\right.$$

5）大正デモクラシー

自由主義・民主主義的風潮の高揚

1912 年　桂太郎内閣発足

　　　　　→第一次護憲運動発生（犬養毅（立憲国民党）・尾崎行雄（立憲政友会））

　　　　　→桂太郎退陣：大正政変

　　　　　　友愛会設立（労働団体）

1913 年　山本権兵衛（海軍大将）内閣発足→軍部大臣現役武官制改正

1914 年　シーメンス事件：海軍首脳部の贈収賄事件→山本内閣総辞職，

　　　　　　　　　　　　　　　　　　　　　　　　第二次大隈内閣発足

1916 年　吉野作造，民本主義を提唱

1918 年　米騒動勃発→寺内内閣総辞職，原敬内閣成立：本格的政党内閣成立

1919 年　三・一独立運動（朝鮮民族独立運動），五・四運動（中国の排日運動）勃発

1920 年　新婦人協会設立（平塚らいてう，市川房枝）

1921 年　ワシントン会議開催→四カ国条約，九カ国条約，

　　　　　　　　　　　　　　　ワシントン海軍軍縮条約締結→ワシントン体制成立

　　　　　日本労働総同盟結成（友愛会が発展）

1922 年　日本共産党，日本農民組合，全国水平社結成

1924 年　第二次護憲運動発生：護憲三派（憲政会，革新倶楽部，高橋是清派政友会）

　　　　　→加藤高明内閣成立：護憲三派内閣，「憲政の常道」

1925 年　**普通選挙法成立**：満 25 歳以上男性に選挙権，満 30 歳以上男性に被選挙権

　　　　　治安維持法成立：国体変革，私有財産否認を目的とする結社禁止

　　　　　　　　　　目的：社会主義運動の拡大，活性化の取り締まり

6) 第一次世界大戦と日本の参戦

英・独の対立尖鋭化→日英同盟，主にドイツ対象に改定（1911 年）

三国協商…英・露・仏 ⎫ 対立激化
三国同盟…独・伊・墺 ⎭　　　　　　※墺＝オーストリア

極東の国際情勢 ⎰ 日米関係…満州経営をめぐり対立
　　　　　　　　 ⎱ 日露関係…対立緩和→日露協約の締結（1907 年〜）

1914 年　第一次世界大戦勃発…オーストリア皇太子の暗殺事件が契機

　　　日本参戦…日英同盟に基づき，対独宣戦布告

　　　⎰ 陸軍：山東半島上陸→ドイツの東洋での根拠地青島（膠州湾の中心港市）占領
　　　⎱ 海軍：太平洋のドイツ領南洋諸島を占領，一部は地中海方面に出動

1915 年　中国袁世凱政府に二十一カ条の要求→中国：大部分を容認

　　　　●山東省のドイツ権益継承

　　　　●南満州と東部内モンゴルの権益強化

　　　　●福建省の他国不譲渡の確認

　　　　●日中合弁事業の承認

7) ヴェルサイユ条約と国際連盟

1917 年　アメリカの参戦→連合国の勢力強化→ 1918 年　独・墺，無条件降伏

1919 年　ヴェルサイユ条約締結

　　　　日本→●中国におけるドイツ権益の継承

　　　　　　　●赤道以北の独領南洋諸島の委任統治権獲得

1920 年　国際連盟の成立…世界平和維持のための機関

　　　　米大統領ウィルソン提唱，日本：常任理事国に

8）シベリア出兵

　　1917 年 3 月 11 日　ロシア革命→ソヴィエト政権成立

　　　　　　　　　　　→ドイツと単独講和：ブレスト＝リトフスク条約（1918 年）

　　1918 年　シベリア出兵→連合国：革命の自国波及を恐れてソヴィエト政権に干渉

　　　　　　　　　　　チェコスロヴァキア軍救援を名目

　　　日本が主力→諸国撤兵後も駐留続ける←列国の非難，国内の反対高まる

　　　→ 1922 年　撤兵　→ 1925 年　日ソ国交樹立

9）軍事ファシズムの台頭

　　第一次世界大戦後…戦後恐慌（1920 年）：以後慢性的不況に陥る

　　1923 年　震災恐慌：関東大震災の影響

　　1927 年　金融恐慌

　　1930 年　昭和恐慌：世界恐慌の時期に金解禁（金輸出解禁）

　　　　　　　　　　　　　　　　　　　　　　　　　　日本経済は
　　　　　　　　　　　　　　　　　　　　　　　　　　深刻な状況に

　●満州事変

　　1931 年 9 月　南満州鉄道爆破事件＝柳条湖事件

　　→中国軍のしわざとして軍事行動開始→満州国建国

　　←→国際連盟のリットン調査団派遣（1932 年 2 〜 9 月）

　　国際連盟：対日勧告案を 42 対 1 で採択

　　→日本，国際連盟脱退（1933 年 3 月）

　●五・一五事件（1932 年）

　　海軍青年将校中心のクーデター：犬養毅首相を暗殺→政党内閣に終止符

　●二・二六事件（1936 年）

　　陸軍皇道派青年将校中心のクーデター→以後軍部の発言力強化

　● 1937 年 7 月　盧溝橋事件：北京郊外の盧溝橋付近で中国北部に駐屯する日本軍部

　　　　↓　　　　　　　　　　隊と中国軍が衝突

　　日中戦争勃発→日本軍，中国での軍事行動拡大

10) 第二次世界大戦の勃発

ヨーロッパで戦争の危機が高まる

● ドイツ

1938 年　オーストリア併合

1938 年　チェコのズデーテン地方併合要求→ミュンヘン会談：英仏妥協

1939 年　チェコスロヴァキア併合

● イタリア

1939 年　アルバニア占領

1939 年　独ソ不可侵条約締結

→平沼騏一郎内閣，変動する国際情勢に対応し得ないとして総辞職

1939 年　ドイツ：ポーランドに侵入→英仏，対独宣戦布告→**第二次世界大戦勃**

発→デンマーク・ノルウェー・ベルギー・オランダ占領

←1940 年　フランス降伏，イギリス軍本国に撤退

1940 年　イタリア：ドイツ側に立って英・仏に宣戦布告

11) 日独伊三国同盟

1940 年　日独伊三国同盟締結→アメリカの行動牽制

1941 年　日ソ中立条約締結→北方からの脅威回避

1941 年　日本：フランス領インドシナ南部に進駐

アメリカ：対日経済封鎖を強化 ┤ ● 英・中・蘭と ABCD ライン（包囲陣）

結成→中国援助増強

● 石油の対日輸出禁止

日米対立激化→局面打開の外交交渉も難航→戦争の危機迫る

12）太平洋戦争（1941 年 12 月）

　日本…米・英に宣戦布告→南方進出→1942 年夏までに南太平洋の諸島占領

　1943 年　大東亜会議：日本・満州・中華民国（汪政権）・タイ・ビルマなどの協力体

　　　　　　　　制強化

　米軍反攻 { ●ミッドウェー海戦（1942 年 6 月）を転機に南太平洋の諸島奪還
　　　　　　 ●サイパン島奪還→同島基地より日本本土爆撃

　ヨーロッパ戦局の終結

　　●1941 年　独ソ開戦→ドイツ敗退

　　●米・英など連合軍，反攻開始→北アフリカ・イタリア・フランスで勝利

　　●1943 年 9 月　イタリア降伏

　　●1945 年 5 月　ドイツ降伏

　戦局の悪化…本土空襲激化→戦争の継続困難

　　　　　　　1945 年　4 〜 6 月　沖縄本島に米軍上陸

　　　　　　　　　　8 月 6 日　広島 }
　　　　　　　　　　　　　　　　　　原子爆弾投下→両市，壊滅的被害
　　　　　　　　　　8 月 9 日　長崎 }

　　　　　　　　　　8 月 8 日　ソヴィエト対日参戦

　1945 年 8 月 14 日　日本：**ポツダム宣言**受諾決定

　　　　　　　15 日　天皇の玉音放送

演習問題

No.1　　　　　　　　　　　　　　　　　　　　　　　　　　　　　　（解答 ▶ P.11）

日露戦争後に結ばれたポーツマス条約の内容として誤っているものは，次のうちどれか。

① 韓国に対する日本の指導・監督権を全面的に認める。
② 賠償金3億円を支払う。
③ 旅順・大連の租借権を日本に譲渡する。
④ 北緯50度以南の樺太を日本に譲渡する。
⑤ 沿海州・カムチャッカ半島の漁業権を認める。

No.2　　　　　　　　　　　　　　　　　　　　　　　　　　　　　　（解答 ▶ P.11）

第一次世界大戦中やその前後の日本の政治・経済状況に関する記述として最も適当なものは，次のうちどれか。

① アメリカのシーメンス社と海軍首脳部による汚職事件，いわゆる「シーメンス事件」が起き，当時の美濃部達吉内閣は総辞職した。
② 第一次世界大戦が始まると，日本は日英同盟を理由にロシアに宣戦布告し，青島やカムチャッカ諸島の一部を占領した。
③ アメリカとの間で「石井・ランシング協定」を締結し，中国における日本の特殊権益と，アメリカの中国に対する門戸開放を相互承認した。
④ ソヴィエト政府の誕生に対してシベリア出兵を単独で行ったが，国内外の批判を浴び，一年足らずで撤退した。
⑤ 世界的な船舶不足によって船成金が出現するなど大戦景気が起き，この好況期が戦後10年ほど続いた。

No.3 (解答▶P.11)

二十一カ条の要求に関連して述べた文として，正しいものは次のうちどれか。

① この要求は欧米諸列強が東アジアをかえりみる余裕がないのを好機として，寺内正毅内閣が袁世凱政府に提出したものである。

② この要求に対する列強の反感を緩和するために，日本政府は日英同盟を更新し，不戦条約などを結んだ。

③ この要求が公表された直後，中国全土で日本商品ボイコットなどを行う五・四運動が起こった。

④ この要求によって日本は旅順・大連の租借権，長春以南の鉄道とその付属の利権を獲得した。

⑤ 日本政府の最後通牒によって中国政府がこの要求の大部分を受諾した日を，中国国民は国恥記念日とした。

No.4 (解答▶P.11)

日本の普通選挙の歴史について述べた文として，正しいものは次のうちどれか。

① 加藤高明内閣は普通選挙法の制定に反対し，治安維持法を成立させた。

② 普通選挙法は原敬内閣の時期に実現した。これにより満25歳以上の男性はすべて衆議院議員の選挙権を持つことになった。

③ 普通選挙法による最初の総選挙では，労働者や農民を代表する無産政党の候補者も当選した。

④ 満20歳以上の男女に選挙権が与えられ，初めて婦人参政権が認められたのは，日本国憲法の施行後のことであった。

⑤ 護憲三派内閣の下で普通選挙法が成立すると，政府はただちに衆議院を解散して第一回の普通選挙を実施した。

次のうち，1925年の選挙権有資格者として，正しいものはどれか。

① 満20歳以上の男女

② 満25歳以上の男性

③ 直接国税3円以上を納める満25歳以上の男性

④ 直接国税10円以上を納める満25歳以上の男性

⑤ 直接国税15円以上を納める満25歳以上の男性

大正デモクラシーの先駆者^{せんくしゃ}となった吉野作造^{よしのさくぞう}が提唱した思想を表す言葉として，正しいものはどれか。

① 民本主義^{みんぽん}

② 平民主義^{へいみん}

③ 三民主義^{さんみん}

④ 民生主義^{みんせい}

⑤ 民主主義^{みんしゅ}

日本の昭和の外交関係に関する記述として，正しいものはどれか。

① 1927年，田中義一^{たなかぎいち}内閣は居留民^{きょりゅうみん}保護・権益擁護^{けんえきようご}を名目に山東省^{（シャオトン）さんとう}への出兵^{しゅっぺい}を強行した。

② 1931年，奉天^{ほうてん}郊外で起こった張作霖爆殺^{ちょうさくりんばくさつ}事件をきっかけに，満州^{まんしゅう}を占領した。

③ 1933年，リットン調査団による満州事変の報告書が国際連合に提出され，それを理由として国際連合を脱退した。

④ 1937年，広田弘毅^{ひろたこうき}内閣成立の翌月，北京^{ペキン}郊外の盧溝橋^{ろこうきょう}において日本軍が中国軍に対して攻撃を始め，日中戦争が勃発^{ぼっぱつ}した。

⑤ 1941年，近衛文麿^{このえふみまろ}内閣は12月1日の御前会議^{ごぜんかいぎ}で対米英戦を正式決定させ，8日に真珠^{しんじゅ}湾^{わん}を攻撃した。

No.8

（解答▶P.12）

第一次世界大戦後の日本と中国に関する文中の空欄Ａ〜Ｄに入る語句の組合せとして最も適当なものは，次のうちどれか。

　日本は，第一次世界大戦中に中国につきつけた二十一カ条の要求によって，山東省のドイツ権益を継承した。このことはパリ講和会議では認められたが，海軍軍縮などのために1921年に開かれた（　Ａ　）会議によって，中国に返還されることが決定した。しかし，（　Ｂ　）権益の99カ年延長など，二十一カ条の要求の他の部分についてはそのまま残ったため，日中関係の安定化に成功したわけではなかった。

　このような中，関東軍が（　Ｃ　）を起こし，満州事変が始まった。このことで日中関係は混迷の度を深め，1937年の（　Ｄ　）を発端として，日中戦争が勃発した。

	Ａ	Ｂ	Ｃ	Ｄ
①	ワシントン	南満州	柳条湖事件	盧溝橋事件
②	ワシントン	南満州	盧溝橋事件	柳条湖事件
③	ワシントン	鞍山	柳条湖事件	盧溝橋事件
④	ロンドン	南満州	柳条湖事件	盧溝橋事件
⑤	ロンドン	鞍山	盧溝橋事件	柳条湖事件

No.9

（解答▶P.12）

大正〜昭和初期の出来事とその関連語句の組合せとして正しいものは，次のうちどれか。

① 関東大震災—————治安維持法
② 満州某重大事件———重要産業統制法
③ 二・二六事件———犬養毅
④ 統帥権干犯問題———田中義一内閣
⑤ 大政翼賛会結成———大日本産業報国会

（解答▶P.13）

戦前の日本の外交政策に関する記述として最も妥当なものは，次のうちどれか。

① ワシントン会議の結果を受けて，加藤高明外相は「加藤外交」と呼ばれる協調外交を進めていった。

② 1927年に成立した田中義一内閣は協調外交を破棄したため，日本はジュネーヴ不戦条約には調印しなかった。

③ 中国の国民革命軍による北伐（ほくばつ）に対し井上準之助（いのうえじゅんのすけ）内閣は，在留日本人の保護を名目に，4回にわたる山東出兵を行った。

④ 張作霖爆殺事件の処理をめぐって天皇の不興をかった浜口雄幸（はまぐちおさち）内閣は，この事件の翌年に退陣した。

⑤ 1930年に調印されたロンドン海軍軍縮条約に対し，海軍は統帥権の干犯であるとして政府を激しく攻撃した。

 （解答▶P.13）

戦前の日米関係悪化に関する記述として最も妥当なものは，次のうちどれか。

① ワシントン海軍軍縮条約で定められた補助艦制限に対し，政府と海軍軍令部の間で統帥権干犯問題が起こった。

② アメリカを中心としていた国際連合は，満州事変に対しリットン調査団を派遣し，その報告に基づく対日勧告案を，全会一致で可決した。

③ 日本が起こした日中戦争に対して批判的な立場をとっていたアメリカは，それに対抗する汪兆銘（おうちょうめい）政権に対して物資援助を行った。

④ 日本軍が仏領インドシナへ進駐したことにより，アメリカは対日姿勢を硬化させ，在米日本資産凍結や石油の対日輸出禁止などの措置をとった。

⑤ 日米交渉におけるアメリカ側の最終提案であるグルー＝ノートを受け取った近衛文麿内閣は，対米交渉を打ち切り，真珠湾を攻撃した。

No.12 (解答 ▶ P.13)

世界恐慌による経済不況が始まった後に，日本が採った道について述べた文として，正しいものは次のうちどれか。

① シベリアに出兵し，その占領・支配を企てた。

② ワシントン会議に代表団を派遣し，協調外交の基礎を作った。

③ 朝鮮の内政改革に干渉し，影響力の拡大を図った。

④ 柳条湖事件を発端として，中国への侵略を拡大していった。

⑤ 中国に二十一カ条の要求をつきつけ，権益の拡大を企てた。

No.13 (解答 ▶ P.13)

1935～46年の出来事について述べた文として，誤っているものは次のうちどれか。

① 美濃部達吉の天皇機関説問題が持ち上がり，岡田啓介内閣が国体明徴声明を出して美濃部学説を否認した。

② 二・二六事件の後成立した広田弘毅内閣によって，軍部大臣現役武官制が復活し，内閣の存在は軍部によって脅かされることになった。

③ 国民総動員のためにすべての政党を解消させ，諸団体を傘下に収めた大政翼賛会が作られた。

④ 日本はドイツ・イタリアに接近を図り日独伊三国同盟を結んだ。

⑤ 満州国と日満議定書を締結し，満州における日本権益の尊重，日本軍の無条件駐屯を認めさせた。

No.14 (解答 ▶ P.13)

ポツダム宣言の内容としてふさわしくないものは，次のどれか。

① 日本における軍国主義を追放し，侵略戦争にかりたてる勢力を永久に除去する。

② 宣言の目的を達成するため，日本本土を占領する。

③ カイロ宣言の条項に従い，日本国の主権は，本州，北海道，九州，四国および連合軍の決定する諸小島に限られる。

④ 日本国民の間における民主主義的傾向の復活を助け，言論，宗教，思想の自由，および基本的人権の尊重を認める。

⑤ 日本の経済的自立および賠償をなすために，軍需産業を中心とした必要な産業を維持することはできる。

第11章 終戦後

　日本は太平洋戦争に敗れ，無条件降伏した。戦後，日本を間接統治したGHQ（連合国軍最高司令官総司令部）は五大改革指令を発し，日本に軍国主義の解体と民主主義化を求めた。具体的には経済の民主化を目的とした財閥の解体や，寄生地主制を廃止しようと農地改革などが指示された。中でも最も大きな変化は，新たに日本国憲法が制定されたことであろう。この憲法によって，主権在民・基本的人権の尊重・平和主義という三原則が定められた。

　このようなアメリカによる占領政策が転換したきっかけは，中華人民共和国が成立し，中国が東側陣営に加わったことであった。これによって米ソ二大陣営の対立である冷戦は高まりを見せた。そこでアメリカは日本を西側陣営に組み込もうと，前述のような占領政策を一転して日本に経済の復興と再軍備を求めた。GHQは日本経済の復興のために経済安定九原則を実行させ，朝鮮戦争がはじまるとGHQの指令で警察予備隊（のちの自衛隊）が新設された。また，1951年にはサンフランシスコ平和条約が調印され，日本は独立国家としての主権を確立した。一方でソ連などはこの条約に調印せず，中国は調印会議に招請されなかった。また，この条約によって沖縄や小笠原諸島はアメリカの施政権下に置かれた。

　1955年，民主党と自由党が合流して自由民主党が結成されると，以後38年間政権を維持した。これを55年体制と呼ぶ。また，朝鮮戦争やベトナム戦争による特需景気をきっかけに日本経済は成長した。特に1955年から73年の間には，日本経済は成長率が年平均10％を超える成長を見せ，日本は経済大国へと成長していった。

1945（昭和20）年	五大改革指令
	財閥解体
	新選挙法（改正選挙法）〔婦人参政権〕
1946年	天皇の人間宣言
	第二次農地改革（実施は1947～50年）
	極東国際軍事裁判開始（～48年判決）
	日本国憲法公布（47年施行）
1947年	二・一ゼネスト計画中止
	第一回国会開会
	労働基準法施行
1948年	経済安定九原則
1949年	ドッジ＝ライン実施
1950（昭和25）年	朝鮮戦争勃発
	警察予備隊新設

1951 年	サンフランシスコ平和条約調印
	日米安全保障条約調印（52 年発効）
1952 年	日米行政協定締結
	IMF（国際通貨基金）加盟
1954 年	日米相互防衛援助協定（MSA 協定）調印
	自衛隊発足
1956 年	日ソ共同宣言調印
	国際連合加盟
1960 年	日米相互協力及び安全保障条約（日米新安全保障条約）調印
	→安保反対闘争激化
1964 年	東京オリンピック
1965 年	日韓基本条約調印
1967 年	公害対策基本法制定
1968 年	国民総生産（GNP）資本主義国第 2 位
1971（昭和 46）年	沖縄返還協定調印（翌年返還実現）
	環境庁発足
1972 年	日中共同声明→日中国交正常化
1973 年	石油危機（石油ショック）→狂乱物価
	変動為替相場制移行
1976 年	ロッキード事件問題化
1978 年	日中平和友好条約締結
1979（昭和 54）年	東京サミット開催
1987 年	国鉄分割民営化
1988 年	リクルート事件
1989 年	昭和天皇崩御
	消費税実施（税率 3 ％）
	吉野ヶ里遺跡の発掘→日本最大級の環濠集落発見
1991 年	湾岸戦争支援に 90 億ドルの拠出決定
	海上自衛隊の掃海艇がペルシア湾へ初の海外派遣
1992 年	国際平和協力法（PKO 法）成立
1993 年	細川護熙連立内閣成立→ 55 年体制終焉
	環境基本法成立
1995 年	阪神・淡路大震災
	地下鉄サリン事件
1996 年	小選挙区比例代表並立制での初の衆議院議員選挙
1997 年	消費税 5 ％スタート
	地球温暖化防止京都会議

1998 年	日本版金融ビッグバン始まる
1999 年	新しい日米防衛協力のための指針「ガイドライン」関連法成立
2001 年	省庁再編
2002 年	小泉首相訪朝
2004 年	自衛隊イラク派遣
2005 年	個人情報保護法施行
2007 年	防衛省発足
	郵政民営化
2009 年	民主党へ政権交代
2011 年	東日本大震災
2012 年	自民党政権復帰
2014 年	消費税 8 ％スタート
2016 年	選挙権年齢引き下げ
2019 年	天皇退位，令和に改元
2020 年	新型コロナウイルス感染拡大
2021 年	東京オリンピック・パラリンピック開催
2022 年	成人年齢 18 歳に変更

ポイント

1）政治の民主化と新憲法の成立

1945 年 9 月　連合国軍最高司令官総司令部〔GHQ〕設置→日本を間接統治

最高司令官：マッカーサー

1945 年 10 月　**五大改革指令**：婦人の解放，労働組合の結成，教育の自由主義化，圧政的諸制度の廃止，経済の民主化

●婦人参政権の実現…満 20 歳以上の男女すべてに選挙権

●政党の復活・誕生→日本自由党，日本進歩党，日本社会党，日本共産党など

1946 年 4 月　新選挙法による総選挙実施→日本自由党，第一党に→吉田茂内閣成立

A．経済民主化政策

●財閥解体…財閥の産業支配の一掃

1947 年　独占禁止法：持株会社やカルテル，トラストの禁止

過度経済力集中排除法：巨大独占企業の分割

●農地改革…寄生地主制の廃止，自作農の創設

　　1946 年 2 月　第一次農地改革実施

　　　　 10 月　第二次農地改革実施（1947 年から実施）

B. **日本国憲法**の制定

　　GHQ：憲法改正を勧告→政府：旧憲法の部分的修正案立案

　　→ GHQ：改正案を自ら作成，政府に提示→政府：手を加え政府原案として発表

　　→帝国議会で審議→ 1946 年 11 月 3 日公布，1947 年 5 月 3 日施行

　　基本原理 ┤主権在民：天皇は日本国民統合の象徴

　　　　　　　├基本的人権の尊重

　　　　　　　└平和主義：戦争放棄，戦力不保持

●諸法典の改正

　　民法→男女同権：妻の権利制限廃止，戸主制廃止，財産相続の改革

　　1947 年　地方自治法成立：都道府県知事公選

　　内務省解体

　　警察法制定→自治体警察の設立

C. 宗教，教育界の民主化

　　1946 年　天皇の神格化否定発言＝人間宣言

　　1947 年　教育基本法，学校教育法制定→軍国主義教育の廃止

2）占領政策の転換

　　中国情勢の変化→アメリカ：対日占領政策の転換，経済復興と再軍備重視

　　1948 年　経済安定九原則：予算均衡，徴税強化，賃金安定，物価統制など

　　1949 年　ドッジ＝ライン

　　　　　　　●赤字を許さない予算編成→財政支出削減

　　　　　　　●単一為替レートの設定→ドル経済圏との結びつき強化

　　1950 年　朝鮮戦争勃発→警察予備隊新設

　　1951 年　サンフランシスコ平和条約調印→翌年発効

　　1952 年　警察予備隊，保安隊に改組

　　1954 年　自衛隊発足

3）55 年体制と高度経済成長

A．55 年体制

1955 年	日本社会党，左右両派の統一
↓	保守合同＝民主党と自由党の合流→自由民主党結成

以後，自由民主党が政権を維持，野党と対峙する体制

B．高度経済成長

1955 ～ 73 年　年平均 10％を超える経済成長←→公害問題

4）1970 年代以降の日本

1971 年	6 月	沖縄返還協定調印
	8 月	アメリカのニクソン大統領，金とドルとの交換停止を発表
		＝ドル＝ショック
	→ 12 月	スミソニアン協定調印：円切り上げ（1 ドル＝ 308 円）
1972 年	5 月	沖縄施政権返還，沖縄県発足
	9 月	日中共同声明発表→中国との国交正常化
1973 年	2 月	円，変動為替相場制へ移行
	10 月	第 4 次中東戦争勃発→第一次石油危機発生
		：狂乱物価，戦後初のマイナス成長
1975 年	11 月	第 1 回先進国首脳会議（サミット）開催
1976 年	2 月	ロッキード事件表面化
		：アメリカロッキード社の航空機受注をめぐる贈収賄事件
	→ 7 月	田中角栄元首相ら逮捕
1978 年	8 月	日中平和友好条約調印
1980 年代		日米貿易摩擦問題→ジャパン＝バッシング
1985 年	4 月	NTT（旧電電公社），日本たばこ産業株式会社（旧専売公社）発足
	5 月	男女雇用機会均等法成立（1986 年 5 月施行）
	9 月	5 カ国蔵相会議（G 5）開催→ドル高是正で合意（プラザ合意）
1986 年		株価と地価が高騰→バブル経済
1986 年	11 月	国鉄の分割・民営化法案成立→ 1987 年 4 月，JR に

	12月	1987年度予算で防衛費がGNP 1%枠を突破
1988年	7月	リクルート事件発覚
		：リクルートコスモス社の未公開株譲渡による疑獄事件
1989年	4月	消費税実施：税率3%
1991年		バブル崩壊→平成不況，不良債権問題
1992年	6月	国際平和協力法（PKO法）成立：自衛隊の海外派遣が可能に
	→9月	自衛隊をカンボジアに派遣
1993年	7月	衆議院議員総選挙で自民党敗北
		→細川護熙内閣（非自民8党派による内閣）が成立
		→55年体制崩壊
1994年	1月	政治改革関連4法案成立
		：衆議院議員選挙は小選挙区比例代表並立制へ
1995年	1月	阪神・淡路大震災発生：6,000人以上の犠牲者
	3月	オウム真理教による地下鉄サリン事件が発生
1996年	3月	HIV（薬害エイズ）訴訟で，被害者と国の和解が成立
1997年	4月	消費税が5%に引き上げられる
	12月	地球温暖化防止京都会議開催→京都議定書採択
1999年	5月	新しい日米防衛協力の指針「ガイドライン」関連法公布
2001年	1月	省庁再編→1府12省庁
2002年	9月	小泉首相訪朝→日朝平壌宣言調印
		→10月　拉致被害者5名帰国
2004年	1月	イラク特措法に基づき自衛隊をイラクへ派遣
2005年	5月	個人情報保護法施行
2007年	1月	防衛省発足
	10月	郵政民営化，日本郵政グループ発足
2009年	9月	鳩山由紀夫内閣発足→民主党へ政権交代
2011年	3月	東日本大震災，福島第一原発事故
2012年	12月	安倍晋三内閣発足→自民党，政権復帰
2014年	4月	消費税が8%に引き上げられる
2016年	6月	改正公職選挙法施行→選挙権年齢が満18歳以上に引き下げられる
2019年	5月	新天皇即位，令和に改元

2020 年　　　　　新型コロナウイルス感染拡大
2021 年 7 月　　東京オリンピック・パラリンピック開催
2022 年 4 月　　改正民法施行⇒成人年齢が 18 歳に変更

演習
問題

No.1
(解答 ▶ P.13)

1945 年 10 月, 幣原喜重郎内閣が成立した際, ＧＨＱ (連合国軍最高司令官総司令部) は新首相に五大改革指令を出したが, それに当てはまらないものは, 次のうちどれか。

①　日本の武装解除

②　婦人の解放

③　労働組合の結成

④　経済の民主化

⑤　教育の自由主義化

No.2
(解答 ▶ P.13)

1951 年 9 月, 日本は 48 カ国との平和条約に調印し, 翌年条約が発効したことによって独立を回復した。この頃のことについて誤っているものは, 次のうちどれか。

①　この条約をサンフランシスコ平和条約といい, 日本側の首席全権は, 当時首相の吉田茂だった。

②　この条約締結直後に日米安全保障条約が調印され, アメリカ軍の日本駐留を認めることになった。

③　この条約によって, すべての交戦国との全面講和が成立し, 発効と同時に日本は国際連合への加盟が認められた。

④　独立回復の年の 7 月, 治安対策として破壊活動防止法が成立し, 同時に公安調査庁が発足した。

⑤　この条約の発効当時, 朝鮮民主主義人民共和国と大韓民国との内戦は, まだ続いていた。

次の中で，1946～51年に起こった出来事として，正しいものはどれか。

① 連合国軍最高司令官総司令部の指令に基づいて政治犯が釈放され，治安維持法が廃止された。

② 日米安全保障条約が全面的に改定された。

③ 警察予備隊が保安隊に改組された。

④ この時期，沖縄や小笠原諸島はアメリカの施政権下に置かれていた。

⑤ 朝鮮戦争の勃発により，連合国軍最高司令官総司令部は自衛隊の創設を指令した。

日本の1960年代における出来事として正しいのは，次のうちどれか。

① ドッジ＝ラインが発表された。

② 防衛庁と自衛隊が発足した。

③ 湯川秀樹がノーベル物理学賞を受賞した。

④ 公害対策基本法が公布された。

⑤ 日中の国交が回復した。

次に挙げた戦後の日本外交の出来事を，年代順に正しく並べたのはどれか。

A 沖縄施政権の返還

B 国際連合への加盟

C サンフランシスコ平和条約の発効

D 中国との国交正常化

E 日米安保条約の改定

① B→C→D→E→A   ② B→C→E→A→D

③ B→C→E→D→A   ④ C→B→E→A→D

⑤ C→E→B→D→A

No.6

（解答▶P.14）

表は，第二次世界大戦後の世界，日本の略年表である。ア～ウのわが国の経済状況に関する記述と年表の時期A～Eの組合せとして，正しいのはどれか。

ア　多くの産業部門はアメリカの特需（とくじゅ）による戦争景気にわきかえり，日本経済は一挙に好景気に転じた。

イ　政府は原油価格が約3.6倍に上昇したにもかかわらず，積極的財政・金融政策を継続したため，狂乱物価（きょうらんぶっか）と呼ばれる激しい物価上昇を引き起こした。

ウ　岸内閣（きし）の総辞職後成立した池田内閣（いけだ）は，所得倍増計画（しょとくばいぞう）を掲げて高度経済成長政策を進めることになった。

西暦	昭和	世界・日本の動き
1945 年	20 年	ポツダム宣言
	A	
1949 年	24 年	中華人民共和国成立
	B	
1956 年	31 年	日ソ共同宣言・国際連合加盟
	C	
1965 年	40 年	ベトナム戦争激化
	D	
1971 年	46 年	沖縄返還協定調印
	E	
1976 年	51 年	ロッキード事件起こる

	ア	イ	ウ
①	A	D	E
②	A	E	C
③	B	C	D
④	B	E	C
⑤	C	D	E

（解答▶P.14）

以下の戦後の内閣とその内閣で行われたことの組合せのうち，正しいものはどれか。

① 鳩山一郎内閣 ── 日米安全保障条約の改定
② 岸信介内閣 ── 日ソ共同宣言の調印
③ 池田勇人内閣 ── 国際連合加盟
④ 佐藤栄作内閣 ── 日韓基本条約調印
⑤ 田中角栄内閣 ── 沖縄の日本復帰

MEMO

第12章 通史 演習問題

No.1 (解答 ▶ P.14)

わが国の貿易・外交に関する記述として正しいものは，次のうちどれか。

① 平清盛は，大輪田泊を修築して，元と貿易を実施した。

② 足利義満は，倭寇と区別するために朱印状を発行し，明との貿易を行った。

③ 徳川家光は，オランダ船と中国船の来航を長崎の出島に限定し，鎖国を完成させた。

④ 井伊直弼は勅許を得て，アメリカ合衆国と日米修好通商条約を締結した。

⑤ 日清戦争は，アメリカ大統領ローズヴェルトの斡旋により終結した。

No.2 (解答 ▶ P.14)

政治権力と宗教との関係を述べた文として正しいものはどれか。

① 平家によって焼打ちにあった興福寺は，重源が責任者に任命され，朝廷や幕府の援助によって再建された。

② 鎌倉幕府は中国から多くの禅僧を受け入れ，鎌倉や京都に禅宗寺院を建立し五山の制度を設けた。

③ 足利尊氏は後醍醐天皇の冥福を祈るため天竜寺建立を計画し，造営費の調達のため天竜寺船を元に派遣した。

④ 織田信長は仏教に対抗させるためにキリスト教を保護して，東大寺を焼打ちし法華一揆を弾圧した。

⑤ 豊臣秀吉は信長と同じく，仏教への対抗上キリスト教を保護した。

No.3　　　　　　　　　　　　　　　　　　　　　　　　　（解答 ▶ P.14）

日本の各時代における基本法に関する記述のうち，正しいものは次のうちどれか。

① 古代の律令には，行政形態，人民の租税・労役，官吏の服務規程などは制定されていたが，刑罰などを定めた刑法的な意味合いを持つ規定はなかった。

② 1336 年に制定された建武式目は，後醍醐天皇が建武の新政を行うにあたって制定した。

③ 江戸幕府が制定した武家諸法度は大名統制を，禁中並公家諸法度は朝廷・公家の統制を目的としている。

④ 大日本帝国憲法は，民定憲法である。

⑤ 日本国憲法は，マッカーサー草案に基づいて改正案が作られ，衆議院・貴族院とも修正することなく可決し，成立した。

No.4　　　　　　　　　　　　　　　　　　　　　　　　　（解答 ▶ P.15）

日本の朝鮮半島との関係に関する記述として正しいものは，次のうちどれか。

① 徳川家康は，朝鮮に対して敵視政策を採ったため，朝鮮との国交回復はならなかった。

② 明治時代に西郷隆盛らを中心に征韓論が浮上したが，岩倉具視ら内治派と意見が対立し，結果征韓論は退けられた。

③ 朝鮮において義和団の乱が勃発し，清と日本はそれを理由に朝鮮に出兵した。

④ 1910 年，日本は朝鮮を保護国化する目的で日朝修好条規（にっちょうしゅうこうじょうき）を締結させた。

⑤ 第二次世界大戦後，朝鮮半島はアメリカが占領したが，それに反対する人々との間で朝鮮戦争が起こった。

世界史

第1章 古代

　人類と猿は共通の祖先から進化したと考えられているが，最古の人類といわれる猿人は約400万年前に発生し，以降，原人，旧人，現在の我々の祖先である新人と進化していった。人類が進化していく根本的な原因となったものは，直立二足歩行である。これによって人類は両手で作業を行うことができるようになり，頭脳の発達が促された。

　人類の使う道具や生活様式も次第に進化していき，メソポタミア（ティグリス・ユーフラテス川流域），ナイル川流域，インダス川流域，黄河流域にはそれぞれ都市文明が興った。

　ティグリス・ユーフラテス川流域の豊かな土地では文明が栄えたが，開放的な地形だったために様々な民族が出入りした。このように国家の興亡が目まぐるしいメソポタミアであったが，それゆえに文化交流も活発であった。

　古代ギリシアの中心はエーゲ海地域であった。エーゲ海地域では，海上交通が発展したこと，オリエント文明を受容しやすい地理的条件であったことから，高度な文明が発展した。これをエーゲ文明という。エーゲ文明の崩壊後，紀元前8世紀頃からはポリスと呼ばれる都市国家が成立した。しかしポリス同士で戦争が相次いだために，ポリスは衰退していった。その後，マケドニアがギリシアを征服した。マケドニアのアレクサンドロス大王は東方遠征を行い，中央アジアからインダス川西岸までを征した。これによって東西文化の融合が進み，ギリシアで生まれたヘレニズム文化はオリエントにまで広がった。しかしアレクサンドロス大王の死後には，その広大さゆえに帝国は直ちに分裂してしまった。

　都市国家ローマは，ティベル川流域に成立した。ローマでは前6世紀頃から次第に平民の地位が高まっていった。しかし，ポエニ戦争後はラティフンディアが急速に発達し，貧富の差が拡大してしまった。以降，ローマ帝国の支配は事実上の帝政であった。ローマは五賢帝時代に最盛期を迎えるが，次第に当時の社会基盤であった奴隷制が崩壊し，中世的な社会へと変化していく。そんな中，テオドシウス帝は死に際して2人の子供に帝国を二分して継がせたことから，ローマ帝国は東西に分裂した。また，広大なローマ帝国の下で，キリスト教は世界宗教に発展した。

ポイント

1 人類の出現

1. 人類の特性（人類と類人猿との相違点）

直立二足歩行→
{
道具の製作
火の使用
言語の使用
}
→文化の発達

2. 猿　人（最古の人類）…400万年前～150万年前

● アフリカに分布，単純な打製石器製作

● アウストラロピテクス群・ホモ＝ハビリス・ジンジャントロプス

3. 原　人……約60万年前～50万年前

● 知能発達→火の使用，言語の使用

● ジャワ原人（直立猿人）：ピテカントロプス＝エレクトゥス

→ジャワ島のトリニールで発見

● 北京原人：シナントロプス＝ペキネンシス→北京郊外の周口店で発見

● ハイデルベルク人→ドイツで発見

4. 旧　人…約20万年前

● 精神文化発達→埋葬の風習

● ネアンデルタール人（ドイツ・フランス・中国）…約20万年前～15万年前

5. 新人・現生人類（ホモ＝サピエンス）…約4万年前

● 洞穴生活，掘立小屋，骨角器・石器発達→狩猟・採集・漁労生産高まる→生活安定

● クロマニョン人（南フランス）・周口店上洞人（北京）・グリマルディ人（イタリア）

● 文化：洞穴壁画…アルタミラ（スペイン）・ラスコー（フランス）

呪術的行為，屈葬

1．メソポタミア（ティグリス・ユーフラテス川流域）

① BC3000年頃からシュメール人の都市国家が発展。

② 立地の関係で民族の流入が激しく，多くの国家が興亡。

③ BC18世紀，古バビロニア王国がメソポタミアを支配。

　　ハンムラビ王の時代に，ハンムラビ法典が編纂される。

④ 楔形文字を使用，粘土板に記録。

⑤ 太陰暦や六十進法の使用。

2．エジプト

① BC3000年頃，王（ファラオ）の強力な王権の下に，統一国家が成立。

② ピラミッドやスフィンクスのような巨大建造物を建造。

③ ナイル川の氾濫→太陽暦による暦や測地術の発達。

④ 多神教の信仰→ミイラ，「死者の書」。

⑤ 象形文字（神聖文字：ヒエログリフなど）を使用→パピルスなどに記録。

3．インダス

① BC2300年頃，インダス川流域に形成。

② モヘンジョ＝ダロ，ハラッパーなどの整備された都市（遺跡現存）。

③ インダス文字といわれる一種の象形文字を使用（現在未解読）。

4．黄河

① BC5000～BC4000年頃，黄河流域の黄土地帯で仰韶（ヤンシャオ）文化が興る。

　　→彩文土器（彩陶）の使用。

② BC2000～BC1500年頃，竜山（ロンシャン）文化が興る。

　　→三足土器を特徴とする黒陶や灰陶などの使用。

③ その後青銅器の精錬を行う。

④ 氏族制度をもとに大小の都市（邑）を築き，都市国家が形成。

③ オリエント統一

1．オリエントの諸民族

　① フェニキア人

　　● シドン，ティルス等の海港都市国家をつくり，地中海東岸を拠点に海上貿易で栄える。

　　● カルタゴ（現チュニジア付近）など，海外に多くの植民市を建設。

　② アラム人

　　ダマスクスを中心に内陸の中継貿易の担い手として活躍。

　③ ヘブライ人

　　● パレスチナのイェルサレムを中心に王国を建設。

　　● 唯一神ヤハウェ（エホバ）を信仰し，ユダヤ人だけが救われるという選民思想や救世主（メシア）の出現を待望する信仰が誕生。

2．アッシリアによるオリエントの統一

　　アッシリア

　　　BC2000年紀　　　メソポタミア北部で興る。

　　　BC7世紀前半　　初めてオリエントを統一。

　　　BC612年　　　　アッシリア滅亡。

　　　　　　　　　　　→オリエントはエジプト，リディア，メディア，新バビロニア（カルデア）の4つの国に分裂。

3．アケメネス朝

　① BC550年，ペルシア人がイラン高原に建国。

　② 第3代のダレイオス1世は，エーゲ海からインダス川にいたる大帝国を建設。

　　→ { ● 全国を州に分割し，各州にサトラップ（知事）を置いて統治。
　　　　　● 彼らを監視するため「王の目」「王の耳」と呼ばれる監察官を派遣。

　③ ギリシア進出をもくろみ，ペルシア戦争を引き起こすが失敗。

　④ マケドニアのアレクサンドロス大王の東方遠征によってBC330年滅亡。

〔アケメネス朝の統治機構〕

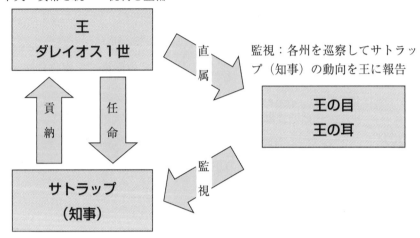

中央：貨幣を統一・税制を整備

監視：各州を巡察してサトラップ（知事）の動向を王に報告

属州（約21）：徴税と治安維持を任務とし，世襲を許さず，服属民族の実情に応じて属州統治を行った。

4 古代ギリシア

1．**エーゲ文明**：クレタ文明とミケーネ文明が重要。

① **クレタ文明**

クレタ島を中心にBC2000～BC1400年頃に栄えた文明。クノッソス宮殿で名高い。

② **ミケーネ文明**

ギリシア本土のミケーネ・ティリンスを中心にBC1600～BC1200年頃栄えた。

2．**ギリシアのポリス**

ポリス：古代ギリシア時代の都市国家。BC 8世紀以降に成立。

① **スパルタ**

● ドーリア人が先住民を征服して成立したポリス。

● 少数の市民がペリオイコイ（半自由民）やヘイロータイ（ヘロット）（隷属身分の農民）を支配する身分制が発達。

② アテネ

●人々は貴族，平民，奴隷に分かれており，初期の頃は貴族が政権を独占。

●商工業の発達により平民が力を持つ→参政権を要求。

BC594年　　ソロンの改革

↓

僭主政治^{（せんしゅ）}

↓

BC6世紀末 クレイステネスの改革

　　　　　　　→民主政の基礎を確立し，僭主^{（せんしゅ）}出現を防ぐため，オストラシズム（陶片追^{（とうへん）}

　　　　　　　放）の制度を設ける。

BC500年　　ペルシア戦争勃発^{（ぼっぱつ）}（～BC449年）

　　　　　　　→アテネ勝利：平民の政治的発言力が高まる。

BC478年　　デロス同盟を結成→他のポリスを支配。

　　　　　　　←→ペロポネソス同盟（スパルタ中心）の反発。

BC5世紀半ば　ペリクレスの改革：直接民主政の実現。

BC431年　　ペロポネソス戦争勃発（～BC404年）

BC429年　　ペリクレス没→扇動政治家^{（せんどう）}による衆愚政治^{（しゅうぐ）}

BC404年　　ペロポネソス戦争終結：アテネ敗北

3．アレクサンドロス大王の東方遠征

BC4世紀後半　　　　マケドニアのフィリッポス2世，ギリシアに進軍してこれを征服。

BC334～BC324年　　**アレクサンドロス大王**（フィリッポス2世の子）の東方遠征。

　　　　　　　　→アケメネス朝を滅ぼして，ペルシア～インド西北部まで進軍。

　　　　　　成果 ⎰ ●東西融合政策
　　　　　　　　　 ●オリエント風の専制国家
　　　　　　　　　 ●各地にアレクサンドリア市を建設

4．ヘレニズム時代とヘレニズム文化

アレクサンドロス大王の死後，帝国三分裂

→ ┌ アンティゴノス朝マケドニア　　アレクサンドロス大王の東方遠征（BC334年）〜
　　│ セレウコス朝シリア　　　　　　プトレマイオス朝エジプト滅亡（BC30年）
　　└ プトレマイオス朝エジプト　　　：ヘレニズム時代

ギリシア人の東方移住→ギリシアの文化とオリエントの文化が融合：ヘレニズム文化

5　古代ローマ

1．ローマにおける貴族と平民の抗争

① ローマの建国

ティベル河畔（かはん）に建設

当初王政→BC6世紀末　貴族による共和政

┌ ●2名のコンスル（執政官）などの公職→貴族（パトリキ）が独占。
└ ●元老院（げんろういん）が指導権を握り，プレブス（平民）を支配。

② 貴族と平民の抗争

戦争で活躍した平民が参政権を要求して，貴族と抗争。

→BC5世紀初め　　　護民官（ごみんかん），平民会設置

BC5世紀半ば　　　　十二表法（ひょうほう）制定（ローマ最初の成文法）→平民の地位向上

BC367年　　　　　　リキニウス＝セクスティウス法

　　　　　　　　　　：コンスル（執政官）の1人はプレブス（平民）から選ばれる。

BC287年　　　　　　ホルテンシウス法

　　　　　　　　　　：平民会の決議が元老院の承認を得なくても国法と認められる。

2．ポエニ戦争

BC3世紀前半　　　　　ローマ，イタリア半島統一

BC264〜BC146年　　　ポエニ戦争（フェニキア人の**カルタゴ**との戦い。計3回）

　　　　　　　　　　　ハンニバル（カルタゴの将軍）に苦しめられながらもカルタゴに勝
　　　　　　　　　　　利。

３．大土地所有制とグラックス兄弟の改革

ポエニ戦争後： 平民没落，貧富の格差拡大。

BC２世紀以降 奴隷制に基づく**ラティフンディア**（大土地所有制）の普及。

→中小農民の没落，貧富の格差がさらに拡大。

BC２世紀後半 **グラックス兄弟**（護民官）の改革→失敗

４．三頭政治

BC１世紀 内乱の時代：有力な将軍が実権掌握，元老院の権威低下。

BC60年 第１回三頭政治（カエサル・ポンペイウス・クラッスス）

BC44年 カエサル暗殺

BC43年 第２回三頭政治（**オクタヴィアヌス**・アントニウス・レピドゥス）
（ウ）

BC31年 **アクティウムの海戦**

→オクタヴィアヌスがエジプト女王クレオパトラと結んだアントニウスを破る。

５．帝政ローマ

① **元首政**

BC27年 元老院：オクタヴィアヌスに**アウグストゥス**（尊厳者）の称号を贈る。

→プリンキパトゥス（元首政）開始。（事実上は帝政）

１世紀末〜２世紀にかけての**五賢帝**時代が最盛期：「ローマの平和

（パックス＝ロマーナ）」

② **軍人皇帝時代**

３世紀 軍隊が皇帝を立てて争う軍人皇帝時代

③ **専制君主政**

３世紀末 ディオクレティアヌス帝：ドミナトゥス（専制君主政）開始

←→ササン朝ペルシアやゲルマン民族の侵略→ローマの衰退

6．ローマ帝国の東西分裂

395 年　**テオドシウス帝**：帝国を東西に分割して 2 子に分け与える。

→ローマ帝国の東西分裂

東ローマ帝国→ 1000 年余り存続

西ローマ帝国→ 476 年，ゲルマン人の傭兵隊長**オドアケル**によって滅亡。

7．キリスト教の発展

1 世紀　　ユダヤの地で成立→迫害されるも信者増加。

313 年　　**コンスタンティヌス帝**：**ミラノ勅令**を出してキリスト教を公認。

325 年　　ニケーア公会議（教義統一のためコンスタンティヌス帝が招集）

→アタナシウス派が正統とされ，アリウス派を異端として追放。

392 年　　**テオドシウス帝**：キリスト教を国教化。

演習問題

No.1

（解答 ▶ P.16）

先史時代に関する記述として，正しいものはどれか。

① 現在，世界最古の人類はジャワ原人とされている。
② 現人類に属するネアンデルタール人は，死者の埋葬を行っていた。
③ 骨角器が盛んに使用されるようになったのは，旧人類の時代である。
④ ピテカントロプス＝エレクトゥスとは，北京原人の学名である。
⑤ フランスのラスコー洞穴などで有名な洞穴壁画は，現生人類が描いたものである。

No.2

（解答 ▶ P.16）

次のうち，四大古代文明に関して誤った記述をしているものはどれか。

① エジプト，メソポタミアの両文明は，アッシリアによって統一された。
② インダス文明ではインダス文字を使用していたらしいが，その文字は未解読である。
③ 黄河文明は新石器文化であり，灰陶・黒陶・彩陶等の土器が現れた。
④ エジプトではファラオが全国土を所有した。
⑤ メソポタミアの「肥沃な三角地帯」は，異民族の侵入が困難な地形のため，早くから統一国家が形成された。

古代文明に関する記述として妥当なものは，次のうちどれか。

① メソポタミアで BC3000 年頃から都市国家を形成したアムル人は，青銅器(せいどうき)を発展させたが，文字は使用していなかった。

② BC19 世紀頃にバビロンを都として成立したバビロン第 1 王朝では，6 代王ハンムラビによってハンムラビ法典が制定された。

③ ナイル川流域に成立したエジプト文明では，街区や街路が整備されており，その様子はハラッパーやモヘンジョ＝ダロなどの遺跡で確認できる。

④ インダス文明では，ファラオと呼ばれる王が君臨し，その墓室や石棺には神聖文字（ヒエログラフ）が使われた。

⑤ BC2000 年頃，中国の黄河流域には黒陶を特徴とする竜山(りゅうざん)文化があったが，その当時，長江流域に文明や文化は一切なかった。

古代ギリシアに関する文中Ａ～Ｄに入る語句の組合せとして最も適当なものは，次のうちどれか。

　ミケーネ文明の滅亡後，長い期間混乱が続いたギリシアでは，紀元前 8 世紀頃から王や貴族が中心となって集住（シノイキスモス）し，多数のポリスが成立した。その中で中心的な役割を果たしたのが（　Ａ　）と（　Ｂ　）だった。（　Ａ　）は紀元前 5 世紀の初めにアケメネス朝とペルシア戦争を戦い，勝利した。その後，ペルシアの報復に備え（　Ｃ　）同盟を結成し，他のポリスを支配した。これに反発した（　Ｂ　）は（　Ｄ　）同盟を結成し，（　Ａ　）に対抗した。

	A	B	C	D
①	アテネ	スパルタ	デロス	ペロポネソス
②	アテネ	スパルタ	ペロポネソス	デロス
③	アテネ	スパルタ	デロス	ヘロット
④	スパルタ	アテネ	デロス	ペロポネソス
⑤	スパルタ	アテネ	ペロポネソス	デロス

No.5　　　　　　　　　　　　　　　　　　　　　　(解答 ▶ P.16)

古代ギリシアについて，関係の深い組合せとして正しいものは次のうちどれか。

① スパルタ　――――――　完全民主主義
② ポリス　――――――　開放的な集団
③ デロス同盟　―――――　スパルタ中心の軍事同盟
④ ペイシストラトス　――　マラトンの戦い
⑤ ペリクレス　――――――　アテネ民主政治の全盛

No.6　　　　　　　　　　　　　　　　　　　　　　(解答 ▶ P.16)

古代ギリシアの民主主義に関する記述として，正しいものはどれか。

① スパルタには奴隷制がなく，市民はすべて平等であった。
② アテネでは，婦人にも参政権が与えられていた。
③ アテネでは，代表者を選ぶのに間接選挙が行われていた。
④ アテネでは，市民から選ばれた議員からなる民会が最高の政治機関であった。
⑤ アテネは奴隷制度の上に立ち，奴隷には人権が認められていなかった。

No.7　　　　　　　　　　　　　　　　　　　　　　(解答 ▶ P.16)

下記の文中の空欄A～Cに入る語句の組合せとして，正しいのはどれか。

　BC5世紀の初め，（　A　）朝の支配に対して，イオニア植民市の反乱が起こり，ペルシア戦争が始まった。アテネはBC490年にマラトンの戦いでペルシアの侵入を防いだのに続いて，BC480年には（　B　）率いる海軍が（　C　）の海戦でペルシア軍を再び撃破した。

	A	B	C
①	アケメネス	テミストクレス	サラミス
②	ササン	クセルクセス	プラタイア
③	アケメネス	テルモピレー	プラタイア
④	ササン	クセルクセス	サラミス
⑤	アケメネス	テミストクレス	プラタイア

（解答▶P.16）

古代ローマに関する記述として正しいものは，次のうちどれか。

① 初期の共和政ローマは，最高官の2名の護民官をはじめとして，あらゆる官職を貴族が独占していた。

② BC287年に，リキニウス＝セクスティウス法が制定され，平民会の決議が元老院の許可なしで国法と認められることになった。

③ BC60年，平民派の首領カエサルと富豪のクラッスス，閥族派のポンペイウスが同盟を結んで，第1回三頭政治が始まった。

④ BC27年，オクタヴィアヌスによって元首政が始まったが，この後の約200年間は暴君が次々と現れたため，この時代を「ローマの暗黒」と呼ぶ。

⑤ 313年，ディオクレティアヌス帝はミラノ勅令を出してキリスト教を公認し，325年にはニケーア公会議を開いて正統教義を確定した。

 （解答▶P.17）

ポエニ戦争に関する記述として誤っているものは，次のうちどれか。

① これはローマとフェニキア人の植民都市であるカルタゴとの戦いである。

② 第1回ポエニ戦争は，サルデーニャ島に両者が出兵して争われた。

③ 第2回ポエニ戦争で，カルタゴの将ハンニバルは，カンネーの戦いにおいてローマに大勝した。

④ BC206年，スキピオ指揮のローマ軍はイベリア半島からカルタゴ本国を攻撃した。

⑤ 第3回ポエニ戦争によって，カルタゴは完全に滅亡した。

ローマ帝国に関する記述として最も妥当なものは，次のうちどれか。

① 3世紀末，ディオクレティアヌスは専制君主政（せんせいくんしゅせい）を行い，コンスタンティノープルをビザンティウムと改称して遷都（せんと）した。

② キリスト教を国教に制定したコンスタンティヌスは，帝国を東西に分割して2人の子どもに分け与えた。

③ 西ローマ帝国は，フランク王国が発展するまでのおよそ500年間，西ヨーロッパ一帯を支配した。

④ ビザンツ（東ローマ）帝国は，皇帝がギリシア正教会の首長の任免権を持つ，いわゆる皇帝教皇主義が採られた。

⑤ 『ローマ法大全（たいぜん）』を編集させたビザンツ皇帝レオン3世は，首都に壮大なハギア（セント）＝ソフィア聖堂を建てた。

第2章 中世ヨーロッパ

　ゲルマン民族の大移動を一因として西ローマ帝国が滅亡すると，ヨーロッパは大きく西と東に分裂して，それぞれ発展した。

　西ヨーロッパに栄えたフランク王国では，クローヴィスがキリスト教正統派アタナシウス派に改宗したことで，ローマ教皇やローマ人から信頼を得て王国発展の基礎を築いた。以降，西ヨーロッパではローマ＝カトリック教会が大いに発展し，インノケンティウス3世の時代にはローマ教皇は国王以上の権力を握った。

　一方の東ヨーロッパでは，ビザンツ帝国が栄えて独自の文化を形成した。ビザンツ帝国ではローマ＝カトリック教会に対してギリシア正教会を置き，皇帝が教会の首長を任命できる皇帝教皇主義を採ったことから，皇帝と教皇の権力が分離していた西ヨーロッパとは異なり，中央権力の強い社会となった。

　ビザンツ帝国下にあったイェルサレムがイスラム勢力であるセルジューク朝に制圧されると，ローマ教皇の援助のもとで十字軍が結成された。しかし，十字軍は次第に宗教的な意味を失い，ビザンツ帝国の首都であるコンスタンティノープルを攻め落とし，これがもとでビザンツ帝国は滅亡した。教皇の派遣した十字軍はイェルサレムの奪還には最終的には失敗したことから，教皇の権力は衰え，国王に従属していった。

　以降，イギリスではジョン王の失政や大憲章を無視したヘンリ3世をきっかけに王の権威が揺らぎ，イギリス議会の起源である模範議会が招集された。また，フランスでもフィリップ4世によってフランス議会の起源である三部会が招集され，各国で中央集権化が進んだ。この後，イギリスとフランスが争った百年戦争，イギリスの王位継承争いであるバラ戦争と戦乱が相次いだ。これによって両国では，諸侯・騎士階級が没落した一方，王権が強化され市民階級が発展して，中央集権化はさらに進んだ。

ポイント

1 ゲルマン民族の大移動

4世紀後半 　中央アジアの騎馬民族であるフン族が強大化→ヨーロッパ進出

　　　　　　西ゴート族：フン族に圧迫される。

375年 　　ドナウ川を渡ってローマ帝国領内侵入。

　　　　　　　　　　↕

　　　　　　西ローマ帝国：ゲルマン民族の大移動の混乱を抑えることができず。

　　　　　　→ゲルマンの各部族が次々にローマ帝国領内侵入，部族国家を形成。

　　　　　　：ゲルマン民族の大移動

476年 　　オドアケルによって，西ローマ帝国滅亡。

2 フランク王国の統一と発展

1．メロヴィング朝

5世紀後半 　　メロヴィング家のクローヴィス，フランク王国建国。

クローヴィス 　→ゲルマンが主に信仰していたアリウス派からキリスト教正統派のアタ
　　　　　　　　ナシウス派に改宗。

　　　　　　　→ローマ教皇や多くのローマ人から信頼を得て，ヨーロッパを統合。

2．カロリング朝

クローヴィスの死後，メロヴィング家の王権衰退。

732年 　　　トゥール・ポワティエ間の戦い：イベリア半島から侵入してきたイスラム勢力
　　　　　　　　　　　　　　　　　　　　（ウマイヤ朝）とフランク王国の戦い。
　　　　　　　　　　　　　　　　　　　→宮宰のカール＝マルテル：イスラム軍を撃
　　　　　　　　　　破，王国の実権掌握。

751年 　　　ピピン（ピピン3世，小ピピン）：カール＝マルテルの子。

　　　　　　　→ローマ教皇の承認のもと，フランク王国の王位に就く：カロリング朝開始

　　　　　　　●イタリア，ラヴェンナ地方を教皇に献上：ピピンの寄進（教皇領の始まり）

3．カールの戴冠

カール大帝（小ピピンの子）→ランゴバルド王国征服，イスラム教徒撃破，アヴァール人
の侵入を撃退→西ヨーロッパの大半を統一。

800 年　教皇レオ 3 世，カールに西ローマ帝国の帝冠を授ける：カールの戴冠

4．フランク王国の分裂

843 年　ヴェルダン条約　　東・西フランク，イタリアに分割
870 年　メルセン条約　　（現在のフランス・ドイツ・イタリアの原型が成立）

5．神聖ローマ帝国

東フランク（ドイツ）の国王オットー 1 世→マジャール人の侵入を撃退。

→ 962 年，ローマ教皇からローマ皇帝の地位を授かる：神聖ローマ帝国の起源。

ヨーロッパの封建制度

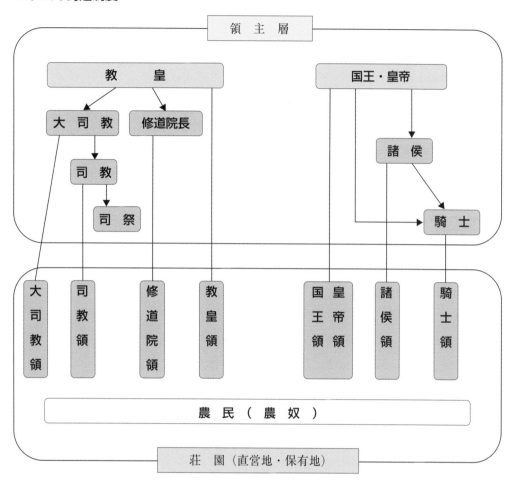

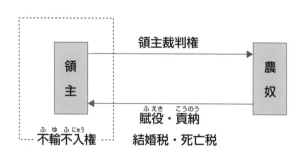

国王・諸侯・騎士は，土地を仲立ちにして，互いに主従関係を結んだ。この関係を**封建関係**という。

1. 主君が臣下に対して土地の支配を承認し，それを保護する代償として臣下に軍役を課す。

2. 臣下は主君から支配を認められた土地（荘園）を経営し，耕作に従事する農奴を支配する。

3 **ローマ教皇の権力**

1．西ヨーロッパ

ローマ＝カトリック教会の発展。

ローマ教皇：ローマ＝カトリック教会の最高責任者→中世の西ヨーロッパ世界を精神
的権威で支配。

上級聖職者（＝教皇，大司教，司教，修道院長）

 ：国王や諸侯から寄進を受けて勢力強化。

 └→ 諸侯の代表として存在。権力弱。

教会勢力の伸長→教皇権の強大化（例：カノッサの屈辱）

 インノケンティウス3世（位 1198 ～ 1216 年）の時代が絶頂期。

2．東ヨーロッパ

東ローマ帝国（＝ビザンツ帝国　都：コンスタンティノープル）

 ：ゲルマン民族侵入の影響をあまり受けず。

6 世紀　**ユスティニアヌス帝**（位 527 ～ 565 年）：旧ローマ帝国の領土をほぼ回復。

 成果 ┃● 『ローマ法大全』の集成。
 ┃● ハギア（セント）＝ソフィア聖堂の建立。

教会：ギリシア正教会→**皇帝教皇主義**

 →ローマ＝カトリック教会と分離し，独自に発展。

４　十字軍の遠征

1. 十字軍の背景

11 世紀後半　ビザンツ帝国：セルジューク朝（イスラム勢力）に圧迫。

↓　　　　　　　　　　　　イェルサレムもイスラム勢力の支配下に。

ビザンツ皇帝：ローマ教皇ウルバヌス 2 世に援助要請。

2．クレルモン宗教会議（公会議）

ウルバヌス 2 世：1095 年　クレルモン宗教会議（公会議）招集。

→聖地イェルサレムをイスラム勢力から奪い返すための軍を派
遣することをよびかけ。

＝**十字軍の派遣決定**（1096 〜 1270 年，計 7 回）

3. 十字軍の経緯と影響

1096 〜 99 年　第 1 回　十字軍：イェルサレムを占領し，イェルサレム王国建国。

イスラム側：ジハード（聖戦）意識高まる。

1187 年　　　エジプトのサラディン，イェルサレム奪還。

1189 〜 92 年　第 3 回　十字軍，聖地奪還できず。

1202 〜 04 年　第 4 回　商権の拡大を目指すヴェネツィア商人の要求に応じ，聖地回復の目
的を捨てる→コンスタンティノープル占領，ビザンツ帝国を倒し，
ラテン帝国建国。

1228 〜 29 年　第 5 回　交渉によって聖地を回復するも長続きせず。

影響：1　教皇の権威失墜
　　　2　諸侯・騎士階級の没落→国王の権力増大
　　　3　遠隔地貿易で商業が復活
　　　　　→イタリア半島の海港都市（ヴェネツィア・ジェノヴァ・ピサなど）や内陸都
　　　　　市（ミラノ・フィレンツェなど），ドイツのハンザ同盟都市（リューベック・
　　　　　ハンブルクなど）が栄える。

5 教皇権の衰退

1303 年 　　　　　アナーニ事件

教皇ボニファティウス 8 世がフランス王フィリップ 4 世と聖職者課税問題で争い，アナーニに一時捕らえられて憤死した。→教皇権没落の端緒

1309 ～ 77 年 　　「教皇のバビロン捕囚」

フィリップ 4 世：教皇庁をローマから南フランスのアヴィニョンに強制移転。その後約 70 年にわたって教皇権に干渉。

1378 ～ 1417 年 　教会大分裂（大シスマ）

アヴィニョンの教皇（仏王支配）←→独帝，英王がローマ教皇を擁立

→教会の中心が分裂。教皇の権威失墜。

1414 ～ 18 年 　　コンスタンツ公（宗教）会議

教会大分裂（大シスマ）の解決と教会革命を主張したフスの取り扱いをめぐり開催。

→教会大分裂（大シスマ）は解決，フスは異端とされ処刑。

6 各国のその後の動向

1. イギリス

ジョン王(位 1199 ～ 1216 年)： ●フランスとの戦いに敗れてフランスの多くの領土を失う。

●教皇インノケンティウス 3 世と対立して破門される。

→財政窮乏から重税を課す←→貴族反抗

1215 年 　マグナ＝カルタ（大憲章）成立。

●新課税には貴族や高位聖職者の承認を要する。

●法による支配の明文化。

ヘンリ 3 世（位 1216 ～ 72 年。ジョン王の子）：大憲章を無視

←→ 1258 年 　シモン＝ド＝モンフォール（貴族）が反乱→国王屈服

1265 年 　高位聖職者・大貴族の集会に州と都市の代表を加えた議会を承認させる。

1295 年 　エドワード 1 世，模範議会を招集：イギリス議会の起源

2．フランス

フィリップ2世（位1180～1223年）：ジョン王との戦いに勝ち，フランス国内にあった
イギリス領土の大部分を奪う。

フィリップ4世（位1285～1314年）：聖職者への課税について教皇と争い，1302年に議
会招集＝**三部会**（フランス議会の起源）。

3．百年戦争（1339～1453年）

フランス：カペー朝断絶

→イギリス王エドワード3世（位1327～77年。母がカペー朝出身），フランス王位継承
を主張しフランスと対立。

1339年　**百年戦争**勃発

戦況：イギリス側優勢→フランスにジャンヌ＝ダルクが登場，フランス側は勢力を盛り
返す。

シャルル7世（位1422～61年）：北西部のカレーを除きイギリス軍を追い出すことに成功。

4．百年戦争後のイギリスとフランス

イギリス：1455～85年　バラ戦争：ランカスター家とヨーク家の王位継承の内乱。
→ランカスター家勝利。ヘンリ7世（位1485～1509年）が即位し，テューダー
朝を開く。

イギリス・フランスの共通点

十字軍遠征後のさらなる戦乱で諸侯（貴族）・騎士の没落が進行。

←→王権は強化→絶対王政の基礎が築かれる。

No.1 （解答 ▶ P.17）

ゲルマン民族の大移動について, 部族名と建国した地域が正しい組合せは, 次のうちどれか。

	部族		建国地		部族		建国地
①	西ゴート	———	北イタリア	②	ブルグンド	———	ブリタニア
③	フランク	———	北部ガリア	④	アングロサクソン	——	中部ガリア
⑤	東ゴート	———	アフリカ北岸				

No.2 （解答 ▶ P.17）

東ローマ帝国（ビザンツ帝国）に関する記述として正しいのは, 次のうちどれか。

①　ローマ帝国は, ニケーア公会議でギリシア人の支持するアリウス派をキリスト教の正統とし, さらに首都をローマからビザンティウム（コンスタンティノープル）に移したが, ギリシア人はテオドシウス帝の死に乗じて4世紀末にローマから分離して, 東ローマ帝国を建てた。

②　6世紀のユスティニアヌス大帝はローマ文化を尊び, ヘレニズム文化を排斥し, ミラノにバシリカ様式のハギア（セント）＝ソフィア聖堂を建て,『ローマ法大全』を編纂させた。また, ペルシア人傭兵の遠征軍を派遣して西ローマ帝国からカルタゴなどを奪い, 帝国の領土は最大となった。

③　イスラム勢力の西進等により領土は著しく縮小したが, 軍管区（テマ）制の導入により国力は安定し, 8世紀初めレオ3世は黒海・エーゲ海・アドリア海を制圧し, コンスタンティノープルは商業の中心となった。

④　東ローマのビザンツ文化は, 9世紀から11世紀にかけて全盛期を迎えた。その文化は, ローマ文化とイスラム教を中心とする西アジア文化を融合させたもので, ビザンツ様式は領内だけでなく, 中世ヨーロッパのキリスト教寺院の建築にも影響を与えた。

⑤　11世紀後半から帝国の勢いは, 屯田兵制の導入にもかかわらず急速に衰え, オスマン帝国の攻勢に対してローマ教皇の援助を求めた。その求めに応じた第4回十字軍はコンスタンティノープルの奪回に成功したが, ビザンツ帝国は15世紀半ば, セルジューク朝に滅ぼされた。

No.3
（解答▶P.17）

800年に起こったカールの戴冠に関する記述として誤っているものは，次のうちどれか。

① これを行った教皇は，レオ3世である。

② これは，西ローマ帝国の復興を意味するものである。

③ これにより，西ヨーロッパはビザンツ皇帝から政治的・宗教的に自立したといえる。

④ これにより，ローマ文化・ゲルマン文化・キリスト教の3要素が同化した国家が誕生した。

⑤ この後約100年間，カロリング家が神聖ローマ皇帝として君臨した。

No.4
（解答▶P.17）

ヨーロッパ封建社会の荘園についての次の記述として，正しいものは次のうちどれか。

① 国王が教会に与えた土地。交易は自由に行われ，農民の生活も向上した。

② 大地主貴族の征服地。大農場を経営し，征服民を奴隷として使役した。

③ 大土地所有たる荘園の経営における佃戸の使用。佃戸は土地に束縛され，領主への小作料と国家への租税との二重の義務を負った。

④ 中世特有の農業経営的大土地所有形態。領主は不輸不入，裁判権を有し，農奴を使役した。

⑤ 有力農民は有力な貴族に寄進して，安全な所有を図った。

No.5
（解答▶P.17）

ローマ教皇に関する記述として正しいものは，次のうちどれか。

① インノケンティウス3世は，教皇権極盛期の教皇で，第4回十字軍を起こした。

② 1077年，グレゴリウス7世はイタリアのカノッサで，神聖ローマ皇帝ハインリヒ4世に謝罪した。

③ レオ3世は小ピピンに西ローマ皇帝の帝冠を与えた。

④ ウルバヌス2世は1095年のニケーア公会議で，東方十字軍の発向を宣言した。

⑤ 14世紀後半，ローマとパリの両教皇がいずれも正統を主張して対立した。

十字軍に関する記述として正しいものは，次のうちどれか。

① イベリア半島における国土回復運動(こくどかいふくうんどう)（レコンキスタ）の成功後に行われた，聖地イェルサレム奪回のための東方遠征軍を十字軍という。

② ローマ教皇ウルバヌス2世が，1095年に招集したコンスタンツ公（宗教）会議で遠征が決定された。

③ 十字軍遠征決定の直接のきっかけは，当時オスマン帝国に小アジアの領土を奪われたビザンツ皇帝が，ローマ教皇に援助を求めたことによる。

④ 第1回十字軍はイェルサレム奪回に成功してイェルサレム王国を建てたが，1187年エジプトのサラディンによって王国は滅ぼされた。

⑤ 第4回十字軍はローマの商人らに操られ，イェルサレム奪回の目的を捨てコンスタンティノープルを占領，ラテン帝国を建てた。

十字軍の影響に関する記述として正しいのは，次のうちどれか。

① 教皇の権威が高まったため，教会に反対する新教徒への弾圧が激しくなり，各国で宗教戦争が始まった。

② 荘園領主である諸侯(しょこう)や騎士の権力が増大したため，農民に対する地代や賦役(ふえき)労働が強化され，農奴に転落する農民が増加した。

③ 商業の発達に伴ってギルドが規制を撤廃したため，都市に工場制手工業が成立し，生産は飛躍的に発展した。

④ 権威が失墜し財政状態が悪化した国王が，自治都市に対し重税を課したため，商工業市民層の反抗が強まり，海外の植民地へ移住する市民が増加した。

⑤ 東方貿易が盛んとなり，またイタリアの海港都市や内陸都市が発達し，これらの都市を中心として地中海商業圏が形成された。

No.8　　　　　　　　　　　　　　　　　　　　　　　　　　　（解答▶P.18）

中世ヨーロッパについて，それぞれ関連のある語句の組合せとして正しいものはどれか。

① インノケンティウス3世 ──────── 聖職叙任権闘争
② ギルド ────────────── 十分の一税
③ コンスタンツ公（宗教）会議 ─── ウィクリフ
④ アウクスブルク ─────────── ハンザ同盟
⑤ ヴェネツィア ─────────── メディチ家

No.9　　　　　　　　　　　　　　　　　　　　　　　　　　　（解答▶P.18）

次のうち，誤っているものはどれか。

① 732年，トゥール・ポワティエ間の戦いで，フランク軍がイスラム軍を撃退。
② 800年，チャールズ大帝が，ローマ教皇レオ3世から東ローマ帝国の帝冠を与えられる。
③ 843年，ヴェルダン条約によりフランク王国が三分される。
④ 962年，オットー1世がローマ教皇ヨハネス12世から帝冠を与えられ，神聖ローマ帝国成立。
⑤ 1077年，カノッサの屈辱により，教皇権の優位が決定づけられる。

No.10　　　　　　　　　　　　　　　　　　　　　　　　　　（解答▶P.18）

中世ヨーロッパに関する記述として正しいものは，次のうちどれか。

① 第1回十字軍はイェルサレムを占領して，イェルサレム王国を建設した。
② 北イタリアの諸都市は，ハンザ同盟を結成した。
③ ウィリアム1世は，イギリスからフランスに侵入し，ノルマン朝を開いた。
④ ギリシア正教会は，コンスタンティノープル総主教を首長とし，王権と教皇権が完全に分離していた。
⑤ 西ローマ帝国は，ゲルマン人の傭兵隊長アッティラに滅ぼされた。

教会権力の衰退期に起こった以下の５つの事柄を年代順に並べたとき，３番目にくるものはどれか。

① コンスタンツ公（宗教）会議

② アナーニ事件

③ 教皇のバビロン捕囚_{ほしゅう}

④ 大シスマ

⑤ フス戦争

MEMO

第3章 近代ヨーロッパの誕生

　中世社会では，ローマ＝カトリック教会の権威や封建制度(ほうけんせいど)によって人間の個性や自由な発想を表現することが抑えられ，自由な文化は育たなかった。しかし教会の権力が衰退していくに従い，イタリアを中心に自由で人間中心の文化が育った。これをルネサンスといい，芸術，学問，思想などでめざましい発展が見られた。

　また，ルネサンス期の学問の発展により地理上の知識が増したヨーロッパの人々は，次第にアジアに関心を寄せるようになっていった。ポルトガルやスペインではキリスト教の布教や財源の獲得などを目的にして，アジアへの新航路の開拓や新大陸への到達がなされた。これがいわゆる大航海時代(だいこうかいじだい)であり，ここでもルネサンスでの技術や学問の普及が大いに役立った。そして，これが世界的な規模で商業が行われるきっかけとなった。

　また，自由な文化が育つ中で，ドイツ・スイス・イギリスなどではカトリックを批判・改革する動きが起こった。これを宗教改革(しゅうきょうかいかく)という。これは従来の教皇や教会に基づく信仰を否定して，新たに聖書に基づいた信仰を推進する動きであったために，新教と旧教は対立した。当時の宗教は影響力が大きかったことから，宗教改革はただ宗教的な意味合いだけを持つものではなく，政治・社会運動にもなっていた。また，新教に対抗して反宗教改革の動きを起こしたカトリック教会は，前述の大航海時代の動きにあわせて，アジアにもカトリックを布教しようとした。

🌐 ポイント

1 ルネサンス

中世文化：ローマ＝カトリック教会の絶対的な権威

　　　　→人間の個性や自由な発想を表現することを抑える。

教会権力の衰退→人文主義(じんぶん)（ヒューマニズム）：人間性や個性の尊重

　　　　　　→古代ギリシア・ローマ期の文化を見直す　　　　　ルネサンス

　　　　　　→新しい文化の創造と近代科学の発展

1．イタリアのルネサンス

イタリアは十字軍の遠征が行われた時代以降，商業・貿易業で栄えた。北部の都市フィレンツェで，ルネサンスが始まり，金融業で富を築いたメディチ家は，芸術や学者を保護したことで知られている。

	人　物	代　表　作　・　事　績
文学	ダンテ	『神曲』『新生』をトスカナ語で叙述。
	ペトラルカ	人文主義の先駆者。古代ローマを讃え，古典の復興に努力。
	ボッカチオ	『デカメロン』を著した。近代小説の先駆者。
美術建築	ボッティチェリ	古代の神話に題材をとった「春」「ヴィーナスの誕生」が有名。
	レオナルド＝ダ＝ヴィンチ	「最後の晩餐」「モナ＝リザ」など。
	ラファエロ	「聖母子像」やバチカン宮殿壁画「アテネの学堂」が有名。
	ミケランジェロ	彫刻・絵画・建築で活躍。「最後の審判」「天地創造」「ダヴィデ像」など。
	ブラマンテ	サン＝ピエトロ大聖堂。
科学	トスカネリ	天文・地理学者。地球球体説を唱えた。
	ガリレイ	コペルニクスの地動説を望遠鏡による天体観測によって証明した。
思想	マキァヴェリ	『君主論』で政治を宗教や道徳から切り離す近代的政治観を示す。

2．その他の国々でのルネサンス

国	人　物	代表作・事績
フランス	ラブレー	『ガルガンチュアとパンタグリュエルの物語』。
	モンテーニュ	随筆集『随想録』。
ネーデルラント	エラスムス	人文主義者。『愚神礼賛』で教会・聖職者を風刺。
	ブリューゲル	農民画家とよばれる。「農民の踊り」。
イギリス	チョーサー	短編小説集『カンタベリ物語』。
	トマス＝モア	人文主義者。『ユートピア』。
	シェークスピア	『ハムレット』『ヴェニスの商人』など。
ドイツ	デューラー	宗教画を多数制作。「四使徒」。
スペイン	セルバンテス	没落騎士が主人公の『ドン＝キホーテ』を著した。
ポーランド	コペルニクス	『天球回転論』で地動説を提唱。

3．ルネサンスの三大発明

火　　薬	従来の戦術を一変させ，騎士の没落を促した。
羅針盤	天文学や海図製作とともに大洋航海を可能にし，ヨーロッパ諸国の海洋進出を促進させた。
活版印刷	グーテンベルク（ドイツ）が金属活字を用いる加圧式の印刷技術を発案し，製紙法の普及と結びついて，知識の発展に貢献した。

2　大航海時代

1．背景

① 政治：中央集権国家統一の完成

国力充実のための財源獲得 ⎫ イベリア半島の国王：海外進出の援助

キリスト教の拡大 ⎭ └─→ レコンキスタによる異教徒征服

② 経済：香辛料の需要増大。15世紀後半以降，オスマン帝国地中海東岸進出。

→直接香辛料貿易を行い，莫大な利益にあずかろうとした。

③ 文化：マルコ＝ポーロ『世界の記述（東方見聞録）』

→アジアに対する興味，関心を刺激。

④ 科学：●羅針盤（コンパス）の改良

●帆船の普及

●緯度航海法の考案

2．ポルトガルの海外進出

15世紀前半　エンリケ航海王子，大西洋探検。

1488年　　　バルトロメウ＝ディアス，大西洋を南下してアフリカ南端の喜望峰に到達。

1498年　　　ヴァスコ＝ダ＝ガマ，インド洋を横断して，インド西岸に到達。

3．スペインの海外進出

1492年　　　コロンブス，女王イサベルの援助で大西洋を西に進み，カリブ海の西インド諸島に到着。←ヨーロッパ人によるアメリカ大陸（新大陸）の発見

1519〜22年　マゼラン一行，世界一周を達成。（マゼランはフィリピンで死亡）

3 宗教改革

1．経過

1517 年	マルティン＝ルター，九十五カ条の論題発表。
1521 年	教皇レオ 10 世，ルターを異端者として破門。
1524 〜 25 年	ドイツ農民戦争
1534 年	ヘンリ 8 世，首長法制定→イギリス国教会成立。
	イエズス会成立。
1536 年	カルヴァン，『キリスト教綱要』公刊。
1545 〜 63 年	トリエント公会議→反宗教改革
1555 年	アウクスブルクの宗教和議
1559 年	エリザベス 1 世，統一法制定→国教会確立。
1562 〜 98 年	ユグノー戦争
1598 年	ナントの王令（勅令）

２．各派の特徴

	教　義	社 会 観	職 業 観	支 持 層	伝播範囲
カトリック	・教皇至上主義 ・聖書と聖伝 　秘蹟による 　恩寵の付与 　→聖書と伝 　　統を重視	・政教一致	・世俗職業， 　営利行為を 　蔑視	・旧来の信者 ・スペイン国王 ・神聖ローマ 　帝国	アジア アフリカ 中南米
ルター派	・聖書主義 ・信仰義認論 　「人は信仰 　によっての 　み義とされ 　る」	・政教分離 ・君主権，身 　分秩序，国 　家の優越は 　容認	・世俗の職業 　肯定（利子 　は禁止）	・反教皇，反皇 　帝派諸侯 ・富農 ・自由都市 ・富裕有力市 　民	東北ドイツ デンマーク スウェーデン ノルウェー
カルヴァン派	・徹底した聖 　書主義 ・予定説 　（救いは神に 　よって予め 　定められて 　いる）	・政教一致 ・共和主義的 　な神権政治 　を主張	・勤勉・倹約・ 　禁欲による 　蓄財肯定	・新興市民層 ・知識人	西ドイツ ネーデルラント フランス（ユグノー） イングランド （ピューリタン） スコットランド
イギリス国教会	・カトリック 　と新教の折 　衷	・国家教会主義 　→首長は国 　　王，教会 　　は国家監 　　督化	・特になし	・王権支持の 　封建貴族 ・聖職者 ・市民層	イングランド

No.1　　　　　　　　　　　　　　　　　　　　　（解答▶P.19）

ルネサンスに関する文中Ａ～Ｄに入る語句の組合せとして最も適当なものは，次のうちどれか。

　フランス語で「再生」という意味があるルネサンスは，14世紀にイタリアで始まった。その中でも最大の中心地といえるのが，大富豪にしてルネサンス最大の庇護者（ひご）であるメディチ家が支配していた（　Ａ　）である。メディチ家は文芸・美術の愛護に努め，その莫大な財力を背景に，ダヴィデ像で知られる（　Ｂ　）など多数の芸術家を，パトロンとして支援した。

　ルネサンスの根本精神は，ヒューマニズムである。これは，ギリシアやローマなどの古典文化を探求することにより，中世のキリスト教的な（　Ｃ　）主義ではない人間的な生き方を追求しようとするもので，（　Ｄ　）と訳される。

	Ａ	Ｂ	Ｃ	Ｄ
①	フィレンツェ	ダ＝ヴィンチ	禁欲	人文主義
②	フィレンツェ	ミケランジェロ	禁欲	人文主義
③	フィレンツェ	ミケランジェロ	欲望	復古主義
④	ミラノ	ダ＝ヴィンチ	禁欲	復古主義
⑤	ミラノ	ミケランジェロ	欲望	復古主義

No.2　　　　　　　　　　　　　　　　　　　　　（解答▶P.19）

ルネサンス期の作品とその作者の組合せとして正しいものは，次のうちどれか。

① マキァヴェリ ——— 『デカメロン』
② ラファエロ ——— 「ヴィーナスの誕生」
③ セルバンテス ——— 『ハムレット』
④ ミケランジェロ —— 「最後の晩餐（ばんさん）」
⑤ エラスムス ——— 『愚神礼賛（ぐしんらいさん）』

大航海時代に関する以下の組合せのうち，誤っているものはどれか。

① エンリケ航海王子 ——— アフリカ西岸探検の奨励。
② バルトロメウ＝ディアス — 1488年アフリカ南岸の喜望峰に到達。
③ ヴァスコ＝ダ＝ガマ ——— 1498年インド洋を横切って，インド西岸のカリカットに到達。
④ コロンブス ——— 1492年大西洋を横断して，現在のサンティアゴに到達。
⑤ マゼラン ——— スペイン王室の命令で出発し，1521年フィリピンに達した。

東インド会社に関する記述として正しいものは，次のうちどれか。

① 1600年にオランダの東インド会社が設立され，その2年後，イギリスの東インド会社が設立された。
② オランダの東インド会社は，絹の道（シルク＝ロード）を使った貿易路を維持・拡大する目的で設立された。
③ イギリスの東インド会社は，アジア諸国との貿易を独占した国家的企業であり，植民活動も行った。
④ オランダの東インド会社は，インドや東南アジア諸国の香辛料独占を狙い，コムーネという商船団を組織した。
⑤ イギリスの東インド会社は，海軍力を背景にアメリカ大陸まで植民地を広げることを目的とした。

No.5　　　　　　　　　　　　　　　　　　　　　　　　　　　　（解答 ▸ P.19）

宗教改革について正しいものは，次のうちどれか。

① 教皇レオ8世の贖宥状の販売に対して，マルティン＝ルターは魂の救いは福音による信仰のみという立場から，九十五カ条の論題を発表した。

② 時の皇帝カール5世は1521年，教皇に破門されたルターをヴォルムスの議会に呼び出し，説の撤回を求めたが，ルターはこれを拒否した。

③ ルターの説に共鳴したスイスのツヴィングリは，『キリスト教綱要』を刊行して予定説を唱えた。

④ カトリックの荒廃を見かねたイギリス国王ヘンリ8世は，純粋な宗教的動機から首長法を公布し，自らをイギリス国教会の主権者であるとした。

⑤ ルター派の信者たちを，イギリスではピューリタン，フランスではユグノー，ネーデルラントではゴイセンと呼んだ。

No.6　　　　　　　　　　　　　　　　　　　　　　　　　　　　（解答 ▸ P.19）

戦争名とその対戦国の組合せとして正しいのは，次のうちどれか。

① ユグノー戦争　───　フランス・オーストリア
② 七年戦争　───　オーストリア・トルコ
③ 三十年戦争　───　イギリス・オランダ
④ 百年戦争　───　イギリス・フランス
⑤ バラ戦争　───　スペイン・フランス

No.7　　　　　　　　　　　　　　　　　　　　　　　　　　　　（解答 ▸ P.19）

次のうち，ユグノー戦争を終結させたのはどれか。

① ウェストファリア条約　　② ナントの勅令
③ ミラノ勅令　　　　　　　④ ヴォルムス協約
⑤ 金印勅書

ヨーロッパ諸国の宗教戦争に関する記述として最も妥当なものは，次のうちどれか。

① オランダで起こったユグノー戦争は，フロンドの乱に端を発している。

② イギリスのバラ戦争は，イギリス国教会を確立したエリザベス1世と，それに反対するカトリック系貴族との間に起こった内乱である。

③ 国内の宗教内乱に，王位継承権が絡んで勃発したスペイン継承戦争は，ナントの勅令によって終結した。

④ ヨーロッパ諸国を巻き込んだ国際紛争になった三十年戦争の発端は，旧教派の新教徒制圧に対する反乱（ベーメン反乱）である。

⑤ ロシアの宗教内乱である七年戦争は，新教徒派の勝利に終わった。

次のうち，啓蒙専制君主として最も妥当な人物はどれか。

① フリードリヒ2世

② ルイ14世

③ ピョートル1世

④ チャールズ2世

⑤ ジェームズ1世

MEMO

第4章 近代国家の形成

　中世の封建体制が変化し，次第に王権が強化されて近代的な中央集権に移行していく過程の中で生まれたのが，絶対王政である。これは次第に力をつけた市民勢力から徴税・徴兵して常備軍を設け，没落し始めた貴族階層を通じて行政や司法を掌握するという，両者のバランスをとった上に王が君臨する制度だった。絶対王政期にはユグノー戦争，オランダ独立戦争，三十年戦争と，宗教に外交的な思惑が絡んだ戦争が相次いだ。このような中で大航海時代以降全盛を極めたスペインは，オランダ独立戦争でイギリスに敗れて衰退した。さらにスペイン継承戦争で王位をフェリペ5世に継承され，領土の多くをイギリスに割譲して没落していった。

　絶対王政を展開していた各国でも，次第に市民革命が起こって絶対王政は崩壊していった。イギリスでは比較的早いうちから市民階級が台頭していたため，一時は王政復古の動きも見られたものの，名誉革命を経て議会政治体制が確立された。また，当時一部がイギリスの植民地になっていたアメリカでも，印紙法や茶法に反対する動きをきっかけにアメリカ独立戦争が起こった。当初苦戦していた植民地側だったが，イギリスに対抗するフランスやスペインの支持によってパリ条約を締結し，独立が承認された。続いてフランスでも市民革命が起こったが，イギリス・アメリカの市民革命より徹底的な市民革命であり，フランスを根底から変化させたといえる。また，ナポレオンがヨーロッパを征服したことによって，各地では反乱が相次ぎ，市民革命は全ヨーロッパに波及した。

　海外植民地の独占や農業革命，第二次囲い込みによって資本・市場・労働力に恵まれたイギリスでは，いち早く産業革命が起こった。技術の革新によって物資の大量生産が可能になった一方，工場制機械工業の普及のために資本家と労働者の対立が発生した。また，労働問題の解決のために社会主義思想が主張され始めたのも，この頃である。

　ナポレオン戦争の事後処理として，ウィーン会議が開かれた。ナポレオン戦争以前の状態を正統とし，ウィーン体制を守ろうとする正統主義に対して，これを打破しようとする自由主義運動が起こった。この抗争は，ウィーン会議の主催者であるメッテルニヒの失脚によって一応の決着がついた。

　一方アメリカでは，西部に成立した新たな州を奴隷州にするか自由州にするかで南北戦争が勃発した。結果，人口と経済力で勝る北部が，奴隷解放宣言を発して勝利した。これによってアメリカでは奴隷制が廃止されたものの，黒人差別は根強く残った。

🖉 ポイント

1 絶対王政

絶対王政＝封建社会崩壊後，近代的な市民社会が成立するまでの過渡期に現れた中央集権
的な政治体制。

特徴：● 常備軍と官僚制に支えられる。
● 重商主義とよばれる経済政策。
● 国王の権力を正当化するために**王権神授説**が主張される。

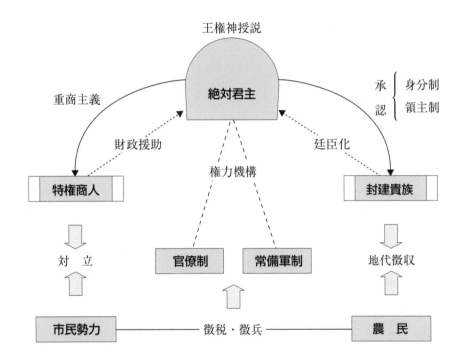

絶対王政期の君主

スペイン	カルロス1世（位1516〜56年）
	フェリペ2世（位1556〜98年）
イギリス	ヘンリ8世（位1509〜47年）
	エリザベス1世（位1558〜1603年）
フランス	ルイ13世（位1610〜43年）
	ルイ14世（位1643〜1715年）
プロイセン	フリードリヒ2世（位1740〜86年）
オーストリア	マリア＝テレジア（位1740〜80年）
	ヨーゼフ2世（位1765〜90年）
ロシア	ピョートル1世（位1682〜1725年）
	エカチェリーナ2世（位1762〜96年）

2 絶対王政期の戦争

1．ユグノー戦争（1562〜98年）

カルヴァン派新教徒とカトリック教徒の対立に貴族間抗争がからんだフランスの内乱。

→イギリスは新教徒を，スペインは旧教徒を支援して干渉。

1572年　サンバルテルミの虐殺→内戦激化

1589年　ヴァロワ朝は断絶，アンリ4世が即位→ブルボン朝勃興

1598年　**ナントの王令（勅令）**発布：ユグノーに旧教徒とほぼ同等の権利を認める。

2．オランダ独立戦争（1568〜1609年）

スペイン下のネーデルラント（オランダ）で起こった，スペイン国王フェリペ2世の新教徒（カルヴァン派）抑制策と支配強化に対する独立闘争。

→スペインに対抗するイギリス・フランス・ドイツのルター派諸侯が独立を援助。

1579年　北部7州：ユトレヒト同盟結成→イギリスの支援で戦闘継続

1581年　オラニエ公ウィレム（オレンジ公ウィリアム）を統領とするネーデルラント連邦共和国の独立を宣言

1588年　スペイン無敵艦隊，イギリス海軍に撃破される

→●スペイン：衰退

●イギリス：大西洋の制海権掌握

1609年　休戦→オランダ全盛期へ

3．三十年戦争（1618～48年）

ドイツで起こった宗教紛争。

神聖ローマ帝国で新旧両派諸侯間の争い

→スウェーデン・デンマーク・フランスが新教徒側を，スペインが旧教徒側を支援して参戦，国際紛争化。

1648年　　**ウェストファリア条約調印**

●フランス，スウェーデンが領土獲得。

●ドイツ諸侯の主権承認→神聖ローマ帝国分裂。

●オランダとスイスが国際的に独立国として承認。

4．スペイン継承戦争（1701～13年）

スペイン王家の断絶に対して，フランス王ルイ14世が孫のフェリペの継承権を主張，それに異議を唱えたオーストリア・イギリス・オランダとの間で勃発した戦争。

1713年　　ユトレヒト条約→●フェリペ5世のスペイン王位継承承認

●フランスとスペインの海外領土の多くをイギリスに割譲

5．オーストリア継承戦争（1740～48年）

マリア＝テレジアのハプスブルク家全領土継承に対し，反対派のザクセン・バイエルンなどの諸侯やスペインが異議を唱えて宣戦したため起こった戦争。

→プロイセン，フランスもこれに同調してオーストリアに攻めこむ。

1748年　　アーヘン和約→●マリア＝テレジアの王位・皇位継承承認

●オーストリアは，プロイセンにシュレジエン地方を割譲

その後オーストリアは，七年戦争（1756～63年）でシュレジエン地方の奪回をめざしてプロイセンと戦ったが，敗れたため実現しなかった。

3 イギリス立憲政治の確立

1628年　　　権利の請願：議会が国王チャールズ1世に対して行った請願。

●議会の同意なしに課税しないこと。

●法律によらず逮捕しないこと。　etc.

→チャールズ1世：無視，翌年議会解散。

1642 年	議会派と王党派の間で内戦勃発→ピューリタン（清教徒）革命開始
	└→ 指導者：クロムウェル
1649 年	チャールズ 1 世処刑，共和政開始
1653 年	クロムウェル，護国卿に就任→軍事独裁体制
1660 年	王政復古：チャールズ 2 世即位
1673 年	審査法制定：公職就任者を国教徒に限定　　　政党の誕生：トーリ党
1679 年	人身保護法制定：不当逮捕の禁止　　　　　　　　　　ホイッグ党
1685 年	ジェームズ 2 世即位：絶対主義再建，カトリックの復活
	→議会：オランダからジェームズ 2 世の娘メアリと夫ウィレム
	（ウィリアム）を新国王として，迎え入れる。　　　名誉革命
	→ジェームズ 2 世：抵抗せず国外亡命。
1689 年	メアリ 2 世，ウィリアム 3 世即位（共同統治）
	権利の章典制定→議会政治体制確立，立憲政治へ。

4　アメリカ独立戦争

18 世紀	イギリス 13 植民地，北アメリカ東部に成立。
1765 年	印紙法制定：イギリス本国の対植民地課税強化
	→植民地側反発「代表なくして課税なし」
1773 年	茶法制定→ボストン茶会事件
1775 年	レキシントンで武力衝突，アメリカ独立戦争勃発。
	└→ 植民地側司令官：ワシントン
1776 年	独立宣言発表：ジェファソン起草
	植民地側：・フランス，スペインの参戦
	・武装中立同盟の間接的支援　　イギリス孤立，次第に有利に。
1781 年	ヨークタウンの戦い：アメリカ・フランス連合軍がイギリス軍に大勝
	→アメリカの独立戦争勝利が事実上確定
1783 年	パリ条約締結：アメリカの独立承認，ミシシッピ川以東の領地を割譲。

5 フランス革命とナポレオン

1．フランス革命

国王ルイ 16 世：貴族への課税を企図（きと）→貴族抵抗，三部会の招集を要求。

1789 年 5 月	三部会招集
	→第一身分（聖職者）・第二身分（貴族）と第三身分（平民）が対立。
6 月	第三身分の議員：国民議会の成立を宣言，憲法が制定されるまで解散しない誓い（ちか）。（＝「球戯場（きゅうぎじょう）（テニスコート）の誓い」）
	→国王：当初認めるも，後に武力による議会弾圧（だんあつ）。
7 月14日	バスティーユ牢獄（ろうごく）襲撃
8 月26日	人権宣言採択
1791 年 9 月	1791 年憲法制定，国民議会解散。
10 月	立法議会招集

対立 { フイヤン派（立憲君主主義（りっけんくんしゅ）。これ以上の変革を求めず。）
ジロンド派（穏健（おんけん）共和主義）

1792 年 9 月	立法議会解散，国民公会（こくみんこうかい）招集（男子普通選挙）
	→● 王政廃止，共和政成立（第一共和政）
	● ジャコバン派の台頭。
1793 年 1 月	ルイ 16 世処刑→ジャコバン派：ロベスピエールらを指導者として恐怖政治へ。
1794 年 7 月27日	テルミドールの反動→ロベスピエールら逮捕，処刑。
1795 年10月	1795 年憲法制定，総裁政府（そうさい）樹立。
	→社会不安定，強力な指導者を求める。
1799 年11月 9 日	ブリュメール 18 日のクーデター
	→ナポレオン：総裁政府打倒，統領政府（とうりょう）樹立。

2．ナポレオン

1804 年 3 月	ナポレオン法典（フランス民法典）制定。
5 月	皇帝位へ：ナポレオン 1 世→第一共和政終結，**第一帝政**開始。
1805 年 8 月	イギリス：オーストリア・ロシアと第 3 回対仏大同盟結成。
10 月	トラファルガーの海戦→イギリス艦隊がフランス艦隊を撃破。
12 月	アウステルリッツの戦い（三帝会戦）→オーストリア・ロシア連合軍を撃破。 第 3 回対仏大同盟崩壊。
1806 年	ライン同盟結成→神聖ローマ帝国消滅
11 月	大陸封鎖令：イギリスとの通商禁止。
1807 年	プロイセン改革 ⎫
1808 年	スペイン反乱 ⎬ フランスへの反抗
1812 年	ロシア遠征→失敗
1813 年 10 月	ライプチヒの戦い→フランス軍大敗。
1814 年 3 月	パリ陥落
4 月	退位→エルバ島に流される。
9 月	**ウィーン会議**開始
1815 年 2 月	エルバ島を脱出，復位。
6 月	ワーテルローの戦い：敗北
10 月	セントヘレナへ流される。

6 産業革命

1．イギリス産業革命の背景

● 私有財産権や営業の自由が確立し，**工場制手工業（マニュファクチュア）**が広範に発展した。

● 七年戦争の勝利によって，海外植民地を独占した→・資本の蓄積

・市場の確保

● 農業革命や第二次囲い込みによって，労働力が供給された。

2．産業革命期の発明

1733 年	ジョン＝ケイ	飛び杼（梭）
1764 年	ハーグリーヴズ	ジェニー紡績機
1769 年	ワット	蒸気機関の改良・完成
1769 年	アークライト	水力紡績機
1779 年	クロンプトン	ミュール紡績機
1785 年	カートライト	力織機
1807 年	フルトン	蒸気船
1814 年	スティーヴンソン	蒸気機関車
1837 年	モールス	電信機

3．結果

　手工業から工場制機械工業に移行し，それを土台に近代資本主義が確立し，工場を経営する産業資本家が台頭していった。

7 　その他

1．ウィーン体制とその崩壊

1814 ～ 15 年　ウィーン会議開催：ナポレオン戦争の戦後処理，メッテルニヒが主宰
　　　　　　　基本原則→正統主義：フランス革命以前の状態にもどす。

　　　　　　　　　　　　　　　タレーランが主張。

1815 年　　　　ウィーン議定書成立

　　　　　　　　　●フランス・スペイン・ナポリにブルボン朝復活。

　　　　　　　　　●領土の変更→ 35 の君主国と 4 自由市からなるドイツ連邦が誕生。

　　　　　　　　→この体制を維持するため，神聖同盟や四国同盟が結成。

1810 年代　　　ラテンアメリカの独立運動→各国独立

1830 年 7 月　（仏）七月革命：ルイ＝フィリップが王位に就き，七月王政（立憲君主政）
　　　　　　　　　　　　　　が成立。

1848 年 2 月　（仏）**二月革命**：ルイ＝フィリップがイギリスに亡命。共和政による臨時政府樹立（第二共和政）。

　　　3 月　（独・墺）**三月革命**

　　　　　　ウィーン：暴動勃発➡メッテルニヒ失脚〔しっきゃく〕，ウィーン体制崩壊〔ほうかい〕

　　　　　　ベルリン：暴動勃発➡憲法制定

2．アメリカ南北戦争（1861 ～ 65 年）

① 背景

　19 世紀末，西部に成立した新たな州を，奴隷州〔どれい〕として承認するのか自由州として承認するのかで北部と南部の対立が激化。

② 北部と南部の主張

	北　部	南　部
産　業	商工業	大農場経営
政　体	中央集権主義 （連邦主義）	地方分権主義 （州権主義）
貿　易	保護貿易	自由貿易
奴隷制	否定	肯定

③ 経過

1860 年	リンカーンが大統領に当選すると南部は連邦から独立を宣言。
1861 年	南部はアメリカ連合国をつくって南北戦争勃発。
1863 年	リンカーンが「奴隷解放宣言」を出す。
1865 年	北部勝利で戦争終結。

④ 結果

　アメリカ合衆国が再統一され，奴隷制が正式に廃止されるとともに，黒人に公民権・投票権が付与されたが，南部では州法によって黒人の公民権・投票権は制限され，差別はその後も長く続いた。

演習問題

No.1　　　　　　　　　　　　　　　　　　　　　　　　　　（解答 ▶ P.20）

絶対主義時代の各国に関する記述として正しいものは，次のうちどれか。

① 1571年，当時のスペイン国王カール5世は，レパントの海戦でオスマン帝国の海軍を破った。

② スペインの支配強化と新教徒弾圧に対して，ネーデルラントの北部7州はユトレヒト同盟を結んで抵抗した。

③ 統一令の復活や東インド会社の設立など，イギリス絶対王政の最盛期を演出した女王エリザベス1世は，スペインの無敵艦隊に敗れて退位した。

④ プロイセン王フリードリヒ2世は典型的な絶対君主で，王権神授説を信じ，「朕は国家なり」という言葉を残した。

⑤ ロシア皇帝ピョートル1世は，デンマークと北方戦争を戦い，勝利してペテルブルクを建設した。

No.2　　　　　　　　　　　　　　　　　　　　　　　　　　（解答 ▶ P.20）

フランス絶対主義に関する記述として正しいのはどれか。

① アンリ4世はナントの勅令を発して新教を弾圧したので，スペイン，ドイツなど諸外国を巻き込んだユグノー戦争が起こった。

② ルイ13世の宰相リシュリューはユグノーを武力で抑える一方，反抗的な貴族を排除し，三部会の招集を停止するなど王権の強化に努めた。

③ ルイ14世の宰相マザランは，権利を奪われた貴族が起こしたジャックリーの乱を鎮圧し，絶対王政の基礎を築いた。

④ マザランの死後，親政を敷いたルイ14世は，バラ戦争をはじめ数々の戦争を行ったため，国の財政は悪化した。

⑤ ルイ15世は，スペイン継承戦争など相次ぐ戦争により悪化した財政を立て直すため，ユグノーである商工業者を保護する政策を採った。

下記文中の空欄Ａ〜Ｃにあてはまる語句の組合せとして正しいものはどれか。

　1689年，　　Ａ　　治世下のロシアは，　　Ｂ　　と両国間で最初の国境画定条約である　　Ｃ　　を結んだ。

	A	B	C
①	ピョートル1世	清	ネルチンスク条約
②	ピョートル1世	清	キャフタ条約
③	イヴァン4世	明	ネルチンスク条約
④	イヴァン4世	清	キャフタ条約
⑤	イヴァン4世	明	キャフタ条約

イギリスにおける市民改革の経緯についての記述として正しいものはどれか。

① 国家の政治に不満を持った清教徒（せいきょうと）は，クロムウェルを指導者として，これまでの国王を追放し新国王をオランダから迎えた。

② 豊かな農民や資本家からなる議会は勢力を強め，権利の章典（けんりのしょうてん）を国王に認めさせて共和政を打ち立てた。

③ 市民階級を中心として共和政に移行した革命は，血を見ないで行われたことから名誉革命（めいよかくめい）と呼ばれた。

④ 清教徒革命は新国王をドイツから迎えて王政の存続を図ったが，名誉革命によって王政は廃止された。

⑤ 清教徒革命，名誉革命と2度にわたる革命によってイギリスにおける専制政治が終わり，市民の自由や利益に合った社会への発展の道が開かれた。

No.5 　　　　　　　　　　　　　　　　　　　　　　　　　　　（解答 ▶ P.20）

独立戦争前のアメリカに関する記述として最も妥当なものは，次のうちどれか。

① 北アメリカ東部に成立したイギリスの十五植民地は，信仰の自由を求めて移住した，カトリック系のキリスト教徒が多かった。

② 本国であるイギリスからの締め付けが強かったため，住民代表による議会などの自治的な政治体系はなかった。

③ 北部では黒人奴隷を使用する大農場（プランテーション）が盛んであったが，南部では農業の他，商工業も発展していた。

④ 1765年に本国で制定された印紙法に対しては，ほとんどの住民が反対したが，この法律が撤回されることはなかった。

⑤ 1773年に制定された茶法に対し，住民はボストン茶会事件を起こして反抗し，イギリス本国は報復としてボストン港を閉鎖した。

No.6 　　　　　　　　　　　　　　　　　　　　　　　　　　　（解答 ▶ P.20）

アメリカ独立戦争に関する記述として最も適当なものは，次のうちどれか。

① 1775年，レキシントンでの武力衝突によって，独立戦争が始まった。

② 独立戦争における植民地側の司令官は，トマス＝ペインである。

③ 1776年，フロリダで発表された独立宣言の起草者は，ロックである。

④ フランスやスペインはイギリス側へ，武装中立同盟は植民地側に立って参戦した。

⑤ フィラデルフィアの戦いに敗れたイギリスは，ロンドン条約でアメリカの独立を承認した。

フランス革命について正しいものは，次のうちどれか。

① ルイ16世は，国家財政の再建のために，免税特権のある特権身分にも課税しようとしたが反対され，逆に貴族に三部会の招集を要求された。

② 1789年7月14日，パリ市民は専制支配のシンボルだったテュイルリー宮殿を襲撃した。

③ 立憲君主派だったラ＝ファイエットが死亡したため，ルイ16世と王妃マリ＝アントワネットは国外逃亡を企てたが，ヴァレンヌで捕らえられ，パリに連行された。

④ 1791年に開かれた立法議会で有力だったジャコバン派は，革命に対する干渉の意思を示したプロイセンやオーストリアに対して宣戦した。

⑤ 恐怖政治を行ったロベスピエールは，1794年7月27日反対勢力に捕らえられ処刑された。これをブリュメール18日のクーデターという。

ナポレオンに関する記述として誤っているものは，次のうちどれか。

① 1799年，ブリュメール18日のクーデターで統領政府を倒し，総裁政府を立ててみずから第一総裁に就任した。

② 1804年，私有財産の不可侵や法の下の平等，契約の自由などを定着させるためにナポレオン法典を制定した。

③ 1805年，フランス海軍はトラファルガーの海戦でイギリス海軍に敗れたが，オーストリア・ロシア連合軍と戦ったアウステルリッツの戦い（三帝会戦）では勝利した。

④ 1806年，大陸封鎖令を発して，諸国のイギリスとの通商を禁じたが，成果を上げることはできず，かえって大陸諸国を苦しめる結果となった。

⑤ 1812年，大軍を率いてロシアに遠征したが大敗し，これを見た諸国が対仏大同盟を結成して解放戦争を起こした。

No.9

(解答▶P.21)

ウィーン会議に関する記述として最も妥当なものは，次のうちどれか。

① 市民革命制圧のために開かれた。
② イギリスの外相タレーランが主宰した。
③ 正統主義を基本原則とした。
④ ライン同盟が廃止され，神聖ローマ帝国が成立した。
⑤ イギリス，ロシア，プロイセン，オーストリアによる神聖同盟が成立した。

No.10

(解答▶P.21)

ウィーン体制後の各国の状況に関する記述として誤っているものは，次のうちどれか。

① ベネズエラ，ブラジル，アルゼンチンなどのラテンアメリカ諸国が独立した。
② アメリカ大統領モンローは，ヨーロッパ諸国とアメリカ大陸諸国の相互不干渉を主張した。
③ スペインで七月革命が起き，カルロス３世が七月王政の王として即位した。
④ ロシアからの支配離脱を求めたポーランド反乱が起こったが，失敗に終わった。
⑤ フランスで起こった二月革命の影響で，ウィーンやベルリンなどで三月革命が起こった。

（解答▶P.21）

次の文中の空欄Ａ～Ｃに当てはまる語句の組合せとして，妥当なのはどれか。

　産業革命の起こる前のイギリスでは（　Ａ　）が発達して海外市場を拡大し，また植民地から集まる膨大な富によって資本も潤沢（じゅんたく）となった。一方，16世紀の羊毛産業を中心とする第1次（　Ｂ　），18世紀の農業の近代的経営の発展による第2次（　Ｂ　）によって土地を失った農民は，都市に集まり労働者となった。こうして市場・資本・労働力に恵まれたイギリスでは，インドから輸入した（　Ｃ　）を加工する工場が興り，製造原価引下げのための機械化を進め，生産力は飛躍的に増大した。

	Ａ	Ｂ	Ｃ
①	マニュファクチュア	囲（かこ）い込（こ）み	茶
②	囲い込み	マニュファクチュア	鉄
③	マニュファクチュア	囲い込み	鉄
④	囲い込み	マニュファクチュア	綿花
⑤	マニュファクチュア	囲い込み	綿花

 （解答▶P.21）

イギリスで産業革命が起こった理由について誤っているものは，次のうちどれか。

① 世界の海上権を掌握（しょうあく）し，資本の蓄積が他国よりも進んでいた。
② 工場制機械工業が形成されていた。
③ 第二次エンクロージャーなどによって，豊富な労働力があった。
④ 商品の消費力が大きく，生産の拡大が求められていた。
⑤ 工業資源に恵まれていた。

No.13
（解答▶P.21）

イギリス産業革命時に発明された機器とその発明者の組合せとして正しいものは，次のうちどれか。

	発明品	発明者
①	飛び杼	アークライト
②	ジェニー紡績機	フルトン
③	ミュール紡績機	クロンプトン
④	綿繰り機	カートライト
⑤	蒸気機関車	ワット

No.14
（解答▶P.21）

アメリカの南北戦争について正しいものは，次のうちどれか。

① 合衆国東部の開拓が進むにつれて，北部自由州と南部奴隷州は，新州に奴隷制を認めるかどうかで争った。

② 1820年に成立したカンザス・ネブラスカ法によって，州の新設に際しては，北緯36度30分を境に北側を自由州に，南側を奴隷州にすることが決まった。

③ 1860年，北部を地盤とする共和党のリンカーンが大統領に当選すると，南部諸州は合衆国から分離し，アメリカ連合国をつくった。

④ 人口，経済力では北部の方が圧倒的に勝っていたが，開戦当初はグラント将軍に率いられた南部が戦局を有利に進めた。

⑤ 1863年1月，リンカーンはホームステッド法を制定して，南部の全奴隷を解放した。

次の記述はいずれも世界史上重要な条約・会議に関するものである。下線部分が正しいのは
どれか。

① ウェストファリア条約は三十年戦争後に結ばれたもので, この結果ドイツ諸侯の力は衰
え, ボヘミア王を中心とした中央集権的な統一国家が形成された。

② ウィーン会議はナポレオン戦争後のヨーロッパの戦後処理を討議するために開かれたも
ので, フランスでのブルボン王朝の復活など, 正統主義が指導精神となった。

③ パリ条約はアメリカ独立戦争後に結ばれたもので, イギリスはアメリカ合衆国とカナダ
の独立を認めた。そのため, 他の植民地の独立への気運を高めた。

④ ベルリン会議は, 露土戦争後ビスマルクが列国を調停して開いたもので, 戦争に敗れた
ロシアの領土を回復し, オスマン帝国の力を抑えることを目的としていた。

⑤ ヴェルサイユ条約は, 第一次世界大戦後ドイツと連合国との間に結ばれたもので, 国際
協調の精神に基づいてドイツの領土は保全され, 賠償金のみの寛大な処置が採られた。

次の戦争名と講和条約名の組合せのうち, 正しいものはどれか。

① アロー戦争　——————　南京条約

② クリミア戦争　——————　サン＝ステファノ条約

③ 三十年戦争　——————　ウェストファリア条約

④ スペイン継承戦争　——　アイグン条約

⑤ アヘン戦争　——————　北京条約

No.17

（解答 ▶ P.22）

以下の各戦争のうち，イギリスがアジア諸国を植民地化する過程で行ったものではないものはどれか。

① プラッシーの戦い

② ミャンマー（ビルマ）戦争

③ アフガン戦争

④ ジャワ戦争

⑤ シク戦争

No.18

（解答 ▶ P.22）

ア〜オの出来事を年代順に並べたものとして正しいのは，次のうちどれか。

ア　米西戦争開始
　　べいせい

イ　日英同盟締結
　　にちえい

ウ　血の日曜日事件

エ　英露協商成立

オ　サライェヴォ事件

① ア→イ→ウ→エ→オ

② ア→ウ→エ→オ→イ

③ ア→オ→ウ→エ→イ

④ ウ→ア→オ→エ→イ

⑤ ウ→エ→ア→イ→オ

第5章 東洋史

　中国では黄河流域に文明が栄え，殷や周といった都市文明が興った。周が衰えて封建制が崩壊すると，春秋・戦国時代となって諸国が分立した。戦国の七雄の一国であった秦は他の6国を滅ぼし，初めて中国を統一した。しかし農民反乱が相次いだことで滅び，これに続く統一王朝が漢であった。漢は武帝の時代には積極的に遠征を行ったが，次第に宦官らが権力を握って政治が乱れ，黄巾の乱を原因として滅びた。この後は魏晋南北朝時代となり，強力な中央政権のないまま頻繁に王権が交代した。次に建った隋は短命だったが，隋で整備された諸制度は唐の基本となった。続く唐は領地を広げ，貴族的文化を発展させて東アジア世界の中心となった。しかし，圧政や飢饉から黄巣の乱が起きて衰えた。唐が滅ぶと，再び諸国の興亡する時代になった。この頃に興った諸国を五代十国という。やがて混乱を鎮めて宋が興った。君主専制の中央集権制を樹立したが，周辺民族の侵入に対応しきれず，モンゴル民族である元によって滅ぼされた。元は漢民族を軽んじた政治を行ったが，紅巾の乱をきっかけに反乱が相次ぎ，明によってモンゴルに退けられた。明では民族意識を高めて皇帝独裁政治が行われ，中国固有の文化も成熟した。しかし次第に宦官が権力を握るようになり，さらに内紛や財政難もこれに重なって滅びた。続いて興った清は，明の領土をさらに拡大して東アジアの大半を支配した。しかし，アヘン戦争やアロー戦争をきっかけに欧米列強の半植民地と化した。その後，清は三民主義などを目標に掲げる革命派によって滅ぼされた。

　インドでは，マウリヤ朝が初めての統一国家として成立した。マウリヤ朝はアショーカ王のとき全盛を迎えたが，王の死後は衰えて，インドには様々な民族が侵入した。クシャーナ族もその1つで，1世紀頃にはクシャーナ朝を興した。クシャーナ朝が衰えて分裂状態になった北インドに，4世紀頃興ったのがグプタ朝である。これまでの王朝では仏教が信仰されてきたが，グプタ朝ではヒンドゥー教が信仰された。7世紀前半にはハルシャ王がヴァルダナ朝を興したが，王の死後は王朝が崩壊して小国分立状態となった。ここにイスラム教徒が侵入し，13世紀から北インドには5つのイスラム王朝が相次いで興った。これをデリー＝スルタン朝（デリーを都とする5つの王朝の総称）という。この後，インド史上最大のイスラム国であるムガル帝国が興った。最盛期にはほぼ全インドを征服したものの，宗教対立や諸侯の反乱によって衰退した。一方，東インド会社はイギリスがアジアを植民地化する上で中心的な役割を果たした。インドもイギリスの植民地と化し，イギリス女王がインド皇帝を兼任したインド帝国が興った。しかし，民族運動によって第二次世界大戦後にインドは独立した。

イスラムでは，３世紀に興ったササン朝が周辺国と争いながらも栄えた。ササン朝の国教はゾロアスター教だったが，７世紀にイスラム教徒に滅ぼされた。661年にはカリフを自称するムアーウィヤがウマイヤ朝を興した。しかしアッバースによって滅ぼされ，新たにアッバース朝が開かれた。民族間の差別を無くして栄えたアッバース朝だが，政治的に弱体化したところをモンゴル族のフラグに滅ぼされた。11世紀にはアッバース朝のカリフからスルタンの称号を受けてセルジューク朝が興った。イェルサレムの占領に成功して十字軍の原因ともなったが，12世紀半ばに分裂して崩壊した。13世紀末にはオスマン帝国が興り，アジア・アフリカ・ヨーロッパにわたる大国を築いて西欧諸国を圧倒するが，次第に衰え，領内の民族運動に西欧諸国が干渉したことをきっかけに弱体化してしまった。

✍ ポイント

1 中国史（古代～元）

1．殷（BC16世紀頃～BC11世紀頃）

- 現在確認できる中国最古の王朝。
- 占いによる祭政一致の神権政治。
- その遺跡である殷墟で発見された甲骨文字は漢字の原型といえる。

2．周（BC11世紀頃～BC256年）

- BC11世紀頃，殷を滅ぼして成立。
- 氏族的性格の濃い封建制度：封土を与えて世襲の諸侯とし，貢納と軍役の義務を負わせる。
- 当初鎬京（現西安市付近）に都を置き華北を支配していたが，BC770年に洛邑（現洛陽）に遷都。これ以後を東周，以前を西周と呼ぶ。

3．春秋・戦国時代（BC770～BC221年）
周の東遷から秦の統一まで。封建制の崩壊から統一国家への移行期。

① **春秋時代**（BC770～BC403年）
- 周の東遷から晋が韓・魏・趙に分裂するまで。
- 周は王として尊ばれつつも，覇者（有力諸侯）が尊王攘夷を唱えながら中原（黄河中下流域）をめぐり争う。

② **戦国時代**（BC403 〜 BC221 年）

- ●晋の分裂から秦の統一まで。
- ●周王室は有名無実化，有力諸侯が各々王と称し，自領拡大と富国強兵に努める。
- ●鉄製農具が普及し農業生産力が向上。また商工業も盛ん→青銅貨幣流通。
- ●戦国の七雄：戦国時代の七大諸侯＝斉・楚・燕・韓・魏・趙・秦
- ★**諸子百家**：春秋時代末期から戦国時代に生まれた，思想家や学派の総称。
  - ●儒家：孔子，孟子，荀子
  - ●道家：老子，荘子
  - ●法家：商鞅，韓非
  - ●墨家：墨子
  - ●陰陽家：鄒衍
  - ●兵家：孫子，呉子
  - ●縦横家：蘇秦，張儀
  - ●名家：公孫竜

4．**秦**（BC 8世紀〜 BC206 年）都：咸陽（現西安付近）

- ● BC221 年に中国統一。
- ●**始皇帝**：法家思想に基づく中央集権政治を目指す。
  - ① **郡県制の施行**：地方統治制度。郡の下に県を置き，皇帝任命の官吏を派遣。
  - ② **焚書・坑儒**：思想・言論統制策。儒家を弾圧。
  - ③ **度量衡・文字・貨幣の統一**。
  - ④ **匈奴討伐**，万里の長城構築。
    └──▶ 北方の騎馬遊牧民
- ●**陳勝・呉広の乱**（BC209 〜 BC208 年）：中国最初の農民反乱。

  →これをきっかけに各地で反乱勃発。BC206 年滅亡。

5．漢（BC202 ～ AD220 年）

間に新を挟んで，前漢と後漢に分かれる。

① 前漢（BC202 ～ AD 8 年）都：長安（現西安付近）
- 劉邦が項羽を破って興す。
- 郡県制と封建制を併用した**郡国制**により領土を統治。
- BC154年　呉楚七国の乱→鎮圧。以後実質的に郡県制へ移行。
- 7 代皇帝武帝（位BC141～BC87年）時代が全盛期。
  - 実質的には郡県制と変わらない中央集権体制を確立。
  - 郷挙里選（地方長官に推薦させる官吏登用制度）制定。
  - BC108 年　朝鮮征服。楽浪郡を含む朝鮮 4 郡を設置。
  - 匈奴対策のため張騫を西域の大月氏に派遣。
    - → 内陸アジア諸地域
  - 財政難打開のため均輸法，平準法を施行。
  - 塩・鉄・酒を専売制に。

② 新（8 ～ 23 年）

王莽が前漢を倒して建国。農民が起こした赤眉の乱（18 ～ 27 年）や地方豪族の
反抗で滅亡。

③ 後漢（25 ～ 220 年）都：洛陽
- 新を倒した劉秀（光武帝）が再興。
- 豪族連合政権，対外的には匈奴を討ち，西域経営を進める。
  - →西域都護：西域統治機関の長官。
- 184年　張角が起こした**黄巾の乱**により群雄が割拠して，220年滅亡。

6．魏晋南北朝時代（220 ～ 589 年）

魏の建国から隋の中国統一まで。王朝の交代が頻繁に行われた。

① 三国時代（220 ～ 280 年）
- **魏**（曹操，曹丕）・**呉**（孫権）・**蜀**（劉備）の三国が分立して抗争。
- 263年　魏が蜀を滅ぼすが，265年　司馬炎が魏を奪って晋（西晋）を建国。
- 魏：
  - ・官吏登用制度：九品中正
  - ・屯田制

〔世界史〕 第 5 章 東洋史

② 晋（西晋）（265 ～ 316 年）都：洛陽

●280年　呉を滅ぼして中国統一。

●土地制度：占田・課田法

●290～306年　八王の乱：帝位をめぐる一族の権力争い。

→五胡（北方系異民族5族の総称）の侵入を招く。

●316年　永嘉の乱で滅亡。

華北：北魏以降5王朝を北朝という

③ 五胡十六国時代（304 ～ 439 年）

五胡によって多くの国が興亡。

④ 北魏（386 ～ 534 年）都：平城→洛陽

● 439 年　3代皇帝太武帝が華北統一。

●6代皇帝孝文帝 ｛・均田制，三長制
　　　　　　　　・洛陽に遷都

⑤ 北魏

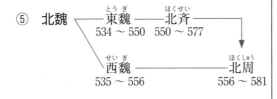

東魏 ── 北斉 ──
534 ～ 550　550 ～ 577

西魏 ─────── 北周
535 ～ 556　　　556 ～ 581

江南：南朝

③ 東晋（317 ～ 420 年）都：建康
（現南京）

●江南に逃れた晋の一族が建国。

●長江中下流域の発展。貴族文化。

④ 宋・斉・梁・陳の興亡

7. 隋（581 ～ 618 年）都：大興城（長安）

●隋の楊堅（文帝）が建国。589年　南朝の陳を倒し中国統一。

●均田制，租庸調制実施。

●府兵制実施。

●官吏登用制度：科挙制

●煬帝（文帝の子）：大運河建設，高句麗遠征→失敗。これを機に各地で反乱勃発。

618年滅亡。

8. 唐 （618 ～ 907 年） 都：長安

- 618年　山西の李淵（高祖）が隋を倒して建国。
- 628年　**李世民**（太宗）が中国を統一→**貞観の治**
- 隋の制度をほぼそのまま踏襲し確立。
- 官制：**三省**（中央政府の最高機関）＝中書省・門下省・尚書省
  　　　六部（尚書省に属する行政機関）＝吏部・戸部・礼部・兵部・刑部・工部
  　　　御史台（官吏の監察機関）
- 州県制の確立：地方行政区画制度。
- 法典の整備：律・令・格・式。
- 都護府の設置：周辺諸民族の統治機関。
- 712年　**玄宗**即位→**開元の治**
- 8 世紀　府兵制→募兵制へ
- 節度使設置：異民族侵入に備えて辺境に置いた，募兵集団の指揮官。
- 755年　**安史の乱**勃発（～763年）→唐の国力衰退。
- 780年　両税法：均田制・租庸調制に代わる新税法。
- 875年　**黄巣の乱**（：大農民反乱）→貴族没落，藩鎮勢力独立。

　　　　　　　　　　　　　　　→唐の支配は事実上終焉。

9. 五代十国 （907 ～ 979 年）

唐の滅亡から宋の中国統一まで。華北の 5 王朝（五代）と周辺の 10 国。

- 907年　節度使の**朱全忠**が唐を倒して後梁を建国。
- その後華北では，およそ50年間に後梁・後唐・後晋・後漢・後周の 5 王朝が交代。

10. 宋 （960 ～ 1279 年）

靖康の変を境に北宋と南宋に分かれる。

① 北宋（960 ～ 1127 年）都：開封

- 960年　趙匡胤（太祖）が即位，混乱を収める。979年　中国統一（太宗）
- 文治主義：文人官僚による統治→藩鎮勢力，武断政治をおさえる。

　　　　　　　　　　　　　　　→科挙制の完成

- 1004年　澶淵の盟→対外的には消極策。

- ●1067年　6代皇帝神宗即位。
    - →王安石を宰相に起用：新法制定，富国強兵策。
- ●1126～27年　靖康の変：宋と同盟して遼を滅ぼした金が徽宗（上皇），欽宗（皇帝），
    皇族，貴族を捕らえて北方へ連れ去る。
    →北宋滅亡

② 　南宋（1127 ～ 1279 年）都：臨安（現杭州）
- ●靖康の変で江南に逃れた高宗が再建。
- ●江南地区開発で経済的には発展したが，北方対策に苦しむ。
- ● 1279 年　元のフビライによって滅亡。

11. 元 （1271 ～ 1368 年）

- ●モンゴル高原で**チンギス＝ハン**が興したモンゴル帝国が基礎。
- ●1264年　**フビライ＝ハン**（世祖）が大都（現北京）に遷都したのち，1271年に国号を
    中国風に改めたものが元。
- ●1279年　南宋を滅ぼして中国統一。
- ●統治原則：モンゴル人第一主義

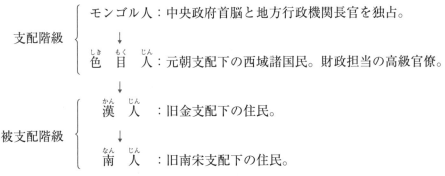

　　　　　　　　┌── モンゴル人：中央政府首脳と地方行政機関長官を独占。
　　支配階級　┤　　　　　↓
　　　　　　　　└── 色　目　人：元朝支配下の西域諸国民。財政担当の高級官僚。
　　　　　　　　　　　　　　↓
　　　　　　　　┌── 漢　人　：旧金支配下の住民。
　　被支配階級┤　　　　↓
　　　　　　　　└── 南　人　：旧南宋支配下の住民。

- ●**駅伝制の整備**→東西文化の交流。
- ●1351～66年　**紅巾の乱**（白蓮教徒の乱）→大農民反乱へ。
    　　　　　　　　　　　　└→ 仏教系宗教結社
- ●1368年　明軍に大都を奪われ，モンゴル高原に退けられる。

演習問題

No.1　　　　　　　　　　　　　　　　　　　　　　　　　　　　　　（解答 ▶ P.22）

中国の春秋・戦国時代に関する記述として正しいのは，次のうちどれか。

① 『史記』が書かれた。
② 紙の製法が発明された。
③ 鉄製農具が現れた。
④ 火薬が発明された。
⑤ 甲骨文字が使用され始めた。

No.2　　　　　　　　　　　　　　　　　　　　　　　　　　　　　　（解答 ▶ P.22）

諸子百家に関する記述として最も妥当なものは，次のうちどれか。

① 諸子百家とは，周〜春秋時代初期に活躍した軍師達の総称である。
② 儒家は，孟子を祖とし，性善説を説く学派である。
③ 墨家の祖である墨子は，『春秋』や『論語』などの書物を残した。
④ 陰陽家は，老子を祖とし，荘子が継承・発展させた学派である。
⑤ 法家は，法による人民統治を主張した。

No.3　　　　　　　　　　　　　　　　　　　　　　　　　　　　　　（解答 ▶ P.22）

中国の秦，漢に関する記述として最も妥当なものは，次のうちどれか。

① 秦の始皇帝は郡国制を実施し，中央集権化を進めた。
② 秦は儒家思想に基づく国家統治を行い，焚書によって思想や言論を統制した。
③ 秦末に起こった呉楚七国の乱は，中国最初の農民反乱といわれている。
④ 前漢を建国した武帝は，郡県制を実施して，地方を統治した。
⑤ 武帝は，財政再建のため，塩・酒・鉄の専売制を実施した。

下図は魏晋南北朝の系統図である。この時代に関する記述として正しいのは，次のうちどれか。

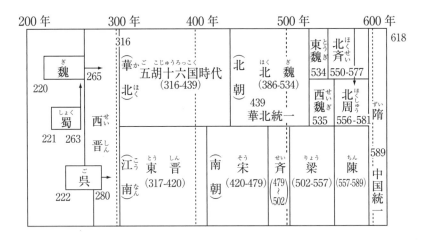

① 北朝では漢代以来の有力豪族による政治が続いたが，江南の地に移った南朝では均田制を実施して，豪族の大土地所有を強力に抑制した。

② 北朝の兵制は後漢のときと同じであったが，江南の地に逃れた南朝は，兵力を整えるために府兵制を実施して農民を徴兵し，首都や辺境の警備に当てた。

③ 北朝は漢代と同じ郷挙里選という官吏登用法で豪族の子弟を登用したが，南朝は江南の地に移った機会を利用し，魏の九品中正法を復活させ，広く人材を登用して豪族の勢力拡大を防ごうとした。

④ 北朝の朝廷は漢民族ではなかったので，漢代の官学であった儒学に変えて仏教を重視し，中国の伝統思想に由来する道教を弾圧したが，南朝は朝廷の権威を認めない仏教を弾圧し，道教を国教として保護した。

⑤ この時代の文化は六朝文化と呼ばれ，陶淵明らの田園詩人や書聖と称される王羲之らが輩出されるなど，特に南朝では老荘思想や仏教を取り入れて貴族文化が栄えた。

No.5

(解答▶P.22)

隋が滅亡した原因として正しいのは，次のうちどれか。

① 北方民族匈奴の侵入
② 黄巾の乱
③ 高句麗遠征の失敗
④ 均田制の崩壊
⑤ 両税法施行の失敗

No.6

(解答▶P.23)

隋・唐における土地制度と税制に関する記述として正しいのは，次のうちどれか。

① 封建制を敷いて諸侯に軍役や貢納を負担させ，鉄や絹などの専売制を実施して財政収入の増加を図った。
② 科挙によって官僚となった宦官の大土地所有を抑制し，佃戸とよばれる自作農を育成して税収入の増加を図った。
③ 北魏以来の均田制を受け継ぎ，農民に租・庸・調を課して，国家財政の基礎を固めた。
④ 西域諸国との貿易によって大量の金が流入し，貨幣経済が発展したため一条鞭法を制定し，すべての税を金で納めさせた。
⑤ 農業生産を回復するため，農民の兵役を免除し，代わりに土地税や人頭税をまとめて銀で納める地丁銀制を実施した。

No.7

(解答▶P.23)

唐代の記述として正しいものは，次のうちどれか。

① 山西で台頭した李世民（太宗）は，618年に隋を倒して唐を建て，長安を都とした。
② 唐は中央に六都護符を置き，それを中心に中央集権体制を確立した。
③ 712年に即位した玄宗は国政改革を行い，開元の治とよばれる平和な時代を現出した。
④ 玄宗の晩年は政治が乱れ，節度使による黄巣の乱を招いた。
⑤ 9世紀後半の安史の乱によって唐の権力は衰え，907年節度使の朱全忠によって滅ぼされた。

中国における官吏任用制度を，行われていた年代順に並べたものとして最も妥当なものは，次のうちどれか。

① 郷挙里選→科挙→九品中正
② 郷挙里選→九品中正→科挙
③ 九品中正→科挙→郷挙里選
④ 九品中正→郷挙里選→科挙
⑤ 科挙→九品中正→郷挙里選

土地や資産に応じた税を住民に割り当て，夏と秋の2期に分けて納めさせた。この税制が実施され始めた王朝はどれか。

① 唐
② 清
③ 宋
④ 明
⑤ 元

唐代に起こった反乱として正しいものは，次のうちどれか。

① 紅巾の乱
② 黄巣の乱
③ 赤眉の乱
④ 八王の乱
⑤ 黄巾の乱

No.11

（解答▶P.23）

宋代の事柄として正しいものは，次のうちどれか。

① 高句麗への遠征に失敗し，反乱が起こった。

② マルコ＝ポーロが中国を訪問した。

③ 金によって首都が奪われ，徽宗や欽宗らが捕らわれた。

④ 孝文帝が均田制を施行して，税収の確保，増大を図った。

⑤ 黄巣の乱が中国全土に及び，首都であった長安も占領された。

No.12

（解答▶P.23）

次に挙げる５つの項目は，中国の宋代もしくは元代に関係の深いものである。各項目と年代の組合せとして最も適当なものはどれか。

A 王安石が宰相となり，新法を実施した。

B 駅伝制を施行した。

C 靖康の変が起こった。

D 文治主義を採った。

E 紅巾の乱が起こった。

	宋代	元代
①	A，B	C，D，E
②	A，E	B，C，D
③	A，C，D	B，E
④	B，D，E	A，C
⑤	B，E	A，C，D

モンゴル帝国に関する文中A～Dに入る語句の組合せとして最も適当なものは，次のうちどれか。

　モンゴル高原で遊牧していたモンゴル部族は，チンギス＝ハンによる指導のもと，勢力を拡大しモンゴル帝国を形成した。チンギス＝ハンの死後，2代皇帝の地位に就いた（　A　）は，金を滅ぼし，都を（　B　）に定めた。この治世には，バトゥが総司令官となって西征（ヨーロッパ遠征）が行われ，（　C　）の戦いでは，モンゴル軍がドイツ・ポーランド諸侯連合軍を破った。

　モンゴル帝国の第5代皇帝であるフビライ＝ハンは，大都に遷都し，国号を元に改めた。その後，南宋を滅ぼして中国全土を支配した。元は，モンゴル人第一主義を採り，モンゴル人と中央アジアや西アジア出身である（　D　）によって，支配階級が形成された。

	A	B	C	D
①	チャガタイ＝ハン	カラコルム	ワールシュタット	色目人 （しきもくじん）
②	チャガタイ＝ハン	西夏 （せいか）	ワールシュタット	南人 （なんじん）
③	オゴタイ＝ハン	カラコルム	ワールシュタット	色目人
④	オゴタイ＝ハン	西夏	タラス河畔	色目人
⑤	オゴタイ＝ハン	西夏	タラス河畔	南人

2 中国史（明～）

1. 明 （1368～1644年）都：南京→北京

- 1368年　朱元璋（太祖洪武帝）が建国。
- 中書省を廃止，六部を皇帝直属にして皇帝の独裁体制を固める。
- 村落行政制度：里甲制
  - →賦役黄冊（租税・戸籍台帳），魚鱗図冊（土地台帳）を作成。
- 兵制：衛所制
- 朱子学を官学に。科挙制を整備。明律（刑法典）・明令の作成。六諭の制定。
- 1399～1402年　靖難の役：明王室の内紛。
  - →永楽帝（成祖），南京を占領して即位。
    - 1421年　北京へ遷都。
    - 鄭和（イスラム教徒の宦官）の南海遠征。
- 中期以降，北からオイラト・韃靼（タタール）の侵入，南から倭寇の侵入＝北虜南倭
- 16世紀後半　張居正による財政再建 → 一条鞭法（税制）の採用。
  - → 一時回復するが，後に崩れる。
- 1631～44年　李自成の乱→明朝滅亡

2. 清 （1616～1912年）都：北京

- 中国東北地方でヌルハチ（太祖）が女真族（満州族）を統一→八旗の編成。
- 1636年　2代太宗（ホンタイジ）が国名を清に変更。
- 1644年　李自成が明を滅ぼす。
  - →3代皇帝順治帝（世祖）：呉三桂の先導で華北から中国本土に入り，北京に遷都。
    李自成の乱を平定。
- 4代皇帝康熙帝→（聖祖）
  - ・1681年　三藩の乱を平定。
  - ・1683年　台湾の鄭氏一族を下す→台湾中国領土へ。
  - ・1689年　ロシアとネルチンスク条約締結→両国の国境画定。
  - ・税制：一条鞭法→地丁銀制へ。
- 5代皇帝雍正帝→（世宗）
  - ・君主独裁体制の強化。
  - ・1727年　ロシアとキャフタ条約締結。
  - ・軍機処の設置。

● 6代皇帝乾隆帝→ ・理藩院の整備
（高宗） ・1757年 交易港を広州1港に限定
→公行（コホン）（特許商人の組合）が交易を独占。

● 軍制：八旗＋緑営
● 辮髪の強制，文字の獄。

3．清の衰退

① 白蓮教徒の乱（1796 〜 1804年）

宗教結社を中心とする農民反乱

→鎮圧の際，正規軍である八旗・緑営よりも，郷勇（郷村の義勇軍）が活躍

：弱体化の露呈

② アヘン戦争（1840〜42年）

A．18世紀の中国貿易

● 清の海外貿易は広州1港のみで行われ，公行（コホン）が貿易を独占。

● イギリスは中国から一方的に茶を輸入，対価として銀を支払う
＝片貿易→対中貿易赤字

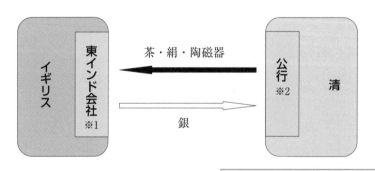

※1 1600年設立。アジア貿易独占。

※2 1757年の広州1港への貿易制限により，外国貿易を独占した特許商人の組合。

B. 三角貿易

　19世紀，イギリスはインドからアヘンを中国に持ち込み，銀で回収＝三角貿易

　→中国：大量のアヘンが流入し銀が流出

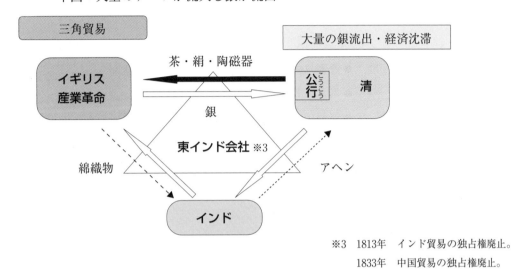

　　　　　　　　　　　　　　　　　　※3　1813年　インド貿易の独占権廃止。
　　　　　　　　　　　　　　　　　　　　　1833年　中国貿易の独占権廃止。

C. **アヘン戦争**の勃発

　　1839年　清：林則徐を広州に派遣

　　　　　　　　　　●アヘンを没収・廃棄処分。

　　　　　　　　　　●中国人密貿易者を処罰。

　　　　　　　　　　●イギリス商館区封鎖。

　　1840年　イギリス，清に対して宣戦布告。

　　1842年　清敗北

　　　　8月　**南京条約締結**：●5港開港（上海・寧波・福州・厦門・広州）

　　　　　　　　　　　　　　　●公行の廃止

　　　　　　　　　　　　　　　●香港の割譲

　　　　　　　　　　　　　　　●賠償金の支払い

③ **太平天国の乱**（1851 〜 64 年）

南京条約の賠償金→農民への重税，貧農の窮乏

1851 年 **太平天国の動乱勃発**
- ○指導者：**洪秀全**→上帝会（宗教結社）を組織。広西省で挙兵。
- ○スローガン：「滅満興漢」
- ○思想・制度：●悪習（辮髪・纏足・アヘン吸引）の撤廃
  - ●男女平等
  - ●天朝田畝制度：土地の均分，郷村組織に相互扶助的機能

1853 年 南京占領→天京と改称して首都に。

↓

改革の不徹底と内紛で崩れる。

↑

1864 年 郷勇，常勝軍（外国人の指揮する義勇軍）の力で南京占領，鎮圧。

④ **アロー戦争**（1856 〜 60 年）

英仏両国による中国への侵略戦争。

1856 年 アロー号事件：イギリス船籍のアロー号の中国人乗組員が，広州で清朝の官憲に海賊容疑で逮捕された事件→イギリス開戦の口実。

フランス人宣教師殺害事件：フランス開戦の口実。

1858 年 **天津条約締結**（「英・仏・露・米」 対 「清」）
- ●開港場の増加と貿易の自由。
- ●外国公使の北京駐在と外国人の中国国内旅行の自由。
- ●キリスト教布教の自由。
- ●賠償金をイギリス・フランスに支払う。

1859 年 清：批准書の交換を武力で阻止→戦闘再開

1860 年 **北京条約締結**
- ●天津条約の批准書交換
- ●天津の開港
- ●賠償金増額
- ●イギリスに九竜（クーロン）半島南部を割譲

4．清の滅亡

①　洋務運動

西欧の進んだ技術を導入して近代化を図ろうとする動き：「中体西用」

→「同治の中興」と呼ばれる一時的安定期。

②　日清戦争

1894年　　　甲午農民戦争（東学党の乱）：朝鮮李朝末期に起こった農民反乱。

↓　　　　　→清：朝鮮の要請に応じて出兵←→日本：清の影響力増大を危惧して出兵。

反乱鎮圧後も日清両国が対立

1894年8月　**日清戦争勃発**

1895年4月　清敗北→**下関条約締結**（日本：伊藤博文，清：李鴻章）

③　変法運動

日清戦争の敗北→洋務運動のあり方を批判

→康有為らが日本の明治維新を模範とした政治体制の樹立を目指す：**変法運動**

1898年6月　戊戌の変法：康有為らが光緒帝を動かし断行

↕

　　9月　戊戌の政変：光緒帝の変法を西太后らの保守派が弾圧。

　　　　　　　　　→光緒帝は幽閉，康有為らは失脚して亡命。

④　義和団事件（1900～01年）

山東省から起こった義和団を中心とする外国人排斥の反乱。

1900年6月　北京に侵入，外交官殺害

　　　　　　　　→清：これに同調して列強に宣戦←→8カ国連合軍が出兵

1901年9月　北京議定書調印→中国の半植民地化が深まる。

⑤　辛亥革命（1911～12年）

1905年　　　孫文：東京で中国同盟会結成→革命諸団体の結集。

　　　　　　　　　↳　基本方針 { 三民主義（民族独立・民権伸張・民生安定）
　　　　　　　　　　　　　　　　 四大綱領

1911年10月10日　武昌の軍隊が挙兵→辛亥革命開始

　　　　　　　　　　←→清朝：袁世凱に全権付与

1912年 1月　　南京で中華民国建国を宣言（臨時大総統：孫文）

　　　　　　　　→袁世凱：清帝退位を条件に自ら臨時大総統に就くことを革命側に
　　　　　　　　　　　　承諾させる。

　　　　2月　　宣統帝（溥儀）退位

　　　　3月　　袁世凱，臨時大総統就任

　　　　8月　　国民党結成

1913年 2月　　国会議員選挙で国民党圧勝←袁世凱が弾圧

　　　 10月　　袁世凱，正式な大総統に就任→国民党を解散

1914年　　　　国会停止，新約法公布：独裁色を強める

1915年　　　　袁世凱による帝政復活運動展開

　　　　　　　　→12月に皇帝即位←→国内外の反対

1916年 3月　　帝政取り消し→軍閥が割拠

⑥　北伐の完成

1919年 5月　　　五・四運動：ヴェルサイユ条約反対運動

　　　 10月　　　中国国民党成立

1921年　　　　　中国共産党成立

1924年　　　　　第1次国共合作：軍閥と帝国主義の打倒

1926年　　　　　北伐開始：国民革命軍総司令は蒋介石

1927年 4月　　　上海クーデター：蒋介石による反共クーデター→国共分裂，南京国
　　　　　　　　　民政府樹立

1928年 6月　　　北伐完成←→国共内戦

演習問題

No.1
（解答▶P.23）

明代に関して正しいものは，次のうちどれか。

① 紅巾の乱で頭角をあらわした朱元璋は，1368年に北京で帝位に就き，太祖洪武帝となって国号を明と定めた。

② 里甲制を実施し，租税戸籍台帳である魚鱗図冊や土地台帳である賦役黄冊がつくられた。

③ 永楽帝の死後，内政は宦官の勢力増大や官僚の政権争いなどで乱れ始め，外では北虜南倭によって国力は衰退し始めた。

④ 陸九淵の学説を発展させた王陽明は，知行合一に基づく陽明学を完成させた。明はこれを官学にして，同時に六諭を作成した。

⑤ 永楽帝の時代は対外積極策を採り，宦官の燕王に計7回の大規模な南海遠征を行わせた。その結果，南海諸国の対明朝貢が盛んになった。

No.2
（解答▶P.24）

明についての文中A～Dに入る語句の組合せとして最も適当なものは，次のうちどれか。

　明の2代皇帝（　A　）に抵抗した燕王は，（　B　）を起こして南京を占領し，（　C　）として3代皇帝に即位した。（　C　）は（　D　）を重用し，皇帝の補佐として内閣大学士をおいた。また5回にわたるモンゴル遠征や，南海諸国遠征を行うなど，対外積極策を採った。

	A	B	C	D
①	建文帝	靖難の役	永楽帝	北平
②	建文帝	靖難の役	永楽帝	宦官
③	建文帝	靖康の変	永楽帝	宦官
④	永楽帝	靖難の役	建文帝	宦官
⑤	永楽帝	靖康の変	建文帝	北平

17世紀半ば，中国を支配していた明朝が倒され，清朝が成立した。この時期の出来事として正しいものは，次のうちどれか。

① 12世紀に建国された遼と同様，清も女真族によって建てられた国である。
② 明を滅ぼした李自成は，「滅満興漢」をスローガンとして，明と戦った。
③ 三藩の乱を平定した清の3代皇帝順治帝は，北京に入城してここを都とした。
④ 諸部族間の結束強化に努めた4代康熙帝は，八旗制度という軍政を創始した。
⑤ モンゴルやチベットなどの異民族に対して，清は藩部としての自治を許していた。

アヘン戦争に関する記述として最も妥当なものは，次のうちどれか。

① この戦争の前，清では宗教結社を中心とする農民反乱である太平天国の乱が起こり，清の弱体化が露呈した。
② この当時，三角貿易によってイギリス国内の銀が清に流出し，自由貿易を求める機運が高まった。
③ 戦争前，清は外国との交易を上海と広州の2港に限定しており，これを公行と呼ばれる特許商人の組合が独占していた。
④ 清によって派遣された林則徐によるアヘン取り締まりの強行策に対し，イギリスは清に宣戦を布告した。
⑤ 1842年に結ばれた望厦条約の締結によってこの戦争は終結したが，清に対して賠償金の支払いは課せられなかった。

No.5

（解答▶P.24）

清代に活躍した人物と，その人物に関連する語句の組合せとして，最も適当なものはどれか。

① 康熙帝 —— ネルチンスク条約締結
② 乾隆帝 —— 里甲制の実施
③ 李自成 —— 賦役黄冊
④ 李成桂 —— 洋務運動
⑤ 袁世凱 —— 中国同盟会の結成

No.6

（解答▶P.24）

空欄A〜Dに当てはまる語句の組合せとして正しいものは，次のうちどれか。

太平天国は，上帝会という宗教結社を組織した　A　が，広西省で挙兵し建国したものである。太平軍は貧民や流賊を加えながら北上し，南京を占領し　B　と名付けて首都とした。太平天国は　C　を掲げてスローガンとし，男女の平等，土地の均分，租税の軽減などを唱えた。しかし，内部争いや政策が実現しなかったことから，やがて内外の支持を失い，　D　と呼ばれる各地の義勇軍に敗れた。

	A	B	C	D
①	洪秀全	天京	滅満興漢	八旗
②	曾国藩	建業	天朝田畝	八旗
③	洪秀全	天京	滅満興漢	郷勇
④	曾国藩	天京	滅満興漢	八旗
⑤	洪秀全	建業	天朝田畝	郷勇

以下の説明文に該当するものとして最も適当なものは，次のうちどれか。

　義和団事件の講和に関して，1901 年に清朝と 11 カ国との間で調印された。内容は，賠償金の支払い，外国軍隊の北京駐兵権の承認などで，これによって中国の半植民地化が一層進んだ。

① 南京条約　　② 北京議定書　　③ 天津条約
④ アイグン条約　　⑤ 北京条約

孫文に関する記述として正しいのは，次のうちどれか。

① 孫文は辛亥革命後，大統領に就任した。
② 孫文は袁世凱の帝政樹立計画を援助した。
③ 孫文は三民主義を唱え，辛亥革命の際，亡命先から帰国し，臨時大総統に就任した。
④ 孫文は太平天国一派の流れをくみ，辛亥革命を遂行した。
⑤ 孫文は袁世凱のあとを受けて，大統領に就任した。

清末について正しいものは，次のうちどれか。

① 康有為は西太后と組んで，議会政治を基盤とする立憲君主制の樹立という目標を掲げ，変法運動を行った。
② 義和団は「扶清滅洋」をスローガンに排外運動を起こし，この運動を利用して清は各国に宣戦を布告した。
③ ハワイで中国同盟会を結成していた孫文は，1905 年に東京で三民主義を発表した直後，興中会を成立させた。
④ 1894 年，朝鮮で江華島事件が起こり，清朝と日本はそれぞれに軍隊を派遣したため，日清戦争が勃発した。
⑤ 辛亥革命が起こると，清朝は蔣介石に軍・政の全権を付与した。

3 南アジアと西アジア

1．南アジア（インド）

① **マウリヤ朝**（BC317 年頃〜 BC180 年頃）

- チャンドラグプタが興したインド最初の統一国家。
- BC 3 世紀のアショーカ王の時代が最盛期。
  └─▶ 仏教を保護，**仏典結集**（ぶってんけつじゅう）（釈迦の説法の収集・編纂（へんさん）事業）を行う。

② **クシャーナ朝**（1 〜 3 世紀）

- ペルシア系民族が中央アジア〜ガンジス川中流域を支配し建国。
- 2 世紀のカニシカ王の時代が最盛期。その治世に**ガンダーラ美術**（ガンダーラ地方で栄えたギリシア風仏教美術様式）が発達。

③ **グプタ朝**（320 年頃〜 550 年頃）

- チャンドラグプタ 1 世が，北インドで興した王朝。
- チャンドラグプタ 2 世の時代が最盛期。
- この時期，ヒンドゥー教が成立。『マヌ法典』が編纂される。
- ナーランダー僧院やアジャンター石窟（せっくつ）寺院が造営される。

④ **小国の分立期**

7 世紀前半，ハルシャ＝ヴァルダナがヴァルダナ朝を興し，インドを統一。しかし王の死後，王朝は崩壊して小国の分立状態へ。8 世紀にウマイヤ朝，10 世紀にガズナ朝の侵略を受ける。

⑤ **デリー＝スルタン朝**（1206 〜 1526 年）

ゴール朝の将軍アイバクがインド最初のイスラム王朝を興す＝奴隷王朝。
これを含めて以後の 5 つの王朝の総称。

⑥　ムガル帝国（1526 ～ 1858 年）

●16世紀の半ば，バーブルが北インドで興したイスラム王朝。

●16世紀後半のアクバル：イスラム教徒とヒンドゥー教徒の融和を図り中央集権国家体
制を整える。

●17～18世紀初頭が最盛期。ほぼ全インドを征服。

●シャー＝ジャハーン：アグラにタージ＝マハルを建設。

●アウラングゼーブ：アクバルが廃止した非イスラム教徒への人頭税（じんとうぜい）を復活。
→ヒンドゥー教徒などが反乱。

⑦　イギリスによる支配（19 ～ 20 世紀）

東インド会社：1600 年設立。喜望峰（きぼうほう）からマゼラン海峡までの全域の貿易・植民に関す
る独占権を与えられた特許会社。

→ 1623 年のアンボイナ事件以降，インドに活動の中心を移す。

1757 年　プラッシーの戦い：フランス勢力をインドから駆逐（くちく）。
→イギリスのインド支配が本格化。

1857 ～ 59 年　シパーヒー（セポイ）の反乱（インド大反乱）
→イギリス軍が鎮圧，ムガル帝国滅亡。
→東インド会社解散，イギリス政府の直接統治開始。

1877 年　インド帝国樹立（皇帝：イギリス　ヴィクトリア女王）

⑧　独立

1919 年　　ローラット法，インド統治法制定
◀━━▶ガンディー：無抵抗主義（非暴力・不服従）を唱え，反英独立運動の
先頭に。

1947 年 8 月　イギリス連邦内自治領として，パキスタンと分離して独立。

２．西アジア（イスラム王朝）

① ササン朝（226 ～ 651 年）

- アルデシール１世が興す→ゾロアスター教を国教に定める。
- ２代皇帝シャープール１世→東のクシャーナ朝と西のローマ帝国を攻め，領域を拡大。６世紀のホスロー１世の時代が最盛期。
- ３世紀前半，イラン人のマニ：マニ教を創始。
- 642年　ニハーヴァンドの戦いでイスラム勢力に敗れて滅亡。

② イスラム教の成立と正統カリフ

７世紀初頭：**ムハンマド**（マホメット）によりイスラム教が誕生。

622 年　ヒジュラ（聖遷(せいせん)）：メッカで迫害を受けたマホメットと信徒たちが，一時メディナに逃れた。

630 年　メッカを占領→アラビア半島を統一。

632 ～ 661 年　正統カリフ時代：**カリフ**（イスラーム教の指導者）を選挙によって選出。４代アリーの暗殺で終了。

③ ウマイヤ朝（661 ～ 750 年）

- シリア総督(そうとく)ムアーウィヤがカリフを称し，都をダマスクスに定めて興した王朝。
- 国家領域：西北インド～アフリカ北岸～イベリア半島。
- 750年　アッバースに滅ぼされる。
  →一族がイベリア半島に後(こう)ウマイヤ朝（756～1031年）を建国（都：コルドバ）

④ アッバース朝（750 ～ 1258 年）

- アッバース家のアブー＝アルアッバースが開いたイスラム王朝。
- 都をバグダードに定め，アラブ人に対する特権を廃止，民族間の差別をなくし繁栄。
- 13世紀半ば，モンゴル族の**フラグ**によって滅ぼされた。

⑤ セルジューク朝（1038 ～ 1194 年）

- トゥグリル＝ベクがブワイフ朝を倒し，アッバース朝のカリフから**スルタン**（イスラム世界の世俗君主）の称号を受けて興す。
- イェルサレムを占領し，ビザンツ帝国を圧迫。
- 12世紀半ばに分裂し崩壊。

⑥　オスマン帝国（1299～1922年）の勃興

●オスマン＝ベイ（オスマン1世）が小アジアで興す。

●1453年　メフメト2世がコンスタンティノープルを占領→ビザンツ帝国を滅亡。都をコンスタンティノープル＝イスタンブルに移した。

●1517年　セリム1世：マムルーク朝を滅ぼしメッカとメディナの支配権獲得。

●**スレイマン1世**の時代（位1520～66年）が最盛期。

　→1529年　第一次ウィーン包囲：中部ヨーロッパ諸国（諸侯）に脅威を与える。

　　1538年　プレヴェザの海戦：西ヨーロッパ諸国連合軍を破って，地中海の制海権を掌握。

●1571年　レパントの海戦：西ヨーロッパ諸国連合軍に敗れる。

●1683年　第二次ウィーン包囲：失敗→衰退の契機。

●19世紀　領内の民族独立運動とヨーロッパ諸国からの干渉：「東方問題」

　　　　　・エジプト＝トルコ戦争：エジプト総督ムハンマド＝アリーとオスマン帝国の争い。

　　　　　・クリミア戦争：ロシア皇帝がオスマン帝国内のギリシア正教徒保護を理由に開戦。

　　　　　・ロシア＝トルコ（露土）戦争：オスマン帝国が行った領内のスラヴ民族弾圧に対し，スラヴ民族保護を口実にロシアが宣戦。

●1922年　トルコ革命→トルコ国民党がオスマン帝国を打倒。

演習問題

No.1 （解答▶P.25）

次に挙げるインドで成立した王朝や国家を成立年代順に並べたものとして，適当なものはどれか。

A　マウリヤ朝　　　　B　デリー＝スルタン朝　　　　C　ムガル帝国　　　　D　グプタ朝

① A→B→D→C　　　② A→D→B→C　　　③ B→A→D→C

④ B→D→C→A　　　⑤ D→C→A→B

No.2 （解答▶P.25）

仏教に関する文中A〜Cに入る語句の組合せとして最も適当なものは，次のうちどれか。

　シャカ族の王子であるガウタマ＝シッダールタが開いた仏教は，武士・貴族階級や一般庶民階級に支持され，広まっていった。マウリヤ朝の３代王にして最盛期を現出した（　A　）は，仏教を篤く信仰し，仏典の収集・編纂（へんさん）事業である仏典結集（ぶってんけつじゅう）の援助や，国外への布教活動を行った。

　２世紀に即位したクシャーナ朝のカニシカ王も篤く仏教を信じた。この仏教は，従来の個人の救済を目的とするのではなく，菩薩信仰を中心思想にして，万人の救済を目的としていた。これは，（　B　）仏教と呼ばれ，中国・朝鮮・日本にも伝来した。

　１世紀後半〜２世紀頃になると，仏像が作られるようになった。これに代表されるギリシア式仏教美術は，栄えた地名をとって（　C　）美術といわれ，中国や日本へも伝えられた。

	A	B	C
①	チャンドラグプタ	大乗（だいじょう）	ガンダーラ
②	チャンドラグプタ	大乗	ヘレニズム
③	チャンドラグプタ	上座部（じょうざぶ）	ヘレニズム
④	アショーカ王	大乗	ガンダーラ
⑤	アショーカ王	上座部	ヘレニズム

アジアの帝国に関する記述として正しいものは，次のうちどれか。

① サファヴィー朝は，イスマイル1世が建国したイランの民族国家で，イスラム教シーア派を国教とした。

② ムガル帝国は，アクバルが建国したインドの統一イスラム国家で，3代皇帝バーブルはジズヤを廃止してヒンドゥー教との和解に努めた。

③ オスマン帝国は，スレイマン1世が建国した小アジアの国家で，1402年にティムールに敗れて滅亡した。

④ ティムール帝国は，キプチャク＝ハン国の武将だったティムールが建国した中央アジアのイスラム王朝で，サマルカンドを都とした。

⑤ 清はヌルハチが建国した後金のことで，2代皇帝ホンタイジが北京に遷都したのを機に国号を清に改めた。

イスラム世界に関する記述として正しいものは，次のうちどれか。

① 唯一神アッラーの啓示を受けた預言者ムハンマドは，622年メッカの大商人たちの迫害を受け，イェルサレムに移住した。

② ムハンマドに下されたアッラーの啓示の集成である教典『コーラン』は，ラテン語で書かれている。

③ 第4代カリフのアリーが暗殺されると，シリア総督ムアーウィヤがダマスクスを都としてウマイヤ朝を開いた。

④ ウマイヤ朝のイスラム軍は，西ゴート王国を滅ぼして，イベリア半島の大部分を占領した後，732年のトゥール・ポワティエ間の戦いでフランク王国の軍隊を打ち破った。

⑤ ウマイヤ朝を批判する勢力は，イベリア半島のコルドバを首都としてアッバース朝を建てた。

No.5

（解答▶P.25）

下記のイスラム諸王朝と関連する語句の組合せのうち，正しいものはどれか。

① ウマイヤ朝 ──────── ハールーン＝アッラシード

② アッバース朝 ─────── トゥール・ポワティエ間の戦い

③ セルジューク朝 ─────── コルドバ

④ アイユーブ朝 ─────── サラディン

⑤ マムルーク朝 ─────── ナーナク

No.6

（解答▶P.25）

近代以前の東南アジア諸国に関する記述として適当でないものは，次のうちどれか。

① パガン朝は，タイ族によるタイ最初の統一王朝である。

② 李朝（大越国）はベトナムの王朝で，首都を昇竜（現ハノイ）に置いた。

③ マジャパヒト王国は，ジャワ東部に成立したヒンドゥー教の王国である。

④ アンコール＝ワットは，真臘の全盛期であるアンコール朝の時代に建てられた寺院である。

⑤ マラッカ王国は，マレー半島からスマトラ島東部を支配したイスラム国家である。

No.7

（解答▶P.25）

19世紀における東南アジア諸国とその宗主国の組合せとして最も適当なものは，次のうちどれか。

① フィリピン ─── ポルトガル

② タイ ──────── フランス

③ ミャンマー ─── イギリス

④ ベトナム ─── オランダ

⑤ インドネシア ─── スペイン

第6章 現代の社会

　第一次世界大戦前，帝国主義であるドイツとイギリスはそれぞれ三国同盟・三国協商を結び，対立を激化させていった。サライェヴォ事件をきっかけにオーストリアとセルビアが開戦すると，三国同盟・三国協商からドイツとイギリスもこの戦いに参加し，1914年，第一次世界大戦が勃発した。大戦が長期化して，それぞれの植民地にも物資や兵力を求めた結果，世界中が戦渦に巻き込まれた。これを受けて，民衆が平和を目指して戦ったのがロシア革命である。第一次世界大戦は1918年にようやく終わった。

　しかし，戦後開かれたパリ講和会議ではイギリスやフランスが自国の利益を優先し，ここで締結されたヴェルサイユ条約はドイツに過酷な制裁を課すものであったために，遺恨を残して終わった。それでも国際協調を目指して国際連盟が発足し，ドイツも含めた7カ国がロカルノ条約に調印して，国際協調・軍縮の動きは進んだ。

　1929年，アメリカをきっかけに起こった世界恐慌によって，世界中の経済は危機に陥り，各国で立て直しのために政策が出された。アメリカやイギリスなどでは経済政策を打ち出すことによって局面を打開しようとしたが，ドイツ・イタリア・日本では全体主義体制を採り，国際協調路線に反して領土を拡大することで恐慌から脱しようとした。この三国の侵略に対抗する形で第二次世界大戦が開戦した。

　大戦後，国際協調と軍縮のために国際連合が発足した。しかし，いわゆる「冷たい戦争（冷戦）」によって大国であるアメリカとソ連が対立したことから，世界の国々は東西二つの陣営に分かれ，次第に対立は激しさを増していった。このためドイツは東西に分かれ，アジアでも東西対立によって各国で内戦が起こった。朝鮮戦争では初めてアメリカとソ連が軍事的にも戦い，ますます対立は激化した。しかし，大戦後次第に独立を果たしたアジア・アフリカ諸国は，東西どちらの陣営にも属すことなく，独自に世界平和のための動きを進めた。この後，ベトナム戦争の泥沼化によってアメリカが経済的に疲弊したこと，ソ連においても社会主義路線に陰りが見え始めたことから，次第に世界は二大国対立の図式から多極化傾向へと推移していった。

ポイント

1 第一次世界大戦前の世界

1．帝国主義の成立

産業革命による資本の集中：独占資本主義

→各国は原料や市場の確保，資本の投下，植民地の開発などを目的に後進地域に進出

＝帝国主義

2．三国同盟と三国協商

1882 年　ドイツ・オーストリア・イタリア：**三国同盟**結成

↕

1907 年　イギリス・フランス・ロシア：**三国協商**結成

ドイツ：３B政策（ベルリン，ビザンティウム，バグダード）
イギリス：３C政策（カイロ，ケープタウン，カルカッタ）
｝対立激化

3．バルカン情勢

バルカン半島：「ヨーロッパの火薬庫」

スラヴ系の国々（セルビアなど）：ロシアが支援→パン＝スラヴ主義

オーストリア（ドイツの後押し）：ボスニア地方併合→パン＝ゲルマン主義

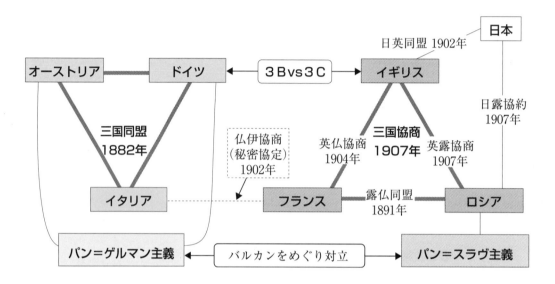

4．サライェヴォ事件

1914年6月28日　オーストリア皇太子夫妻がセルビアの青年に暗殺される。

→オーストリア：7月28日　セルビアに宣戦布告→**第一次世界大戦勃発**

② 第一次世界大戦

1．経過

1914年	7月28日	オーストリア，セルビアに宣戦布告。
	7月30日	ロシア，セルビア支援のため総動員令を下す。
	8月 1日	ドイツ，ロシア・フランスに宣戦布告。
	8月 4日	イギリス：ドイツの対ベルギー中立侵犯を理由にドイツへ宣戦布告。
	8月23日	日本：日英同盟を理由に連合国側（協商側）に立ってドイツへ宣戦。
	10月末	オスマン帝国（トルコ），同盟国側に立って参戦。
1915年	5月	イタリア，連合国側に立って参戦。

2．1917年の意義

① アメリカの参戦

アメリカ：当初中立の立場。

- 1917年2月 ドイツ，無制限潜水艦作戦を開始。
- 4月 ドイツに宣戦。
  - →豊富な物資と兵力がヨーロッパへ：連合国側有利に

② ロシア革命

- 1917年3月 **三月革命**（ロシア暦二月革命）
  - 首都ペトログラードで民衆のデモ，労働者のストライキ発生。
  - →皇帝ニコライ2世，捕らえられて退位。ロマノフ王朝崩壊。
  - 臨時政府樹立：戦争継続方針
- 4月 レーニン帰国：ソヴィエト内のボリシェヴィキの勢力増大。
- 11月 **十一月革命**（ロシア暦十月革命）
  - レーニンの指導するボリシェヴィキがケレンスキーの臨時政府打倒。
  - →・社会主義国家成立
    - ・「平和に関する布告」採択：無併合・無賠償・民族自決

3．終戦

- 1918年1月 アメリカ大統領ウィルソン，**十四カ条（十四カ条の平和原則）**発表
- 3月 **ブレスト＝リトフスク条約**締結：ソヴィエト，独・墺と単独講和
- 11月3日 キール軍港で水兵が蜂起→ドイツ皇帝退位，ドイツ共和国成立
- 11日 休戦条約調印→第一次世界大戦終結

③ 第一次世界大戦後

1．ヴェルサイユ条約

1919 年 1 月　戦勝国首脳による**パリ講和会議**開催。

基礎：十四カ条（十四カ条の平和原則）←→イギリス・フランス：自国の利益優先。

6 月　**ヴェルサイユ条約**締結：対ドイツの講和条約。

内容 ｛
1．海外領土喪失
2．領土割譲
3．軍備制限
4．多額の賠償金

2．国際協調

民族自決の原則に基づき，東欧諸国誕生。

┗→ 適用はヨーロッパのみ。アジア・アフリカには適用されず。

1920 年　　　　**国際連盟**発足（本部：ジュネーヴ）。

1921 〜 22 年　ワシントン会議。

→ワシントン海軍軍備制限条約，九カ国条約，四カ国条約締結。

1925 年　　　　ロカルノ条約締結：ヨーロッパの安全保障条約。

→翌年，ドイツが国際連盟加入。

1928 年　　　　不戦条約調印。

3．世界恐慌

1929 年 10 月　ニューヨーク・ウォール街で株価暴落：アメリカで恐慌発生。

→アメリカ資本に支えられたヨーロッパにも飛び火：**世界恐慌**

対策 ｛
アメリカ：ニューディール政策。
イギリス・フランス（海外領土多）：ブロック経済政策。
ドイツ・イタリア・日本（海外領土少）：全体主義の台頭。

ソヴィエトは計画経済のため影響小。

4．全体主義

　全体主義：国家や社会全体の利益を優先し，個人の自由や利益を否定する政治思想。

　　　　　→・排他的で民族主義的。

　　　　　　・議会制民主主義を否定する独裁体制が敷かれる。

　　　　　例　ドイツ：ヒトラーを頂点とした**ナチス**（国家社会主義ドイツ労働者党）

　　　　　　　イタリア：ムッソリーニを頂点とした**ファシスト（ファシスタ）党**

　　　　　　　日本：天皇を頂点とした軍部

4　第二次世界大戦

1．経過

1937 年	日独伊三国防共協定成立。
1938 年 3 月	ドイツ，オーストリア併合。
9 月	ドイツ，チェコスロヴァキア内ズデーテン地方の割譲要求。
	→ミュンヘン会談：宥和政策により，ドイツへの割譲承認。
1939 年 3 月	チェコスロヴァキア解体
	→イギリス・フランス：宥和政策放棄，ポーランドの安全保障宣言。
8 月 23 日	独ソ不可侵条約締結。
9 月 1 日	ドイツ，ポーランド侵攻。
9 月 3 日	イギリス・フランス：ドイツへ宣戦布告→**第二次世界大戦**勃発。
1940 年 6 月 10 日	イタリア参戦。
14 日	ドイツ，パリ占領。
9 月	日独伊三国（軍事）同盟締結。
	日本，仏領インドシナ進駐。
1941 年 4 月	日ソ中立条約締結。
6 月	独ソ戦争開始。
12 月 8 日	日本，真珠湾攻撃：アメリカ，イギリスへ宣戦→**太平洋戦争**勃発。

第二次世界大戦の国際関係

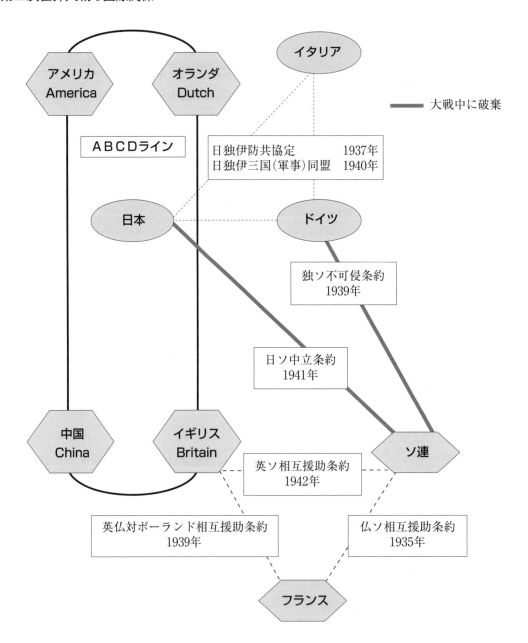

2．終戦へ

1941 年 8 月	大西洋憲章発表（米大統領ローズヴェルト・英首相チャーチル）
1942 年 6 月	ミッドウェー海戦：日本海軍，壊滅的な打撃→戦局転換。
8 月 〜 1943 年 2 月	スターリングラードの戦い：ドイツ敗北→戦局転換。 （現ヴォルゴグラード）
7 月	米英軍，シチリア島上陸→ムッソリーニ失脚。
9 月	連合軍，イタリア本土上陸→イタリア，無条件降伏。
11 月	**カイロ会談**（ローズヴェルト・チャーチル・中国蔣介石） →対日戦後処理の諸条件決定：カイロ宣言。
〜 12 月	**テヘラン会談**（ローズヴェルト・チャーチル・ソ連スターリン） →対ドイツ作戦（第二戦線）協議。
1944 年 6 月	連合軍，ノルマンディー上陸。
8 月 25 日	パリ解放。
1945 年 2 月	**ヤルタ会談**（ローズヴェルト・チャーチル・スターリン） →ヤルタ協定締結：・対ドイツ戦後処理の大綱（公表） ・ソ連の対日参戦（秘密）
1945 年 4 月	アメリカ軍，沖縄上陸。
5 月 2 日	ベルリン陥落。
7 日	ドイツ無条件降伏→ヨーロッパでの戦闘終結。
7 月 〜 8 月	**ポツダム会談**（米大統領トルーマン，チャーチル（途中からアトリー），スターリン） →・ドイツの戦後処理問題。 ・日本への無条件降伏要求：ポツダム宣言。
8 月 6 日	広島へ原爆投下。
8 日	ソ連，対日宣戦。
9 日	長崎へ原爆投下。
15 日	日本，無条件降伏→第二次世界大戦終結。

5 第二次世界大戦後

1．国際連合

大西洋憲章：国際連合の基本理念

1944 年 8 〜 10 月　　　ダンバートン＝オークス会議。

　　　　　　　　　　　→米英ソ中の代表が国際連合憲章原案を作成。

1945 年 4 〜 6 月　　　サンフランシスコ会議：連合国側 50 カ国参加。

　　　　　　　　　　　→国際連合憲章採択。

1945 年 10 月　　　　　**国際連合**発足（本部：ニューヨーク）

　　　　　　　　　　　●国際平和の維持，経済・文化・教育の発展，人権の擁護，紛争原
　　　　　　　　　　　　因の除去を目的とした常設国際機関。

　　　　　　　　　　　●総会での多数決制取り入れ。

　　　　　　　　　　　●安全保障理事会の権限強化→常任理事国（米英仏ソ中）に拒否権。

　　　　　　　　　　　●多数の専門機関を設置。

2．「冷たい戦争」（冷戦）

冷戦：アメリカを中心とする自由主義陣営（西側陣営）とソ連を中心とする社会主義陣営
　　　（東側陣営）の対立。

1947 年 3 月　アメリカ：封じ込め政策（トルーマン＝ドクトリン）を宣言。

　　　　　　　　　→ヨーロッパへの共産主義勢力の浸透を阻止するため，ギリシアやトルコ
　　　　　　　　　への経済的・軍事的援助を開始。

　　　 6 月　**マーシャル＝プラン**（ヨーロッパ経済復興援助計画）発表。

　　　　　　　　　→西ヨーロッパ諸国：受け入れ。

　　　　　　　　　ソ連・東欧諸国：拒否，9 月**コミンフォルム**（共産党情報局）結成。

1948 年 6 月　西側管理地区通貨改革（米・英・仏）←→ソ連：ベルリン封鎖。

　　　　　　　　　　　　　　　　　　　　　　　　→西側：大空輸作戦で対抗。

1949 年 1 月　ソ連と東欧 6 カ国：コメコン（COMECON）（東欧経済相互援助会議）
　　　　　　　　　　　　　　　　　　　　創設。

　　　 4 月　北大西洋条約機構（NATO）結成。

　　　 5 月　ベルリン封鎖解除。

　　　 9 月　ドイツ連邦共和国（西ドイツ）政府発足。

　　　 10 月　ドイツ民主共和国（東ドイツ）政府樹立。

〔冷戦の経過　その１〕

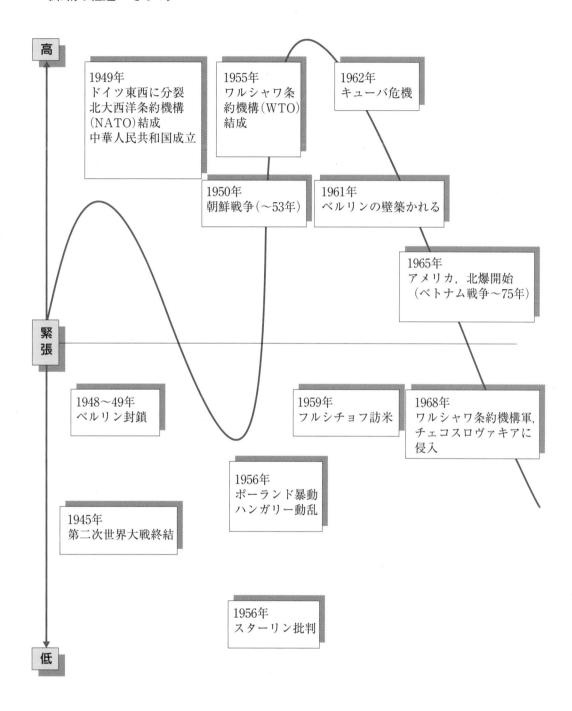

高

緊張

低

1949年
ドイツ東西に分裂
北大西洋条約機構
（NATO）結成
中華人民共和国成立

1955年
ワルシャワ条
約機構（WTO）
結成

1962年
キューバ危機

1950年
朝鮮戦争（～53年）

1961年
ベルリンの壁築かれる

1965年
アメリカ，北爆開始
（ベトナム戦争～75年）

1948～49年
ベルリン封鎖

1959年
フルシチョフ訪米

1968年
ワルシャワ条約機構軍，
チェコスロヴァキアに
侵入

1956年
ポーランド暴動
ハンガリー動乱

1945年
第二次世界大戦終結

1956年
スターリン批判

〔世界史〕

第6章　現代の社会

〔冷戦の経過　その２〕

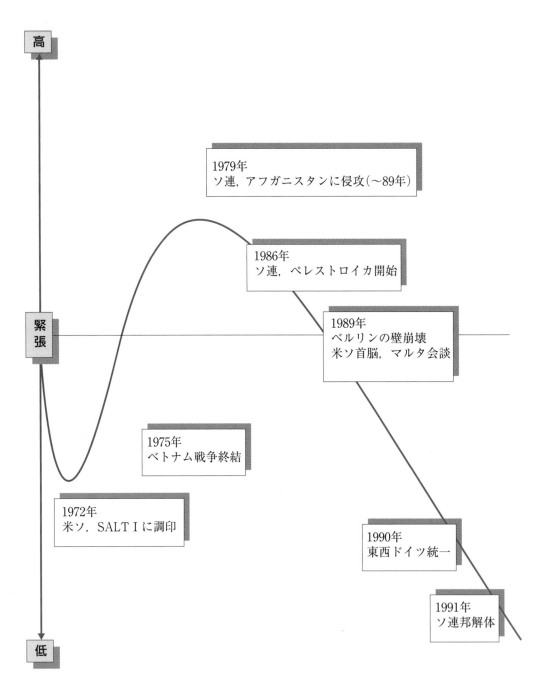

高

1979年
ソ連，アフガニスタンに侵攻(～89年)

1986年
ソ連，ペレストロイカ開始

1989年
ベルリンの壁崩壊
米ソ首脳，マルタ会談

緊
張

1975年
ベトナム戦争終結

1972年
米ソ，SALT I に調印

1990年
東西ドイツ統一

1991年
ソ連邦解体

低

3．アジア・アフリカ地域

①　中華人民共和国の成立

1945 年 11 月　　国共内戦開始。（国：中国国民党，共：中国共産党）

1947 年　3 月　　蔣介石，新憲法発布。

　　　　　　　　共産党：人民解放軍によって反抗開始。

1949 年 10 月　　中華人民共和国成立（首都：北京）。
　　　　　　　　主席：**毛沢東**，首相：周恩来。

　　　　12 月　　蔣介石，台湾へ→中華民国政府。

②　朝鮮半島の分断

1948 年　8 月　　朝鮮半島南部に大韓民国（韓国）成立。

　　　　　　　　（首都：ソウル，初代大統領：李承晩）

　　　　　9 月　　朝鮮半島北部に朝鮮民主主義人民共和国（北朝鮮）成立。
　　　　　　　　（首都：平壌，初代首相：金日成）

1950 年　6 月　　朝鮮戦争勃発。

　　　　　　　　→アメリカ主体の国連軍が，韓国支援のために出動。
　　　　　　　　←→中国：義勇軍派遣→ 1951 年以降，北緯 38 度線を境に膠着状態へ。

1953 年　7 月　　休戦：38 度線をはさむ停戦ラインで南北朝鮮分断。

③　第三世界

第二次世界大戦後，アジア諸国が独立→東西両陣営に属さない動き。

1954 年　**平和五原則**発表（インド：ネルー首相，中国：周恩来首相）。

　　　　　1．領土主権の尊重
　　　　　2．相互不可侵
　　　　　3．内政不干渉
　　　　　4．平等互恵
　　　　　5．平和共存

1955 年　　**アジア＝アフリカ会議**（ＡＡ会議，バンドン会議）開催。

　　　　　→●アジア，アフリカ 29 カ国の首脳が出席。

　　　　　●**平和十原則**発表。

　　　　　1．基本的人権と国際連合憲章の尊重

2．すべての国家の主権と領土の尊重

3．すべての人種及び国家の平等の承認

4．他国の内政不干渉

5．国際連合憲章による個別・集団的自衛権の尊重

6．大国の特定の利益のために集団防衛の取り決めを利用しないこと

7．武力侵略の否定

8．国際紛争の平和的手段による解決

9．相互の利益と協力の増進

10．正義と国際義務の尊重

1961 年　　　非同盟諸国首脳会議開催。

④　キューバ危機

1960 年　　　　　アメリカ，ケネディ大統領就任

　　　　　　　　　：ニューフロンティア政策

1961 年 5 月　　　キューバのカストロ首相が社会主義宣言

　　　　　　　　　：ソ連から大規模な経済・軍事援助

1962 年 10 月　　　ソ連のキューバにおける核ミサイル基地建設計画発覚

　　　　　　　　　⇔ケネディ：キューバ周囲の海上封鎖を宣言

　　　　　　　　　→ソ連のフルシチョフ首相にミサイル撤去を要求

　　　　　　　　　→フルシチョフ：アメリカがキューバに侵攻しないことを条件にミ
　　　　　　　　　　　　　　　　　サイル撤去に応じる

　　　　　　　　　→アメリカ側も受け入れ，キューバ危機回避

⑤　ベトナム戦争

1945 年 9 月　　　ホー＝チ＝ミン，ベトナム民主共和国独立宣言，大統領就任

　　　　　　　　　⇔旧宗主国フランスと対立

　　　　　　　　　→ 1946 年 12 月　インドシナ戦争勃発

1949 年 6 月　　　フランスの後押しでベトナム国建国（元首：バオ＝ダイ）

1954 年 5 月　　　ベトナム国の根拠地ディエンビエンフー陥落

　　　　 7 月　　　ジュネーヴ休戦協定調印：北緯 17 度線を境に南北に分割，フラン
　　　　　　　　　ス撤退

1955 年 10 月	ベトナム共和国（南ベトナム政府）成立（大統領：ゴ＝ディン＝ジエム）
	←アメリカの援助
1960 年 12 月	南ベトナム解放戦線結成
1964 年 8 月	トンキン湾事件：北ベトナム沿岸の公海で，アメリカの駆逐艦が北ベトナムの魚雷艇の攻撃を受け反撃
	←後にベトナム戦争への本格的な介入を企図するアメリカ軍の捏造であることが判明
1965 年 2 月	アメリカ軍，大規模な北ベトナム爆撃（北爆）を開始
	⇔アメリカ本土で反戦運動が高揚
1968 年 5 月	アメリカ大統領ジョンソンの提案でパリ和平会談開始
1970 年 2 月	ニクソン＝ドクトリン
	：アメリカ大統領ニクソンの外交方針
	アジアでのアメリカ軍軍事介入の縮小を提唱
1973 年 1 月	パリ和平協定調印：アメリカ軍撤退
1975 年 4 月	サイゴン陥落，ベトナム共和国崩壊
1976 年 4 月	南北ベトナム統一選挙実施
7 月	ベトナム社会主義共和国成立

6 冷戦の終結

1985 年	ソ連：**ゴルバチョフ**書記長就任。
	→ペレストロイカ政策開始：政治経済の民主化。
1987 年	米ソ首脳会談（アメリカ：レーガン大統領・ソ連：ゴルバチョフ書記長）。→中距離核戦力（INF）全廃条約締結。
1988 年	アフガニスタンに駐留するソ連軍の撤退開始。（〜 89 年）
1989 年	東欧革命：共産政権崩壊。
	ポーランド，ハンガリー，チェコスロヴァキア，ブルガリア，ルーマニア。
	東ドイツ→ 11 月　**ベルリンの壁崩壊**。
12 月	**マルタ会談**（アメリカ：ブッシュ大統領・ソ連：ゴルバチョフ書記長）→冷戦終結を宣言。

1990 年 3 月	ソ連，大統領制導入：ゴルバチョフ大統領就任。
3～5 月	バルト三国独立。
10 月	東西ドイツ統一。
1991 年 8 月	ソ連，共産党保守派クーデター→失敗，共産党解散。
12 月	独立国家共同体（CIS）発足，ソ連崩壊，ゴルバチョフ大統領辞任。→エリツィン大統領就任。

7 冷戦後の世界情勢

1989 年 6 月	中国で民主化要求運動を武力弾圧：天安門事件。→趙紫陽党総書記失脚，江沢民が総書記に。
1990 年 8 月	イラク軍によるクウェート侵攻。→ 1991 年 1 月　アメリカ軍を主力とする多国籍軍がイラクを攻撃：湾岸戦争
1991 年～	ユーゴスラヴィア内戦勃発。
1991 年	南アフリカ共和国のアパルトヘイトの法的撤廃。
1992 年	国連カンボジア暫定行政機構（UNTAC）発足。→ 1993 年 5 月　総選挙実施，9 月　新憲法公布。→日本が PKO に基づいて初めて自衛隊を派遣。
1992 年	マーストリヒト条約調印，翌 93 年発効→ EU 発足。
1993 年	アメリカの仲介で，イスラエルと PLO（パレスチナ解放機構）がパレスチナ暫定自治協定に調印。
1994 年	ロシア軍がチェチェン共和国に軍事介入（第 1 次チェチェン紛争）。
1995 年	世界貿易機関（WTO）発足。
1999 年	ヨーロッパ単一通貨ユーロ導入。
1999 年	ロシア軍が再びチェチェンに進攻（第 2 次チェチェン紛争）。
2001 年 9 月	**アメリカ同時多発テロ発生**→ 10 月　アメリカ，アフガニスタン攻撃開始。
2003 年	イラク戦争勃発。
2006 年	北朝鮮が地下核実験実施。
2014 年	ロシアがクリミアを併合→国連，欧米諸国などは承認せず。

2018 年	初の米朝首脳会談。
2020 年	イギリスが EU 離脱。
2021 年	アメリカ軍がアフガニスタンより撤退。
2022 年	ロシアがウクライナ侵攻。

No.1
（解答 ▶ P.25）

第一次世界大戦において，同盟国側として参戦した国は，次のうちどれか。

① ブルガリア
② ベルギー
③ イタリア
④ 日本
⑤ アメリカ

No.2
（解答 ▶ P.26）

ロシア革命に関する記述として正しいのは，次のうちどれか。

① ロシア社会民主労働党はボリシェヴィキとメンシェヴィキに分裂し，レーニン率いるボリシェヴィキは，西欧型の緩やかな党組織を主張した。
② 日露戦争の戦況が不利になると，デカブリストの乱をきっかけとした革命が起こり，労働者の評議会としてソヴィエトが結成された。
③ ペトログラードで大規模なストライキが起こると，軍隊にも反乱が広がり，アレクサンドル２世は退位してロマノフ王朝は滅んだ。
④ ボリシェヴィキに率いられた労働者・兵士は，レーニンやトロツキーの指導のもとに武装蜂起し，ケレンスキーの臨時政府を倒した。
⑤ ボリシェヴィキ政府は，ドイツとの単独講和条約をブレスト＝リトフスクにおいて結び，西部辺境の広大な地域を譲り受けた。

No.3

（解答 ▶ P.26）

第一次世界大戦後の状況についての記述として，正しいものはどれか。

① 講和会議では，イギリスとフランスが提案した無併合（へいごう），無賠償（ばいしょう），民族自決（みんぞくじけつ）などを内容とする「十四カ条（十四カ条の平和原則）」の大部分が受け入れられた。

② 講和会議の結果，これまでヨーロッパ列強に支配されていたアジアやアフリカの植民地の独立が認められた。

③ アメリカのウィルソン大統領の提案に基づいて国際連盟が設立されたが，提案国であるアメリカは，議会の反対でこれに加盟しなかった。

④ 大戦中，革命により成立したソヴィエト政府は，ドイツと単独講和を結んだが，戦後は戦勝国の一員として国際連盟の常任理事国となった。

⑤ 連合国側に立って参戦した日本は，ドイツ領南洋諸島やドイツが中国から租借していた満州を領有することとなった。

No.4

（解答 ▶ P.26）

1917年11月，ユダヤ系の金融資本の協力を得るために，第一次世界大戦後にユダヤ人のパレスチナにおける建国を約した宣言をした国はどこか。

① イギリス
② トルコ
③ ドイツ
④ ロシア
⑤ フランス

以下の会談は，第二次世界大戦中に連合国側が行った，戦後処理会談である。行われた順番として正しいものはどれか。

ア　ヤルタ会談
イ　カイロ会談
ウ　大西洋上会談
エ　テヘラン会談
オ　ポツダム会談

① イ→ア→ウ→エ→オ
② イ→オ→ア→ウ→エ
③ ウ→イ→エ→ア→オ
④ ウ→エ→イ→オ→ア
⑤ エ→ア→イ→ウ→オ

第二次世界大戦後の世界に関する関連事項の組合せとして正しいものは，次のうちどれか。

① スターリン批判 ——————— ブレジネフ
② キューバ革命 ——————— ネルー
③ 朝鮮戦争 ——————— 北緯38度線
④ 北ベトナム爆撃 ——————— ケネディ
⑤ ヨーロッパ経済復興援助計画 —— 平和五原則

No.7

（解答 ▶ P.26）

1980年代の出来事として，正しいものを挙げているのはどれか。

ア　中国で第2次天安門事件が起こった。

イ　東西ドイツが統一された。

ウ　ソ連のゴルバチョフ書記長がペレストロイカを唱えた。

エ　イラクのフセイン大統領がクウェートを併合し，湾岸戦争が起こった。

オ　ベトナム戦争が終結した。

① 　ア，イ

② 　ア，ウ

③ 　ウ

④ 　エ

⑤ 　エ，オ

No.8

（解答 ▶ P.26）

1982年，西大西洋にあるフォークランド（マルビナス）諸島の領有権をめぐって，アルゼンチンとある国の間で紛争が勃発した。このある国とは次のうちどれか。

① 　アメリカ

② 　イギリス

③ 　スペイン

④ 　ブラジル

⑤ 　チリ

第7章 通史　演習問題

No.1

（解答 ▶ P.27）

中国の国号を古いものから順に並べたものとして正しいのはどれか。

A　隋　　　B　唐　　　C　元　　　D　明　　　E　清

① 　A→B→C→D→E
② 　A→B→D→C→E
③ 　A→C→B→D→E
④ 　B→A→C→E→D
⑤ 　B→A→D→C→E

No.2

（解答 ▶ P.27）

下記の戦争と関係のあるものの組合せとして正しいのはどれか。

① 　ポエニ戦争 ─────── カエサル
② 　ペルシア戦争 ───── コンスタンティヌス帝
③ 　百年戦争 ─────── ウェストファリア条約
④ 　ユグノー戦争 ───── サンバルテルミの虐殺
⑤ 　普仏戦争 ─────── メッテルニヒ

No.3

（解答 ▶ P.27）

歴代アメリカ大統領と関連する事項の組合せとして正しいものは，次のうちどれか。

① 　ウィルソン ───────────── ベトナム戦争
② 　リンカン ─────────────── ホームステッド法
③ 　モンロー ─────────────── 南北戦争
④ 　セオドア＝ローズヴェルト ─────── ニューディール政策
⑤ 　トルーマン ───────────── 第一次世界大戦

No.4

（解答 ▶ P.27）

朝鮮半島の歴史に関する記述として最も妥当なものは，次のうちどれか。

① 朝鮮4郡の中でも中心的な役割を果たした真番郡は，百済によって滅ぼされた。
② 新羅は4〜6世紀にかけて全盛期を迎えたが，7世紀に唐・高句麗の連合軍によって滅ぼされた。
③ 黎朝は，10世紀に高句麗を滅ぼして朝鮮半島を統一した王朝である。
④ 訓民正音（ハングル）が制定されたのは，高麗の時代である。
⑤ 朝鮮王朝（李氏朝鮮）は朝鮮最後の王朝であり，1910年に日本に併合された。

No.5

（解答 ▶ P.27）

世界史上における国際貿易港に関する以下の記述のうち，正しいものはどれか。

① サンフランシスコは，19世紀の初頭にアメリカを代表する国際貿易港に発展した。
② アムステルダムは，ネーデルラント南部の港市で，17世紀前半，ヨーロッパ一の繁栄を誇った。
③ ボストン港が綿花貿易をめぐる対立から閉鎖されたことで，アメリカで独立の気運が高まった。
④ 18世紀半ば，清朝は外国貿易を上海一港だけに限って許可した。
⑤ 香港は，アヘン戦争後の南京条約によって，イギリスに割譲された。

No.6

（解答 ▶ P.27）

中国の文化に関する記述として最も妥当なものは，次のうちどれか。

① 董仲舒によって前漢の時代に完成した『漢書』は，編年体で書かれた歴史書である。
② 顧愷之や王羲之などの個性的な詩人が輩出したのは，唐代である。
③ 陸九淵が朱子学を大成させたのは，元代である。
④ 明の3代皇帝である永楽帝の命によって，『永楽大典』が編纂された。
⑤ 清代の学者である顧炎武は，乾隆帝の命で『農政全書』を完成させた。

第3編

地　理

第1章 地図の図法

　私たちの周りには，町の案内図や道路地図，ハザードマップなど，さまざまな地図が存在する。これらのように，比較的狭い範囲を表現した地図のことを大縮尺図といい，国土地理院発行の25000分の1地形図や50000分の1地形図，5000分の1国土基本図などがこれに当たる。

　大縮尺図は描く範囲が狭いため，すべての要素を比較的正確に表すことができるが，球状である地球を1枚の紙で描くことは容易ではない。地球の小さな模型である地球儀は，すべてを正しく表現できるが，持ち運びや作業面を考えると地図が必要となる。しかし，球面である地球表面を一平面に延ばすことは不可能なので，使用目的に応じて面積，距離，方位，角度のうち，どれか1つ（もしくは2つ）を正しく表す形で，地図が描かれる。世界全図など，比較的広い範囲を表現した地図のことを，小縮尺図という。

　地球儀や世界地図には，角度とともに線が引かれている。北極と南極を結んだ線を経線（子午線），それと直角に交わる線を緯線という。

　経線（＝経度）は，イギリスの旧グリニッジ天文台を通る線を0度（本初子午線）に設定し，東西それぞれを180度に分け，東側（アジア方面）を「東経○度（○°）」，西側（アメリカ方面）を「西経○度（○°）」と表す。なお，その性質上，経線の長さはどれも同じになる。

　緯線（＝緯度）は，北極と南極の真ん中，つまり地球を2等分する緯線を0度（赤道）とし，南北それぞれの極までを90度に分け，北半球を「北緯○度（○°）」，南半球を「南緯○度（○°）」と表す。地球上の一点を示す場合，この経度と緯度を使うと，「北緯（南緯）○度△分（○°△′），東経（西経）○度△分（○°△′）」と表すことができる。

　また，世界地図を見ていると，緯線上に北回帰線と南回帰線，経線上に日付変更線が描かれているものがある。回帰線は南中時（太陽が真南に来たとき）の太陽高度が90°になる限界線のことで，北緯・南緯とも，地球の自転軸の傾きと同じ23°26′である。また日付変更線は，若干屈曲しているものの，おおむね東経・西経180°に沿っている線であり，ここを境に日付を変更するように決められている。具体的には，これを東経域から西経域へ（日本側からアメリカ側へ）越えるときには日付を1日引き，逆に越えるときは日付を1日足すようになっている。

📖 ポイント

1. 地図の図法

図法	名称	地　図	特　　徴
正角図法	メルカトル図法		・経線は平行かつ等間隔の直線，緯線は平行直線で描かれ，互いに直交している。 ・等角航路（常に経線と一定の角度で交わるコース）が直線になる。 　→航海図に利用される。 ・大圏航路（地球上における任意の二点間の最短コース）は曲線になる。 ・高緯度になるほど，面積が拡大される。
正積図法	サンソン図法		・中央経線は直線，その他の経線は正弦曲線（サインカーブ），緯線は等間隔の平行直線で描かれる。 ・中央経線と赤道の長さの比は1：2。 ・赤道や中央経線付近（低緯度地方）の形は，比較的正確に描かれる。 　→低緯度地方の地図に利用される。 ・周辺部（高緯度地方）のひずみは大きい。
	モルワイデ図法		・中央経線は直線，その他の経線は楕円曲線，緯線は高緯度になるほど間隔が狭くなる平行直線で描かれる。 ・サンソン図法に比べて，中高緯度地方のひずみが減少される。 　→中緯度地方の地図に利用される。
	グード図法（ホモロサイン図法）		・低緯度地方はサンソン図法，高緯度地方はモルワイデ図法を用い，緯度40度44分で結合した地図。 ・大陸部の形のひずみは小さい。 　→陸地用の世界地図に利用される。 ・陸地のひずみを小さくするため，海洋部は断裂されている。 　→交通図や海流図などには利用できない。
	エケルト図法		・中央経線は直線，その他の経線は正弦曲線か楕円曲線，緯線は高緯度になるほど間隔が狭くなる平行直線で描かれる。 ・極は，赤道の2分の1の長さの直線になっている。 ・高緯度地方のひずみが比較的小さい。 　→分布図などで利用される。
	ボンヌ図法		・中央経線は直線，その他の経線は縮尺に比例した経線上の点を結んだ曲線，緯線は等間隔の同心円で描かれる。 ・中央経線付近の形が自然に表される。 　→中緯度地方の地図に利用される。 ・周辺部のひずみが大きい。 　→世界全図には向かない。
方位図法	正距方位図法		・経線は極を中心とした放射状の直線，緯線は極を中心とした等間隔の同心円で描かれる。（極投射の場合） ・図の中心から他の任意の点を結んだコースは大圏コース，かつ方位も正しい。 　→航空図に利用される。また，国連旗はこの図法を利用したもの。 ・周辺部の形のひずみが大きく，面積は正確ではない。

（東京法令出版『地理資料B』より作成）

演習問題

No.1
(解答 ▶ P.29)

地図の図法に関する説明として，正しいのはどれか。

① 正距方位図法は，任意の2点を結ぶ直線が大圏コースを表す。

② モルワイデ図法は，高緯度地方をより正確に表すために，赤道と中央経線の比を3：1としている。

③ メルカトル図法は，2点を結ぶ直線が等角航路を表す。

④ グード図法は，高緯度地方をサンソン図法，低緯度地方をモルワイデ図法で表し，緯度40°44′で接合したものである。

⑤ ボンヌ図法は，円すい図法を改良した正積図で，世界全体の分布図に利用される。

No.2
(解答 ▶ P.29)

メルカトル図法の説明として，誤っているのはどれか。

① 正角図法である。　　② 海図として利用。

③ 面積が正確である。　④ 経緯度線は直交している。

⑤ 2点間は等角コースである。

No.3
(解答 ▶ P.29)

下図は国連旗であり，真ん中の地図は北極点を中心とした正距方位図法で描かれている。この地図について述べたものとして最も妥当なものは，次のうちどれか。

① 直線で描かれているのが緯線，円で描かれているのが経線である。

② 周辺部ほど，大陸の形のひずみが小さくなる。

③ 地図上にある任意の2点間の距離と方位が正しい。

④ 北半球は，高緯度地方ほど面積が拡大して描かれる。

⑤ 北極点と任意の点を結ぶ直線は，大圏コースとなる。

次のＡ，Ｂ，Ｃは世界地図の図法に関する記述であるが，ア，イ，ウに入る語句の組合せとして正しいのはどれか。

A　距離・面積・方位が正しく表されず，高緯度ほど面積が大きくなっているが，緯線と経線が常に直角に交わっており，方位を示す角度が地球上の角度と同じとなっている。この図法の例としては（　ア　）図法があり，主に航海図として用いられてきた。

B　緯線は平行な直線で経線は楕円曲線となっており，緯線と経線の間隔を調整することにより，大陸の面積・形が比較的正確に表されるよう工夫されている。この図法の例としてはモルワイデ図法があり，主に（　イ　）として用いられてきた。

C　中心点からみた方位が正しくなるよう工夫されており，図の中心と他の地点を結んだ直線は最短距離を表しているが，図の周辺部では面積や形のひずみが大きく，中心以外の２点を結んでも正しい方位・距離は求められない。このような図法は正距方位図法といわれ，主に（　ウ　）として用いられてきた。

	ア	イ	ウ
①	メルカトル	分布図	航空図
②	エケルト	航空図	分布図
③	グード	分布図	航空図
④	メルカトル	航空図	分布図
⑤	エケルト	分布図	航空図

第2章 世界の地形

　地球の表面積は，およそ5億1000万km²。このうち，約30%が陸地で，残りの約70%が海洋である。誕生してから45億年の間，地球内部は絶え間なく地殻運動を行い，侵食や運搬，堆積を繰り返すことによって，その地形を変化させてきた。

　陸地部分の大地形は，最も古い時代に地殻運動を受け，その後侵食が進んで現在はほぼ平坦化している安定陸塊，次の時代に地殻運動を行い，現在は比較的穏やかな起伏を表している古期造山帯，現在も造山運動が続いている新期造山帯の3つに分けることができる。また海底は，海嶺，海溝，海底火山，大洋底などによって形成されている。

　陸地の小地形を見てみると，山地，平野，海岸などに特色が見られる。

　山地地形には褶曲による褶曲山地，断層運動による断層山地，火山活動によって形成される火山がある。

　平野地形は大まかに，地殻運動が少ない地表が侵食されることによって平坦化する侵食平野と，河川や海によって土砂などが運搬され，それが堆積して形成される沖積平野，更新世（約200万年前～約1万年前，洪積世ともいう）に造られた沖積平野が，その後隆起して沖積平野よりも一段高位にある洪積台地に分けられる。世界にある主な大平原は侵食平野であり，沖積平野は比較的小規模な平野となる。

　海岸地形は，その付近が沈降（地殻が下がる）や海進（海岸線が陸側に進む）するか，隆起（地殻が上がる）や海退（海岸線が後退する）するかによって，その形が変わる。前者を沈降（沈水）海岸，後者を隆起（離水）海岸という。海岸は，波や海流による砂礫の運搬が激しいため，砂嘴や砂州など海岸特有の地形を形作ることも多い。また，熱帯地方の海岸では，サンゴ虫の遺骸や分泌物によってできた石灰質の岩礁であるサンゴ礁を見ることができる。

　この他にも，氷河地形やカルスト地形など，特殊な要因によって形作られた地形が存在する。氷河は，地球の表面にあって流動している氷体のことで，広範囲にわたって地表を覆っている大陸氷河と，山岳地帯に発達する山岳氷河に分けられる。この氷河の侵食や堆積によって造られた地形が氷河地形で，寒冷地や山岳地帯で見ることができる。またカルスト地形は，石灰岩地帯が水による溶食によって形成されたもので，日本では，山口県の秋吉台などでその状況を見ることができる。

📖 ポイント

1．大地形

	説　　　明	代表的地形	分布地域
安定陸塊	先カンブリア代（地球誕生〜約5億7,000万年前）に造山運動を受けたが，古生代（約5億7,000万年前〜2億5,000万年前）以降は造陸運動のみで，地殻運動を受けなかった大陸地殻。	地表の侵食が進んでいる→大平原の形成 ・楯状地 ・卓状地 ・構造平野　など	・カナダ（ローレンシア）楯状地 ・フェノサルマチア 　｛バルト楯状地（フェノスカンジア） 　　ロシア卓状地 ・ゴンドワナ楯状地 　（アフリカ，アラビア，ブラジル，インド，オーストラリア，南極など） ・シベリア卓状地
古期造山帯	古生代に大褶曲山地を形成し，その後の侵食作用によって高度が減じ，比較的緩やかな起伏になったもの。	・侵食→丘陵性山地 ・断層作用 　→地塁山地 　　地溝盆地　など	・クンルン〔崑崙〕山脈（中国西部） ・テンシャン〔天山〕山脈（中国北西部） ・アルタイ山脈（中国・モンゴル国境〜西シベリア） ・チンリン〔秦嶺〕山脈（中国中央部） ・インドシナ半島（ベトナム・ラオス・カンボジアなど） ・ドラケンスバーグ山脈（南アフリカ） ・ウラル山脈（ロシア，アジアとヨーロッパの境） ・スカンディナヴィア山脈（北欧・スカンディナヴィア半島） ・アパラチア山脈（北米東岸） ・グレートディヴァイディング（大分水嶺）山脈（オーストラリア東部）
新期造山帯	中生代（約2億5,000万年前〜約6,500万年前）から新生代第三紀（約6,500万年前〜約200万年前）の褶曲運動と，その後の激しい造山運動によって大山脈を形成したもの。現在でも造山運動継続中で，地震や火山活動が活発である。	・帯状山脈 ・活火山 ・弧状列島 ・海溝，海盆　など	**・環太平洋造山帯** アリューシャン列島，千島列島，日本列島，台湾，フィリピン諸島，ニューギニア島，ニュージーランド島，ロッキー山脈，シェラネバダ山脈，西インド諸島，アンデス山脈　など **・アルプス＝ヒマラヤ造山帯** アトラス山脈，ピレネー山脈，イタリア半島，アルプス山脈，バルカン半島，カフカス山脈，イラン高原，ヒンドゥークシ山脈，パミール高原，ヒマラヤ山脈，チベット高原，マレー半島　など

〔地理〕

第2章　世界の地形

２．山地地形

	成　　因		代表的地形
褶曲山地	水平に堆積した地層が，横からの圧力を受け波状に屈曲し，ひだのように変形する現象を「褶曲」といい，これによってできた山地。	褶曲山脈	
断層山地	地層の弱い場所が，横からの圧力によって上下・左右にずれる現象を「断層運動」といい，これの繰り返しによって隆起した山地。	地　塁	並走している断層崖（断層運動によってできた急崖）に挟まれている山地。
		地　溝	両側を断層崖によって区切られ，相対的に沈降した低地。
		傾動地塊	断層によって片側が急斜面，もう一方が緩斜面になっている山地。
火山地形	地下にある岩石が溶けてできたマグマや火山ガスが，地層の弱いところから噴出し（火山活動），地表や水中に達したときにできる地形。	楯状火山（アスピーテ）	粘性が小さく流動性が高い溶岩によって形成される，緩やかな傾斜の火山。霧ヶ峰など。
		溶岩台地（ベジオニーテ）	多数の火口から粘性の少ない溶岩が流れ出ることによって形成された台地。デカン高原など。
		成層火山（コニーデ）	溶岩や火山灰・火山礫が層をなして形成される火山。富士山，開聞岳など。
		鐘状火山（トロイデ）	粘性の高い溶岩で作られる溶岩円頂丘（溶岩ドーム）によって形成される火山。焼岳，雲仙普賢岳など。
		火山岩尖（ベロニーテ）	粘性の大きい溶岩が火口内で固まってできた溶岩柱が，地表に押し出されてできた火山。昭和新山など。
		臼状火山（ホマーテ）	火口周辺に爆発による砕屑物が堆積して形成される，山に対して火口が大きく見える火山。鬼岳など。
		カルデラ	山体が形成された後，爆発や陥没によって山の上部が失われたときにできる，巨大な火口状の凹地。阿蘇山など。
		爆裂火口（マール）	小規模の爆発によってできた，小さな凹地。男鹿半島の目潟など。

溶岩の粘性　小←→大

（山川出版社『図解・表解　地理の完成』より作成）

3．平野地形

A　侵食平野

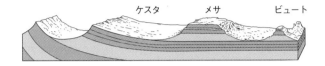

　　ケスタ　　　メサ　　　　ビュート

（帝国書院『新詳高等地図』より作成）

	成　　因	形成される地形		地　　域
構造平野	古生代や中生代の古い地質時代に堆積した水平な地層が，その状態のまま侵食されてできた平野。長い間地盤が安定し，きわめて起伏が小さく，高度も低い。	メ　サビュート	侵食に強い硬層が残ってできた地形。テーブル状のものがメサ，小規模で孤立した丘がビュート。	・アメリカ中央平原・東ヨーロッパ平原・西シベリア低地・オーストラリア中央　平原・パリ盆地・ロンドン盆地
		ケスタ	硬層と軟層が，緩やかな傾斜で重なり合っている所で見られる，一方が急崖，他方が緩斜面となっている丘陵。	
準平原	山地が長い間の侵食作用（流水や氷河，風など）によって削られ，波状の低い平坦地になったもの。侵食輪廻の最終段階。	残丘（モナドノック）	地質の硬い部分が侵食から取り残されて形成された，準平原上にある一段高い丘陵。	・アメリカ西部・カザフ草原・エアーズロック　（残丘）・北上高地　（隆起準平原）
		隆起準平原	準平原が隆起したもの。	

B　堆積平野

B－1　沖積平野

地　形	成因・特徴	土地利用など
扇 状 地	・河川が運搬した砂礫が堆積されることによって谷口付近に形成される，扇状の地形。 ・山地から平野へ出る際に，川の流れが減じることによって生じる。 ・最上部を「扇頂」，中央部を「扇央」，末端部を「扇端」という。 ・大きな礫は扇頂の方に多く，扇端部にいくにつれて砂礫が細かくなる。 ・扇央部では堆積層が厚いため河川水が伏流し，水無川となる。一方，扇端部では伏流していた河川水が地表に現れるため，湧水帯となる。	扇端：水に恵まれるため，水田や集落が立地。 扇央：水が得にくいため，畑や果樹園。 扇頂：山と平野の間にあり，水が得られるので谷口集落が形成される。
三 角 州 （デルタ）	・河川によって運搬された砂や泥土が，河口部で流れが減じることによって堆積し形成された，低平な地形。 ・その形状によって，「円弧状三角州」（ナイル川），「鳥趾状三角州」（ミシシッピ川），「カスプ状（尖状）三角州」（テベレ川）に分けられる。 ・水はけが悪く低湿地帯となり，洪水や高潮の被害が出やすいが，水は得やすい。	・水田 ・水が得やすいため，古来の大都市が発達 →エジプト：ナイル川 　インド：ガンジス川 　中国：長江
氾 濫 原	河川の中・下流域で，河川の氾濫によって形成された，低平な地。	
自然堤防	洪水の際，流路からあふれた水が上流から運んできた土砂を河川両岸に堆積することによって形成される，数10cm～数mの微高地。	畑，果樹園，道路，集落など
後背湿地 （バックマーシュ）	自然堤防の背後にある，洪水時にあふれた水が川に戻れなくなって形成された，沼や湿地。	水田，牧場など
河 跡 湖 （三日月湖）	低平な平野部を河川が流れると，河川は蛇行（メアンダー）する。ここで洪水によって流路が変わると，蛇行している旧流路が新流路から切断される。このようにしてできた三日月型の湖沼。	
天 井 川	土砂の運搬が盛んな河川で形成される，河川周辺の平地よりも河床面が高い川。洪水対策のために人工堤防を高くしていくと形成される。	

B－2　洪積台地

地　形	成因・特徴	代　表　例
隆起扇状地 隆起三角州	地盤の隆起や海水面の低下によって，周囲よりも一段高くなった扇状地や三角州。	・隆起扇状地：牧ノ原台地 　　　　　　　磐田原台地 　　　　　　　武蔵野台地など ・隆起三角州：下総台地 　　　　　　　常総台地など
河岸段丘	河川の沿岸に見られる階段状の地形。谷底平野（河川流域の平地）が隆起して形成され，段丘面は旧河床である。	利根川上流，天竜川，桂川など

4．海岸地形

4－A　沈降（沈水）海岸

地　形	成因・特徴	代　表　例
リアス式海岸	沈降や海面上昇によって，山地や丘陵に海水が侵入し，谷の部分が海に沈水する（＝おぼれ谷）ことで形成された海岸。鋸歯状の複雑に入り組んだ海岸線を持つ。	・三陸海岸 ・若狭湾 ・スペイン北西部
三　角　江 (エスチュアリー)	平野部の河川の河口部が，沈水することで形成された，ラッパ状の入り江。広大な後背地を持つため，良湾となる。	エルベ川，テムズ川，ラプラタ川，セントローレンス川など
フィヨルド	氷食谷（U字谷）に海水が侵入することで形成された狭くて奥が深い湾（＝狭湾）。海岸はU字谷の谷壁となるので高く険しく，また水深も深い。	・ノルウェー北西岸 ・スコットランド北部 ・チリ南部　など

4-B 隆起（離水）海岸

ラグーン
三角州
砂州
ラグーン
沿岸流
陸繋島
陸繋砂州
海岸段丘
海岸平野
砂嘴
海岸砂丘
海食洞
海岸段丘
海食崖

（第一学習社『最新地理図表』より作成）

地　形	成因・特徴	代　表　例
海岸平野	底が浅い遠浅の堆積面が，隆起もしくは海水面の低下によって海面上に現れ，地表となった平野。	九十九里平野，宮崎平野，アメリカ合衆国東岸など
海岸段丘	波によって削られた海底の平坦面（＝海食台）が，隆起や海面低下によって地表に現れることで形成される，海岸線と平行している階段状の地形。	室戸岬，足摺岬，竜飛崎など

4-C 海岸の小地形

地　形	成因・特徴	代　表　例
砂　嘴	沿岸流の影響で，海岸から砂礫が運搬・堆積されてできた，海に突き出した嘴状の州。	三保松原，野付崎など
砂　州	砂嘴が成長して，入江や湾を閉ざすように伸びたもの。	天橋立など
潟　湖 （ラグーン）	砂州などによって，海と隔てられた水域。	サロマ湖，八郎潟など
沿岸州	波の影響で，海岸から少し離れた所に砂が堆積して形成される州。海岸とほぼ平行になる。	メキシコ湾岸など
陸繋島	もともと沖合にあった島が，砂州によって陸続きになったもの。繋いだ砂州を陸繋砂州（トンボロ）という。	函館山，男鹿半島など
海岸砂丘	内陸方向に向かって風によって砂が運ばれ，海岸付近に堆積してできた小高い丘陵地形。	鳥取砂丘など
干　潟	干潮時になると姿を現す遠浅の海岸。	有明海，藤前干潟など

4-D サンゴ礁

種　類	特　徴	代　表　例
裾　礁	海岸に接して，陸地を取り巻く形で発達したサンゴ礁。	小笠原諸島，奄美諸島，沖縄諸島など
堡　礁 （バリアリーフ）	海岸から沖合に離れた所に発達し，陸地とサンゴ礁の間に礁湖が形成されているサンゴ礁。	グレートバリアリーフなど
環　礁 （アトール）	中央に島がなく，礁湖を取り巻いてリング状に発達したサンゴ礁。	ビキニ環礁，ムルロア環礁など

5．その他の地形

A　氷河地形

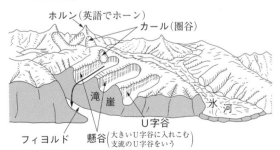

（山川出版社『図解・表解　地理の完成』より作成）

〔地理〕

第2章　世界の地形

地　形	成因・特徴	見られる場所
U 字 谷	谷氷河が流下するときに斜面を削り取ることで形成される，谷底が広く平ら，谷壁が平滑な急崖となっている谷。横断面がU字型になっている。これに海水が侵入したものがフィヨルド。	アルプスやヒマラヤの山中など
カール（圏谷）	山頂付近や山腹に氷河の侵食によって形成される半椀型の凹地。	アルプス山脈，飛騨山脈など
ホルン（尖峰）	周囲を氷河によって削られた三角錐状の岩峰。	マッターホルンなど
モレーン（堆石）	氷河によって運搬され，末端部や側方などに堆積した砂礫や岩屑，およびその堆積地形のこと。	ヨーロッパ北部，北アメリカ北部など
氷 河 湖	氷河作用によって形成された湖。氷河によってえぐられた凹地に水が溜まった氷食湖，モレーンによって水が堰き止められて作られた堰止湖などがある。	アメリカの五大湖など

B　カルスト地形

地　形	特　　　徴
ドリーネ	石灰岩の溶食や鍾乳洞の落盤によって生じた，漏斗状の小凹地。直径数m〜数百m。
ウバーレ	溶食が進行することでドリーネが拡大し，複数のドリーネが連結してできた凹地。
ポ リ エ	ウバーレが拡大，連結してできた盆地状の大凹地。一帯は農耕地にもなる。
鍾 乳 洞	地下水によって溶食されることでできた洞窟。鍾乳石や石筍が見られる。
カレンフェルト（石塔原）	溶食によって塔の形に残った石灰岩が林立している原野。

No.1

（解答 ▸ P.29）

次の文で正しいものはどれか。

① 安定陸塊は古生代に造山運動を受け，その後長期間に渡り侵食を受けて山頂が平坦な丘陵性の山地となったものである。

② 古期造山帯は，先カンブリア代に激しい造山運動があったが，その後大きな変動がなく，侵食を受けて平坦な台地状となったものである。

③ 新期造山帯は，中生代から新生代にかけて造山運動を受けた地域で現在も造山運動が続いている地域である。アパラチア山脈などがこれに該当する。

④ 新期造山帯は2つの山系があり，その中のアルプス＝ヒマラヤ造山帯はアトラス山脈，アルプス山脈やヒマラヤ山脈などからなる。

⑤ 古期造山帯は現在でも激しい造山運動が続いており，山地は高く険しい。環太平洋造山帯はその中でも最も長大である。

No.2

（解答 ▸ P.29）

地形とその関連地形，関連地形の代表例の組合せとして最も妥当なものは，次のうちどれか。

	地　形	関連地形	代表例
①	沖積平野	隆起三角州	甲府盆地
②	沈降海岸	海岸平野	三陸海岸
③	隆起海岸	リアス式海岸	有明海
④	氷河地形	ラグーン	メキシコ湾岸
⑤	カルスト地形	鍾乳洞	秋吉台

次の平野に関する記述のうち，誤っているものはどれか。

① 沖積平野は，河川の堆積作用によって，形成された平野である。

② 三角州は，河川の運搬する土砂が河口付近で堆積することによって，形成される地形である。

③ 洪積台地は，主に更新世後期に形成された平野が，土地の隆起や海水面の低下によって台地となった地形である。

④ 構造平野は，堆積平野の一種で，主に海岸近くに見られる。

⑤ 氾濫原は，河川の蛇行などの特徴が見られる地形である。

次のうち，侵食平野の例として最も適当でないものはどれか。

① 東ヨーロッパ平原

② 西シベリア低地

③ 関東平野

④ 北アメリカ中央平原

⑤ オーストラリア中央平原

扇状地に関する記述として最も妥当なものは，次のうちどれか。

① 砂礫の堆積によって河口付近に形成される，低平な地形である。

② 水無川を伴うことがある。

③ 最上部を扇端，末端部を扇頂という。

④ 中央部の扇央では水が得やすく，水田に利用しやすい。

⑤ 末端部にいくほど大きな礫が多くなる。

（解答 ▶ P.30）

No.6

世界の山脈に関する記述として正しいのは，次のうちどれか。

① ウラル山脈は，シベリア中央部からモンゴル高原の西にかけて，東西に伸びる山脈である。山脈の東側にあるバイカル湖から発したアムール川はモンゴル中央部から中国東北部を通り黄海に注いでいる。

② カラコルム山脈は，ヒマラヤ山脈の北西部にほぼ平行して走る山脈で，氷河を持つ高峰が連なっている。カラコルム峠は古くからカシミールと中国のタリム盆地を結ぶ重要な峠である。

③ ロッキー山脈は，カナダからアメリカ合衆国にまたがって北アメリカ大陸のほぼ中央部を南北に走る山脈である。この山脈の周辺部には五大湖をはじめ巨大な湖が点在する。

④ アルプス山脈は，ヨーロッパ大陸の北部に位置し，モンブラン山をはじめ氷河を持つ高峰が連続している。海岸線に面した山腹側では，氷河によってフィヨルドが形成されている。

⑤ アンデス山脈は，南アメリカ大陸の大西洋側に位置し，ギアナ高地およびブラジル高原を南北に走る世界最大の山脈である。生物の固有種が多く存在し，生物進化の野外実験場といわれている。

No.7

（解答 ▶ P.30）

沖積平野の地形として妥当なものは，次のうちどれか。

① エスチュアリー
② 沿岸州
③ 氾濫原
④ 堡礁
⑤ ホルン

平野の地形に関する記述A〜Cに該当する地形名称の組合せとして，正しいのはどれか。

A　ほぼ水平な地層が，侵食されて平坦化したもの。

B　河道に沿って形成された，比高1〜2mの微高地。

C　谷口に形成された，扇形に広がる堆積地形。

	A	B	C
①	準平原	自然堤防	扇状地
②	構造平野	自然堤防	扇状地
③	準平原	後背湿地	三角州
④	構造平野	後背湿地	三角州
⑤	準平原	砂丘	三角州

平野の地形に関する記述として，正しいのはどれか。

①　洪水時に氾濫した土砂が流路に沿って堆積した微高地を氾濫原という。

②　遠浅の海底が隆起した後に陸化した地形が洪積台地である。

③　世界の平野の大部分は堆積平野である。

④　硬軟互層からなる地層が侵食された地形がケスタである。

⑤　扇状地において果樹園が広く分布するのは扇頂である。

No.10

（解答▶P.31）

次の地形に関する記述のうち正しいものはどれか。

① リアス式海岸はスペインの西岸などに見られ，川の侵食作用により河口部が削られてできたものである。

② 三角州は河口付近の土砂が隆起することによってでき，ナイル川の流域などに見られる。

③ カルデラ湖は，火山の噴火による土砂で川が堰き止められてできるものである。十和田湖が有名。

④ フィヨルドは氷河の侵食によりできたU字谷に海水が進入して形成された地形である。ノルウェーなどに見られる。

⑤ サンゴ礁はサンゴの周囲に土砂が堆積してできる。グレートバリアリーフが有名。

No.11

（解答▶P.31）

以下の地形を，一般的に「海で見られるもの」と「陸で見られるもの」に分けたとき，「海で見られるもの」の組合せとして最も妥当なものは，次のうちどれか。

A　砂嘴　　B　鍾乳洞　　C　カール　　D　ラグーン　　E　ドリーネ　　F　環礁

① A，B，F　　　② A，D，F　　　③ B，C，E
④ B，D，E　　　⑤ C，D，F

No.12

（解答▶P.31）

リアス式海岸とフィヨルドに関する記述として最も妥当なものは，次のうちどれか。

① リアス式海岸，フィヨルドともに世界各地に見られる。

② リアス式海岸は隆起海岸だが，フィヨルドは沈降海岸である。

③ リアス式海岸の海岸線は，直線で平坦であることが多い。

④ フィヨルドの海岸線は，湾の奥を除くと断崖絶壁であることが多い。

⑤ フィヨルドは湾の幅が大きく，最大で100kmほどの幅があるものもある。

第3章 世界の気候

　地球は太陽の周りを1年かけて公転し，かつ1日かけて自転する。その自転軸は傾いており，周りを大気で包まれ，表面の大半は海である。また陸地においても，山地のように高度が高いところもあれば，海抜高度0m以下の低い所もある。私たちが普段の生活において，このことを気にかけることはほとんどないが，地球環境には大きな影響を与えている。

　地球上のある場所や地域において，1年を周期として繰り返される大気の状態を気候という。これは，気温・降水量・風・日射量・湿度などの気候要素を組み合わせることで表現でき，緯度・海抜高度・水陸分布・地形・海流などの気候因子によって，分布の影響を受ける。例えば，大気の温度である気温の場合，一般的には低緯度地方（赤道に近い方）から高緯度地方（北極，南極に近い方）にいくにしたがって気温の低下が見られ，海抜高度が増すことでも100mにつき0.5〜0.6℃温度が低くなる（気温の逓減率）。陸地は，夏，熱しやすく冬，冷めやすいため，大陸内部は海岸部に比べて年較差（最暖月平均気温と最寒月平均気温の差）や日較差（1日の最高気温と最低気温の差）が大きく（＝大陸性気候），偏西風と暖流の影響を受ける中高緯度の大陸西岸部（＝西岸気候）は，季節風の影響を受けやすい同緯度の大陸東岸（東岸気候）に比べて年較差が小さい。また，降水量（雨・雪・あられ・ひょうなどをすべて水に換算した量）は大気の大循環と密接な関係にあり，赤道付近や緯度40〜50°の偏西風帯は量が多く，緯度20〜30°の中緯度帯では降水量が少ない（ただし，東アジアや東南アジアでは，季節風の影響で降水量が多くなる）。

　このように，地域によって差が大きい気候ではあるが，一定の基準を用いて，いくつかの気候区に区分することができる。気候区分の方法はいろいろあるが，現在最もよく使われているのが，ドイツの気候学者ケッペンによるものである。ケッペンは，世界の植生区分に着目して，まず植生のある地域とない地域に分け，ある地域を熱帯気候（A気候），温帯気候（C気候），冷帯（亜寒帯）気候（D気候）に，ない地域を乾燥気候（B気候）と寒帯気候（E気候）に設定した。これに気温や降水量の要素を加えて細分化し，気候区分を完成させた。

　ケッペンの気候区分は，気温と降水量の月別平均値によって区分されるため，気候を容易に区別でき，経験的に理解しやすい一方，同一気候区内における成因差が無視されるという欠点も指摘されている。

ポイント

1．ケッペンの気候区分

① 気候区分と用いる記号

○気温による区分

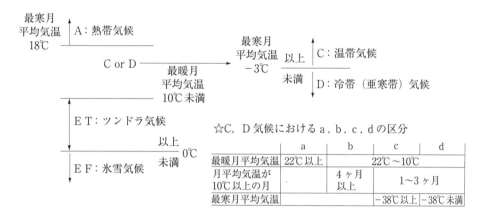

○降水量による区分

・A気候

　Af（熱帯雨林気候）：最少雨月降水量が60mm以上

　Am（熱帯モンスーン気候）：Af，Aw以外のA気候

　Aw（サバナ気候）：最少雨月降水量60mm未満，

　　　　　　　　　　　年降水量2,500mm以下

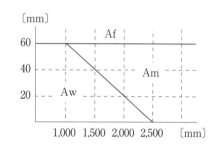

・C，D気候

　s：夏の最少雨月降水量×3＜冬の最多雨月降水量→夏乾燥型：Cs（地中海性気候）

　w：冬の最少雨月降水量×10＜夏の最多雨月降水量→冬乾燥型：Cw（温暖冬季少雨気候），Dw（冷帯冬季少雨気候）

　f：上記以外→年中乾期なし：Cfa（温暖湿潤気候），Cfb（西岸海洋性気候），Df（冷帯湿潤気候）

・B気候

　年降水量が，以下に求める乾燥限界 r mm以下の場合。（各式の t は年平均気温〔℃〕）

　f気候：$r = 20 (t + 7)$

　w気候：$r = 20 (t + 14)$

　s気候：$r = 20 t$

　　　　　年降水量が r mm未満で

　　　　　$\frac{1}{2}$ r 以上ならばBS（ステップ気候）

　　　　　$\frac{1}{2}$ r 未満ならばBW（砂漠気候）

2. 各気候区分の特徴

気候区		特　色	植　生	土　壌	農業など	分布地域
A（熱帯）気候	Af 熱帯雨林 気候	・年中高温多雨 ・毎日規則的にスコールが降る ・気温の年較差は小，日較差は大 ・赤道低圧帯にあるため，風は弱い	多種類の常緑広葉樹 →アマゾンではセルバ，アジアやアフリカではジャングル	ラトソル（やせた赤土）	・焼畑農業：タロイモなど ・プランテーション農業：カカオ，天然ゴムなど	・アマゾン流域 ・コンゴ盆地 ・インドネシア〜マレー半島 ・フィリピン南部など
	Am 熱帯 モンスーン 気候	・雨季（夏期）と弱い乾季（冬期）がある ・気温の年較差はAfよりやや大 ・モンスーン（季節風）が吹く	一般には密林，一部で雨緑林（乾季に落葉する広葉樹林）を形成	ラトソル（やせた赤土）	・アジア：稲作 ・プランテーション農業：バナナ，サトウキビ，茶など	・インド南西岸 ・リベリア付近 ・ブラジル北東部 ・ミャンマー南部など
	Aw サバナ 気候	・雨季（夏期）と乾季（冬期）の差が明瞭 ・気温の年較差はAfより大	丈の高い疎林（バオバブの樹など）と長草草原 →熱帯草原（サバナ）	・ラトソル（やせた赤土） ・レグール土（デカン高原） ・テラローシャ（ブラジル高原）	・プランテーション農業：綿花，サトウキビ，コーヒーなど ・狩猟，牛の放牧	Afの周辺 ・インドシナ半島 ・東，西アフリカ ・ブラジルのカンポ，オリノコ川流域のリャノ ・オーストラリア北部　など
B（乾燥）気候	BS ステップ 気候	・長い乾季と短い雨季（春先や夏） ・年降水量は250〜500mm程度 ・気温の日較差，年較差ともに大	雨季に短草や低木が見られる草原（ステップ）	・チェルノーゼム（黒色土） ・栗色土	・旧大陸：遊牧 ・新大陸や旧ソ連：乾燥農法，灌漑による小麦の大規模栽培，企業的牧畜	BWの周辺 ・アフガニスタン〜イラン〜北アフリカ ・モンゴル〜ウクライナ ・プレーリー〜グレートプレーンズなど
	BW 砂漠 気候	・年降水量250mm以下 ・気温の日較差，年較差ともに大 ・降雨時だけ水が流れるワジ（涸れ川）がある	乾燥に強いサボテン類や草類が見られるが，基本的には不毛地	砂漠土（強いアルカリ性）	・オアシスや外来河川で農耕 ・地下用水路の利用 →カナート：イランフォガラ：北アフリカ	回帰線付近や内陸部，サハラ砂漠，ゴビ砂漠，カラハリ砂漠，タクラマカン砂漠，オーストラリア内陸部など

気候区		特　色	植　生	土　壌	農業など	分布地域
C（温帯）気候	Cs 地中海性気候	・冬は偏西風や温帯低気圧の影響で温暖降雨，夏は亜熱帯高気圧に覆われ高温乾燥 ・年降水量は300〜600mm程度	夏の乾燥に耐える硬葉樹：オリーブ，コルクガシなど	・地中海沿岸にテラロッサ（赤黄色土） ・黄色土	・地中海式農業：オリーブ，ブドウ，オレンジ，レモンなど ・冬小麦 ・牧畜 ・地中海沿岸は観光保養地	中緯度の大陸西岸 ・地中海沿岸 ・カリフォルニア ・チリ中部 ・オーストラリア南部 ・南アフリカ南部など
	Cw 温暖冬季少雨気候	・モンスーンの影響で夏は高温多雨，冬は乾燥 ・年降水量は1000〜2000mm程度	照葉樹（常緑広葉樹）：シイ，カシ，クスなど	赤黄色土や黄色土	・アジアでは米の2期作，綿花，茶など ・アフリカ，南米では小麦やトウモロコシなど	サバナ気候の周辺 ・華南〜ガンジス川流域 ・ブラジル南部 ・アフリカ南部など
	Cfa 温暖湿潤気候	・夏は高温多雨 ・四季の変化が明瞭で，気温の年較差が大きい ・モンスーンの影響が大きい	・常緑広葉樹 ・落葉広葉樹と針葉樹の混合林	黄色土，赤黄色土，褐色森林土，黒色土，プレーリー土（北米）など	・アジア：稲作や茶の栽培 ・新大陸：トウモロコシ，小麦，混合農業 ・人口多→商工業，文化の発達	中緯度の大陸東岸 ・日本の大部分 ・華中，華南の一部 ・アメリカ東南部 ・南米東南部：湿潤パンパ ・オーストラリア東部　など
	Cfb 西岸海洋性気候	・夏は冷涼，冬は温暖→気温の年較差小 ・偏西風と暖流の影響大	・落葉広葉樹：ブナ，ナラなど ・針葉樹も見られる	褐色森林土	・酪農や混合農業 ・商工業の発達	中緯度の大陸西岸 ・北西ヨーロッパ，中央ヨーロッパ ・北アメリカ西岸 ・チリ南部 ・オーストラリア東岸 ・ニュージーランドなど
D（冷帯）気候	Df 冷帯湿潤気候	・夏は短いがやや高温，冬は寒冷 ・気温の年較差大 ・年を通して降水があり湿潤	・南部は落葉広葉樹と針葉樹の混合林 ・北部は針葉樹林帯（タイガ）：エゾマツ，トドマツなど	褐色森林土ポドゾル（灰白色の酸性土壌）	・夏の温暖を利用して春小麦，ライ麦，ジャガイモなど ・酪農 ・タイガ地帯では林業，パルプ業	・カナダ〜五大湖 ・シベリア中部〜ヨーロッパ東部 ・北海道など
	Dw 冷帯冬季少雨気候	・冬は長く極寒で，気温の年較差大 ・降水は夏に多く，冬は乾燥	針葉樹林（タイガ）	ポドゾル	・林業中心 ・南部で豆類や麦類	ユーラシア大陸北東部のみ →他大陸にはない

	気候区	特　色	植　生	土　壌	農業など	分布地域
E（寒帯）気候	ET ツンドラ気候	・最暖月平均気温が10℃以下 ・降水量は少ない	夏に凍土層の表面が溶け，地衣類や蘚苔類が生育（ツンドラ）	ツンドラ土	・イヌイットなどが遊牧，狩猟 ・航空基地	・ユーラシア大陸北部 ・北アメリカ北部 ・グリーンランド沿岸部
	EF 氷雪気候	・最暖月平均気温が0℃以下 ・年中氷雪→アネクメーネ（非居住地域）	なし		・学術，地下資源の研究，調査	・南極大陸 ・グリーンランド内陸部
その他の気候	H 高山気候	・ケッペンの気候区分にはない，高山に現れる特徴的な気候 ・熱帯にある3000m以上の山地は，気温の逓減率により常春になる ・6000mより上はE気候	低地から高地にかけて，熱帯～寒帯の植生へ，垂直的に変化する		・ヒマラヤ：遊牧 ・アンデス：農耕	・ヒマラヤ山中 ・アンデス山中

３．各気候区の雨温図とハイサーグラフ

Af気候（シンガポール）

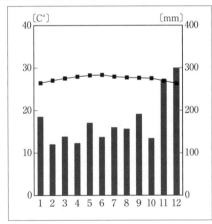

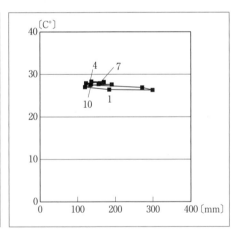

Am 気候（ジャカルタ）

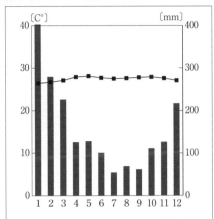
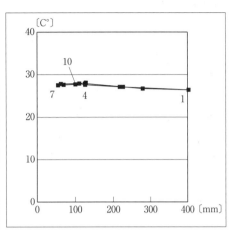

Aw 気候（バンコク）

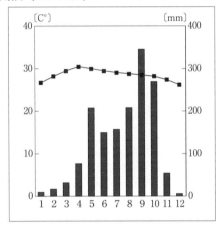
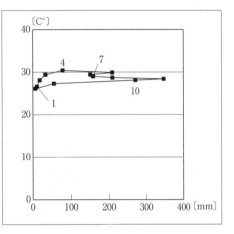

BS 気候（テヘラン）

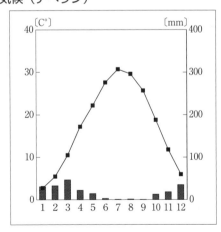
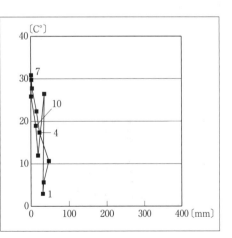

BW 気候（カイロ）

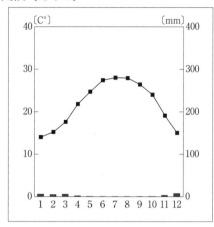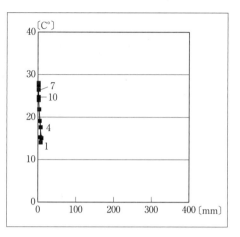

Cs 気候（ローマ）

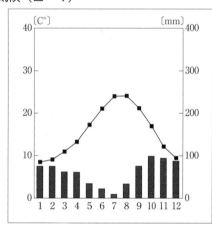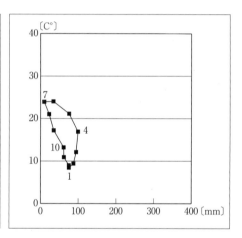

Cw 気候（クンミン）

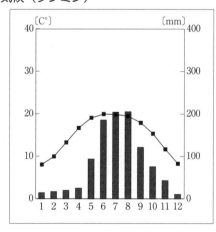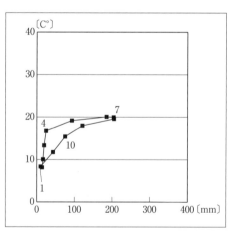

Cfa 気候（東京）

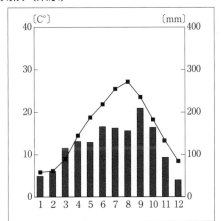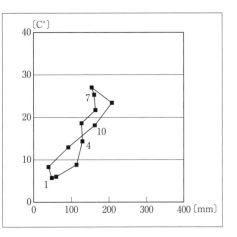

Cfb 気候（パリ）

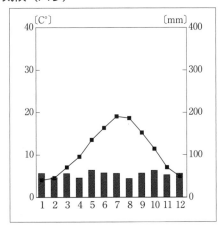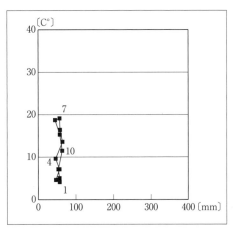

Df 気候（モスクワ）

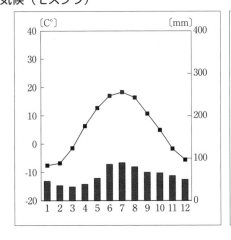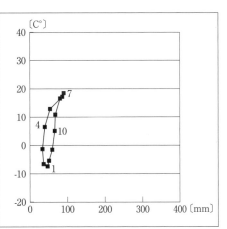

Dw 気候（イルクーツク）

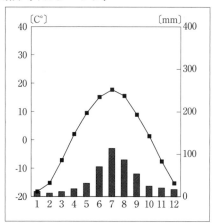
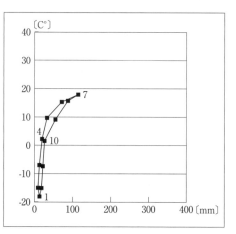

ET 気候（バロー）

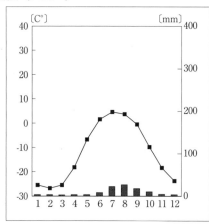
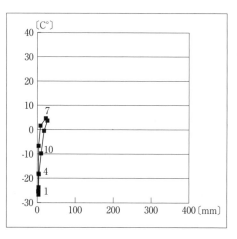

EF 気候（昭和基地）

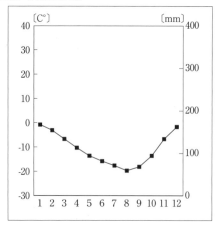

演習問題

No.1
（解答 ▶ P.31）

ケッペンの気候区分について，気候区・植生・都市の組合せとして，正しいのはどれか。

	気候区	植生	都市
①	熱帯雨林気候（Af）	セルバ	ダーウィン
②	ステップ気候（BS）	コルクガシ	ウランバートル
③	温暖冬季少雨気候（Cw）	常緑広葉樹	ホンコン
④	地中海性気候（Cs）	オリーブ	カイロ
⑤	冷帯湿潤気候（Df）	タイガ	オイミャコン

No.2
（解答 ▶ P.31）

下の雨温図に属する気候区として妥当なものは，次のうちどれか。

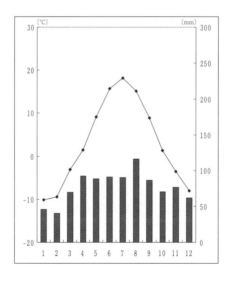

① ステップ気候

② 西岸海洋性気候

③ 温暖湿潤気候

④ 冷帯湿潤気候

⑤ ツンドラ気候

次のハイサーグラフA〜Cに該当する気候区の組合せとして，正しいのはどれか。

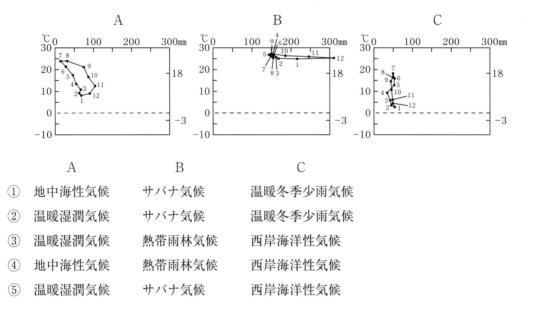

	A	B	C
①	地中海性気候	サバナ気候	温暖冬季少雨気候
②	温暖湿潤気候	サバナ気候	温暖冬季少雨気候
③	温暖湿潤気候	熱帯雨林気候	西岸海洋性気候
④	地中海性気候	熱帯雨林気候	西岸海洋性気候
⑤	温暖湿潤気候	サバナ気候	西岸海洋性気候

次のA〜Cの風の名称の組合せとして，正しいのはどれか。

A　中緯度高圧帯から赤道低圧帯に向かって吹く恒常風。

B　中緯度高圧帯から亜寒帯低圧帯に向かって吹く恒常風。

C　ベンガル湾・アラビア海沿岸に大きな被害をもたらす熱帯低気圧。

	A	B	C
①	偏西風	貿易風	サイクロン
②	偏西風	貿易風	ハリケーン
③	貿易風	極東風	サイクロン
④	貿易風	偏西風	サイクロン
⑤	極東風	偏西風	ハリケーン

No.5 （解答▶P.32）

ケッペンの気候区分による世界の気候区に関する記述として，正しいのはどれか。

① Af気候は，夏に降雨があり，冬は中緯度高圧帯の影響で乾燥する。雨季と乾季が明瞭である。

② BW気候は，一年を通じて平均気温が0℃以上にはならないため，アネクメーネとなっている。

③ Cfb気候は，偏西風の影響で年中平均した降雨があり，夏は冷涼，冬は温暖である。混合農業や酪農が行われる。

④ Cs気候は，夏は高温多雨，冬は低温少雨である。夏には綿花・茶・サトウキビなどが栽培される。

⑤ ET気候は，年中平均気温が0℃未満で，氷と雪に覆われているため，植物の生育は見られない。

No.6 （解答▶P.32）

地中海性気候とは，夏は高温乾燥，冬にやや降雨がある温暖な気候で，オリーブ・コルクガシなど乾燥に強い樹木が栽培されている。次のうち地中海性気候に属する地域として，正しいのはどれか。

① オーストラリア南東部　　② メキシコのカリフォルニア半島
③ オリノコ川流域のリャノ　　④ チリ中部
⑤ ウクライナ地方

No.7 （解答▶P.32）

ステップ気候の特色として最も妥当なものは，次のうちどれか。

① 気温の年較差，日較差ともに大きい。
② バオバブの樹などの丈の高い疎林が広がる。
③ 強いアルカリ性の砂漠土が広がる。
④ ブラジルのほぼ大半がこの気候区に属する。
⑤ バナナや茶などのプランテーション農業が行われている。

次に挙げるケッペンの気候区分による気候区と，その気候区でよく見られる植生，土壌の組合せとして，最も妥当なものはどれか。

	気候区	植 生	土 壌
①	Af	落葉広葉樹	テラロッサ
②	Cs	サバナ	褐色森林土
③	Cfb	常緑広葉樹	レグール
④	Df	針葉樹	ポドソル
⑤	ET	不毛地	プレーリー土

世界の土壌に関する記述として，正しいのはどれか。

① シラス ―――― ブラジル高原に分布する玄武岩の風化土。赤色でコーヒー栽培に適している。

② ラトソル ――― デカン高原に分布する玄武岩の風化土。黒色で肥沃なため綿花栽培に適している。

③ テラローシャ ―― 地中海沿岸に分布する石灰岩の風化土。ブドウ・オリーブなどの栽培に適している。

④ ポドソル ――― 熱帯地域に分布する赤色土。鉄分やアルミ分のため赤色となり肥沃ではない。

⑤ チェルノーゼム ― ウクライナ付近からシベリア南部に分布する黒色土。小麦栽培に適している。

No.10　　　　　　　　　　　　　　　　　　　　　　　　　　（解答▶P.32）

図A，B，Cは，それぞれ緯度に沿って，西経20°から東経140°までの地域の気候区を示したものである。これらに関する記述として妥当なのはどれか。

なお，気候区の略号は次のとおりである。

Am：熱帯モンスーン　　Aw：サバナ　　　　BS：ステップ　　BW：砂漠
Cw：温暖冬季少雨　　　Cfa：温暖湿潤　　　Cs：地中海性
Df ：冷帯湿潤　　　　　Dw：冷帯冬季少雨　 H ：高山

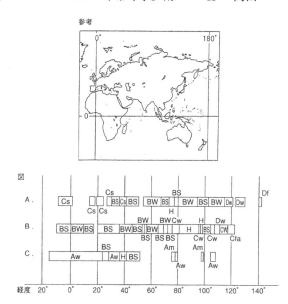

① 　Aは北緯50°の気候区を示し，この緯線は，フランスの中央部，イタリア半島の付け根，黒海，カスピ海，ウラル山脈の中央部，ピョンヤンなどを通る。

② 　Aは北緯40°の気候区を示し，この緯線は，イベリア半島，イタリア半島，エーゲ海，トルコ，パミール高原，タクラマカン砂漠，北京などを通る。

③ 　Bは北緯30°の気候区を示し，この緯線は，アルジェリア，エジプト，紅海，スリランカ，バンコク，香港などを通る。

④ 　Cは北緯20°の気候区を示し，この緯線は，サハラ砂漠の北部，アラビア海，パキスタンのイスラマバード，マレー半島の最南端シンガポールなどを通る。

⑤ 　Cは北緯10°の気候区を示し，この緯線は，サハラ砂漠の南部，コンゴ，タンザニア，アラビア半島の南端，スマトラ島，ニューギニア島などを通る。

第4章 世界の産業

　人間が生活を営んでいくときに必要なものとして，よく「衣・食・住」という言葉が使われる。近代以前の世界ではこれらを自給自足することが主であったが，産業革命を経て大量生産・大量消費時代が訪れると，これらを生産する者と消費する者に分かれるようになっていった。

　しかしながら，前々章（世界の地形）や前章（世界の気候）で学んだように，地形も気候も違う地球上において，農作物が大量に生産される場所には偏りが生じる。例えば主食である米と小麦の場合，その生育に 1,000mm 以上の降水と 2,400℃ 以上の積算温度（成育中の気温を足したもの）が必要な米と，積算温度は 1,900℃ 以上でよいが，降水量は 500 〜 750mm 程度で成熟期には乾燥が望ましい小麦とでは，栽培に適している気象条件がまるで違う。鉱産資源の場合はもっと顕著で，資源が大量に存在している場所と存在しない場所がある。例えば石油は，褶曲構造を持った地層の背斜部に多く存在し，確認埋蔵量の約 7 割が中東地域に集中しているのに対し，そのような地層構造を持たない日本では，ほとんど産出されることはない。

　このようなことから，必要な農作物や鉱産資源を持たない国は，それが生産・産出される国から輸入するようになり，農作物が生産される国に関しては，商業用の農作物に特化して生産が行われるようになっていった。また，人口が多い大都市の近くで，その都市向けの農業生産なども行われるようになった。

　一方で，様々な問題点も指摘されている。農業生産品は大量生産を追求するあまり，土壌汚染の進行や，乱獲や乱伐による生態系の破壊などが発生している。また鉱産物は，地球が長い間かけて生成した貴重な資源であり，大量に採取されるといずれ無くなってしまう。人間は，必要なものを自然から受け取り，その恩恵を受けて生活している。そのことを常に意識し，自然と共生関係を保つことが今後ますます重要となってくるだろう。

ポイント

1. 農林水産業

A 主な農産物，木材の生産上位5カ国と漁獲量上位5カ国

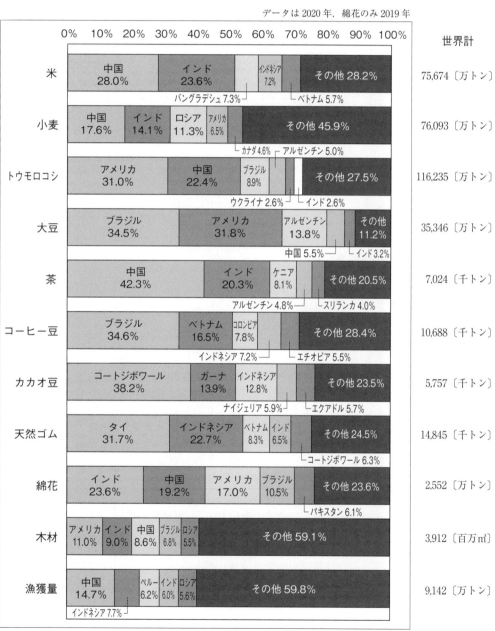

データは 2020 年，綿花のみ 2019 年

品目	生産上位国	世界計
米	中国 28.0%／インド 23.6%／インドネシア 7.2%／バングラデシュ 7.3%／ベトナム 5.7%／その他 28.2%	75,674〔万トン〕
小麦	中国 17.6%／インド 14.1%／ロシア 11.3%／アメリカ 6.5%／その他 45.9%	76,093〔万トン〕
トウモロコシ	アメリカ 31.0%／中国 22.4%／ブラジル 8.9%／ウクライナ 2.6%／インド 2.6%／その他 27.5%（カナダ 4.6%／アルゼンチン 5.0%）	116,235〔万トン〕
大豆	ブラジル 34.5%／アメリカ 31.8%／アルゼンチン 13.8%／中国 5.5%／インド 3.2%／その他 11.2%	35,346〔万トン〕
茶	中国 42.3%／インド 20.3%／ケニア 8.1%／アルゼンチン 4.8%／スリランカ 4.0%／その他 20.5%	7,024〔千トン〕
コーヒー豆	ブラジル 34.6%／ベトナム 16.5%／コロンビア 7.8%／インドネシア 7.2%／エチオピア 5.5%／その他 28.4%	10,688〔千トン〕
カカオ豆	コートジボワール 38.2%／ガーナ 13.9%／インドネシア 12.8%／ナイジェリア 5.9%／エクアドル 5.7%／その他 23.5%	5,757〔千トン〕
天然ゴム	タイ 31.7%／インドネシア 22.7%／ベトナム 8.3%／インド 6.5%／コートジボワール 6.3%／その他 24.5%	14,845〔千トン〕
綿花	インド 23.6%／中国 19.2%／アメリカ 17.0%／ブラジル 10.5%／パキスタン 6.1%／その他 23.6%	2,552〔万トン〕
木材	アメリカ 11.0%／インド 9.0%／中国 8.6%／ブラジル 6.8%／ロシア 5.5%／その他 59.1%	3,912〔百万㎥〕
漁獲量	中国 14.7%／インドネシア 7.7%／ペルー 6.2%／インド 6.0%／ロシア 5.6%／その他 59.8%	9,142〔万トン〕

出典 二宮書店「データブック オブ・ザ・ワールド 2023 年度版」

B　農業形態

形　態		特　色	分布地域
自給的農業	移動式焼畑農業	・林野を焼き，草木灰のみを肥料として，ハック（掘棒）を使って耕作する。 ・2～3年で地力が衰え，他地域へ移動する。 ・作物：キャッサバ（マニオク），タロイモ，ヤムイモ，トウモロコシ，アワ，ヒエ，陸稲　など	熱帯雨林やサバナ： 東南アジアの山地 アフリカ中南部 アマゾン川流域 など
	原始的定着農業	・山麓や河岸 ・海岸などの肥沃な土地や交通に利便な所で定着して農業耕作を行う。移動式農業の発展パターン。 ・粗放的だが，家畜を飼って犂（すき）（牛馬に引かせて土を掘り起こす農具）を使用。商品作物もつくる。 ・作物：水稲，芋類，トウモロコシ，カカオ，油ヤシ，ココヤシ，バナナ，天然ゴム，落花生　など	・インドシナ半島 ・西，東アフリカ ・アンデス山脈 ・ブラジル高原 など
	遊牧	・乾燥地域や寒冷地域，高山地域などで，水と草を求めて家畜と共に移動する牧畜。 ・乾燥地域では組み立て式のテントに居住。 　→モンゴル：ゲル（中国語でパオ），中央アジア：ユルト ・寒冷地域の遊牧民は，ラップ人（サーミ），ネネツ人（サモエード），イヌイットなどが有名。 ・家畜：乾燥地帯－羊，ヤギ，ラクダ，馬，牛など 　　　　寒冷地域－トナカイ 　　　　高山地域－ヤク（チベット） 　　　　　　　　リャマ，アルパカ（アンデス）	・乾燥地域： 中央アジア～モンゴル 西アジア～北アフリカ ・寒冷地域： シベリア，アラスカ，カナダのツンドラ地帯 ・高山地域： チベット高原，アンデス山脈
	オアシス農業	・乾燥地域において，湧水，地下水，外来河川を利用して灌漑，作物を集約的に栽培する農業。 ・灌漑にはオアシスや外来河川をそのまま利用するものの他，地下水路を利用するものもある。 　→カナート（イラン），カレーズ（アフガニスタン），フォガラ（北アフリカ一帯）　など ・作物：ナツメヤシ，小麦，綿花，トウモロコシ，米，果樹　など	・四大文明発祥地 ・西アジア，北アフリカの乾燥地帯 ・中央アジアの乾燥地帯 など
	アジアの伝統的農業	・伝統的な家族経営中心の自給的農業。手労働で，狭い土地に多くの労働力を投入する（労働集約的）が，労働生産性は低い。 ・稲作農業（モンスーン地帯の沖積平野）と畑作農業（稲作地域周辺や低温地域）がある。 ・作物：米，小麦，トウモロコシ，サトウキビ，綿花，大豆　など	・稲作農業： 東アジア 東南アジア 南アジア ・畑作農業： 中国東北地方 デカン高原 など

形　態	特　色	分布地域
商業的農業　混合農業	・穀物や飼料作物の栽培と肉牛・豚などの家畜飼育を組み合わせた農業。三圃式農業から発達した，ヨーロッパ式農業の基本。 ・食用作物と飼料作物を輪作し，地力を保持する。 ・一般的には，穀物は自給程度で家畜飼育が中心。 ・機械化，多肥料，多角化によって生産性が高い。 ・肉類を大量に供給する商業的混合農業と，自給的性格が強い自給的混合農業がある。 ・作物：〔食用〕小麦，ライ麦，大麦 　　　　〔飼料〕エン麦，ジャガイモ，テンサイ，トウモロコシ，クローバー，アルファルファ	・商業的 　西ヨーロッパ 　コーンベルト（アメリカ） 　湿潤パンパ（アルゼンチン） ・自給的 　東ヨーロッパ，旧ソ連
酪農	・乳牛を飼育して，生乳やチーズ・バターなどの乳製品を生産し販売する農業。混合農業から牧畜の乳牛飼育が分化，発達したもの。 ・耕地は飼料作物を栽培→牧草栽培に適した夏冷涼・年中湿潤地域に発達。 ・生乳やクリームを扱う酪農は大都市近郊に発達。チーズなど保存のきく乳製品は山地や遠隔地でも発達。 ・作物：〔食用〕乳製品全般 　　　　〔飼料〕ライ麦，エン麦，ジャガイモなど	・デンマークやオランダを中心とする北西ヨーロッパ ・スイスの山岳地帯 ・五大湖周辺〜セントローレンス川流域 ・オーストラリア南東岸 ・ニュージーランドなど
園芸農業	・大都市市場へ出荷する野菜，果物，草花を栽培。 ・高い技術，資本，労働力を必要とする近代的集約農業。 　→生産性は高い。 ・近郊農業と遠郊農業に分けられる。 　近郊農業：多毛作（数種の作物を栽培），施設型園芸農業の発達（温室やビニールハウスなど） 　遠郊農業：（輸送園芸）：促成栽培（出荷時期を早める）や抑制栽培（出荷時期を遅らせる） ・作物：（都市で消費される）野菜，果物，草花	・近郊農業 　大都市近郊，アメリカ東部，西ヨーロッパ　など ・遠郊農業 　ヨーロッパ地中海岸，アメリカのフロリダ半島やカリフォルニア　など
地中海式農業	・地中海性気候（夏高温乾燥，冬温暖湿潤）に適した農業 　→耐乾性の強い樹木作物，冬の降雨を利用した小麦などを栽培，家畜は，牧草が枯れて少ないため，羊やヤギなどの小家畜で，移牧が行われる。 ・灌漑設備が発達している。 ・作物：ブドウ，オリーブ，コルクガシ，柑橘類など	・地中海沿岸 ・カリフォルニア州（アメリカ） ・チリ中部 ・オーストラリア南西部 ・南アフリカ南部など

形　態		特　色	分布地域
企業的農業	企業的穀物農業	・産業革命の進行による食糧需要の増大に対して，新大陸において輸出を目的に発展。 ・広大な耕地，大型機械を使って，小麦を単一栽培（モノカルチャー），大量生産する。 ・粗放的（少ない労働力）なので土地生産性は低いが，労働生産性は高い。 ・穀物価格の変動による影響大→近年は多角経営化が進行。 ・湿潤〜乾燥の漸移帯（年降水量 500 〜 750mm）に発達。近年はセンターピボット（地下水をくみ上げる円形農園）により乾燥地帯にも拡大。 ・作物：小麦	・冬小麦 北米北緯 40°以南のプレーリー〜グレートプレーンズ パンパ（アルゼンチン） オーストリア北東部など ・春小麦 ウクライナ〜西シベリア 北米北緯 40°以北 カナダ 中国東北地方　など
	企業的牧畜	・畜産物の販売を目的として，人口密度の低い半乾燥地域の大牧場で行われる，大規模な放牧。 ・牧草や家畜の品種改良，飼育方法など科学的な経営。 ・冷凍船の発明（1873 年）によって，飛躍的に発展した。 ・作物：肉牛，羊	・アメリカ西部のグレートプレーンズ ・パンパ（アルゼンチン） ・オーストラリア内陸部（大鑽井盆地など） ・ニュージーランド
	プランテーション農業	・熱帯や亜熱帯地域の農園で，地域特有の商品作物を大規模生産する商業的農業。 ・欧米の資本，技術と現地の安価な労働力が結びつき，工業原料や嗜好品を単一栽培する。 ・旧植民地で成立→第二次世界大戦後は国有化や現地資本による経営や農民に分割 ・作物：コーヒー，カカオ，サトウキビ，茶，天然ゴム，バナナ　など	輸出用のため海岸部で発達 ・東南アジア 東アジア 南アジア ・中南米の熱帯，亜熱帯地域 ・西アフリカ など
集団的農業	集団制農業	・社会主義体制の下で行われていた，土地や農具などを国有もしくは共有化した大規模農業。 ・旧ソ連のコルホーズ（集団農場）やソフホーズ（国有農場），中国の人民公社などがこれに当たる。 ・旧ソ連では，解体によって賃貸請負制（個人経営）に，中国では 1985 年に人民公社が解体し，生産責任制（個人農）になっている。	

■254

2．鉱産資源

A　主な鉱産資源の産出上位5カ国

データの使用年度は鉱産資源名下に記載。

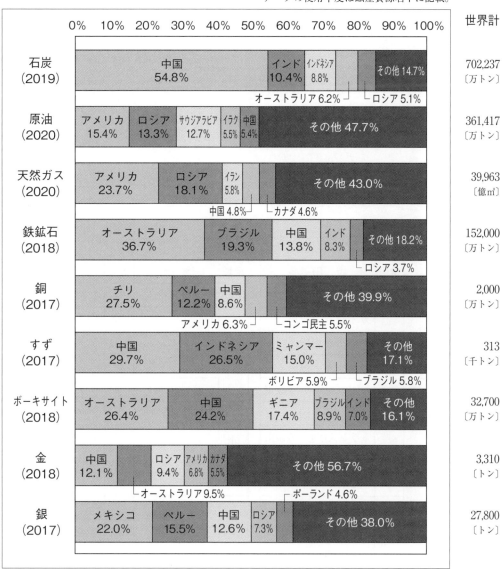

	世界計
石炭 (2019)	702,237 〔万トン〕
原油 (2020)	361,417 〔万トン〕
天然ガス (2020)	39,963 〔億㎥〕
鉄鉱石 (2018)	152,000 〔万トン〕
銅 (2017)	2,000 〔万トン〕
すず (2017)	313 〔千トン〕
ボーキサイト (2018)	32,700 〔万トン〕
金 (2018)	3,310 〔トン〕
銀 (2017)	27,800 〔トン〕

出典 二宮書店「データブック オブ・ザ・ワールド 2023 年度版」

B　世界の主な炭田

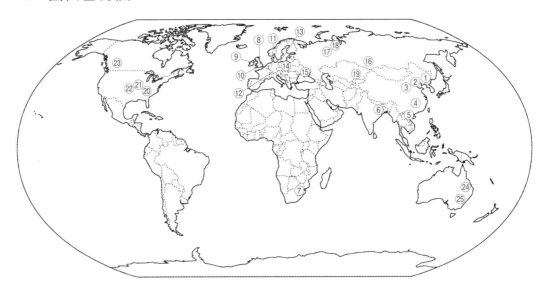

地域	国　名	番号	炭　田　名
ア ジ ア	中国	①	フーシュン炭田
		②	カイロワン炭田
		③	タートン炭田
		④	ピンシャン炭田
	ベトナム	⑤	ハロン（ホンガイ）炭田
	インド	⑥	ダモダル炭田
アフリカ	南アフリカ	⑦	トランスヴァール炭田
ヨーロッパ	イギリス	⑧	ヨークシャー炭田
		⑨	ランカシャー炭田
		⑩	サウスウェールズ炭田
	ドイツ	⑪	ルール炭田
		⑫	ザール炭田
		⑬	ザクセン炭田
	ポーランド	⑭	シロンスク炭田

地域	国　名	番号	炭　田　名
C I S	ウクライナ	⑮	ドネツ炭田
	ロシア	⑯	クズネック炭田
		⑰	ウラル炭田
		⑱	ペチョラ炭田
	カザフスタン	⑲	カラガンダ炭田
北 米	アメリカ合衆国	⑳	アパラチア炭田
		㉑	東部中央（イリノイ）炭田
		㉒	西部中央（ミズーリ）炭田
	カナダ	㉓	ロッキー炭田
オセアニア	オーストラリア	㉔	モウラ炭田
		㉕	ニューカッスル炭田

C　世界の主な油田

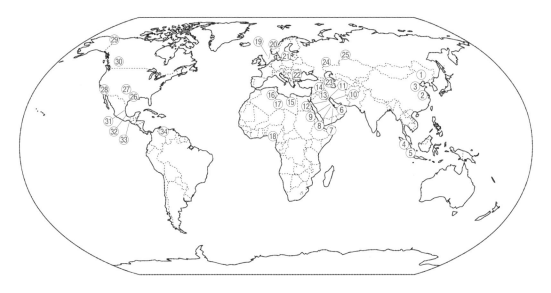

地域	国　名	番号	油　田　名
アジア	中国	①	ターチン油田
		②	ションリー油田
		③	ターカン油田
	インドネシア	④	ミナス油田
		⑤	パレンバン油田
西アジア	UAE	⑥	アブダビ油田
	サウジアラビア	⑦	ガワール油田
		⑧	アブカイク油田
		⑨	カフジ油田
	イラン	⑩	ガチサラーン油田
		⑪	アガジャリー油田
	クウェート	⑫	ブルガン油田
	イラク	⑬	キルクーク油田
		⑭	モスル油田
アフリカ	リビア	⑮	ゼルテン油田
	アルジェリア	⑯	ハシメサウド油田
		⑰	エジェレ油田
	ナイジェリア	⑱	ポートハーコート油田

地域	国　名	番号	油　田　名
ヨーロッパ	イギリス	⑲	パイパー油田
		⑳	フォーティーズ油田
	ノルウェー	㉑	エコフィクス油田
	ルーマニア	㉒	プロエシュティ油田
CIS	アゼルバイジャン	㉓	バクー油田
	ロシア	㉔	ヴォルガ＝ウラル油田
		㉕	チュメニ油田
北米	アメリカ合衆国	㉖	メキシコ湾岸油田
		㉗	中部内陸油田
		㉘	カリフォルニア油田
		㉙	ブルドーベイ油田
	カナダ	㉚	アルバータ油田
中南米	メキシコ	㉛	タンピコ油田
		㉜	ポサリカ油田
		㉝	レフォルマ油田
	ベネズエラ	㉞	マラカイボ湖油田

D　世界の主な鉄鉱石の鉱山

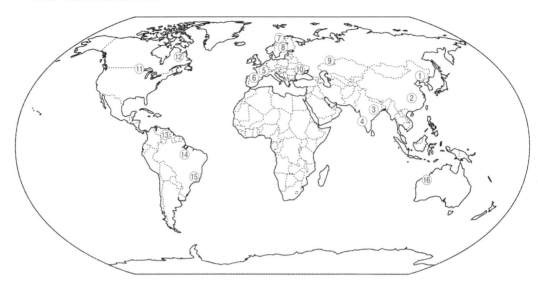

地域	国　名	番号	鉄鉱石の鉱山名
ア ジ ア	中国	①	アンシャン
		②	ターイエ
	インド	③	シングブーム
		④	パナジ（ゴア）
ヨ ー ロ ッ パ	フランス	⑤	ロレーヌ（閉山）
	スペイン	⑥	ビルバオ（閉山）
	スウェーデン	⑦	キルナ
		⑧	マルムベリェット
C I S	ロシア	⑨	マグニトゴルスク
	ウクライナ	⑩	クリヴォイログ

地域	国　名	番号	鉄鉱石の鉱山名
北 米	アメリカ合衆国	⑪	メサビ
	カナダ	⑫	ラブラドル
中 南 米	ベネズエラ	⑬	セロボリバル
	ブラジル	⑭	カラジャス
		⑮	イタビラ
オ セ ア ニ ア	オーストラリア	⑯	ピルバラ地区
			：マウントホエールバック
			マウントトムプライス
			ハマズリーなど

E　その他の主な鉱山（非鉄金属，ダイヤモンド）

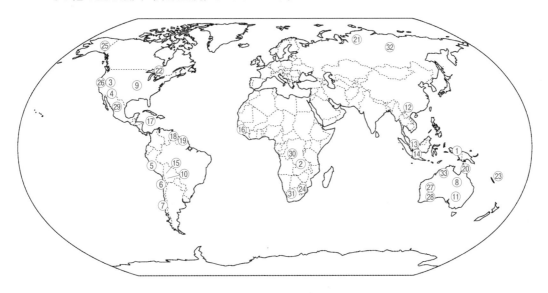

資源	国　　名	番号	地名など
銅	インドネシア	①	グラスベルグ
	コンゴ民主～ザンビア	②	カッパーベルト
	アメリカ合衆国	③	ビンガム
		④	モレンシー
	ペルー	⑤	セロデパスコ
	チリ	⑥	チュキカマタ
		⑦	エルテニエンテ
	オーストラリア	⑧	マウントアイザ
鉛・亜鉛	アメリカ合衆国	⑨	ヴィバーナム
	ペルー	⑤	セロデパスコ
	ボリビア	⑩	ポトシ
	オーストラリア	⑪	ブロークンヒル
すず	中国	⑫	コーチウ
	インドネシア	⑬	バンカ島
		⑭	ブリトン島
	ボリビア	⑩	ポトシ
		⑮	オルロ

資源	国　　名	番号	地名など
ボーキサイト	ギニア	⑯	フリア
	ジャマイカ	⑰	ウォーターバレー
	ガイアナ	⑱	リンデン
	スリナム	⑲	パラナム
	オーストラリア	⑳	ウェイパ
ニッケル	ロシア	㉑	ノリリスク
	カナダ	㉒	サドバリー
	（フランス領）	㉓	ニューカレドニア
金	南アフリカ	㉔	ヨハネスバーグ
	アメリカ合衆国	㉕	フェアバンクス
		㉖	ネヴァダ州
	オーストラリア	㉗	カルグーリー
		㉘	クールガーディ
銀	メキシコ	㉙	チワワ
	ペルー	⑤	セロデパスコ
	ボリビア	⑩	ポトシ
ダイヤモンド	コンゴ民主	㉚	チカパ
	南アフリカ	㉛	キンバリー
	ロシア	㉜	ミールヌイ
	オーストラリア	㉝	アーガイル

No.1　　　　　　　　　　　　　　　　　　　　　　　　　　　　　　　（解答 ▶ P.33）

下の表は，2020年における米・小麦・トウモロコシの地域別生産割合上位3地域を示したものである。A～Cに該当する作物の組合せとして適当なものは，次のうちどれか。

	第1位	割合	第2位	割合	第3位	割合
A	アジア	45.7%	ヨーロッパ	33.5%	北アメリカ	11.6%
B	アジア	89.4%	アフリカ	5.0%	南アメリカ	3.3%
C	北アメリカ	34.9%	アジア	31.4%	南アメリカ	15.2%

	A	B	C
①	米	トウモロコシ	小麦
②	小麦	米	トウモロコシ
③	小麦	トウモロコシ	米
④	トウモロコシ	小麦	米
⑤	トウモロコシ	米	小麦

下のグラフは，2020年における嗜好作物（コーヒー豆・カカオ豆・茶）の地域別生産割合を示したものである。グラフのA〜Cと，その作物の説明文の組合せとして最も妥当なものは，次のうちどれか。

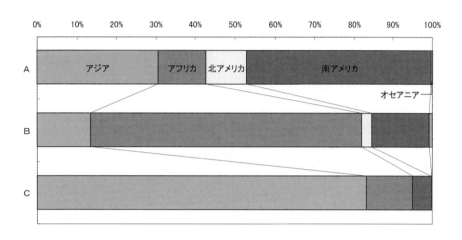

ア 中央アメリカ〜南アメリカが原産地。排水のよい土壌と，湿潤な気候が必要。

イ 東アフリカ原産の種が多い。雨季と乾季があるところが栽培の理想地。

ウ 東アジアが原産地。排水がよい酸性土壌が栽培に適している。

	A	B	C
①	ア	イ	ウ
②	ア	ウ	イ
③	イ	ア	ウ
④	イ	ウ	ア
⑤	ウ	イ	ア

〔地理〕

第4章　世界の産業

次の地図はアメリカ合衆国の農業地域区分を示したものである。地図中A〜Cに該当する農業地域の組合せとして，正しいのはどれか。

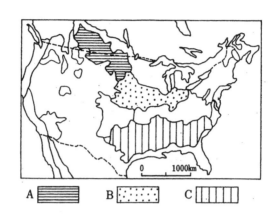

A □□□□ B ⋯⋯⋯ C ▯▯▯▯

	A	B	C
①	春小麦地帯	トウモロコシ地帯	綿花地帯
②	冬小麦地帯	トウモロコシ地帯	地中海式農業地帯
③	冬小麦地帯	酪農地帯	地中海式農業地帯
④	冬小麦地帯	酪農地帯	綿花地帯
⑤	春小麦地帯	酪農地帯	綿花地帯

農業形態とその特色に関する記述の組合せとして最も妥当なものは，次のうちどれか。

① 原始的定着農業は，林野を焼いて，その灰を使って耕作する農業で，熱帯雨林やサバナ気候の地域で見られる。

② 酪農は，水や草を求めて家畜と共に移動する牧畜のことで，乾燥地域・寒冷地域・高山地域で行われている。

③ 混合農業は，穀物や飼料作物の栽培と家畜飼育を組み合わせた農業で，ヨーロッパやアメリカ大陸で見られる。

④ 園芸農業は，広大な耕地に大型機械を使うことで小麦を単一栽培する農業で，代表的な地域としてアメリカのグレートプレーンズが挙げられる。

⑤ プランテーション農業は，冬は温暖湿潤，夏に高温乾燥する気候に適した農業で，地中海やカリフォルニア，チリ中部で行われている。

No.5

（解答▶P.33）

ヨーロッパ各国の農業に関する記述として最も妥当なものは，次のうちどれか。

① イギリスは世界有数の羊毛生産国であるが，国土が狭く農業生産性が低いため，穀物自給率は30％を下回っている。

② フランスは西ヨーロッパ最大の農業国であるが，土壌の関係で小麦の生産はほとんど行われていない。

③ スイスは移牧と呼ばれる牧畜業が行われているが，国土に山岳地帯が多いため，耕地や樹園地の面積は小さい。

④ ドイツはヨーロッパ有数の工業国であり，すべての農作物における農業生産量は，他のヨーロッパ諸国に比べてかなり少ない。

⑤ イタリア南部は三圃式農業を中心とした農業が盛んであるが，イタリア北部は農業生産性が低く，海外へ出稼ぎに行く農民が多い。

No.6

（解答▶P.33）

世界の主要漁場に関する記述として，正しいのはどれか。

① 大西洋北東部漁場は，北海を中心に，ノルウェーからビスケー湾にかけての漁場である。

② 大西洋北西部漁場は，北大西洋海流と東グリーンランド海流の潮目を中心とした漁場である。

③ 太平洋北西部漁場は，バンクーバー，シアトルなどの漁港を基地として発展した漁場である。

④ 太平洋北東部漁場は，ジョージバンク，グランドバンクを中心に発達している漁場である。

⑤ 太平洋南東部漁場は，サケ，マスを中心とした漁獲が盛んに行われている漁場である。

以下の表は，鉱産資源の総産出量に対する世界上位6カ国の割合について書かれたものである。A～Cの鉱産資源の組合せとして妥当なのはどれか。

（2017年）

A		B		C	
オーストラリア	28.5%	オーストラリア	36.5%	フィリピン	16.9%
中　　　　国	22.7%	ブ ラ ジ ル	17.9%	インドネシア	16.0%
ギ ニ ア	15.0%	中　　　　国	14.9%	ニューカレドニア	10.0%
ブ ラ ジ ル	12.5%	イ ン ド	8.3%	カ ナ ダ	9.9%
イ ン ド	7.4%	ロ シ ア	4.1%	ロ シ ア	9.9%
ジ ャ マ イ カ	2.7%	南 ア フ リ カ	3.4%	オーストラリア	8.3%

	A	B	C
①	鉄鉱石	ボーキサイト	ニッケル
②	ボーキサイト	鉄鉱石	ニッケル
③	ボーキサイト	ニッケル	鉄鉱石
④	ニッケル	ボーキサイト	鉄鉱石
⑤	ニッケル	鉄鉱石	ボーキサイト

工業の種類とその代表的都市の組合せとして，正しいのはどれか。

① 造 船 業 ── ダンケルク，アンシャン，サンクトペテルブルク

② 繊 維 工 業 ── ゾーリンゲン，シェフィールド，関

③ 食 品 工 業 ── シカゴ，ロッテルダム，フーシュン

④ 自動車工業 ── 豊田，トリノ，コベントリー

⑤ 製 鉄 業 ── デトロイト，トリノ，ダラス

No.9

（解答▶P.34）

下の地図●，▲，■は，鉱産資源の主な産出地を表している。それぞれに該当する鉱産資源名の組合せとして最も適当なものは，次のうちどれか。

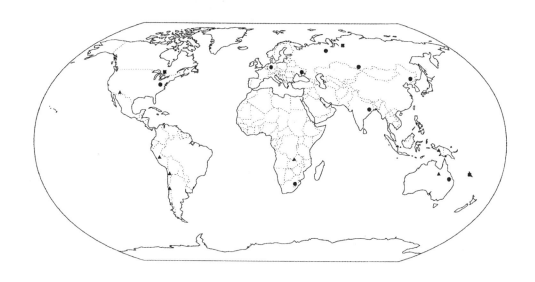

	●	▲	■
①	石炭	銅	ニッケル
②	石炭	銅	金
③	鉄鉱石	すず	ニッケル
④	鉄鉱石	銅	ニッケル
⑤	鉄鉱石	すず	金

第5章 各国地誌，人種，言語など

　地球にはユーラシア（アジア，ヨーロッパなど），アフリカ，北アメリカ，南アメリカ，オーストラリア，南極の六大陸があり，2023年現在，そこに約80億4,500万人の人々が生活している。これらの人々を区分する際，用いられる概念に，人種，民族，国家がある。

　人種は，身体的な特徴によって区分されたもので，コーカソイド（白人），モンゴロイド（黄色人種），ネグロイド（黒人）などがあるが，人類は混血を繰り返しているので，これによって厳密に分類することはできない。

　民族は，文化的要素を共有している集団によって人類を区分したもので，具体的には，言語，宗教，生活様式，社会制度などを用いて分類する。その中でも，民族の形成に特に重要な役割を果たしてきたのが，言語と宗教である。自らの意志を相手に伝達することができる言語は，人間のコミュニケーションには欠かせないものである。世界中に数千あるともいわれているが，特によく使われるのが英語，中国語，スペイン語などで，公用語として使用している国も多い。また宗教は，神や絶対者を信仰し，それに伴う儀式や行事を行うものであり，人々の生活習慣にも密接に関わっていることから，連帯意識が生まれやすい。数ある宗教の中でも，三大宗教として世界各地に多数の信者を持つのが，キリスト教，仏教，イスラム教である。

　国家は，領土・領海・領空からなる一定の領域と排他的統治権を持ち，領内にいるすべての個人や集団に対して，権力を基礎に一定の秩序の元に統合する機構のことで，その国の国籍を持ち，国家を成立させている人間集団を国民という。現在，世界には主権を持つ独立国が197あり，民族などよりも明確な区別ができるため，世界的な統計データなどは，国家別に出されることが多い。

　民族と国家の関係を考えると，国家の領域と民族の分布が一致することは少なく，国家の大部分は少数民族や過半数を占める民族が存在しない多民族国家である。こうした国家ではそれぞれの民族や文化を尊重する政策を採っていることが多いものの，現実問題として，政治的経済的な対立が深刻化し，武力紛争にまで発展するケースが後を絶たない。

ポイント

1. 東アジア，東南アジア（北部），南アジア諸国

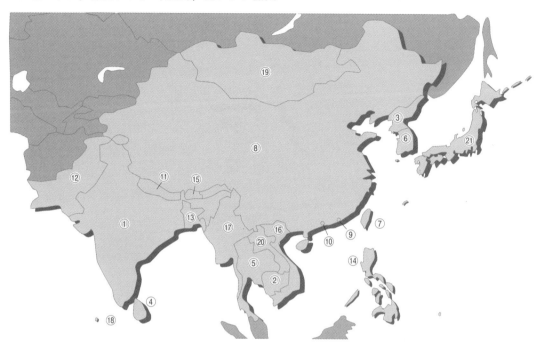

番号	正式国名（地域名）	首　都	番号	正式国名（地域名）	首　都
①	インド	ニューデリー	⑫	パキスタン・イスラム共和国	イスラマバード
②	カンボジア王国	プノンペン	⑬	バングラデシュ人民共和国	ダッカ
③	朝鮮民主主義人民共和国	ピョンヤン	⑭	フィリピン共和国	マニラ
④	スリランカ民主社会主義共和国	スリ・ジャヤワルダナプラ・コッテ	⑮	ブータン王国	ティンプー
⑤	タイ王国	バンコク	⑯	ベトナム社会主義共和国	ハノイ
⑥	大韓民国	ソウル	⑰	ミャンマー連邦共和国	ネーピードー
⑦	（台湾）		⑱	モルディブ共和国	マレ
⑧	中華人民共和国	北京（ペキン）	⑲	モンゴル国	ウランバートル
⑨	（香港）		⑳	ラオス人民民主共和国	ビエンチャン
⑩	（マカオ）		㉑	日本国	東京
⑪	ネパール	カトマンズ			

２．東南アジア（南部）諸国

番号	正式国名（地域名）	首　都	番号	正式国名（地域名）	首　都
①	インドネシア共和国	ジャカルタ	④	ブルネイ・ダルサラーム国	バンダルスリブガワン
②	シンガポール共和国	シンガポール	⑤	マレーシア	クアラルンプール
③	東ティモール民主共和国	ディリ			

3．中東諸国

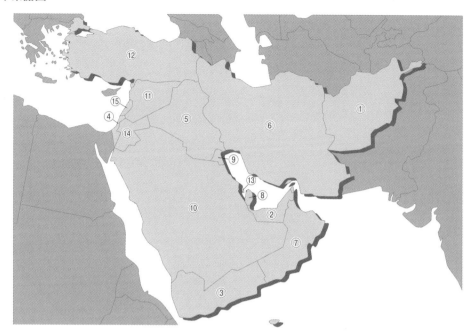

番号	正式国名（地域名）	首　都	番号	正式国名（地域名）	首　都
①	アフガニスタン・イスラム共和国	カブール	⑨	クウェート国	クウェート
②	アラブ首長国連邦	アブダビ	⑩	サウジアラビア王国	リヤド
③	イエメン共和国	サヌア	⑪	シリア・アラブ共和国	ダマスカス
④	イスラエル国	エルサレム	⑫	トルコ共和国	アンカラ
⑤	イラク共和国	バグダッド	⑬	バーレーン王国	マナーマ市
⑥	イラン・イスラム共和国	テヘラン	⑭	ヨルダン・ハシェミット王国	アンマン
⑦	オマーン国	マスカット	⑮	レバノン共和国	ベイルート
⑧	カタール国	ドーハ			

4. アフリカ（北部）諸国

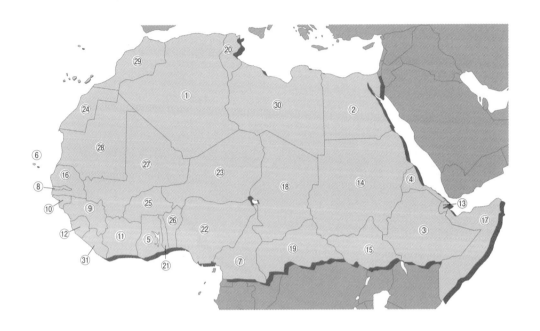

番号	正式国名（地域名）	首　都	番号	正式国名（地域名）	首　都
①	アルジェリア民主人民共和国	アルジェ	⑰	ソマリア連邦共和国	モガディシュ
②	エジプト・アラブ共和国	カイロ	⑱	チャド共和国	ウンジャメナ
③	エチオピア連邦民主共和国	アディスアベバ	⑲	中央アフリカ共和国	バンギ
④	エリトリア国	アスマラ	⑳	チュニジア共和国	チュニス
⑤	ガーナ共和国	アクラ	㉑	トーゴ共和国	ロメ
⑥	カーボベルデ共和国	プライア	㉒	ナイジェリア連邦共和国	アブジャ
⑦	カメルーン共和国	ヤウンデ	㉓	ニジェール共和国	ニアメ
⑧	ガンビア共和国	バンジュール	㉔	（西サハラ）	
⑨	ギニア共和国	コナクリ	㉕	ブルキナファソ	ワガドゥグ
⑩	ギニアビサウ共和国	ビサウ	㉖	ベナン共和国	ポルトノボ
⑪	コートジボワール共和国	ヤムスクロ	㉗	マリ共和国	バマコ
⑫	シエラレオネ共和国	フリータウン	㉘	モーリタニア・イスラム共和国	ヌアクショット
⑬	ジブチ共和国	ジブチ	㉙	モロッコ王国	ラバト
⑭	スーダン共和国	ハルツーム	㉚	リビア国	トリポリ
⑮	南スーダン共和国	ジュバ	㉛	リベリア共和国	モンロビア
⑯	セネガル共和国	ダカール			

5．アフリカ（南部）諸国

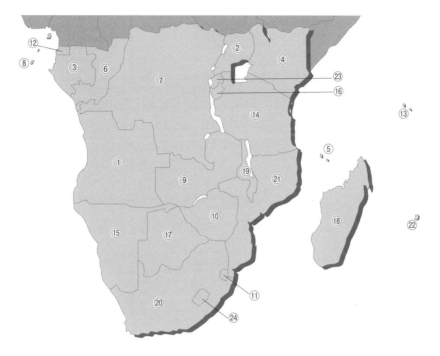

番号	正式国名（地域名）	首　都	番号	正式国名（地域名）	首　都
①	アンゴラ共和国	ルアンダ	⑬	セーシェル共和国	ヴィクトリア
②	ウガンダ共和国	カンパラ	⑭	タンザニア連合共和国	ダルエスサラーム※
③	ガボン共和国	リーブルビル	⑮	ナミビア共和国	ウィントフック
④	ケニア共和国	ナイロビ	⑯	ブルンジ共和国	ブジュンブラ
⑤	コモロ連合	モロニ	⑰	ボツワナ共和国	ハボローネ
⑥	コンゴ共和国	ブラザビル	⑱	マダガスカル共和国	アンタナナリボ
⑦	コンゴ民主共和国	キンシャサ	⑲	マラウイ共和国	リロングウェ
⑧	サントメ・プリンシペ民主共和国	サントメ	⑳	南アフリカ共和国	プレトリア
⑨	ザンビア共和国	ルサカ	㉑	モザンビーク共和国	マプト
⑩	ジンバブエ共和国	ハラレ	㉒	モーリシャス共和国	ポートルイス
⑪	エスワティニ王国	ムババーネ	㉓	ルワンダ共和国	キガリ
⑫	赤道ギニア共和国	マラボ	㉔	レソト王国	マセル

※ダルエスサラームは事実上であり，法律上はドドマ

6．西ヨーロッパ，東ヨーロッパ諸国

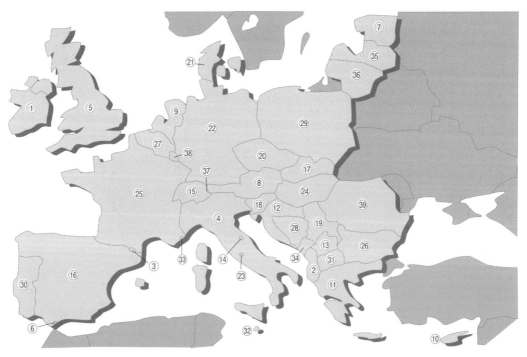

番号	正式国名（地域名）	首　　都	番号	正式国名（地域名）	首　　都
①	アイルランド	ダブリン	⑳	チェコ共和国	プラハ
②	アルバニア共和国	ティラナ	㉑	デンマーク王国	コペンハーゲン
③	アンドラ公国	アンドララベリャ	㉒	ドイツ連邦共和国	ベルリン
④	イタリア共和国	ローマ	㉓	バチカン	バチカン
⑤	グレートブリテンおよび北アイルランド連合王国（イギリス）	ロンドン	㉔	ハンガリー	ブダペスト
⑥	（ジブラルタル）		㉕	フランス共和国	パリ
⑦	エストニア共和国	タリン	㉖	ブルガリア共和国	ソフィア
⑧	オーストリア共和国	ウィーン	㉗	ベルギー王国	ブリュッセル
⑨	オランダ王国	アムステルダム	㉘	ボスニア・ヘルツェゴビナ	サラエボ
⑩	キプロス共和国	ニコシア	㉙	ポーランド共和国	ワルシャワ
⑪	ギリシャ共和国	アテネ	㉚	ポルトガル共和国	リスボン
⑫	クロアチア共和国	ザグレブ	㉛	北マケドニア共和国	スコピエ
⑬	コソボ共和国	プリシュティナ	㉜	マルタ共和国	バレッタ
⑭	サンマリノ共和国	サンマリノ	㉝	モナコ公国	モナコ
⑮	スイス連邦	ベルン	㉞	モンテネグロ	ポドゴリツァ
⑯	スペイン王国	マドリード	㉟	ラトビア共和国	リガ
⑰	スロバキア共和国	ブラチスラバ	㊱	リトアニア共和国	ビリニュス
⑱	スロベニア共和国	リュブリャナ	㊲	リヒテンシュタイン公国	ファドーツ
⑲	セルビア共和国	ベオグラード	㊳	ルクセンブルク大公国	ルクセンブルク
			㊴	ルーマニア	ブカレスト

7. 北欧諸国

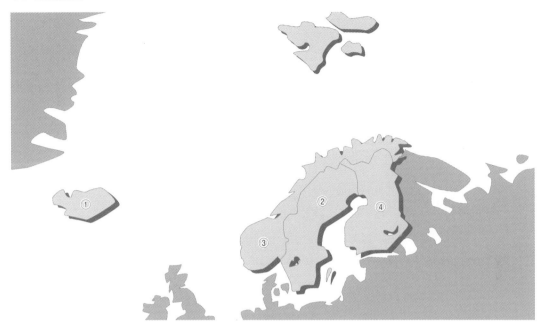

番号	正式国名（地域名）	首　都	番号	正式国名（地域名）	首　都
①	アイスランド	レイキャビク	③	ノルウェー王国	オスロ
②	スウェーデン王国	ストックホルム	④	フィンランド共和国	ヘルシンキ

8．CIS 諸国

番号	正式国名（地域名）	首　都	番号	正式国名（地域名）	首　都
①	アゼルバイジャン共和国	バクー	⑦	ジョージア	トビリシ
②	アルメニア共和国	エレバン	⑧	タジキスタン共和国	ドゥシャンベ
③	ウクライナ	キーウ	⑨	トルクメニスタン	アシガバット
④	ウズベキスタン共和国	タシケント	⑩	ベラルーシ共和国	ミンスク
⑤	カザフスタン共和国	アスタナ	⑪	モルドバ共和国	キシナウ
⑥	キルギス共和国	ビシュケク	⑫	ロシア連邦	モスクワ

9．北米諸国

番号	正式国名（地域名）	首　都	番号	正式国名（地域名）	首　都
①	アメリカ合衆国	ワシントンD.C.	②	カナダ	オタワ

10. 中米, 南米（北部）諸国

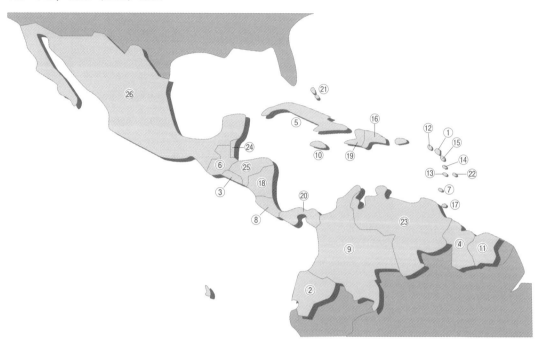

番号	正式国名（地域名）	首　都	番号	正式国名（地域名）	首　都
①	アンティグア・バーブーダ	セントジョンズ	⑭	セントルシア	カストリーズ
②	エクアドル共和国	キト	⑮	ドミニカ国	ロゾー
③	エルサルバドル共和国	サンサルバドル	⑯	ドミニカ共和国	サント・ドミンゴ
④	ガイアナ共和国	ジョージタウン	⑰	トリニダード・トバゴ共和国	ポート・オブ・スペイン
⑤	キューバ共和国	ハバナ	⑱	ニカラグア共和国	マナグア
⑥	グアテマラ共和国	グアテマラ・シティ	⑲	ハイチ共和国	ポルトープランス
⑦	グレナダ	セントジョージズ	⑳	パナマ共和国	パナマシティー
⑧	コスタリカ共和国	サンホセ	㉑	バハマ国	ナッソー
⑨	コロンビア共和国	ボゴタ	㉒	バルバドス	ブリッジタウン
⑩	ジャマイカ	キングストン	㉓	ベネズエラ・ボリバル共和国	カラカス
⑪	スリナム共和国	パラマリボ	㉔	ベリーズ	ベルモパン
⑫	セントクリストファー・ネイビス	バセテール	㉕	ホンジュラス共和国	テグシガルパ
⑬	セントビンセントおよびグレナディーン諸島	キングスタウン	㉖	メキシコ合衆国	メキシコシティ

11. 南米（南部）諸国

番号	正式国名（地域名）	首　都	番号	正式国名（地域名）	首　都
①	アルゼンチン共和国	ブエノスアイレス	⑤	ブラジル連邦共和国	ブラジリア
②	ウルグアイ東方共和国	モンテビデオ	⑥	ペルー共和国	リマ
③	チリ共和国	サンティアゴ	⑦	ボリビア多民族国	ラパス※
④	パラグアイ共和国	アスンシオン			

※憲法上はスクレ

12. オセアニア諸国

番号	正式国名（地域名）	首　都	番号	正式国名（地域名）	首　都
①	オーストラリア連邦	キャンベラ	⑧	ニュージーランド	ウェリントン
②	キリバス共和国	タラワ	⑨	バヌアツ共和国	ポートビラ
③	サモア独立国	アピア	⑩	パプアニューギニア独立国	ポートモレスビー
④	ソロモン諸島	ホニアラ	⑪	パラオ共和国	マルキョク
⑤	ツバル	フナフティ	⑫	フィジー共和国	スバ
⑥	トンガ王国	ヌクアロファ	⑬	マーシャル諸島共和国	マジュロ
⑦	ナウル共和国	ヤレン	⑭	ミクロネシア連邦	パリキール

1．東アジア，東南アジア（北部），南アジア諸国

外務省ホームページ（2023年10月時点より作成）
ただし、＊印は「データブック オブ・ザ・ワールド 2023」より作成

地図の番号	国名（地域名）	面積（千km²）／人口（万人）／1人あたりGDP（米ドル）	民族／言語／宗教	輸出額（億ドル）／主要輸出品／主要輸出相手国／輸入額（億ドル）／主要輸入品／主要輸入相手国
①	インド	3,287	インド・アーリヤ族，ドラビダ族，モンゴロイド族等	4,051
				石油製品，宝石類，電気機器，一般機械，化学関連製品
		141,717	連邦公用語はヒンディー語，他に憲法で公認されている州の言語が21	米国，UAE，オランダ，中国，シンガポール，バングラデシュ，英国，サウジアラビア，香港，ドイツ
				6,561
		2,389	ヒンドゥー教徒79.8%，イスラム教徒14.2%，キリスト教徒2.3%，シク教徒1.7%，仏教徒0.7%，ジャイナ教徒0.4%	原油・石油製品，宝石類，電気機器，一般機械，化学関連製品
				中国，UAE，米国，ロシア，サウジアラビア，インドネシア，シンガポール，韓国，オーストラリア
②	カンボジア王国	181	人口の90%がカンボジア人（クメール人）	175
				＊衣類，金(非貨幣用)，履物，バッグ類，機械類
		1,530	クメール語	米国，EU，中国，日本，カナダ
				287
		1,780	仏教（一部少数民族はイスラム教）	＊繊維と織物，機械類，自動車，石油製品，金（非貨幣用）
				中国，シンガポール，タイ，ベトナム，日本
⑤	タイ王国	514	大多数がタイ族。その他，華人，マレー族等	2,871
				機械，自動車・同部品，電気機器・同部品
		6,609	タイ語	米国，中国，日本
				3,032
		7,090	仏教94%，イスラム教5%	原油，電機機器・同部品，機械・同部品，化学品
				中国，日本，米国
⑥	大韓民国（韓国）	100	韓民族	6,836
				集積回路等，石油製品，乗用車，自動車部品・附属品，フラットパネルディスプレイモジュール
		約5,156	韓国語	中国，米国，ベトナム，日本，香港
				7,314
		32,418	仏教(約762万人)，プロテスタント(約968万人)，カトリック（約389万人）等	原油，集積回路等，石油ガス等，石炭・個体燃料，石油製品
				中国，米国，日本，オーストラリア，サウジアラビア
⑦	台湾	36	＊漢族98%，先住民族2%	546.3
				電子部品，情報通信機器，金属製品，機械，プラスチック・ゴム
		約2,326	中国語，台湾語，客家語等	中国，米国，香港，日本，シンガポール
				336.0
		32,811	仏教，道教，キリスト教	電子部品，鉱産物，機械，化学品，金属製品
				中国，日本，米国，韓国，オーストラリア

地図の番号	国名（地域名）	面積 （千 km²） 人口 （万人） 1人あたり GDP （米ドル）	民　　族 言　　語 宗　　教	輸出額（億ドル） 主要輸出品 主要輸出相手国 輸入額（億ドル） 主要輸入品 主要輸入相手国
⑧	中華人民共和国（中国）	9,600	漢民族（総人口の 92％）及び 55 の少数民族	3 兆 5,936
				機械類・電子機器，紡績用繊維，卑金属等
		約 140,000	中国語	米国，日本，韓国
				2 兆 7,160
		約 12,814	仏教，イスラム教，キリスト教など	機械類・電子機器，鉱物性燃料品，化学工業生産品等
				台湾，韓国，日本
⑨	香　港	1.1	中国系（約 92％）	6,381
				電気機械，装置及び電化製品，電子部品
		約 740	広東語，英語，中国語（マンダリン）ほか	中国，台湾，シンガポール，韓国，日本
				6,828
		49,795	仏教，道教，プロテスタント，カトリック，イスラム教，ヒンドゥー教，シーク教，ユダヤ教	電気機械，装置及び電化製品，電子部品
				中国，米国，台湾，インド，日本
⑭	フィリピン共和国	299	マレー系が主体。ほかに中国系，スペイン系，及び少数民族がいる。	746.5
				電子・電気機器（半導体が大半を占める），輸送用機器等
		10,903	国語はフィリピノ語，公用語はフィリピノ語と英語。180 前後の言語がある。	米国，日本，中国
				1,178.8
		3,572	ASEAN 唯一のキリスト教国。国民の 83％がカトリック，その他のキリスト教が 10％，イスラム教は 5％（ミンダナオではイスラム教徒が人口の 2 割以上）。	原料・中間財（化学製品等の半加工品が大部分），資本財（通信機器，電子機器等が大部分），燃料（原油等），消費財
				中国，インドネシア，日本
⑯	ベトナム社会主義共和国	329	キン族（越人）約 86％，他に 53 の少数民族	3,719
				繊維・縫製品，携帯電話・同部品，PC・電子機器・同部品，履物，機械設備・同部品等
		約 9,946	ベトナム語	米国，中国，韓国，日本，香港
				3,607
		4,110	仏教，カトリック，カオダイ教他	機械設備・同部品，PC・電子機器・同部品，繊維・縫製品，鉄鋼，携帯電話・同部品等
				中国，韓国，日本，台湾，米国
⑰	ミャンマー連邦共和国	680	ビルマ族（約 70％），その他多くの少数民族	約 155
				衣類，天然ガス，米，豆類，ベースメタル・鉱石
		5,114	ミャンマー語（公用語），シャン語，カレン語など	中国，タイ，インド，日本，米国
				約 149
		約 1,105	仏教（90％），キリスト教，イスラム教等	精油，ベースメタル・製造品，化学・合成繊維，機械類，プラスチック
				中国，シンガポール，タイ，インドネシア，マレーシア，インド

2. 東南アジア（南部）諸国

地図の番号	国名（地域名）	面積（千km²）／人口（万人）／1人あたりGDP（米ドル）	民族／言語／宗教	輸出額（億ドル）／主要輸出品／主要輸出相手国／輸入額（億ドル）／主要輸入品／主要輸入相手国
①	インドネシア共和国	1,920	約300（ジャワ人，スンダ人，マドゥーラ人等マレー系，パプア人等メラネシア系，中華系，アラブ系，インド系等）	2,315.4
				鉱物性燃料，動物・植物性油脂等，鉄鋼
		約20,070	インドネシア語	中国，米国，日本
				1,961.1
		4,349.5	イスラム教86.69％，キリスト教10.72％（プロテスタント7.60％，カトリック3.12％），ヒンドゥー教1.74％，仏教0.77％，儒教0.03％，その他0.04％	機械・機械設備，鉄鋼，医療用品
				中国，日本，タイ
②	シンガポール共和国	0.7	中華系74％，マレー系14％，インド系9％	＊3,633
				機械・輸送機器，鉱物性燃料，化学製品
		約564	国語はマレー語。公用語として英語，中国語，マレー語，タミール語。	＊中国，香港，米国，マレーシア，インドネシア
				＊3,293
		82,808	仏教，キリスト教，イスラム教，道教，ヒンドゥー教	機械・輸送機器，鉱物性燃料，原料別製品
				＊中国，マレーシア，米国，日本，韓国
⑤	マレーシア	330	マレー系70％（先住民15％を含む），中華系約23％，インド系約7％	＊2,342
				電気製品，パーム油，化学製品，原油・石油製品，LNG，機械・器具製品，金属製品，科学光学設備，ゴム製品等
		約3,260	マレー語（国語），中国語，タミール語，英語	中国，シンガポール，米国，香港，日本
				＊1,899
		11,371	イスラム教（連邦の宗教）64％，仏教19％，キリスト教9％，ヒンドゥー教6％，儒教・道教等1％，その他	電気製品，製造機器，化学製品，輸送機器，金属製品，原油・石油製品，鉄鋼製品，科学光学設備，食料品等
				中国，シンガポール，台湾，米国，日本

3. 中東諸国

地図の番号	国名（地域名）	面積（千km²）／人口（万人）／1人あたりGDP（米ドル）	民族／言語／宗教	輸出額（億ドル）／主要輸出品／主要輸出相手国／輸入額（億ドル）／主要輸入品／主要輸入相手国
⑩	サウジアラビア王国	2,150	アラブ人	＊1,753
				鉱物性燃料（原油等），化学製品，原料別製品（非鉄金属等）
		3,534	アラビア語（公用語）	中国，インド，日本，韓国，UAE
				＊1,314
		23,507	イスラム教	輸送用機器（自動車等），原料別製品（鉄鋼等），一般機械（原動機等）
				中国，UAE，米国，ドイツ，インド

			トルコ人（南東部を中心にクルド人，その他アルメニア人，ギリシャ人，ユダヤ人等）	2,542
⑫	トルコ共和国	780		自動車・部品，機械類，鉄鋼，電気機器・部品
		8,528	トルコ語（公用語）	ドイツ，米国，英国
				3,637
		10,655	イスラム教（スンニ派，アレヴィー派）が大部分を占める。その他ギリシャ正教徒，アルメニア正教徒，ユダヤ教徒等	燃料及び鉱物油類，機械類，鉄鋼，電気機器・部品
				中国，ロシア，ドイツ

４．アフリカ（北部）諸国

地図の番号	国名（地域名）	面積（千km²）／人口（万人）／1人あたりGDP（米ドル）	民族／言語／宗教	輸出額（億ドル）／主要輸出品／主要輸出相手国／輸入額（億ドル）／主要輸入品／主要輸入相手国
①	アルジェリア民主人民共和国	2,380	アラブ人（74%），ベルベル人（25%），その他（1%）	393 ／ 炭化水素（石油，天然ガス），肥料，食料加工品，セメント
		4,490	アラビア語（国語，公用語），ベルベル語（国語，公用語），フランス語（国民の間で広く用いられている）	イタリア，フランス，スペイン，トルコ，中国 ／ 377
		3,900	イスラム教（スンニ派）	食料(小麦，ミルク等)，半製品，潤滑油，農業機器，産業機器 ／ 中国，フランス，イタリア，ドイツ，スペイン
②	エジプト・アラブ共和国	1,000	主にアラブ人（その他，少数のヌビア人，アルメニア人，ギリシャ人等）	436.26 ／ 石油・天然ガス，プラスチック及びプラスチック製品，電気機械器具等，鉄鋼，果物・ナッツ
		10,926	アラビア語，都市部では英語も通用	EU，アラブ諸国，アジア諸国，米国 ／ 835.03
		3,699	イスラム教，キリスト教（コプト派）	石油・天然ガス，機械設備・ボイラー等，自動車・部品等，穀物 ／ EU，アジア諸国，アラブ諸国，ロシア
⑤	ガーナ共和国	238	アカン，ガ，エベ，ダゴンバ，マンプルシ他	153.917 ／ 金，石油，カカオ豆，ナッツ類
		約 3,283	英語（公用語），各民族語	スイス，米国，UAE，インド，中国 ／ 213.812
		2,280	国民の約70%がキリスト教徒，イスラム教約17%，その他伝統的宗教等	機械類，自動車類 ／ 中国，インド，オランダ，米国，UAE
㉒	ナイジェリア連邦共和国	924	ハウサ，ヨルバ，イボ等（民族数は250以上と推定）	633.39 ／ 鉱物燃料，肥料，船舶
		21,854	英語（公用語），各民族語（ハウサ語，ヨルバ語，イボ語等）	インド，オランダ，スペイン，フランス ／ 604.88
		2,184	イスラム教(北部中心)，キリスト教(南部中心)，伝統宗教（全域）	鉱物燃料，原子炉・ボイラー・機械・器具，電気機械・器具 ／ 中国，オランダ，韓国，ベルギー

5. アフリカ（南部）諸国

地図の番号	国名（地域名）	面積（千km²） 人口（万人） 1人あたりGDP（米ドル）	民族 言語 宗教		輸出額（億ドル） 主要輸出品 主要輸出相手国 輸入額（億ドル） 主要輸入品 主要輸入相手国
④	ケニア共和国	583	キクユ民族，ルヤ民族，カレンジン民族，ルオ民族，カンバ民族等		60.2
					紅茶，園芸作物，石油製品，コーヒー，チタン
		5,300	スワヒリ語，英語		ウガンダ，パキスタン，英国，米国，オランダ
					154.0
		2,080	伝統宗教，キリスト教，イスラム教		石油製品，パーム油，医薬品，穀物類，鉄鋼類
					中国，インド，アラブ首長国連邦，日本，サウジアラビア
⑳	南アフリカ共和国	1,220	黒人（81%），白人（7.7%），カラード（混血）（8.8%），アジア系（2.5%）		1,185
					白金，鉄鉱石，金，石炭，自動車等
		6,004	英語，アフリカーンス語，バンツー諸語（ズールー語，ソト語ほか）の合計11が公用語		中国，米国，ドイツ，日本，英国
					898
		6,440（GNI）	キリスト教（人口の約80），ヒンドゥー教，イスラム教		原油，機械部品，石油製品，自動車及びその部品等
					中国，ドイツ，米国，インド，サウジアラビア

6. 西ヨーロッパ，東ヨーロッパ諸国

地図の番号	国名（地域名）	面積（千km²） 人口（万人） 1人あたりGDP（米ドル）	民族 言語 宗教		輸出額（億ドル） 主要輸出品 主要輸出相手国 輸入額（億ドル） 主要輸入品 主要輸入相手国
④	イタリア共和国	302	＊イタリア人96.0%，アルバニア人1.3%，アラブ人0.9%，ドイツ人，オーストリア人		4,960
					医薬品，自動車，自動車部品，原油以外の石油
		6,037	イタリア語（地域によりドイツ語，フランス語等少数言語あり）		ドイツ，フランス，米国，スイス，英国
					4,226
		35,473	キリスト教（カトリック）が国民の約80%，キリスト教（プロテスタント），ユダヤ教，イスラム教，仏教		自動車，医薬品，原油，ガス
					ドイツ，中国，フランス，スペイン，オランダ
⑤	グレートブリテンおよび北アイルランド連合王国（イギリス）	243	＊白人92.1%（イングランド人83.6%，スコットランド人8.6%，ウェールズ人4.9%，北アイルランド人2.9%），黒人2.0%，インド人1.8%，パキスタン人1.3%		＊3,799
					自動車，医薬品及び医療用品，発動機，原油，航空機等
		6,708	英語（ウェールズ語，ゲール語等使用地域あり）		ドイツ，米国，オランダ，中国，フランス
					＊5,425
		45,461	英国国教会等		自動車，医療用品及び医薬品，ガス，発動機，衣類等
					ドイツ，米国，オランダ，中国，フランス

地図の番号	国名（地域名）	面積（千km²）／人口（万人）／1人あたりGDP（米ドル）	民族／言語／宗教	輸出額（億ドル）／主要輸出品／主要輸出相手国／輸入額（億ドル）／主要輸入品／主要輸入相手国
⑨	オランダ王国	42	＊ヨーロッパ系85.1％（オランダ人79.7％），移民14.9％（インドネシア系2.3％，トルコ系2.3％，スリナム系2.1％，モロッコ系2.1％，アンティルとアルバ系0.8％）	＊5,513 ／ 機械・輸送機器類，化学製品，鉱物性燃料等
		1,747	オランダ語	ドイツ，ベルギー，フランス，英国，米国 ／ ＊4,848
		57,997	キリスト教（カトリック18％，プロテスタント14％），イスラム教（5％），無宗教（57％），その他（6％）	機械・輸送機器類，化学製品，鉱物性燃料等 ／ ドイツ，中国，ベルギー，米国，英国
⑮	スイス連邦	41	＊ドイツ人65％，フランス人18％，イタリア人10％，ロマンシュ人1％	＊3,192 ／ ＊医薬品，金（非貨幣用），機械類，精密機器，化学薬品
		867	ドイツ語（62.1％），フランス語（22.8％），イタリア語（8.0％），ロマンシュ語（0.5％）	＊米国，ドイツ，中国，インド，イタリア ／ ＊2,917
		86,849	カトリック35.1％，プロテスタント23.1％，イスラム教5.4％	＊金（非貨幣用），医薬品，機械類，自動車，精密機器 ／ ＊ドイツ，英国，米国，イタリア，中国
⑯	スペイン王国	506	＊スペイン人44.9％，カタルーニャ人28％，ガリシア人8.2％，バスク人5.5％，アンゴラ人5.0％，ロマ人2.0％	＊3,068 ／ 自動車・自動車部品，医薬品，燃料・機械油品等
		約4,760	スペイン（カスティージャ）語。（現在，バスク語，カタルーニャ語，ガリシア語，バレンシア語，アラン語がそれぞれ公用語として認められている。）	フランス，ドイツ，ポルトガル，イタリア，ベルギー，英国 ／ ＊3,252
		29,421	憲法で信仰の自由が保障されている。	燃料・機械油品，自動車・自動車部品，医薬品等 ／ 中国，ドイツ，フランス，米国，イタリア，オランダ
㉑	デンマーク王国	43	＊デンマーク人91.9％，トルコ人0.6％，ドイツ人0.5％，イラク人，スウェーデン人，ノルウェー人，ボスニア人	1,079 ／ 医薬品，産業機械及びその部品，衣料品
		約581	デンマーク語	ドイツ，スウェーデン，米国 ／ 1,014
		60,692	福音ルーテル派（国教）	自動車，石油及び石油製品，電気機器及びその部品 ／ ドイツ，スウェーデン，オランダ，中国
㉒	ドイツ連邦共和国	357	＊ドイツ人88.2％，トルコ人3.4％，イタリア人1.0％，ポーランド人，ギリシャ人，セルビア人，ロシア人	＊15,610 ／ ＊機械類，自動車，医薬品，精密機械，金属製品
		約8,319	ドイツ語	米国，フランス，中国，オランダ，英国 ／ ＊12,855
		46,473	カトリック27.2％，プロテスタント24.9％，ユダヤ教0.1％	＊機械類，自動車，医薬品，衣類，天然ガス ／ 中国，オランダ，米国，フランス，ポーランド

地図の番号	国名（地域名）	面積（千km²） 人口（万人） 1人あたりGDP（米ドル）	民　族 言　語 宗　教	輸出額（億ドル） 主要輸出品 主要輸出相手国 輸入額（億ドル） 主要輸入品 主要輸入相手国		
㉔	ハンガリー	93	ハンガリー人（86％），ロマ人（3.2％），ドイツ人（1.9％）等	＊1,194		
				電気・電子機器，道路走行車両，一般産業機械，通信・記録機器		
		約973	ハンガリー語	ドイツ，イタリア，ルーマニア，スロバキア，オーストリア		
				＊1,127		
		18,732	カトリック約39％，カルヴァン派約12％	電気・電子機器，道路走行車両，通信・記録機器，発電機械・設備		
				ドイツ，オーストリア，中国，スロバキア，ロシア		
㉕	フランス共和国	544	＊フランス人（ケルト，ゲルマン系，古代ローマなどの混成），少数民族（ブリトン，バスク，コルシカなど），移民（南ヨーロッパ系，マグレブ系，トルコ系など）	＊4,783		
				農産品，化学製品，自動車，工業製品		
		約6,804	フランス語	ドイツ，イタリア，米国，スペイン等		
				＊5,720		
		44,408	カトリック，イスラム教，プロテスタント，ユダヤ教等	燃料資源，自動車，コンピュータ・電子機器，工業製品，農産品等		
				ドイツ，中国（香港含む），米国，スペイン，イタリア等		
㉗	ベルギー王国	31	＊オランダ系フラマン人58％，フランス系ワロン人32％，混血・移民（南ヨーロッパ系，北アフリカ系，トルコ系など）	＊4,194		
				化学製品，鉱物，機械類		
		1,170	オランダ（フラマン）語，フランス語，ドイツ語	ドイツ，オランダ，フランス，米国，英国		
				＊3,947		
		50,413	伝統的にはカトリックだが，近年はムスリム移民が増加	化学製品，鉱物，輸送機器		
				オランダ，ドイツ，フランス，中国，米国		
㉙	ポーランド共和国	322	ポーランド人（人口の約97％）	＊2,709		
				機械機器類，農産品，食料品，金属製品等		
		約3,801	ポーランド語	ドイツ，チェコ，フランス，英国		
				＊2,571		
		＊18,343	カトリック（人口の約88％）	機械機器類，金属製品，化学製品等		
				ドイツ，中国，イタリア，米国		
㉚	ポルトガル共和国	92	＊ポルトガル人91.9％，アフリカ系との混血1.6％，ブラジル人1.4％，マラーノ人1.4％，ヨーロッパ系1.2％，中国系0.9％	＊615		
				機械及び機器，車両及び他輸送用機材，金属製品，プラスチック及びゴム等		
		約1,029	ポルトガル語	スペイン，フランス，ドイツ，米国，英国		
				＊775		
		24,296	カトリック教徒が圧倒的多数	機械及び機器，化学製品，鉱物・石油製品，車両及び他輸送用機材等		
				スペイン，ドイツ，フランス，オランダ，イタリア		

地図の番号	国名（地域名）	面積（千km²）／人口（万人）／1人あたりGDP（米ドル）	民族／言語／宗教	輸出額（億ドル）／主要輸出品／主要輸出相手国／輸入額（億ドル）／主要輸入品／主要輸入相手国
㊴	ルーマニア	238	ルーマニア人（83.5％），ハンガリー人（6.1％）など	＊711 機械・電子部品，輸送用機器，食品，冶金製品，化学製品，鉱物製品，衣類等
		約1,903	ルーマニア語（公用語），ハンガリー語	ドイツ，イタリア，ハンガリー，フランス，ブルガリア ＊922
		15,850	ルーマニア正教，カトリック，プロテスタント	機械・電子部品，化学製品，鉱物製品，冶金製品，食品，輸送用機器，衣類等 ドイツ，イタリア，ブルガリア，ハンガリー，ポーランド

7. 北欧諸国

地図の番号	国名（地域名）	面積（千km²）／人口（万人）／1人あたりGDP（米ドル）	民族／言語／宗教	輸出額（億ドル）／主要輸出品／主要輸出相手国／輸入額（億ドル）／主要輸入品／主要輸入相手国
②	スウェーデン王国	450	＊スウェーデン人86.2％，その他のヨーロッパ系7.9％（フィンランド1.9％），アジア系3.9％（イラク1.2％），少数のサーミ人	＊1,542 機械，鉄道以外の輸送用機器，電気機器，紙・パルプ，鉱物性燃料
		約1,045	スウェーデン語	ノルウェー，ドイツ，米国，デンマーク，フィンランド ＊1,484
		60,029	福音ルーテル派が多数	電気機器，鉄道以外の輸送用機器，機械，鉱物性燃料 ドイツ，ノルウェー，オランダ，デンマーク，中国
③	ノルウェー王国	386	＊ノルウェー人83.0％，その他のヨーロッパ系5.3％，アジア系4.1％，アフリカ系1.4％	約817 原油・天然ガス，水産物，非鉄金属
		542	ノルウェー語	英国，ドイツ，オランダ，スウェーデン，中国 約849
		81,995	福音ルーテル派が大多数を占める	自動車，電気機器，一般機械 中国，ドイツ，スウェーデン，米国，英国

8．CIS 諸国

地図の番号	国名（地域名）	面積（千km²）	民　族	輸出額（億ドル）				
				主要輸出品				
		人口（万人）	言　語	主要輸出相手国				
				輸入額（億ドル）				
		1人あたりGDP（米ドル）	宗　教	主要輸入品				
				主要輸入相手国				
⑫	ロシア連邦	17,100	＊ロシア人79.8％，タタール人3.8％，ウクライナ人2.0％，バシキール人1.2％，チュヴァシ人1.1％，チェチェン人0.9％，アルメニア人0.8％など100以上の民族	5,915				
				原油，天然ガス，石油製品，自動車，鉄鋼等				
		約14,645	ロシア語	中国，オランダ，ドイツ，トルコ，ベラルーシ				
				2,591				
		15,646	ロシア正教，イスラム教，仏教，ユダヤ教等。	機械装置，電気機器，自動車・自動車部品，プラスチック類，医薬品類				
				中国，ドイツ，米国，ベラルーシ，韓国				

9．北米諸国

地図の番号	国名（地域名）	面積（千km²）	民　族	輸出額（億ドル）
				主要輸出品
		人口（万人）	言　語	主要輸出相手国
				輸入額（億ドル）
		1人あたりGDP（米ドル）	宗　教	主要輸入品
				主要輸入相手国
①	アメリカ合衆国	9,834	＊白人75.8％，黒人13.6％，アジア系6.1％，混血2.9％，先住民1.3％，ハワイと太平洋諸島系0.3％（全体に占める言語集団としてのヒスパニックの割合18.9％）	2兆5,392
				自動車，自動車部品，工業用原材料，航空機，医薬機器
		約33,200	主として英語（法律上の定めはない）	カナダ，メキシコ，中国，日本，韓国
				3兆3,943
		69,221	信教の自由を憲法で保障，主にキリスト教	自動車，自動車部品，通信機器，医療機器
				中国，メキシコ，カナダ，日本，ドイツ
②	カナダ	9,985	＊カナダ人32.2％，ヨーロッパ系（イングランド人19.8％，フランス人15.4％，スコットランド人14.4％，アイルランド人13.8％，ドイツ人9.8％ウクライナ人3.8％，オランダ人3.3％ポーランド人3.1％），アジア系（南アジア系4.9％，中国人4.5％，フィリピン人2.0％），先住民5.6％，ラテンアメリカ系3.6％，アフリカ系2.3％	＊3,921
				エネルギー製品，自動車及び同部品，一般機械，金属及び非金属鉱物，電気機器
		約3,699	英語，フランス語が公用語	米国，中国，英国，日本，ドイツ
				＊4,052
		48,310（GNI）	国民の半数以上（53.3％）がキリスト教（約29.9％がローマ・カトリック），約3割（34.6％）が無宗教	一般機械，自動車及び同部品，電気機器，エネルギー製品，貴石・貴金属，プラスチック製品等
				米国，中国，メキシコ，ドイツ，日本

10. 中米，南米（北部）諸国

地図の番号	国名（地域名）	面積（千km²）／人口（万人）／1人あたりGDP（米ドル）	民　族／言　語／宗　教	輸出額（億ドル）／主要輸出品／主要輸出相手国／輸入額（億ドル）／主要輸入品／主要輸入相手国
⑤	キューバ共和国	110	ヨーロッパ系25％，混血50％，アフリカ系25％（推定）	＊21
				鉱物（ニッケル），化学品・医療品，食料品（砂糖，水産養殖産品，魚介類），タバコ
		約1,131	スペイン語	カナダ，中国，スペイン，ベネズエラ
				＊99
		9,477	宗教は原則として自由	燃料類，機械・輸送機械，食料品
				ベネズエラ，中国，スペイン，ロシア
㉖	メキシコ合衆国	1,960	欧州系（スペイン系等）と先住民の混血60％，先住民30％，欧州系（スペイン系等）9％，その他1％	5,782
				＊機械類，自動車，原油，野菜と果実，精密機械
		12,601	スペイン語	＊アメリカ，カナダ，中国，ドイツ，日本
				6,046
		10,868	カトリック（国民の約7割）	＊機械類，自動車，石油製品，精密機械，金属製品
				＊アメリカ，中国，韓国，ドイツ，日本

11. 南米（南部）諸国

地図の番号	国名（地域名）	面積（千km²）／人口（万人）／1人あたりGDP（米ドル）	民　族／言　語／宗　教	輸出額（億ドル）／主要輸出品／主要輸出相手国／輸入額（億ドル）／主要輸入品／主要輸入相手国
①	アルゼンチン共和国	2,780	欧州系（スペイン，イタリア）97％，先住民系3％	884
				農畜産物加工品（大豆油かす，大豆油，ワイン等），牛肉，穀物（とうもろこし，小麦，大豆等），自動車及び同部品，貴金属（金等），燃料（原油等），水産物
		約4,623	スペイン語	ブラジル，EU，中国，米国，チリ
				815
		13,686	カトリック等	自動車及び同部品，燃料（ガス，軽油等），医療用品，電子機器・機械類及び同部品，農業資材（除草剤，肥料等）
				中国，ブラジル，EU，米国，ボリビア
③	チリ共和国	756	欧州系87％，先住民系13％	975
				銅鉱，炭酸リチウム，農産物品・加工品（さけ・ます・ワイン），ウッドチップ，モリブデン
		1,949	スペイン語	中国，米国，日本，韓国，ブラジル
				946
		16,070	カトリック（15歳以上人口の70％），福音派（15歳以上人口の15.1％）等	燃料，原油・天然ガス・石油，携帯電話，自動車（乗用車・トラック），とうもろこし，タイヤ，自動車部品
				中国，米国，ブラジル，アルゼンチン，ドイツ，日本，メキシコ，ペルー

地図の番号	国名（地域名）	面積（千km²） 人口（万人） 1人あたりGDP（米ドル）	民　族 言　語 宗　教	輸出額（億ドル） 主要輸出品 主要輸出相手国 輸入額（億ドル） 主要輸入品 主要輸入相手国	
⑤	ブラジル連邦共和国	8,512	欧州系（約48%），アフリカ系（約8%），東洋系（約1.1%），混血（約43%），先住民（約0.4%）	＊2,397	
				大豆，原油，鉄鉱石，石油製品	
		約21.531	ポルトガル語	中国，米国，アルゼンチン，オランダ，スペイン，チリ，シンガポール，メキシコ，日本	
				＊1,886	
		8,917	カトリック約65%，プロテスタント約22%，無宗教8%	石油製品，原油，カリ肥料，複合肥料	
				中国，米国，アルゼンチン，ドイツ，インド，ロシア，イタリア，韓国，サウジアラビア，日本	
⑥	ペルー共和国	1,290	メスティソ（混血）60.2%，先住民（ケチュア・アイマラ・アマゾン先住民等）25.8%，白人系5.9%，アフリカ系3.6%，その他（中国系・日系・その他）4.5%	631.0	
				銅，金，亜鉛，鉄，魚粉，液化天然ガス	
		約3,297	スペイン語（他にケチュア語，アイマラ語等）	中国，米国，韓国，日本	
				483.5	
		6,127	カトリック（81%），プロテスタント（13%），その他（6%）	機械・電気製品，原油・軽油等の燃料，プラスチック素材，輸送機器	
				米国，中国，アルゼンチン，ブラジル，メキシコ	

12. オセアニア諸国

地図の番号	国名（地域名）	面積（千km²） 人口（万人） 1人あたりGDP（米ドル）	民　族 言　語 宗　教	輸出額（億ドル） 主要輸出品 主要輸出相手国 輸入額（億ドル） 主要輸入品 主要輸入相手国	
①	オーストラリア連邦	7,692	アングロサクソン系等欧州系が中心。その他に中東系，アジア系，先住民など。	＊2,504	
				鉄鉱石，石炭，天然ガス	
		約2,626	英語	中国，日本，韓国	
				＊2,029	
		64,491	キリスト教43%，無宗教38%	精製油，乗用車，貨物輸送サービス	
				中国，米国，日本	
⑧	ニュージーランド	271	欧州系（70.2%），マオリ系（16.5%），太平洋島嶼国系（8.1%），アジア系（15.1%）その他（2.7%）	＊397	
				乳製品，食肉，果実	
		約504	英語，マオリ語，手話	中国，豪州，米国，日本	
				＊438	
		48,317	キリスト教36.5%，無宗教48.2%	機械類，自動車類，原油・石油製品	
				中国，豪州，米国，シンガポール，日本	

No.1 (解答 ▶ P.34)

次の説明文に該当する国の組合せとして，正しいのはどれか。

A 約 7,000 の大小の島々で構成される国。米・ココナッツ・パイナップル・バナナなどが栽培されている。主にキリスト教が信仰されている。

B 典型的な多民族国家。天然ゴム・油ヤシの栽培が盛んで，すずの産出も多い。主にイスラム教が信仰されている。

	A	B
①	インドネシア	タイ
②	フィリピン	タイ
③	インドネシア	シンガポール
④	フィリピン	マレーシア
⑤	インドネシア	マレーシア

No.2 (解答 ▶ P.34)

次の説明文に該当する国の組合せとして，正しいのはどれか。

A アフリカ大陸で最も人口が多く，2億人以上を数える。ニジェール川の河口には油田が分布し，アフリカ最大の産油国となっている。

B 第二次世界大戦前からの独立国で，便宜置籍船が多く，世界有数の船舶保有量がある。

C 1970 年に完成したダムにより，下流部では塩害などの被害が現れるようになった。首都はアフリカ最大の都市である。

	A	B	C
①	ナイジェリア	リベリア	エジプト
②	ナイジェリア	エチオピア	ガーナ
③	アルジェリア	エチオピア	ガーナ
④	アルジェリア	エチオピア	エジプト
⑤	アルジェリア	リベリア	エジプト

No.3

（解答 ▶ P.34）

国名とその国の公用語の組合せとして，正しいのはどれか。

① ス イ ス —— ドイツ語，フランス語，イタリア語，ロマンシュ語
② ベ ル ギ ー —— オランダ語，英語
③ カ ナ ダ —— 英語，ドイツ語
④ スリランカ —— ヒンディー語，英語
⑤ マレーシア —— ポルトガル語

No.4

（解答 ▶ P.34）

下記の説明文は，ある南米の国について書かれたものである。これに該当する国を地図の①〜⑤から選ぶとき，最も適当なものはどれか。

　19世紀に独立を果たしたこの国は，宗主国がスペインであったことから，現在でもスペイン語が公用語として用いられている。主要産業は，国土の約2割を占めるパンパ地域で行われる穀物や家畜の生産，自動車工業などである。1999年に隣国で発生した金融危機の影響を受けて経済が悪化，2001年には対外債務の支払い停止などの事態に陥った。

現代における人種・民族問題の原因として，宗教上の対立が挙げられる。国（地域）名とそこで対立している宗教の組合せとして，正しいのはどれか。

① カ シ ミ ー ル ── 仏教とイスラム教
② キ プ ロ ス ── ギリシア正教とカトリック（旧教）
③ アイルランド ── プロテスタント（新教）とカトリック（旧教）
④ ス リ ラ ン カ ── 仏教とイスラム教
⑤ イ ス ラ エ ル ── イスラム教とプロテスタント（新教）

東南アジア諸国に関する記述として最も妥当なものは，次のうちどれか。

① シンガポールは米やコーヒーなどの農業生産が盛んであるが，ドイ・モイ政策の採用による工業化の進展も著しい。
② ベトナムは農林水産業が主要産業であるが，アンコール遺跡群などによる観光も重要な産業の1つである。
③ カンボジアはマレー系住民が6割以上を占めるイスラム教国であり，豊富な石油・天然ガス生産を主要産業としている。
④ ミャンマーは天然ガスやチーク材，豆類などを輸出する農業国であり，国民の約9割が仏教徒である。
⑤ ブルネイは狭い国土ながらも東南アジア屈指の工業国であり，住民の7割以上が中国系民族である。

No.7

（解答 ▶ P.34）

次の記述に該当する地域はどこか。

　この地域は気候が冷涼で，年平均気温は5～10℃，年降水量は600～1,000mmである。土地はやせているが，牧草の生育には最適で，世界最大の酪農地帯が広がっている。一方この地域からは，工業原料や動力用の地下資源を豊富に産出し，かつ交通にも便利なので，重工業を中心として各種の工業が発達している。

① 中国の東北地方

② ドイツのルール地方

③ 北アメリカの五大湖沿岸地方

④ 南アメリカのパンパ

⑤ オーストラリアの東南部

No.8

（解答 ▶ P.35）

下のグラフは，2015年における石炭・原油・鉄鉱石・すずの産出量上位5カ国を表したものであり，①～⑤にはロシア，アメリカ，ブラジル，中国，オーストラリアのいずれかが入る。このうち，ロシアに該当する番号として適当なものはどれか。ただし，同じ番号には同じ国が入るものとする。

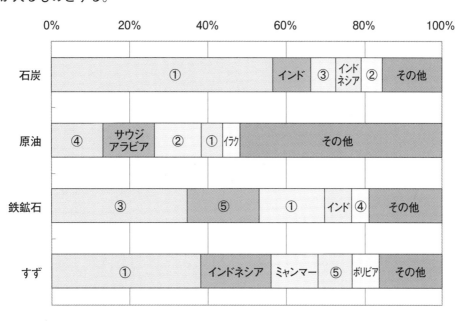

北アメリカと南アメリカに関する記述として正しいのは，次のうちどれか。

① 言語は北アメリカでは英語・フランス語，南アメリカではスペイン語・ポルトガル語が多く使われている。

② 地形は北アメリカでは大部分が新期造山帯に属するが，南アメリカでは大部分が安定陸塊である。

③ 気候は北アメリカでは大半が Df 気候であるが，南アメリカでは大半が Af 気候である。

④ 農業は北アメリカではプランテーションが見られるが，南アメリカでは見られない。

⑤ 資源は北アメリカ・南アメリカともに世界的規模の炭田がある。

オーストラリアとニュージーランドの共通点として最も妥当なものは，次のうちどれか。

① 国土の大半が温帯気候である。

② 白豪主義を採用し，白人以外の移民を規制している。

③ 主要輸出品が鉱産資源である。

④ 主に英語が使われている。

⑤ 日本より人口密度が高い。

次の説明文に該当する国の組合せとして，正しいのはどれか。

A　氷河湖などの氷食地形が多く，国土の 70% が森林で，木材・パルプの生産が多い。大部分の住民がアジア系で，人種島を形成している。

B　15 〜 16 世紀には対外進出で発展した。国土の全域が地中海性気候で，オリーブ・コルクガシなどの生産が盛んである。

C　西ヨーロッパ最大の農業国である。各種農産物は EU 各国に輸出されている。また，原子力発電の割合が 70% を超えている。

	A	B	C
①	ノルウェー	ポルトガル	イギリス
②	ノルウェー	スペイン	イギリス
③	ノルウェー	スペイン	フランス
④	フィンランド	スペイン	フランス
⑤	フィンランド	ポルトガル	フランス

下のア〜ウの説明文と，それに該当するアフリカの地図上のA〜Fの組合せとして最も適当
なものは，次のうちどれか。

ア　北部以外は乾燥気候。OPEC に所属する産油国で，経済の大半を石油・天然ガスの輸出
　　に依存している。

イ　国土のほぼ真ん中を赤道が走る，赤道直下の国。首都はナイロビ。野生動物が多く生息
　　している。

ウ　金やダイヤモンドなどの希少な鉱産資源が豊富。以前はアパルトヘイトと呼ばれる人種
　　隔離政策を採っていた。

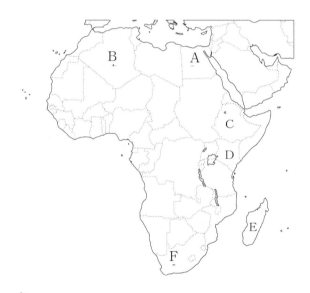

	ア	イ	ウ
①	A	C	E
②	A	D	F
③	B	C	E
④	B	C	F
⑤	B	D	F

世界各国の民族・宗教などに関する記述として妥当なのはどれか。

① ペルーでは，人口の約1割を日系人が占めているが，その大部分は農村部に居住し，農業に従事している。

② インドネシアは，1万数千の島々からなる群島国家であるため多様な民族が住んでいるが，国民の多数はイスラム教徒である。

③ ベルギーでは，フランス語方言であるフラマン語と，英語方言であるワロン語を話す人々の間で，どちらをベルギーの国語とするかという争いが続いている。

④ オーストラリアでは，人口の2割に満たない白人が法律により有色人種の基本的人権を奪ってきたが，現在ではこれらの差別法はすべて撤廃されている。

⑤ シンガポールは，マレー人が人口の過半数を占めるが，人口の約1割を占めるに過ぎない華人が経済の実権を握っていることから，両民族の間に対立が続いている。

次の文は各国の民族対立と抗争について説明したものである。各文に該当する国名の組合せとして正しいものはどれか。

A　ピレネー山脈西側のバスク地方に住むバスク人が，分離独立を目指して運動を行っている。1979年にバスク地方の自治が認められた。

B　首都より北部はゲルマン系住民が多くフラマン語（オランダ語）圏，南部はラテン系住民が多くワロン語（フランス語）圏であり，共に公用語であるが，両者の間で言語紛争が生じている。

C　人口の約85％がキリスト教徒であるが，ミンダナオ島のイスラム教徒モロ族が独立運動を開始し紛争が長期化している。

D　東部のケベック州ではフランス系住民が80％を超えており，分離独立運動が活発化している。1994年の州議会選挙では分離独立推進派のケベック党が過半数を獲得した。

	A	B	C	D
①	カナダ	ベルギー	チェコスロバキア	イスラエル
②	スペイン	ユーゴスラビア	スイス	カナダ
③	カナダ	ユーゴスラビア	スイス	アイルランド
④	スペイン	ベルギー	イスラエル	アイルランド
⑤	スペイン	ベルギー	フィリピン	カナダ

MEMO

第6章 人口問題，都市問題，環境問題

　17世紀には約5億人しかいなかった世界人口は，20世紀の初めに約17億人，1950年に約25億人になり，2000年に60億人を超えた後も増え続け，2023年には80億人超，2050年には90億人を突破するとの見通しがある。このような加速度的な人口増加，いわゆる人口爆発は，食糧や資源配分，環境などに重大な影響を及ぼすため，地球規模での問題となっている。このような高い人口増加率に悩む国は，発展途上国に多い。発展途上国の貧困層は，子供を労働力や老後の社会保障代わりにとらえるため，もともと多産傾向だった上に，医療の普及によって死亡率が下がり，多産多死型から多産少死型へ社会構造が変化しているからである。一方，先進国は，経済発展や近代化に伴って出生率が低下し，医療技術の向上によって平均余命が延びた結果，少産少死型の社会となり，生産年齢人口の割合が減り，老年人口比率が高くなる，いわゆる少子高齢化の問題を抱えている。

　都市には，さまざまな工業や商業，サービス業が集積し，各種施設も充実している。そのため，多くの人々が都市に流入するが，それが過度に集中する状態になると都市問題が発生する。具体的には，都心部の地価高騰によって周辺部の人口が増加するドーナツ化現象，住宅や施設が無秩序に郊外へ広がるスプロール現象，交通渋滞や通勤ラッシュ，騒音，大気汚染，水質汚濁，悪臭などの都市公害などである。また発展途上国では，生産性の低い農村から都市部への人口流入が激化した結果，居住環境が劣悪なスラムを形成し，深刻な社会問題となっている。

　地球規模での環境破壊も問題である。過去を含め，主だったものだけを挙げても，

・二酸化炭素などの温室効果ガスが増加することによって起こる地球温暖化
・フロンガスによるオゾン層の破壊（現在は規制されている）
・木材の伐採や過剰な焼畑，放牧による森林破壊と，それによって起こる砂漠化
・化石燃料の大量使用によって放出された硫黄酸化物や窒素酸化物が，化学変化によって降水に取り込まれる酸性雨

などがある。

　これらの諸問題は，一カ国だけの努力で解決するものではない。全世界を挙げて問題解決に取り組む姿勢が必要となる。

🔍 ポイント

1．人口ピラミッド

要因	名称	人口ピラミッド	特　徴
自然増減	富士山型（ピラミッド型）		・低年齢層の人口が多く，高年齢層の人口が少ない。 ・人口が漸増する多産多死型と，人口が急増する多産少死型がある。 　→多産多死型は特に底辺が広く，多産少死型はピラミッドの傾斜が急になる。 ・発展途上国に多い。
	つりがね型（ベル型）		・出生率の低下により，低年齢層と高年齢層の人口差が少ない。 ・少産少死型→人口漸増もしくは人口停滞 ・先進国や新興工業国で見られる。
	つぼ型（紡錘型）		・つりがね型よりも出生率が低下 　→低年齢層が高年齢層よりも少なくなる ・出生率が死亡率を下回る 　→人口停滞もしくは人口減少 ・かつてのフランスや西ドイツで見られた。
社会増減	星形（都市型）		・農村からの青年層の人口流入によって，生産年齢人口が多くなっている。 　→人口過密 ・大都市やその周辺で見られる。
	ひょうたん型（農村型）		・青年層が都市へ流出し，生産年齢人口が少なくなっている。 　→過疎 ・農村部や離島で見られる。

2．日本の人口ピラミッド

わが国の人口ピラミッド（2022 年 10 月 1 日現在）

統計局ホームページ／人口推計〔2022 年（令和 4 年）〕

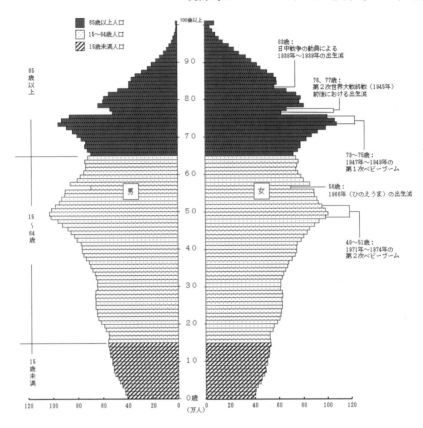

3．温暖化の進行状況

世界の年平均気温偏差

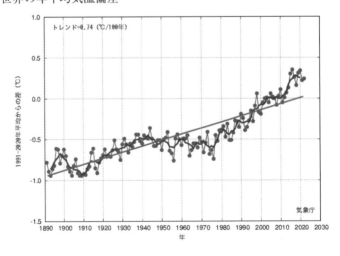

出典：気象庁ホームページより

演習問題

No.1

（解答 ▶ P.36）

都市名とその都市機能の組合せとして，正しいのはどれか。

①　学術都市 ── ブラジリア，キャンベラ，プレトリア
②　政治都市 ── ケンブリッジ，ハイデルベルク，つくば
③　宗教都市 ── エルサレム，バチカン，天理
④　保養都市 ── レッチワース，ハーロー，多摩
⑤　林業都市 ── ベルゲン，セントジョンズ，銚子

No.2

（解答 ▶ P.36）

科学技術の進歩や人口の急増などで，自然環境の汚染が進んでいる。次のうち，化石燃料の大量消費を原因とするものとして最も妥当なものはどれか。

①　大気汚染
②　地球温暖化
③　水質汚染
④　環境ホルモンによる汚染
⑤　砂漠化による汚染

都市に関する記述として正しいのは，次のうちどれか。

① メガロポリスはアメリカ北東部のボストンからワシントンにかけての地帯のように複数の都市が互いに関連し，帯状になった都市域である。

② スラム化は，市街地が農地や緑地を点々と食いつぶすかたちで，無計画に郊外に拡大する現象をいい，防災や環境などの面から問題となる。

③ 中心業務地区は，政治・行政機関，大企業の本社などが集まる地域であるが，ここは昼間人口に比べて夜間の定住人口が多くなるという現象が見られる。

④ 都市計画は，健全な発展のために定める土地利用，都市施設の整備等に関する計画であるが，わが国では東京以外においては，定められていない。

⑤ スプロール現象とは，土地の効率的な利用と，都市機能の更新を図るために，建築物および道路などの公共施設を計画的に整備することである。

人口に関する次の記述のうち，適切なものはどれか。

① 地球上で人間が常時居住している地域（エクメーネ）は，現在全陸地面積の約70％を占めているが，砂漠化の進行などによりエクメーネは減少してきている。

② 日本では出生率の低下により，低年齢層が減少する一方で，平均余命が延び人口の高齢化が進んでいたが，政府の少子化対策によって，合計特殊出生率が1.5を上回るまで回復した。

③ 先進国では，医療技術の進歩や衛生状態の改善により平均余命が延び高齢化が進展している。その影響で，人口構成の分布を示す人口ピラミッドは富士山型になっている。

④ 15歳以上の生産年齢人口が多く，老齢人口と幼年人口の少ない人口ピラミッドを，星型（都市型）という。

⑤ 現在の日本の産業別人口構成によると，第二次産業の割合が最も高い。

No.5

(解答 ▶ P.36)

地球規模の環境問題に関するA～Dの記述のうち，妥当なもののみを挙げているのはどれか。

A　アフリカのサハラ砂漠周辺地域における砂漠化は，過度の森林伐採，雨季の土砂流失が主な原因であるといわれている。

B　熱帯林の減少は，二酸化炭素の増加につながり，二酸化炭素が地球を取り巻いて熱を逃がさなくなるため地球の温暖化が加速される。

C　オゾン層破壊の主な原因は，石油・石炭などの化石燃料の燃焼によって発生する大気汚染物質であるといわれている。

D　酸性雨とは，工場などから排出される硫黄酸化物や窒素酸化物が雨や霧に溶け込んで酸性度が高まった雨のことである。

① A，B　　　② A，C　　　③ B，C　　　④ B，D　　　⑤ C，D

No.6

(解答 ▶ P.36)

各国の人口問題に関する次の記述のうち，正しいものはどれか。

①　中国の人口は2021年において14億人近くおり，人口密度の増加が深刻な問題となっている。

②　インドの人口は2021年において13億人を超えて，人口爆発の事態が深刻化しており，ここ10年の人口増加率は3％を超えている。

③　ドイツは先進国の中では人口増加率は高い国である。また，外国人労働者を積極的に受け入れたため外国人労働者の失業問題が深刻化している。

④　日本では現在，高齢化率が28％を超えている超高齢社会であり，医療制度，年金，雇用などの問題が深刻化している。

⑤　人口ピラミッドは，年齢別・性別の人口構成をグラフで表したもので，国や地域によってその形は違うが，日本などの先進国の多くが人口停滞を示すつぼ型をしており，さらに人口が減少するとつりがね型になる。

第7章 日本の地誌

日本は，ユーラシア大陸東方にある日本列島と，その周辺諸島からなる国家である。
国家のデータとしては，以下のようなものが挙げられる。

- 国土面積：約 378,000km²
- 構成している島の数：6,852
- 東端：東京都南鳥島（東経 153° 59′）
- 西端：沖縄県与那国島（東経 122° 56′）
- 南端：東京都沖ノ鳥島（北緯 20° 25′）
- 北端：択捉島（北緯 45° 33′）（北方領土を入れない場合は北海道宗谷岬）
- 気候：大半が温帯気候。北日本の一部は冷帯（亜寒帯）気候。四季が明瞭で，季節風の
  影響を受けやすい
- 人口：1 億 2,477 万人（2023 年 1 月 1 日現在）
- 民族：日本人，アイヌ人など
- 公用語：日本語
- 宗教：仏教や神道など
- 行政区画：1 都 1 道 2 府 43 県
- 政体：議院内閣制
- 国内総生産：約 5 兆 37 億ドル（世界第 3 位，2021 年）
- 国民 1 人あたり国内総生産：39,803 ドル（2021 年）
- 主な輸入品目：機械類，石油，衣類，液化天然ガス，医療品，食料品など
  →資源や食糧の輸入依存度が高い
- 主な輸出品目：機械類，自動車，精密機械，化学薬品，鉄鋼など
- 主な貿易相手国：中国，アメリカ，オーストラリア，韓国，EU 各国など

✍ ポイント

1．農畜産物・林産物・水産物の主要産地

農林水産省　統計情報より（2023年2月閲覧）

データ年度	2021	2021	2021	2021	2021	2021
単　位	1,000t	100t	100t	1,000t	100t	100t
生産物	米	小麦	大豆	ばれいしょ	みかん	りんご
総　量	7,563	10,970	2,465	2,175	7,490	6,619
第1位	新潟県	北海道	北海道	北海道	和歌山県	青森県
	620　8.2%	7,284　66.4%	1,054　42.8%	1,686　77.5%	1,478　19.7%	4,157　62.8%
第2位	北海道	福岡県	宮城県	鹿児島県	愛媛県	長野県
	574　7.6%	781　7.1%	222　9.0%	91　4.2%	1,278　17.1%	1,103　16.7%
第3位	秋田県	佐賀県	秋田県	長崎県	静岡県	岩手県
	501　6.6%	567　5.2%	139　5.6%	82　3.8%	997　13.3%	424　6.4%
第4位	山形県	愛知県	滋賀県	茨城県	熊本県	山形県
	394　5.2%	294　2.7%	86　3.5%	50　2.3%	900　12.0%	323　4.9%
第5位	宮城県	三重県	青森県	千葉県	長崎県	福島県
	353　4.7%	228　2.1%	82　3.3%	30　1.4%	520　6.9%	186　2.8%

データ年度	2021	2021	2021	2021	2021	2021
単　位	100t	1,000t	100t	1,000頭	1,000頭	1,000頭
生産物	きゅうり	キャベツ	茶（生葉）	乳用牛（飼養頭数）	肉用牛（飼養頭数）	豚（飼養頭数）
総　量	5,513	1,485	3,322	1,356	2,605	9,290
第1位	宮崎県	群馬県	静岡県	北海道	北海道	鹿児島県
	637　11.6%	292　19.7%	1,347　40.5%	830　61.2%	536　20.6%	1.234　13.3%
第2位	群馬県	愛知県	鹿児島県	栃木県	鹿児島県	宮崎県
	539　9.8%	267　18.0%	1,275　38.4%	53　3.9%	351　13.5%	797　8.6%
第3位	埼玉県	千葉県	三重県	熊本県	宮崎県	北海道
	455　8.3%	120　8.1%	257　7.7%	44　3.2%	250　9.6%	725　7.8%
第4位	福島県	茨城県	宮崎県	岩手県	熊本県	群馬県
	393　7.1%	109　7.3%	144　4.3%	41　3.0%	135　5.2%	644　6.9%
第5位	千葉県	長野県	京都府	群馬県	岩手県	千葉県
	312　5.7%	73　4.9%	116　3.5%	34　2.5%	91　3.5%	615　6.6%

データ年度	2021	2021	2021	2021	2021
単　位	1,000 羽	10,000 羽	1,000t	10,000 m³	100t
生産物	採鶏卵(飼育羽数)	ブロイラー(出荷羽数)	生　乳	素材生産量	海面漁獲量
総　量	183,373	71,383	7,592	2,185	31,914
第1位	茨城県	鹿児島県	北海道	北海道	北海道
	18,005　9.8%	14,108　19.8%	4,266　56.2%	316　14.5%	9,104　28.5%
第2位	鹿児島県	宮崎県	栃木県	宮崎県	茨城県
	12,233　6.7%	13,966　4.6%	348　4.6%	213　9.7%	2,944　9.2%
第3位	千葉県	岩手県	熊本県	岩手県	静岡県
	11,672　6.4%	11,839　16.6%	267　3.5%	143　6.5%	2,438　7.6%
第4位	広島県	青森県	岩手県	大分県	長崎県
	10,045　5.5%	4,203　5.9%	212　2.8%	119　5.4%	2,427　7.6%
第5位	岡山県	北海道	群馬県	秋田県	宮城県
	9,767　5.3%	3,918　5.5%	208　2.7%	118　5.4%	1,615　5.1%

２．日本の工業

Ａ　主要工業地域別出荷割合

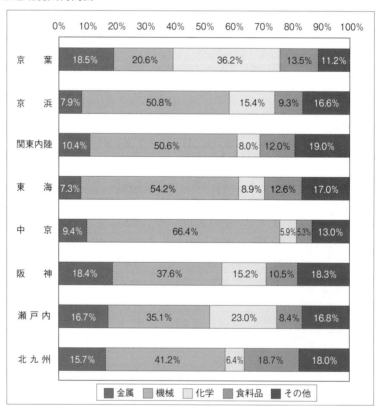

B　工業地域別特色

工業地域	都道府県	主要生産品	代表的都市	
北 海 道	北海道	鉄鋼，製紙・パルプ，乳製品，ビール，水産加工など	・札幌市 ・苫小牧市 ・室蘭市	・旭川市 ・函館市 ・釧路市
北 陸	新潟，富山，石川，福井	絹織物，肥料，薬品，繊維，金属，石油化学など	・新潟市 ・三条市	・富山市 ・高岡市
常 磐	福島南部〜茨城北部	電気機械，セメント，肥料など	・日立市 ・ひたちなか市	・いわき市
鹿 島	茨城	石油化学，鉄鋼，発電	・鹿嶋市	・神栖市
京 葉	千葉	鉄鋼，石油化学	・千葉市 ・君津市	・市原市
京 浜	東京，神奈川	総合的工業地帯（製造品出荷額は日本第2位） 機械，鉄鋼，自動車，出版・印刷，日用雑貨など	・大田区 ・横浜市 ・川崎市	・藤沢市 ・平塚市 ・八王子市
関東内陸	栃木，群馬，埼玉	電気機器，自動車部品，絹織物，食品加工など	・宇都宮市 ・高崎市 ・前橋市	・太田市 ・秩父市
東 海	静岡	製紙・パルプ，楽器，オートバイ，水産加工など	・静岡市 ・富士市 ・富士宮市	・浜松市 ・焼津市
中 京	愛知，岐阜，三重	製造品出荷額は日本第1位 自動車，鉄鋼，機械，石油化学，繊維，窯業など	・名古屋市 ・豊田市 ・東海市 ・四日市市	・岡崎市 ・鈴鹿市 ・岐阜市 ・大垣市
阪 神	大阪，兵庫，和歌山	製造品出荷額は日本第3位 鉄鋼，機械，金属，石油化学，繊維，医薬，化学，食品など	・大阪市 ・堺市 ・高槻市	・神戸市 ・尼崎市 ・姫路市
瀬 戸 内	岡山，広島，山口，香川，愛媛	石油化学，鉄鋼，自動車，繊維，造船など	・岡山市 ・倉敷市 ・福山市 ・呉市 ・広島市	・岩国市 ・宇部市 ・坂出市 ・新居浜市 ・松山市
北 九 州	福岡	鉄鋼，自動車，半導体など	・北九州市	・苅田町

第7章

日本の地誌

No.1 （解答 ▶ P.37）

次のうち，県名とその県庁所在地の組合せとして適当なものはどれか。

① 山形県 —— 仙台市
② 茨城県 —— 宇都宮市
③ 愛知県 —— 愛知市
④ 山梨県 —— 甲府市
⑤ 滋賀県 —— 津市

No.2 （解答 ▶ P.37）

わが国の気候に関する記述として，正しいのはどれか。

① 気候は地域ごとにあまり大きな変化がないため，風俗や習慣などにも大きな差異はない。
② 同緯度のヨーロッパ西岸の都市と比較すると，冬の寒さが非常に厳しい。
③ 日本海側では，やませの影響で冬の降雪が多く，世界でも有数の豪雪地帯となっている。
④ 年平均降水量は，季節風の影響を強く受けるため，世界の年平均降水量より少ない。
⑤ 日本列島は南北に細長いため，狭い国土ではあるが，熱帯から寒帯までの気候帯が存在する。

下の表は，日本における 2021 年の米，小麦，大豆，ジャガイモ，肉用牛，鶏卵のうち 3 つの生産について，上位 5 都道府県と全国に対する割合を示したものである（ただし，肉用牛は飼育頭数，採鶏卵は飼育羽数）。A～C に該当する生産物の組合せとして最も適当なものは，次のうちどれか。

	A		B		C	
第1位	北海道	66.4%	北海道	77.5%	茨城県	9.8%
第2位	福岡県	7.1%	鹿児島県	4.2%	鹿児島県	6.7%
第3位	佐賀県	5.2%	長崎県	3.8%	千葉県	6.4%
第4位	愛知県	2.7%	茨城県	2.3%	岡山県	5.5%
第5位	三重県	2.1%	千葉県	1.4%	広島県	5.3%

	A	B	C
①	米	ジャガイモ	肉用牛
②	米	大豆	肉用牛
③	小麦	ジャガイモ	鶏卵
④	小麦	ジャガイモ	肉用牛
⑤	小麦	大豆	鶏卵

近年のわが国の工業に関する記述として正しいのは，次のうちどれか。

① 群馬県などの関東地方の内陸部では，近年，高速道路網の整備，大型トラックの発達などにより，輸送コストが著しく低下し製品の競争力が増大した結果，石油精製工業などが盛んになっている。

② 大阪府南部地方を中心とした繊維品製造は，東南アジア諸国の安い製品に対抗できなくなったため，ほとんど見られなくなり，同地方は繊維工業に代わり，現在ではわが国の自動車工業の中心地となっている。

③ 新潟県，富山県などの日本海に面した地方では，地理的な便利さを生かしてロシアから輸入したパルプ原木を用いた製紙工業が盛んで，これらの生産高は日本で1，2を争うまでになっている。

④ 九州地方ではIC（集積回路）などの電子機器部品の生産工場が多く造られている。これらの生産工場は，ICの重さが比較的軽量なことから，輸送に便利な空港近くに立地することが多い。

⑤ 北海道の夕張地方では，近年，閉山された炭鉱跡から，ニッケル，モリブデンなどのいわゆるレアメタルが大量に産出し，これを利用した精密機械工業が盛んになっている。

わが国の鉱産資源に関する記述として正しいのは，次のうちどれか。

① 鉛・亜鉛・アルミ等の非鉄金属類は，埋蔵量そのものは多いが，品位が低いため採算がとれず，採掘は行われていない。

② 石灰石・銅を除いては生産量は概して少なく，種類もあまり多くない。

③ 明治初期の頃，金・銀等の貴金属および銅は世界有数の産出国であったが，現在自給できるのは銅のみである。

④ 種類は少ないが，金・銀および銅はかなりの埋蔵量が見込まれている。しかし，探査が不充分なため，採掘は行われていない。

⑤ 石灰石を除いて種類も産出量も多く，特に金属資源に恵まれている。

A～Dの記述に該当する県名の組合せとして，正しいのはどれか。

A　関東地方に位置し，落花生の栽培が盛んである。

B　温暖な気候を生かして，米の二期作やピーマン・きゅうりなどの促成栽培が盛んである。

C　耕地面積に占める水田の割合は96％で，全国のトップである。

D　桜桃（さくらんぼ）の生産量は全国第1位，りんごの生産量も全国第4位である。

	A	B	C	D
①	埼玉県	徳島県	福井県	山形県
②	千葉県	徳島県	富山県	秋田県
③	埼玉県	高知県	福井県	秋田県
④	千葉県	高知県	富山県	山形県
⑤	埼玉県	高知県	福井県	山形県

文化史

第1章 音楽史

フローチャート

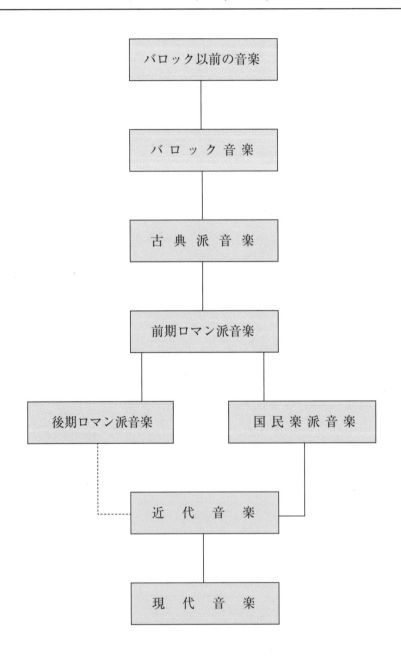

1 【古代】

● 一般的特色は，西洋音楽の特徴である複音楽的要素が欠如し，リズムに音楽的興味が集中していることである。

文学的なテキストに対する従属性が強く，旋律は朗読型になることが多い。

音階は一般に固定音と移動音を持ち，その音程はしばしば複雑微妙である。

2 【キリスト教中心の音楽・中世】

大きく6つに区分できる。

● 400 ～ 600 年，この時代には積極的に東方的，ユダヤ的要素を取り入れ，各地に固有の聖歌が方言的に歌われた。

また，古代の伝統による世俗音楽も行われ，北欧でも固有の民族音楽が栄えた。

● 600 ～ 900 年，グレゴリウス 1 世によって聖歌の統一改編が行われ，無伴奏単声音部・自由リズムによるグレゴリオ聖歌が完成した。

● 900 ～ 1150 年，音楽史上最初の多声音楽が現れる。

● 1150 ～ 1300 年，（アルス，アンティカ）…　多声音楽は更に発達し，特にフランスを中心に特有な唐草模様的多声音楽楽曲を生んだ。

（世俗騎士歌謡曲）……　民衆世俗音楽も迫害されつつも根強く行われ，これが一種の高踏化を示して世俗的半宗教的騎士歌謡を生んだ。トルバドゥールやトルヴェールなど。

● 1300 ～ 1400 年，（アルス，ノヴァ）……　音楽にも近代的・人間的感覚を要求し，フランス，イタリア，イギリス等で新しい生気ある表現の世俗音楽が現れた。また，音楽理論も発達した。

● 1400 ～ 1450 年，（ブルゴーニュ楽派）…　イギリス的な三度和音の要素と，アルス，ノヴァの要素とを融合した新しい音楽がブルゴーニュ地方に現れた。

次代のルネサンス的なネーデルラント楽派への道を開いた。

3 【バロック音楽】

●バロックとは，もともと形の整っていない真珠のことを表すポルトガル語の形容詞である。

ここでのバロックとは，形式的なものが完成されておらず様々な音楽があるのでバロック音楽といわれる。

この時代の音楽は通奏低音の技法を使うのが特徴だといえる。また，様々な楽器が質的に向上した。

そのため協奏曲や合奏，ソナタがビバルディ等によって表情豊かなものになった。

フランスのオルガン音楽，イタリアの声楽，ドイツの音楽技術とを結び付け，バロック音楽の総決算を行ったのがバッハである。

また，バッハは「音楽の父」，ヘンデルは「音楽の母」といわれる。

＜代表作品＞
- ●ビバルディ……………… 協奏曲「四季」
- ●バッハ………………… 「小フーガ・ト短調」，「トッカータとフーガ」
- ●ヘンデル………………… 「メサイア」，組曲「水上の音楽」

4 【古典派音楽】

●古典（クラシック）の主な特徴は，ギリシア音楽の形式的な調和と類型の尊重であって，形式美が生命とされるものである。

ハイドンとモーツァルト，ベートーヴェンがソナタ，交響曲，協奏曲，その他あらゆる室内楽の根本的な形式を完成させる。また，ハイドンは「交響曲の父」，モーツァルトは「神童」，ベートーヴェンは「楽聖」といわれる。ベートーヴェンは，古典派からロマン派へ移行する。

＜代表作品＞
- ●ハイドン…………………交響曲「驚愕」，「時計」
- ●モーツァルト………………「アイネ・クライネ・ナハトムジーク」，「フィガロの結婚」
- ●ベートーヴェン…………交響曲「運命」，ピアノソナタ「月光」

5 【前期ロマン派音楽】

● 形式至上主義の古典派から脱し，主観的な感情の表現を重んじる傾向が強まった。
この時期の代表的作曲家であるシューベルトは「歌曲の王」，ショパンは「ピアノの詩人」
といわれる。

＜代表作品＞
● シューベルト……………　歌曲「野バラ」，歌曲集「冬の旅」
● メンデルスゾーン………「バイオリン協奏曲」，劇音楽「真夏の夜の夢」
● ショパン…………………「ノクターン」，「英雄ポロネーズ」

6 【後期ロマン派音楽】

● 様々な風物をはじめ，絵画や文学の内容などを音楽で表現した作品が多く作られた。また，歌劇（オペラ）も華やかなものになった。

＜代表作品＞
● ワグナー…………………　歌劇「タンホイザー」，「ローエングリン」
● ベルディ…………………　歌劇「椿姫」，「アイーダ」
● J＝シュトラウス………「美しく青きドナウ」，喜歌劇「こうもり」

7 【国民楽派音楽】

● 音楽における国民主義は，19世紀の後半に東と北ヨーロッパを中心に起こった，それぞれの民族固有の要素に根ざした音楽を創造しようとする運動である。

＜代表作品＞
● スメタナ…………………　交響詩「わが祖国」より「ブルタバ（モルダウ）」
● グリーグ…………………「ペール・ギュント」
● ムソルグスキー…………　組曲「展覧会の絵」

8 【近代音楽】

●ロマン派，国民楽派からの流れから起こった。ドビュッシーに始まった印象派音楽であるが，瞬時の感覚的印象を主として，和音を通じて表現しようとする様式は，ロマン的情緒を半音階無限旋律によって表現した。このことより事実上，近代音楽の時代は始まった。

＜代表作品＞

- **ドビュッシー**……………「月の光」，「牧神の午後への前奏曲」
- ラヴェル…………………「ボレロ」
- R＝シュトラウス………「ドン・キホーテ」

9 【現代音楽】

●従来の西洋音楽のみならず，あらゆる音楽との融合で楽曲を構成する方法等，新しい試みがなされた。

＜代表作品＞

- ガーシュイン……………「ラプソディ・イン・ブルー」
- ハチャトゥリヤン………「ガイーヌ」，「剣の舞」
- ストラビンスキー………「春の祭典」，「火の鳥」

演習問題

No.1 （解答▶P.38）

次の作曲家の中で，古典派に属するのは誰か。

① スメタナ　　　② ドビュッシー　　　③ ショパン

④ ワグナー　　　⑤ モーツァルト

No.2 （解答▶P.38）

ドビュッシー作曲の印象派音楽に該当するものは次のうちどれか。

① 「ボレロ」　　　② 「月の光」　　　③ 「春の祭典」

④ 「展覧会の絵」　　　⑤ 「月光」

No.3 （解答▶P.38）

次の文は，ある作曲家を説明したものである。ある作曲家とは誰のことか。

　彼は，オーストリア出身の作曲家で古典派に属する。6歳でデビューした彼にはレオポルドという作曲家の父がいた。子供の頃からすばらしい才能を発揮した彼は「神童」と呼ばれていた。

　また，彼の作品にはケッヘルという彼の研究家のナンバーが付いており，K.331等の呼ばれ方をする。

① ハイドン　　　② シューベルト　　　③ ベートーヴェン

④ モーツァルト　　　⑤ ショパン

次に挙げる楽器の分類で，間違っているものはどれか。

① フルート ──────── 木管楽器

② バイオリン ─────── 弦楽器

③ サクソフォーン ── 金管楽器

④ ビオラ ───────── 弦楽器

⑤ トランペット ─── 金管楽器

次に挙げる楽器は民族楽器である。楽器とその故郷との組合せの間違っているものは次のうちどれか。

① シタール ─────── インド

② チャランゴ ─────── ポルトガル

③ バンジョー ─────── アメリカ

④ ケーナ ──────── 南米アンデス地方

⑤ バラライカ ─────── ロシア

次のオペラの作品と，作曲家の組合せで正しいものはどれか。

① 「ドン・ジョバンニ」── プッチーニ

② 「タンホイザー」─────── ベートーヴェン

③ 「蝶々夫人」───────── ベルディ

④ 「フィガロの結婚」─── モーツァルト

⑤ 「カルメン」─────── ロッシーニ

No.7　(解答▶P.38)

次の作曲家の組合せの中で，出身地が同じ組はどれか。

① ビバルディ —————— バッハ
② モーツァルト —————— ベートーヴェン
③ ワグナー —————— リスト
④ ヨハン＝シュトラウス —— ハイドン
⑤ フォスター —————— ラヴェル

No.8　(解答▶P.38)

次の中で，夜想曲といわれるものはどれか。

① コンチェルト　　② オペレッタ　　③ シンフォニー
④ ノクターン　　⑤ セレナード

No.9　(解答▶P.38)

次に挙げる作曲家の中で，「交響曲の父」といわれる人は誰か。

① ベートーヴェン　　② モーツァルト　　③ シューベルト
④ ハイドン　　⑤ バッハ

No.10　(解答▶P.39)

次の文の〔　　　〕に当てはまる言葉はどれか。

　大衆歌曲には大きく分けて，カンツォーネ，〔　　　〕，フォークソングの3つがあり，それぞれ，イタリア，フランス，アメリカで発展したものである。

① フォルクローレ　　② ラ・マルセイエーズ　　③ ジャズ
④ ポルカ　　⑤ シャンソン

第2章 西洋美術史

フローチャート

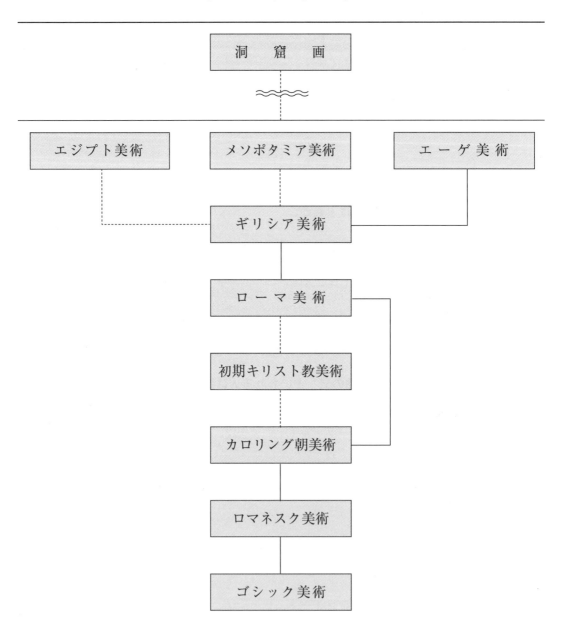

洞　窟　画

エジプト美術　　メソポタミア美術　　エーゲ美術

ギリシア美術

ローマ美術

初期キリスト教美術

カロリング朝美術

ロマネスク美術

ゴシック美術

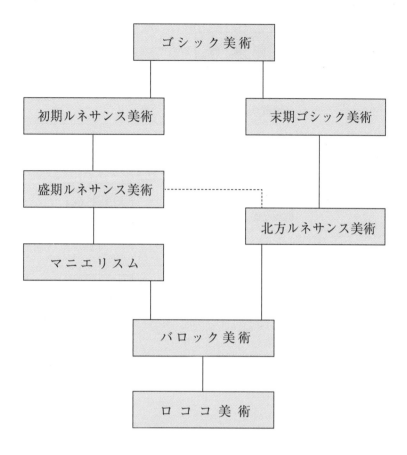

近代美術

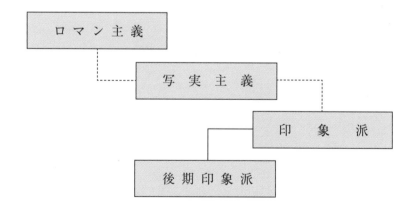

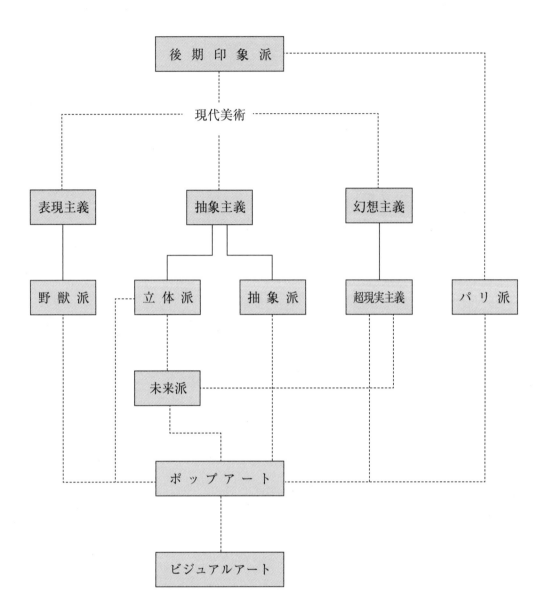

1 【洞窟画の時代】

- 先史時代…ラスコー（フランス），アルタミラ（スペイン）が有名．狩猟や生命の安全，種の保存等の呪術的意味が込められていると考えられている。また，壁画は洞窟内面の凸凹を利用して描かれている。
- 原始時代…呪術的なものから次第に宗教的になり，死者に対しての装飾としてのものが多くなる。

2 【エジプト美術】

- BC3000 年頃からエジプトで興る。建築はピラミッド等の石を組み上げたり，岩山をくり貫いて作ったものが多い。ギザの三大ピラミッド（クフ王，カフラー王，メンカウラー王），ルクソールの神殿，等が有名である。
- 彫刻は，正面的で量感があり，着色，玉眼を入れ実在感を出している。後期になるにしたがって，様式化が進み，単純になり硬くなる。
- 絵画は，写生的でなく静的かつ平面的で，上体と目は正面から，頭と足は横向きの表現となる。

  エジプト美術は 3000 年の間，表現形式をほとんど変えることなく続いた。

3 【メソポタミア美術】

- 建築としては石が少なかったため，焼き煉瓦や日干し煉瓦を使ったものが多い。アーチ式の建築が特徴である。これは柱に梁のないもので，あるものはリンテル式といわれる。
- 彫刻は写実的で力強いのが特徴である。

4 【エーゲ美術】

- クレタ島等で BC2000 年頃に起こったもので，ミノス王にちなんでミノス文明とも呼ばれている。絵画では，クレタ式と呼ばれる様式がある。これは，人体，動物を描くときに細腰の表現をするものである。代表的なものに「闘牛士のフレスコ」といわれるものがある。

  エーゲ美術は，後にギリシア美術へと継承される。

5 【ギリシア美術】

●特徴として，厳粛で調和があり，理想美を追求している。

(1) 建 築

  ●ドーリア式（中期前）…簡素

  ●イオニア式（中期）　…優雅で厳粛

  ●コリント式（後期）　…華やか

  パルテノン神殿が代表的であり，その様式はドーリア式である。

(2) 彫 刻

  ●初期：簡素，動きが少ない

  ●中期：理想美の追求…「円盤投げ」

  ●後期：理想から現実美へ…「ミロのヴィーナス」，「ラオコーン」

  人体表現は，中期…7等身，後期…8等身

6 【ローマ美術】

●ギリシア美術の流れを残している。大規模建造物，肖像彫刻，記念物があり実用的なものが多い。

(1) 建 築

  ●コロッセウム（円形闘技場），水道橋，凱旋門（がいせんもん），公共浴場が代表的なものである。

(2) 彫 刻

  ●写実的で現実的である。アウグストゥス像，アグリッパ，カラカラ帝が代表作である。

(3) 絵 画

  ●壁画が多い。ポンペイの壁画が有名である。

7 【初期キリスト教美術】

●キリスト教との関係から生み出された。信仰心を強く表現している。

●イタリア，ギリシアを中心にモザイク画，レリーフ，装飾等でその例が顕著に出る。基本的に教会の壁画や棺の装飾がそれらに当たる。

●建築では，ドーム（円屋根（まる））のものをビザンツ様式という。

⑧　【カロリング朝美術】

● ローマ美術を復活させようとシャルルマーニュ（カール大帝）は考え，そういった美術，建築などを保護した。これをカロリング＝ルネサンスという。
このことより，ヨーロッパ風の美術というものが始まった。

⑨　【ロマネスク美術】

● イタリアを中心に栄えたこの美術様式は，ローマ風のものであることが主流である。柱や壁画を彫刻で飾ることが多い。代表作として，ピサの大聖堂，斜塔が有名である。

⑩　【ゴシック美術】

● 北フランスを中心に発展した。そびえ立つ塔が特徴で，これは天への憧れを意味している。
ゴシックとは，ゴート人様式の意味である。
また，ステンドグラス等にも「バラの窓」といった特徴がある。
代表作にケルンの大聖堂，ランス寺院等がある。

⑪　【初期ルネサンス美術】

● イタリア，フィレンツェで発展した。キリスト教の拘束から離れつつ，ギリシア美術の復帰を目指している。写実的で力強い作品が特徴である。
● 彫刻家として，ドナテルロが有名。彼は，「聖ジョルジォ」，「ガッタメラータ」等の作品で知られる。また，ヴェロッキオという作家も有名である。
● 建築は，「サンタ＝マリア大聖堂」等で知られるブルネレスキが有名。
● 絵画は，マサッチオ，ギルランダイヨ，マンテーニャ等が有名である。

⑫ 【盛期ルネサンス美術】

●絵画として遠近法が完成し，大芸術家と呼ばれる人達が出てくる。

    レオナルド＝ダ＝ヴィンチ，ミケランジェロ，ラファエロ，ボッティチェリ等が該当する。

    年代順からいくと，ボッティチェリ，ダ＝ヴィンチ，ミケランジェロ，ラファエロとなる。

  <代表作品>

    ●ボッティチェリ…………………………「ヴィーナスの誕生」，「春・プリマヴェーラ」

    ●レオナルド＝ダ＝ヴィンチ…………「最後の晩餐」，「岩窟の聖母」，「モナ＝リザ」等

    ●ミケランジェロ………………………「最後の審判」，「ダヴィデ像」等

    ●ラファエロ……………………………「アテネの学堂」，「聖母子像」等

    また，これらの画風，技法等はティツィアーノ等に受け継がれ，マニエリスムへと進む。

⑬ 【末期ゴシック美術】

●ルネサンスのように急激にではなく，徐々にルネサンス的変化を見せた。北ヨーロッパ

  のフランドル地方において特に発展し，その流れは北方ルネサンスへと流れる。

  <代表作品>

    ●ヤン＝ヴァン＝アイク…「アルノルフィーニ夫妻像」

⑭ 【北方ルネサンス美術】

● 15 世紀の北ヨーロッパの作家はイタリアよりもフランドルの画家を師と仰いでいたが，

  1500 年頃からイタリア的な様式が流れ込んできた。この様式を利用し，夢と幻想の世

  界に可能な限りの現実を与えた。

  <代表作品>

    ●ルーベンス……「キリストの昇架」

    ●レンブラント…「夜警」

    ●デューラー……「四使徒」

⑮　【マニエリスム】

●盛期ルネサンスの理想像表現ではなく，自らの宿命感に抑圧されている精神の不安から，人間を奇異な形でとらえる技法を使用することによって，心の中に夢と幻想を求めた反古典主義芸術。

＜代表作品＞

- ●ティツィアーノ…「酒神祭」
- ●エル＝グレコ……「オルガス伯の埋葬」

⑯　【バロック美術】

● 16世紀から18世紀にかけてヨーロッパに現れた複雑華麗な動感にあふれた芸術様式。

＜代表作品＞

- ●カラバッジォ…「いかさま師達」

⑰　【ロココ美術】

● 18世紀にフランスを中心に盛行した美術や建築の様式。優美，軽快で洗練された装飾を特徴とする。

＜代表作品＞

- ●ヴァトー…「シテール島の巡礼」

⑱　【ロマン主義】

●情緒や自然の重視，創造的個性の尊重等の傾向を持ち，古典主義に反する芸術的傾向。写実主義。

＜代表作品＞

- ●ドラクロワ…「民衆をみちびく自由の女神」

⑲ 【写実主義】

- ●社会の現実，及び事物の実際をありのままに表現しようとする芸術思想。
  ＜代表作品＞
    - ●クールベ…「石割り」

⑳ 【印象派・後期印象派】

- ●対象となる事物が画家に与える印象を強調して表現する芸術思想。
  ＜代表作品＞
    - ●モネ……「印象・日の出」，「睡蓮」
    - ●ゴッホ…「星月夜」，「ひまわり」

㉑ 【表現主義】…野獣派（フォーヴィスム）

- ●激しい感情を大胆なタッチや原色を用いて表現する。これは後期印象派のゴッホ等の流れを汲む。
  ＜代表作品＞
    - ●マティス…「赤の調和（赤の部屋）」

㉒ 【抽象主義】…立体派（キュビスム），抽象派

- ●具体的な対象の再現を目的とせず，形態，色彩自体を表現する美術様式。
  立体派は，自然物を面で構成して表現するのが特徴である。
  抽象派は，自然の色や形を用いずに美しさを構成するのが特徴である。
  ＜代表作品＞
    - ●ピカソ…………「ゲルニカ」
    - ●モンドリアン…「ブロードウェイ・ブギ・ウギ」

23 【幻想主義】…超現実主義（シュールレアリスム）

●現実にはない，心に感じとれる世界を表現しようとする美術様式。

＜代表作品＞

　●ダリ…………「記憶の固執」

　●シャガール…「私と村」，「恋人達」

　●マグリット…「大家族」，「記憶」

24 【パリ派（エコール・ド・パリ）】

●特定の主張はないが，後期印象派からの流れである。

＜代表作品＞

　●モディリアーニ…「ズボロフスキーの肖像」

25 【未来派】

●過去を否定し，騒乱，速力，機械の美しさを称揚する美術様式。

＜代表作品＞

　●ジョーゼフ＝ステラ…「ブルックリン橋」

　●ウンベルト＝ボッチョーニ…「決起する都市」

No.1　　　　　　　　　　　　　　　　　　　　　　　　　　　　　　　　　　　　　（解答 ▸ P.39）

次の文章の〔　　　〕に入る言葉はどれか。

　ローマ美術は，ギリシア美術の影響を受けているが，〔　　　〕的に発展させることで独自の文化を形成した。

① 写実　　　② 現実　　　③ 理想　　　④ 実用　　　⑤ 抽象

No.2　　　　　　　　　　　　　　　　　　　　　　　　　　　　　　　　　　　　　（解答 ▸ P.39）

次のうち，パルテノン神殿の建築様式はどれか。

① コリント式
② イオニア式
③ パルテノン式
④ ポンペイ式
⑤ ドーリア式

No.3　　　　　　　　　　　　　　　　　　　　　　　　　　　　　　　　　　　　　（解答 ▸ P.39）

次の作品の中でレオナルド＝ダ＝ヴィンチの作品はどれか。

① 「ダヴィデ像」
② 「ヴィーナスの誕生」
③ 「最後の審判」
④ 「岩窟の聖母」
⑤ 「アテネの学堂」

No.4

（解答 ▶ P.39）

次の文の〔　　　〕に当てはまる作品はどれか。

　戦争に対する批判の意味を込めて描かれた〔　　　〕は，ピカソの代表作であり，モノトーンの作品であることが有名である。

① 　泣く女

② 　３人の踊り子

③ 　母と子

④ 　ヤプーズ

⑤ 　ゲルニカ

No.5

（解答 ▶ P.39）

次に挙げる作家の組合せの中で，イタリア＝ルネサンスの作家の組合せはどれか。

① 　レオナルド＝ダ＝ヴィンチ，ピカソ，ルノワール

② 　ゴッホ，ボッティチェリ，レオナルド＝ダ＝ヴィンチ

③ 　ラファエロ，ミケランジェロ，レンブラント

④ 　ミケランジェロ，ボッティチェリ，ラファエロ

⑤ 　レオナルド＝ダ＝ヴィンチ，ミケランジェロ，レンブラント

No.6

（解答 ▶ P.39）

次に挙げる作家とその代表作の中で正しい組合せはどれか。

① 　レオナルド＝ダ＝ヴィンチ ―――「最後の審判」

② 　ミケランジェロ ――――――「最後の晩餐」

③ 　レンブラント ―――――――「紅衣の貴公子」

④ 　パブロ＝ピカソ ――――――「グランド・ジャット島の日曜日の午後」

⑤ 　ボッティチェリ ――――――「プリマヴェーラ」

No.7 （解答 ▶ P.40）

次の文章で説明している作家は次のうち誰か。

　彼は後期印象派の画家で，17世紀以来のオランダ最大の画家と呼ばれる。彼の芸術に対する目的は，自己の内面に荒れ狂う感情のはけ口としてであった。彼は自殺するまでの10年間，絵を描き続けた。その数々の傑作は，生涯の最後の3年間で描かれたものである。彼が同時代の画家ゴーギャンと一緒に住んでいた話は有名である。また彼の代表作には，「アルルの跳ね橋」，「自画像」，「向日葵」などがある。

① セザンヌ

② レンブラント

③ ピカソ

④ モネ

⑤ ゴッホ

No.8 （解答 ▶ P.40）

次に挙げる作家の中で，スペイン出身の作家は誰か。

① エドヴァルト＝ムンク

② パブロ＝ピカソ

③ アンディー＝ウォーホール

④ ジョルジョ＝デ＝キリコ

⑤ ナムジュン＝パイク

MEMO

第3章 日本の文化

① 人文・文化史

1. 古墳文化（4～7世紀）

   ヤマト政権時代に栄えた文化。渡来人による諸技術，文字の使用。

   儒教，仏教の伝来など。

2. 飛鳥文化（7世紀前半，推古朝を中心とした時代の文化）

   法隆寺を中心に，日本最初の仏教文化。

3. 白鳳文化（大化の改新から平城京遷都にいたる時代の文化）

   律令国家建設期の清新さを特徴とする。天武・持統期中心。

4. 天平文化（8世紀の聖武朝期を中心とした奈良時代の文化）

   最盛期の唐文化の影響で，国際色豊かで，雄大な仏教文化。

   東大寺大仏（盧舎那大仏）…「鎮護国家」の仏教

   歴史書…『古事記』（712年）『日本書紀』（720年）

5. 弘仁・貞観文化（弘仁・貞観年間（平安初期）文化）

   重厚，神秘的な密教芸術と漢文学の隆盛を特色とする。

   密教…最澄（伝教大師）＝天台宗

   　　　空海（弘法大師）＝真言宗

   「加持祈禱」が仏教の中心。

6. 国風文化（藤原文化）

   遣唐使の廃止（894年）で日本の風土や生活と調和した摂関時代の文化。

   国文学…仮名文字（平仮名・片仮名）の発達

   『土佐日記』（紀貫之）『源氏物語』（紫式部）

   『枕草子』（清少納言）その他

浄土教の広まり…末法思想を背景に広まる

空也（市聖）（こうや）

源信（恵心僧都）『往生要集』（985年）

7. 平安末期（院政期）の文化

武士や庶民の文化の台頭―地方に文化が伝播

富貴寺大堂…豊後高田（大分県豊後高田市）

中尊寺金色堂…陸奥平泉（岩手県平泉）

絵巻物…『源氏物語絵巻』（藤原隆能）

8. 鎌倉文化（新興の武士の生活のなかから興った文化）

建築…東大寺南大門〔大仏様（天竺様）〕

　　　円覚寺舎利殿〔禅宗様（唐様）〕

彫刻…東大寺南大門金剛力士像（運慶・快慶）

絵画…似絵（肖像画），絵巻物

歴史…『愚管抄』（慈円）

軍記物…『平家物語』（前期），『源平盛衰記』（中期）

仏教（鎌倉新仏教）

　浄土宗〔法然〕…専修念仏

　浄土真宗（一向宗）〔親鸞〕…悪人正機説

　時宗〔一遍〕…踊念仏

　日蓮宗（法華宗）〔日蓮〕…題目

　臨済宗〔栄西〕…公案

　曹洞宗〔道元〕…只管打坐

9. 室町文化

イ）北山文化（室町時代前期）…3代将軍義満時代（15世紀初頭）

　　金閣（鹿苑寺）

　　能楽の大成…観阿弥，世阿弥

　　臨済宗の保護

ロ）東山文化（室町文化後期）…8代将軍義政の時代

応仁の乱を避けて趣味的生活を営んだ明文化，禅宗の影響を受けた枯淡幽玄の芸術

「わび，さび」

銀閣（慈照寺）…書院造

枯山水の庭園

水墨画…雪舟

正風連歌…宗祇

10. 桃山文化（16世紀末〜17世紀初頭）

信長，秀吉に代表される新興武士と豪商の財力を土台に，現実的人間的な文化。

城郭建築・障壁画…『唐獅子図屏風』（狩野永徳）

侘び茶…村田珠光，千利休

阿国歌舞伎（出雲阿国）

南蛮文化

11. 江戸文化

イ）元禄文化（江戸前期）元禄時代を中心にした時期

ロ）化政文化（江戸後期）文化・文政期を中心にした時期

		元禄文化	化政文化
時　代		5代将軍綱吉の治世を中心とする前後 （17世紀中期〜18世紀初め）	11代将軍家斉の治世を中心とする前後 （18世紀末〜19世紀初め）
地　域		上方中心	江戸中心
担い手		武士と豪商	一般町人
特　色		① 自由な人間性の追求（文学など） 　俳諧：松尾芭蕉 　浮世草子：井原西鶴 　脚本：近松門左衛門 ② 合理的精神の高揚（学問） ・朱子学＝理気二元論 　　　　　　大義名分 ・陽明学＝知行合一 ・古学	① 退廃的傾向（文学，絵画など） ② 多様化し庶民へ普及（文学，絵画） ・洒落本：江戸の遊里 ・人情本：庶民生活 ・読本，黄表紙，合巻 ・錦絵：浮世絵の色刷版画 ・文人画 ③ 批判精神の高まり（学問，思想） 　国学，洋学の発達 　政治思想の発達

12. 明治〜現代

西洋近代文化の流入（文明開化）

近代的学校制度の導入，1886年，小学校令による義務教育制→4年制から6年制

外国人教師

No.1 （解答 ▶ P.40）

1993 年，日本における世界的建築物として指定を受けた飛鳥時代の建築物は何か。

① 出雲大社

② 東大寺

③ 太宰府天満宮

④ 法隆寺

⑤ 清水寺

No.2 （解答 ▶ P.40）

『万葉集』について書かれている以下の各文のうち，正しいものはどれか。

① 奈良時代に成立した，日本最古の勅撰和歌集である。

② 撰者は紀友則，壬生忠岑といわれている。

③ 六歌仙の一人，在原業平の歌が収められている。

④ 東歌や防人の歌などが，数多く収録されている。

⑤ 技巧の特徴として，本歌取りが挙げられる。

No.3 （解答 ▶ P.41）

飛鳥文化に関する記述として正しいのは，次のうちどれか。

① 律令繁栄期で世界性のある文化といえる。

② 遣唐使らによってもたらされた唐風の文化といえる。

③ 浄土教の発展がみられる武家社会の文化といえる。

④ 摂関家を中心とする華麗な貴族文化といえる。

⑤ 仏教伝来から大化の改新の頃までの仏教文化といえる。

No.4 (解答 ▶ P.41)

極彩色の壁画で知られる高松塚古墳だが，その壁画には主題として２つのものが挙げられる。１つは「四神図」だが，もう１つは何か。

① 女子群像図　　　② 曼陀羅図　　　③ 男子群像図

④ 人物風俗図　　　⑤ 鳥獣戯画

No.5 (解答 ▶ P.41)

平安時代には中国の影響が大きく，書道では「三筆」と称すべき大家を輩出するに至った。この「三筆」とは，次のうちどれか。

① 天智天皇，最澄，橘逸勢

② 嵯峨天皇，空海，菅原道真

③ 嵯峨天皇，空海，橘逸勢

④ 小野道風，最澄，橘逸勢

⑤ 小野小町，空海，紀貫之

No.6 (解答 ▶ P.41)

平安時代も終わりに近づき，菅原道真等による遣唐使中止や，藤原文化の最盛期とも重なって，書道では「三蹟」と称す日本風の書道大家が生まれた。
この「三蹟」とは，次のうちどれか。

① 小野道風，藤原佐理，藤原行成

② 紀貫之，紫式部，西行法師

③ 小野道風，藤原公任，源頼政

④ 嵯峨天皇，空海，藤原道長

⑤ 紀貫之，小野小町，紫式部

No.7 （解答 ▶ P.41）

国風文化に関する記述として最も妥当なものは，次のうちどれか。

① 盛唐文化の影響が大きく，国際色豊かな性格を持つ文化である。
② 密教の隆盛によって，曼荼羅などの密教美術が花開いた。
③ かな文字が発達し，日記や物語文学が発達した。
④ 現存する最古の漢詩集である『凌雲集』が作られた。
⑤ 勅撰和歌集である『新古今和歌集』が鴨長明らによって編集された。

No.8 （解答 ▶ P.41）

日本の仏教に関する記述として最も妥当なものは，次のうちどれか。

① 紀元前に日本に伝えられたとされる。
② 仏教を篤く信仰した聖徳太子は，飛鳥寺（法興寺）や薬師寺を建立した。
③ 聖武天皇は仏教思想を利用した政治を進め，国分寺建立の詔や大仏造立の詔を発した。
④ 平安初期に顕教大師によって末法思想が伝えられ，密教の発達を刺激した。
⑤ 浄土教の発達に伴って，仏像は作られなくなった。

No.9 （解答 ▶ P.42）

運慶・快慶らが東大寺南大門に造った仏像は何か。

① 金剛力士像
② 阿修羅像
③ 毘沙門天像
④ 帝釈天像
⑤ 不動明王像

No.10

（解答▶P.42）

平安後期より描かれ始めた肖像画は，鎌倉時代に盛んになり写実的で人間の個性を表現しようとした。中でも「神護三像」と呼ばれる「平重盛」，「藤原光能」，「 A 」を描いたものは日本の肖像画史上に残るものである。「 A 」に入る人物は誰か。

① 平清盛

② 藤原道長

③ 北条時政

④ 源頼朝

⑤ 後鳥羽上皇

No.11

（解答▶P.42）

下の各文は鎌倉新仏教について書かれたものである。正しいものはどれか。

① 浄土系の宗派は，念仏を唱えることで極楽往生できると説いた。

② 法然の教えを受けた親鸞は，『歎異抄』を著して浄土真宗を確立させた。

③ 法華宗は，踊念仏を特色とし，藤沢の清浄光寺を本山とした。

④ 禅宗の一派，黄檗宗の開祖栄西は，「公案」という問題を解決することで悟りに達すると説いた。

⑤ 曹洞宗の開祖道元は，京都に建仁寺を開き，余念を払いひたすら座禅する「只管打座」を説いた。

以下の文は，平安後期～鎌倉時代につくられた軍記物および絵巻物について書かれたものである。正しいものはどれか。

① 『伴大納言絵巻』は応天門の変について書かれた平安末期の絵巻物である。したがって伴大納言とは伴健岑のことである。

② 『陸奥話記』は将門の乱について詳細に記したものである。平安後期に成立したとされ，全文漢文で書かれた最初の合戦記である。

③ 1159年の平治の乱によって平清盛の全盛時代を迎える。この平治の乱を題材にした軍記物が『平治物語』，絵巻物が『平治物語絵巻』である。

④ 『蒙古襲来絵詞』は鎌倉後期の絵巻物である。元寇で奮戦した武蔵の武士，男衾三郎が描かせたものといわれている。

⑤ 軍記物は盲目の琵琶法師による「語り物」として民間に普及していった。その代表作としては慈円の書いた『愚管抄』が挙げられる。

鎌倉時代に成立した文学作品とその著者名の組合せとして最も適当なものは，次のうちどれか。

	作品名	著者
①	『平家物語』	一条兼良
②	『徒然草』	吉田兼好
③	『栄花（華）物語』	阿仏尼
④	『土佐日記』	紀貫之
⑤	『蜻蛉日記』	菅原孝標の女

No.14

（解答▶P.42）

東山文化について正しいものは，次のうちどれか。

① 足利義政の時代の文化である。
② 金閣に象徴される。
③ 武家文化と公家文化が融合して成立した。
④ 将軍の庇護下で観阿弥・世阿弥が能を大成させた。
⑤ 鹿苑寺の庭園が造られた。

No.15

（解答▶P.42）

室町時代，足利義政が京都東山に別荘地東山殿を建築し，俗に言う東山文化が興るが，この中でも有名な慈照寺の銀閣（観音殿）はどの様な形式の造り方がされているか。

① 寝殿造り
② 神殿造り
③ 一本木造り
④ 寄せ木
⑤ 書院造り

No.16

（解答▶P.42）

織田信長が築造した安土城は，壮大な建物であったと言われているが，その中の障壁画を描いたのは，次のうち誰か。

① 雪舟
② 狩野永徳
③ フロイス
④ 歌川広重
⑤ 葛飾北斎

安土・桃山時代の絵画に関する記述として最も妥当なものは，次のうちどれか。

① 狩野永徳（かのうえいとく）によって，聚楽第（じゅらくてい（だい））の障壁画が描かれた。
② 本阿弥光悦（ほんあみこうえつ）によって，『風神雷神図屏風』が描かれた。
③ 如拙（じょせつ）によって，似絵が始められた。
④ 土佐光信（とさみつのぶ）によって，日本の水墨山水画が完成した。
⑤ 住吉具慶（すみよしぐけい）によって，濃絵（だみえ）が完成した。

江戸時代の初期より本阿弥光悦・俵屋宗達（たわらやそうたつ）らを源流とする江戸時代の近世市民美術流派として知られているものはどれか。

① 蘭派
② 琳派
③ 瑠派
④ 蓮派
⑤ 論派

江戸時代，浮世絵と呼ばれる一般風俗，風景等を広く描く絵画が興ったが，その江戸ならではの風俗画風を確立したのは誰か。

① 葛飾北斎
② 菱川師宣（ひしかわもろのぶ）
③ 喜多川歌麿
④ 平賀源内（ひらがげんない）
⑤ 杉田玄白（すぎたげんぱく）

No.20
（解答▶P.43）

次の江戸時代の文化に関する記述のうち，正しいものはどれか。

① 化政文化は，17世紀後半から18世紀初期にかけて上方の武家を中心に栄えた。西洋文明に影響された封建社会の近代化を基調とし，本阿弥光悦の書，円山応挙の絵画などがその代表的作品である。

② 元禄文化は，17世紀後半から18世紀初期に上方を中心として栄えた。現実主義的な生き方と自由な人間性を基調とした町人文化で，代表する作品には，井原西鶴，近松門左衛門，松尾芭蕉らによるものがある。

③ 化政文化は，18世紀初期から18世紀末期にかけて上方町人の間で栄えた。封建社会の崩壊を目の前にした爛熟と退廃的傾向を基調としたが，代表作には鳥居清信の美人画，小林一茶の俳諧がある。

④ 元禄文化は，18世紀後半から19世紀初期にかけて江戸を中心に発展した。封建社会における儒教的道徳観に根ざしたもので，代表する作品は，上田秋成の『雨月物語』，狩野探幽の襖絵などがある。

⑤ 化政文化は，18世紀後半から19世紀初期に江戸を中心に発展した町人文化である。封建社会における儒教的道徳観を基調としており，代表的作品には，与謝蕪村の俳諧，菱川師宣の浮世絵がある。

No.21
（解答▶P.43）

次に挙げる作家と作品の組合せで間違っているものはどれか。

① 青木繁 ——— 『わだつみのいろこの宮』
② 黒田清輝 —— 『海の幸』
③ 岸田劉生 —— 『麗子像』
④ 佐伯祐三 —— 『新聞屋』
⑤ 小磯良平 —— 『練習場の踊り子たち』

日本の絵画を日本画と洋画に分けたとき，作品名と作者の組合せが正しくかつ洋画であるものとして最も適当なものは，次のうちどれか。

① 『竜虎図』 ——— 菱田春草
② 『生々流転』 —— 横山大観
③ 『老猿』 ——— 荻原守衛
④ 『悲母観音』 —— 橋本雅邦
⑤ 『湖畔』 ———— 黒田清輝

日本の各文化とそれに関する記述として正しいものは，次のうちどれか。

① 天平文化 —— 唐より鑑真が来朝し，律宗を伝え，唐招提寺を創建した。
② 国風文化 —— 藤原定家は勅撰和歌集として『新古今和歌集』を編纂した。
③ 鎌倉文化 —— 末法思想の影響を受けて，平等院鳳凰堂が建立され，定朝作の阿弥陀如来像が置かれた。
④ 東山文化 —— 猿楽や田楽を母胎にその芸術性を高めたのが能で，世阿弥の『風姿花伝』や『申楽談儀』に彼の芸術論がうかがえる。
⑤ 元禄文化 —— 庶民の間に教育が普及し，印刷技術の向上もあって，御伽草子が広く愛読されるようになった。

No.24

（解答 ▶ P.43）

わが国に伝来した思想のうち仏教，儒教，キリスト教に関するア～ウの記述の中で正しいものだけを挙げているのは，次のうちどれか。

ア　仏教は飛鳥時代に伝えられ，室町時代には五山の禅僧が教養として学び，江戸時代には幕藩体制を支える思想の１つとして重要視され，林羅山によって体系づけられた。

イ　儒教のうち朱子学は，鎌倉時代に伝えられた。この朱子学では，大義名分，上下の秩序を重んじることを説いたので，江戸時代には幕府によって，特に保護された。

ウ　キリスト教は，安土・桃山時代に渡来したフランシスコ・ザビエルによって布教された。豊臣秀吉は貿易振興のため一貫して保護したが，その後江戸時代には国家統一の妨げになるものとして禁止された。

① ア，イ

② イ，ウ

③ イ

④ ア，ウ

⑤ ウ

第4章 文学史

1 外国文学史

1.【イギリス】

シェークスピア	16世紀に活躍した世界的劇作家。四大悲劇『ハムレット』『オセロ』『リア王』『マクベス』をはじめ,『ロミオとジュリエット』『真夏の夜の夢』『ベニスの商人』『テンペスト』など。
ワーズワース	イギリス北部の湖水地方を愛したロマン派の代表的詩人。コールリッジとの共著『叙情民謡集』
ディケンズ	『クリスマス・キャロル』『二都物語』『大いなる遺産』
エミリー＝ブロンテ	ブロンテ姉妹のひとり。代表作は『嵐が丘』
スティーブンソン	『ジキル博士とハイド氏』『宝島』
オスカー＝ワイルド	『ドリアン・グレイの肖像』『サロメ』
バーナード＝ショー	万能型の天才で,小説以外にも才能を発揮した。『シーザーとクレオパトラ』

2.【フランス】

スタンダール	『赤と黒』『パルムの僧院』
ビクトル＝ユーゴー	19世紀ロマン主義の中心人物。『レ＝ミゼラブル』
モーパッサン	19世紀リアリズムの作家。『脂肪の塊』『女の一生』
ボードレール	詩集『悪の華』は風俗紊乱のかどで裁判にかけられた。近代象徴詩の開祖である。
カミュ	無関心の哲学をテーマとした『異邦人』など。
ルソー	19世紀の思想家。近代民主主義の概念を確立した人。『社会契約論』『エミール』
バルザック	写実派・自然派の先駆とされる。『人間喜劇』
ゾラ	「自然主義」の名称を作る。『実験小説論』『居酒屋』『ナナ』
デュマ	『三銃士』『モンテ・クリスト伯』
ランボー	早熟の詩人。『イリュミナシオン』『地獄の季節』を発表後,二十歳で詩を捨てる。

サン＝テグジュペリ	飛行士でもあった彼は，第二次世界大戦中，偵察飛行の途中で消息を絶った。『夜間飛行』『星の王子さま』
アンドレ＝ジッド	『狭き門』『田園交響楽』
ロマン＝ロラン	20世紀文学の指導的役割を果たし，平和運動にも注目した。『ジャン・クリストフ』
サルトル	20世紀実存主義の代表的存在。戦後世界の思想界を主導した。『存在と無』

3.【ドイツ】

ゲーテ	シラーとともに19世紀古典派を代表する作家で世界的な文豪。政治家としても活躍。『ファウスト』『若きウェルテルの悩み』
ハイネ	フランス革命に感激してフランスに亡命した情熱の詩人。詩集『歌の本』。その作品は多くシューベルト，シューマンらによって作曲されている。
ヘルマン＝ヘッセ	『車輪の下』『ペーター・カーメンツィント』
トーマス＝マン	20世紀ドイツを代表する作家。『魔の山』『トニオ・クレーゲル』
レマルク	第一次世界大戦の膠着状態の前線兵士を描いた『西部戦線異状なし』

4.【ロシア】

トゥルゲーネフ	『猟人日記』『父と子』『処女地』
トルストイ	19世紀を代表する文豪のひとり。貴族の家に生まれるが80歳を過ぎて自己の信念に従って自領の農奴を解放し家出する。最期は鉄道の駅で凍え死んだ。『戦争と平和』『アンナ＝カレーニナ』『復活』
ドストエフスキー	19世紀の世界的文豪。その作風は「魂のリアリズム」と呼ばれる。『罪と罰』『白痴』『悪霊』『カラマーゾフの兄弟』
チェーホフ	近代演劇の完成者。『桜の園』『かもめ』など。
ゴーリキー	『どん底』
ショーロホフ	『静かなるドン』
ソルジェニツィン	現代ソビエトの実情を描いた『収容所群島』などで著名。ノーベル文学賞受賞。

5.【アメリカ】

エドガー＝アラン＝ポー	詩人・小説家。『アッシャー家の崩壊』『黒猫』。恐怖・推理小説でも有名。
ヘミングウェー	20世紀アメリカを代表する作家。第一次世界大戦に参戦。『武器よさらば』『誰がために鐘は鳴る』『日はまた昇る』『老人と海』
スタインベック	『エデンの東』や大恐慌の時代を舞台とした『怒りの葡萄』の作者。
パール＝バック	中国農民の姿を描いた『大地』とその続編『息子たち』『大地の家』が代表作の女流作家。
O＝ヘンリー	短編の名手で，『最後の一葉』『賢者の贈り物』など。
マーク＝トウェイン	『王子と乞食』『トム・ソーヤの冒険』『ハックルベリー・フィンの冒険』

6.【その他】

フランツ＝カフカ	チェコの人。ドイツ語で著作を発表したので普通，ドイツ文学の範疇に入れる。朝起きると自分が巨大な毒虫になっていたという『変身』や『審判』『城』など特異な作品で有名。
イプセン	ノルウェー。近代劇の創始者。『人形の家』
セルバンテス	スペイン。『ドン＝キホーテ』
ダンテ	イタリア＝ルネサンス最高の詩人。『神曲』
リルケ	オーストリアの詩人。『マルテの手記』
魯迅	中国近代文学の確立者。はじめ医学を志して日本に留学。『阿Q正伝』『狂人日記』
老舎	20世紀中国の代表作家。『駱駝祥子』
タゴール	インドの詩人・思想家。『朝の歌』
ガルシア＝マルケス	コロンビアの作家。南米文学に世界の目を向けさせた功労者。『百年の孤独』

＊ラテンアメリカの文学：バルガス・リョサ，ボルヘスなど，幻想性の強い作品が特徴

2 日本文学

1. 概　要

　それぞれの作者や作品名を個別に覚えていくよりも，同時代の社会の動きと関連付けると理解しやすい。例えば，大化の改新・藤原道長の登場・平清盛と源氏の盛衰・南北朝の対立・江戸幕府や明治政府の成立・太平洋戦争は文学史の上にも重要な事件と言える。これらの事件の意味と年代を知っておくとよい。

　ここでは，簡単に時代関係を図示する。

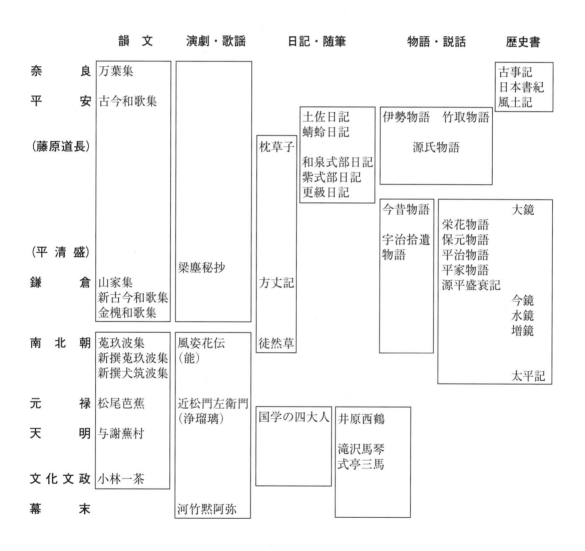

2. 時代別概説

【奈良時代の文学】

　大化の改新に続く時代で,「現存する最古の」と形容される文学作品が多く残されている。歴史書として紀伝体による『**古事記**』と全文漢文による編年体の正史『**日本書紀**』,和歌集『**万葉集**』,漢詩文集『懐風藻（かいふうそう）』,地誌『風土記（ふどき）』などがそれである。まだカタカナ,ひらがなが発明されておらず,漢字に仮名の働きをさせる万葉仮名が使われている。

【平安時代の文学】

　はじめ中国文明の影響下に漢詩文の流行を見るが,遣唐使が廃止された頃から,かな文字が発明され「国風文化」が発展した時期である。ひらがなの使用といえば『土佐日記』「古今和歌集仮名序（かなじょ）」の作者である紀貫之の功績は大きい。

　宮廷は藤原氏を中心に繁栄を見せ,特に藤原道長時代の前後に『蜻蛉（かげろう）日記』『更級（さらしな）日記』『**源氏物語**』『**枕草子**』など後宮の女官たちがすぐれた日記・物語・随筆を残した。

　平安後期（院政期）には,次の中世に続く説話や庶民文学が興隆した。

【鎌倉・南北朝時代の文学】

　「中世は人死にの時代」と言われるが,戦乱による社会不安が文学にも影響している。時代の主役,武士を主人公にした『**平家物語**』などの「軍記物語」,「連歌」「説話物語」「能」などの演劇は経済力を付けてきた庶民にも歓迎された。実力を失った貴族たちは『**新古今和歌集**』などで懐古趣味にふける。ついには出家して山中に隠れ,思索と著作に生きる「隠者」と呼ばれる人達も出てくる。いずれにしても「無常観」が時代を支配している。また,そうした不安を救済するために鎌倉新仏教のもとで仏教文学が発達した。

【江戸時代の文学】

　元禄時代　この時代までは上方が文化の中心である。文化面の変化は政治上の変化に遅れてやってくる。

　「元禄の三文豪」（俳諧の松尾芭蕉・浮世草子の井原西鶴・浄瑠璃の近松門左衛門）

松尾芭蕉	俳諧	『奥の細道』『猿蓑（さるみの）』『冬の日』
井原西鶴	浮世草子	『好色一代男（こうしょくいちだいおとこ）』『日本永代蔵（えいたいぐら）』『世間胸算用（せけんむねざんよう）』
近松門左衛門	浄瑠璃・歌舞伎脚本	『曽根崎心中（そねざきしんじゅう）』『国性爺合戦（こくせんやかっせん）』『冥途の飛脚（めいど）』

江戸中期　この前後は川柳や狂歌や歌舞伎が流行し，次第に江戸の町人が文化の担い手と
　　　　　なる。

　　　　　天明俳諧の中心は与謝蕪村であろう。他に上田秋成の『雨月物語』など。

　　　　　与謝蕪村　『春風馬堤曲』

文化・文政時代（略して化政）　歌舞伎の全盛期であり，俳諧では小林一茶が活躍。

　　　　　　　　　　小林一茶　『おらが春』

　＊国学：漢学（後には蘭学）に対する立場から古典研究を通して「日本固有の文化」
　　　　　を追求した。

　　　　　「国学の四大人」（荷田春満・賀茂真淵・本居宣長・平田篤胤）

　　　　　本居宣長　『古事記伝』『源氏物語玉の小櫛』

【近代の文学】

　詩歌・小説全体に自然主義の流れと浪漫主義・耽美主義の流れの二大潮流があり，それ
とは別に森鷗外・夏目漱石・新思潮派の芥川龍之介らがいる，という構図で考える。他に，
反自然主義の立場を取る白樺派・耽美派と自然主義に近い立場としてプロレタリア文学と
それから離脱した転向文学がある。

　　自然主義：フランス自然主義の影響を受けて成立，以後文壇の主流となる。

　　浪漫主義：ドイツロマン主義の影響を受けて成立。

　　反自然主義：自然主義が瑣末にこだわることに反発した大正期の文学思潮。

　　白樺派：（後出）

　　新思潮派：（後出）

　　プロレタリア文学：小林多喜二『蟹工船』

【戦後文学】

　　戦後派

　　　三島由紀夫　『仮面の告白』『金閣寺』

　　新戯作派（無頼派）

　　　坂口安吾　『堕落論』

　　　太宰　治　『人間失格』『斜陽』

　　第三の新人

　　　遠藤周作　『白い人』『海と毒薬』

3．ジャンル別解説

(1)　韻文

・和歌

『万葉集』大伴家持　編

『古今和歌集』紀貫之・紀友則ら編　勅撰集

『新古今和歌集』藤原定家ら編　　　勅撰集

三代集・八代集（勅撰和歌集）

西行　　　『山家集』

源実朝　　『金槐和歌集』

⋮

正岡子規　『歌よみに与ふる書』

伊藤左千夫

斎藤茂吉

・連歌・俳諧

『菟玖波集』

『新撰菟玖波集』

『犬筑波集』

松尾芭蕉

与謝蕪村

小林一茶

⋮

正岡子規

高浜虚子

水原秋桜子

・詩（近代詩）

『新体詩抄』

島崎藤村　　　『若菜集』

北原白秋　　　『邪宗門』『思ひ出』

高村光太郎　『道程』

萩原朔太郎　『月に吠える』

三好達治　　『測量船』

(2)　**物語・小説**

『竹取物語』　　一般には「かぐや姫」で知られている。「物語の祖（おや）」と呼ばれる現
　　　　　　　　存最古の物語で，「つくり物語」（伝奇物語）と呼ばれる。

『伊勢物語』　　和歌の詞書（ことばがき）から発達した歌物語。同様のものに『大和物語』など。

『源氏物語』　　光源氏を主人公に彼の恋愛遍歴を軸に展開する。平安朝物語の集大
　　　　　　　　成とも言え，世界最古の長編小説である。

『今昔物語』　　平安末期成立。本朝（日本）・唐朝（中国）・天竺（てんじく）（インド）の仏教
　　　　　　　　説話・世俗説話を集めたもの。

『宇治拾遺物語』　世俗説話集
『十訓抄（じっきんしょう）』　　　世俗説話集
『発心集（ほっしん）』仏教説話　　鴨長明（かものちょうめい）作

『平家物語』　　平清盛を中心とする平家の盛衰を描いたもの。もともと琵琶の曲に
　　　　　　　　乗せて盲目の法師が語った「語り物」・「平曲」として，大勢の語り
　　　　　　　　手によって現在の形ができ上がった。
　　　　　　　　他に『平治物語』『保元物語』『義経記（ぎけいき）』など。

『太平記』　　　南北朝の戦乱を描いたもの。小島法師の作とされる。

＊歴史物語　　中国の「史記」を手本とする「紀伝体」によるものと，「編年体」によ
　　　　　　　　るものがある。
　　　　　　　　四鏡と呼ばれる『大鏡』・『今鏡』・『水鏡』・『増鏡』や『栄花物語』など。

・江戸期の小説

　　ここからはむしろ代表的な作者名をキーにして時代の前後と特徴を押さえた方がよ
　い。

　　仮名草子

　　浮世草子（井原西鶴（いはらさいかく））

　　読本（よみほん）（山東京伝・滝沢（曲亭）馬琴（ばきん））

　　洒落本（山東京伝）

人情本（為永春水）
滑稽本（十返舎一九・式亭三馬）
草双紙（恋川春町・柳亭種彦）

・明治初期の戯作小説
仮名垣魯文

明治中期まで
啓蒙主義
福沢諭吉　『学問ノスヽメ』
坪内逍遥
泉鏡花

・明治中期から

浪漫主義

自然主義
田山花袋　　『田舎教師』

島崎藤村　　『破戒』

反自然主義
森鷗外

夏目漱石

耽美派
永井荷風　　『あめりか物語』『ふらんす物語』『墨東綺譚』
谷崎潤一郎　『刺青』『痴人の愛』『細雪』

理知主義（新思潮派）
芥川龍之介

白樺派　大正デモクラシーを背景に学習院・東大の仲間たちが理想主義を掲げて結
成。
有島武郎
武者小路実篤
志賀直哉

プロレタリア文学
小林多喜二　『蟹工船』

戦争文学
　火野葦平<ruby>火野葦平<rt>ひ の あしへい</rt></ruby>　　　『麦と兵隊』

(3)　日記・評論・随筆

　　『土佐日記』　　　紀貫之　女性のふりをしてひらがな書きした和歌の手本を指向した
　　　　　　　　　　　旅日記。
　　『蜻蛉日記』　　　右大将<ruby>道綱<rt>みちつな</rt></ruby>の母
　　『和泉式部日記』<ruby>和泉式部<rt>いずみしきぶ</rt></ruby>　和泉式部
　　『紫式部日記』　　紫式部
　　『更級日記』　　　菅原<ruby>孝標<rt>たかすえ</rt></ruby>の<ruby>女<rt>むすめ</rt></ruby>（蜻蛉日記の作者の姪）
　　『<ruby>十六夜<rt>いざよい</rt></ruby>日記』　　<ruby>阿仏尼<rt>あ ぶつ に</rt></ruby>　息子の遺産相続に関して鎌倉に訴訟に出かける折の旅日
　　　　　　　　　　　記。

・三大随筆

　　『枕草子』　　　　清少納言　知的な興味を追及する「をかし」の文学。
　　『方丈記』　　　　鴨長明　人と住み家との「無常」をいう「隠者文学」。彼の作は
　　　　　　　　　　　他に『発心集』『無名抄』。
　　『徒然草』　　　　吉田兼好　「無常」の世界に生きる知恵と和歌の手引を目指すもの。

日本文学史

《古文文学史》

No.1 （解答 ▶ P.44）

八代集でないものは次のうちどれか。

① 『後撰和歌集』
② 『拾遺和歌集』
③ 『万葉集』
④ 『古今和歌集』
⑤ 『金葉和歌集』

No.2 （解答 ▶ P.44）

『枕草子』の作者は次のうち誰か。

① 紫式部
② 和泉式部
③ 清少納言
④ 小野小町
⑤ 中宮定子

No.3 （解答 ▶ P.44）

平安時代の説話集の作品は次のうちどれか。

① 『今昔物語集』
② 『十訓抄』
③ 『宇治拾遺物語』
④ 『梁塵秘抄』
⑤ 『沙石集』

No.4 (解答 ▶ P.44)

『大鏡』の文学史的説明として最も適当なものは次のうちどれか。

① 日本最古の短編小説集で，成立は平安時代後期か鎌倉時代。近代的な面白さをあわせ持つ。

② 和漢混交文体の名文で知られ，琵琶法師によって「平曲」として語られた。「語り物」ともいう。
わ かん こん こう　　　　　　　　　　　　び わ ほう し　　　　　　へい きょく

③ 歴史物語の最高傑作の位置を占める。作者未詳。11 ～ 12 世紀に成立。紀伝体。
き でん

④ 編年体の歴史物語。和文の物語風歴史であり，『源氏物語』の模倣も目立つ。
へん ねん

⑤ 仏教的無常観に基づいた随筆であり，中世隠者文学の傑作。三大随筆の一つ。
ずい ひつ

No.5 (解答 ▶ P.44)

日記とその作者の組合せとして正しいものは次のうちどれか。

① 『蜻蛉日記』——— 菅原孝標の女
かげろう　　　　　すがわらたかすえ　むすめ

② 『十六夜日記』—— 阿仏尼
い ざ よい　　　　　あ ぶつ に

③ 『土佐日記』——— 在原業平
ありわらのなりひら

④ 『更級日記』——— 松尾芭蕉
さらしな　　　　　ば しょう

⑤ 『和泉式部日記』—— 小式部内侍
こしきぶのないし

No.6 (解答 ▶ P.44)

『方丈記』の作者の作品として正しいのは次のうちどれか。
ほうじょう き

① 『発心集』
ほっしん

② 『拾玉集』
しゅうぎょく

③ 『沙石集』

④ 『宝物集』
ほうぶつ

⑤ 『毎月抄』
まいげつしょう

No.7   (解答 ▶ P.44)

『源氏物語』よりも後に成立した作品は次のうちどれか。

① 『竹取物語』
② 『堤中納言物語』
③ 『宇津保物語』
④ 『落窪物語』
⑤ 『伊勢物語』

No.8   (解答 ▶ P.44)

次の文の空欄を埋めるのに最も適切な組合せはどれか。

　井原西鶴は（　A　）と呼ばれる多くの作品を著した。代表作に『（　B　）』などがある。この（　C　）期には，浄瑠璃の（　D　）や『奥の細道』で知られる俳人の（　E　）が活躍した。

	A	B	C	D	E
①	仮名草子	雨月物語	天保	賀茂真淵	小林一茶
②	滑稽本	南総里見八犬伝	寛永	松永貞徳	与謝蕪村
③	浮世草子	世間胸算用	元禄	近松門左衛門	松尾芭蕉
④	洒落本	春色梅児誉美	天明	上田秋成	向井去来
⑤	説話集	浮世風呂	化政	鶴屋南北	西山宗因

No.1　　　　　　　　　　　　　　　　　　　　　（解答 ▶ P.44）

次のうち，夏目漱石_{そうせき}の作品はどれか。

① 『暗夜行路_{あんやこうろ}』

② 『高野聖_{こうやひじり}』

③ 『斜陽_{しゃよう}』

④ 『破戒』

⑤ 『門』

No.2　　　　　　　　　　　　　　　　　　　　　（解答 ▶ P.44）

次のうち島崎藤村の作品はどれか。

① 『道程_{どうてい}』

② 『月に吠える』

③ 『悲しき玩具_{がんぐ}』

④ 『若菜集』

⑤ 『田舎教師』

No.3　　　　　　　　　　　　　　　　　　　　　（解答 ▶ P.45）

白樺派とその作品の組合せとして正しいものは次のうちどれか。

① 森鷗外_{おうがい}　　　　　———　　『舞姫_{まいひめ}』

② 武者小路実篤_{むしゃのこうじさねあつ}———　『お目出たき人』

③ 永井荷風_{かふう}　　　———　『あめりか物語』

④ 田山花袋_{たやまかたい}　　　———　『蒲団_{ふとん}』

⑤ 谷崎潤一郎_{じゅんいちろう}　　———　『刺青_{しせい}』

正岡子規に最も関係のあるものは次のうちどれか。

① 『明星』　　　② 『赤光』　　　③ 『歌よみに与ふる書』

④ 『若菜集』　　⑤ 『五重塔』

石川啄木の作品は次のうちどれか。

① 『若菜集』　　② 『邪宗門』　　③ 『一握の砂』

④ 『路傍の石』　⑤ 『月に吠える』

川端康成の作品は次のうちどれか。

① 『雪国』　　　② 『菜穂子』　　③ 『檸檬』

④ 『金閣寺』　　⑤ 『人間失格』

次のうち，大江健三郎の作品はどれか。

① 『沈黙』　　　② 『斜陽』　　　③ 『裸の王様』

④ 『山の音』　　⑤ 『飼育』

《外国文学史》

No.1 （解答 ▶ P.45）

次のうち，作者と作品の組合せが正しいものはどれか。

① ワーズワース ——— 『デカメロン』

② スティーブンソン —— 『ガルガンチュアとパンタグリュエルの物語』

③ ラブレー ——————— 『ドン＝キホーテ』

④ チョーサー ————— 『カンタベリ物語』

⑤ モンテーニュ ———— 『ユートピア』

No.2 （解答 ▶ P.45）

次のうち，シェークスピアの作品でないものはどれか。

① 『ハムレット』　　② 『マクベス』　　③ 『オセロ』

④ 『リア王』　　⑤ 『アンナ＝カレーニナ』

No.3 （解答 ▶ P.45）

次に挙げる５つの作品のうち，ドイツの文豪ゲーテが書いたものはいくつあるか。

・『ワレンシュタイン』

・『ファウスト』

・『草の葉』

・『赤と黒』

・『父と子』

① １つもない　　② １つ　　③ ２つ　　④ ３つ　　⑤ ４つ

以下の説明に合致する文学作品はどれか。

　1866年に刊行された長編小説。「非凡な人間は，新たな世の中の成長のため，社会道徳を踏み外してもよい」という理論をもとに殺人を犯した元大学生が，罪の意識に苦悩する姿を描く。

① 『罪と罰』
② 『アンナ＝カレーニナ』
③ 『戦争と平和』
④ 『白痴<ruby>白痴<rt>はくち</rt></ruby>』
⑤ 『どん底』

次のうち，中国の文学者である<ruby>魯迅<rt>ろじん</rt></ruby>が書いた作品はどれか。

① 『<ruby>異邦人<rt>いほうじん</rt></ruby>』
② 『狂人日記』
③ 『武器よさらば』
④ 『見せられた魂』
⑤ 『魔の山』

公務員試験

地方初級・国家一般職（高卒者）テキスト　人文科学　第4版

2013年3月1日　初　版　第1刷発行
2024年2月15日　第4版　第1刷発行

編 著 者	T A C 株 式 会 社	
	（出版事業部編集部）	
発 行 者	多 　田 　敏 　男	
発 行 所	T A C株式会社　出版事業部	
	（T A C出版）	

〒101-8383
東京都千代田区神田三崎町3-2-18
電話 03（5276）9492（営業）
FAX 03（5276）9674
https://shuppan.tac-school.co.jp/

印 　刷	株 式 会 社 　ワ 　コ 　ー	
製 　本	東 京 美 術 紙 工 協 業 組 合	

© TAC 2024　　　　Printed in Japan　　　　ISBN 978-4-300-11053-9
N.D.C. 317

TAC出版 書籍のご案内

TAC出版では、資格の学校TAC各講座の定評ある執筆陣による資格試験の参考書をはじめ、資格取得者の開業法や仕事術、実務書、ビジネス書、一般書などを発行しています！

TAC出版の書籍

*一部書籍は、早稲田経営出版のブランドにて刊行しております。

資格・検定試験の受験対策書籍

- ✪日商簿記検定
- ✪建設業経理士
- ✪全経簿記上級
- ✪税 理 士
- ✪公認会計士
- ✪社会保険労務士
- ✪中小企業診断士
- ✪証券アナリスト

- ✪ファイナンシャルプランナー(FP)
- ✪証券外務員
- ✪貸金業務取扱主任者
- ✪不動産鑑定士
- ✪宅地建物取引士
- ✪賃貸不動産経営管理士
- ✪マンション管理士
- ✪管理業務主任者

- ✪司法書士
- ✪行政書士
- ✪司法試験
- ✪弁理士
- ✪公務員試験(大卒程度・高卒者)
- ✪情報処理試験
- ✪介護福祉士
- ✪ケアマネジャー
- ✪社会福祉士　ほか

実務書・ビジネス書

- ✪会計実務、税法、税務、経理
- ✪総務、労務、人事
- ✪ビジネススキル、マナー、就職、自己啓発
- ✪資格取得者の開業法、仕事術、営業術
- ✪翻訳ビジネス書

一般書・エンタメ書

- ✪ファッション
- ✪エッセイ、レシピ
- ✪スポーツ
- ✪旅行ガイド (おとな旅プレミアム/ハルカナ)
- ✪翻訳小説

書籍の正誤に関するご確認とお問合せについて

書籍の記載内容に誤りではないかと思われる箇所がございましたら、以下の手順にてご確認とお問合せを
してくださいますよう、お願い申し上げます。
なお、正誤のお問合せ以外の書籍内容に関する解説および受験指導などは、一切行っておりません。
そのようなお問合せにつきましては、お答えいたしかねますので、あらかじめご了承ください。

1 「Cyber Book Store」にて正誤表を確認する

TAC出版書籍販売サイト「Cyber Book Store」の
トップページ内「正誤表」コーナーにて、正誤表をご確認ください。

CYBER TAC出版書籍販売サイト
BOOK STORE

URL：https://bookstore.tac-school.co.jp/

2 1の正誤表がない、あるいは正誤表に該当箇所の記載がない
⇒下記①、②のどちらかの方法で文書にて問合せをする

★ご注意ください★

お電話でのお問合せは、お受けいたしません。
①、②のどちらの方法でも、お問合せの際には、「お名前」とともに、
「対象の書籍名（○級・第○回対策も含む）およびその版数（第○版・○○年度版など）」
「お問合せ該当箇所の頁数と行数」
「誤りと思われる記載」
「正しいとお考えになる記載とその根拠」
を明記してください。
なお、回答までに1週間前後を要する場合もございます。あらかじめご了承ください。

① ウェブページ「Cyber Book Store」内の「お問合せフォーム」より問合せをする

【お問合せフォームアドレス】

https://bookstore.tac-school.co.jp/inquiry/

② メールにより問合せをする

【メール宛先　TAC出版】

syuppan-h@tac-school.co.jp

※土日祝日はお問合せ対応をおこなっておりません。
※正誤のお問合せ対応は、該当書籍の改訂版刊行月末日までといたします。

乱丁・落丁による交換は、該当書籍の改訂版刊行月末日までといたします。なお、書籍の在庫状況等
により、お受けできない場合もございます。
また、各種本試験の実施の延期、中止を理由とした本書の返品はお受けいたしません。返金もいたし
かねますので、あらかじめご了承くださいますようお願い申し上げます。

（2022年7月現在）

日本史・世界史
対照年表

☆年表の記述について

1　世界史および東洋（中国）史に書かれている，国名（地域名）の意味は以下の通り。

注意点
　　① 一部を除き，戦争などで２カ国以上が当事国になっているものは，国名（地域名）を記していない。
　　② 東洋（中国）史で，①の場合を除き国名が記されていないものは，中国を表している。
　　③ 状況に応じて，当時の国名ではなく，現在の国名で記しているものがある。
　　　（例：ゾロアスター教を「ペルシア」でなく「イラン」，ネーデルラントを使わずオランダ（蘭）で統一　など）

世界史分野

エジ	エジプト	ポル	ポルトガル	スウェ	スウェーデン
メソ	メソポタミア	スペ	スペイン	アフ	アフリカ
ギリ	ギリシア	オス	オスマン帝国	オセ	オセアニア
印	インド	独	ドイツ	トル	トルコ
イラン	イラン	ポー	ポーランド	メキ	メキシコ
パレ	パレスチナ	フラン	フランドル地方	ボス	ボスニア
ペル	ペルシア	露	ロシア	チェ	チェコスロヴァキア
ロー	ローマ	ネー	ネーデルラント	ブル	ブルガリア
マケ	マケドニア	蘭	オランダ	アイ	アイルランド
東ロ	東ローマ帝国	北伊	北イタリア	ソ	ソ連
西ロ	西ローマ帝国	プロ	プロイセン	ユー	ユーゴスラヴィア
イス	イスラム帝国	オー	オーストリア	パキ	パキスタン
フラ	フランク王国	米	アメリカ	スリ	スリランカ
仏	フランス	ハイチ	ハイチ	イスラ	イスラエル
東フ	東フランク	南米	南米	西独	西ドイツ
西ア	西アジア	ベル	ベルギー	東独	東ドイツ
伊	イタリア	デン	デンマーク	キュ	キューバ
英	イギリス	ハン	ハンガリー	南ア	南アフリカ
神ロ	神聖ローマ帝国	サル	サルデーニャ王国	バン	バングラデシュ
中ア	中央アジア	南伊	南イタリア	イラク	イラク

東洋（中国）史分野：国名の記述がないものは中国

朝鮮	朝鮮半島	カン	カンボジア	シン	シンガポール
マレー	マレー半島	タイ	タイ	韓国	韓国
ベト	ベトナム	フィ	フィリピン	北朝	北朝鮮
ビル	ビルマ（現ミャンマー）	ラオス	ラオス	台湾	台湾
ジャワ	ジャワ島	イン	インドネシア		

2　年にある「○」は，正確な成立年が分からない（もしくは指定できない）ため，「その年代近くに成立した」という意味で，また，出来事にある「□」は内容や作品名を表す意味で使用している。

3　出来事の最初にある数字は月を表し，月を特定できないものはその年の最後にまとめてある。

4　世界史，東洋（中国）史の**ゴシック体**は，文化史を表している。

5　文化史において，『　』は著作物を，「　」は絵画などの作品名を表している。

日本史・世界史　対照年表

			日本史	
時代	年代	年号	出来事	文化
更新世　↓　完新世	旧石器時代　新石器時代	縄文文化	○打製石器の使用 ○狩猟・漁労の採集生活 （約1万年前）この頃，日本列島形成 ○磨製石器・骨角器の使用 ○土器（＝縄文土器）の使用 ○狩猟・漁労生活 ○竪穴住居完成 ○呪術的な習俗→土偶などの製作	

世界史			東洋(中国)史			
年	国名	出来事	年	国名	出来事	中国
400万年前		猿人出現(アウストラロピテクス)				
50万年前		原人出現(北京原人・ジャワ原人など)→打製石器,火の使用				
20万年前		旧人出現(ネアンデルタール人)→死者の埋葬				
4万年前		新人(現生人類)出現(クロマニョン人)→骨角器の使用,洞穴壁画				
9000~8000年前　農耕・牧畜始まる						
磨製石器,彩文土器の使用						
			BC5000~4000頃		仰韶(彩陶)文化(黄河中流域)	
					稲作農耕開始(長江流域)	
3000頃	メソ	○ティグリス・ユーフラテス川流域に都市文明成立				
2700頃	メソ	○メソポタミア南部にシュメール人が都市国家形成				
	エジ	○クフ王,ギザに大ピラミッド建設				
○	メソ	楔形文字				
○	エジ	神聖文字				
2300頃	印	インダス川中・下流域を中心に都市文明が成立(ハラッパー,モヘンジョ=ダロ)	BC2000~1500頃		竜山(黒陶)文化	
C18C頃	メソ	古バビロニア王国のハンムラビ王,全メソポタミアを統一→ハンムラビ法典の制定				
			BC1600頃		殷成立(~BC1050頃)	殷
1500頃	印	アーリア人移住開始	BC1050頃		周,殷を滅ぼし華北統一(都:鎬京)(=西周)	周
○	印	バラモン教				
C8C頃	ギリ	ポリスの形成	BC770		周の東遷:都を洛邑に遷都(=東周)→春秋時代の始まり(~BC403)	
	ギリ	ホメロス:『イリアス』,『オデュッセイア』				
C7C頃	イラン	ゾロアスター教				
7C前半		アッシリア,全オリエント統一(BC612滅亡)				
BC586	パレ	バビロン捕囚(~BC538)				
BC550	ペル	アケメネス朝樹立				春
BC525	ペル	アケメネス朝,全オリエント統一				
BC509	ロー	共和政開始				秋
BC500		ペルシア戦争(~BC449)〔ペルシアvsギリシア諸ポリス(アテネ中心)〕				
BC494	ロー	護民官設置				
C478頃	ギリ	デロス同盟結成				
BC431	ギリ	ペロポネソス戦争(~BC404)	春秋末		○牛耕農法,鉄製農具	

日本史

時代	年代	年号	出来事	文化
	弥生文化	BC3C頃	○西日本で水稲耕作成立 ○青銅器・鉄器などの金属器の伝来，使用 ○土器（＝弥生土器）の使用 ○木製農具，高床倉庫の使用 ○環濠集落の形成 ○死者の埋葬→甕棺墓・方形周溝墓・墳丘墓など	
		BC1C頃	倭人の社会は百余国の小国に分立（『漢書』地理志）	
BC ↑				

	世界史			東洋（中国）史		
年	国名	出来事	年	国名	出来事	中国
BC5C	ギリ パレ 印 印	ソフィストの活躍→ソフィスト批判：ソクラテス，プラトン ユダヤ教 仏教成立：ガウタマ＝シッダールタ ジャイナ教成立	○ BC403		諸子百家 戦国時代開始（〜BC221） 戦国の七雄：斉・楚・燕・韓・魏・趙・秦	春 秋
BC334	マケ	アレクサンドロス大王（位：BC336〜BC323）の 東方遠征開始（〜BC324）				
○	ギリ	アリストテレス				戦
BC330	ペル	アケメネス朝滅亡				
C317頃	印	マウリヤ朝成立（〜BC180頃）				国
C3C前		アレクサンドロス帝国領分割				
BC264		ポエニ戦争（〜BC146　計3回）				
BC3C		ヘレニズム文化	BC221		秦，中国統一	
			○		郡県制	
			BC213		焚書・坑儒	秦
			BC209		陳勝・呉広の乱（〜BC208）	
			BC206		秦滅亡	
			BC202		劉邦，項羽を破り中国統一 →漢（前漢）を開く（都：長安）	
			○		郡国制	
			BC154		呉楚七国の乱	
			BC141 ○		武帝即位（位〜BC87） 郡県制に移行	前
BC133	ロー	グラックス兄弟の改革（〜BC122）	BC108	朝鮮	楽浪郡（〜AD313）	
BC1C	印	サータヴァーハナ朝成立（〜3C）	BC97頃		『史記』（司馬遷）	
BC60	ロー	第1回三頭政治開始（〜BC53） ：カエサル，ポンペイウス，クラッスス				
BC43	ロー	第2回三頭政治開始（〜BC36） ：オクタヴィアヌス，アントニウス，レピドゥス	BC1C後半	朝鮮	高句麗成立	
BC31		アクティウムの海戦→ローマ，地中海制覇				
BC27	ロー	オクタヴィアヌス，元老院からアウグストゥス の称号を受ける→元首政開始：帝政ローマ （〜五賢帝末：パックス＝ロマーナ）				漢
BC4頃		イエス（キリスト）生誕（〜AD30頃）				
元前後	印	ヒンドゥー教				
BC ↑						

日本史

時代	年代	年号	出来事	文化
AD↓				
	57		倭の奴国の王の使者が後漢の洛陽におもむき，光武帝から印綬を受ける（『後漢書』東夷伝）	
	239		邪馬台国の女王卑弥呼，魏の皇帝に使いを送る→「親魏倭王」の称号と多数の銅鏡などを贈られる（『魏志』倭人伝）	
	3C後半		古墳時代の開始	
古墳時代	4C中頃		この頃までに，大和政権により全国の主要部分が統一	
	421～502		倭の五王(讃・珍・済・興・武)が中国南朝に朝貢	

世界史			東洋(中国)史			
年↓	国名	出来事	年	国名	出来事	中国
D			8		王莽，新建国	新
			18		赤眉の乱(～27)	
			23		劉秀，王莽を倒す→新滅亡	
			25		劉秀，光武帝となり漢王朝再興 →後漢(都:洛陽)	
後半	印	ガンダーラ美術	1C後半		『漢書』(班固)	後
96	ロー	五賢帝時代(～180)				
130	印	クシャーナ朝　カニシカ王即位(～170)	2C前半		製紙法	漢
○		大乗仏教確立	184		黄巾の乱	
前半	イラン	マニ教	220		後漢滅亡 魏建国(都:洛陽)	
			221		蜀建国(都:成都)	魏蜀呉
			222		呉建国(都:建業(南京))	
226	ペル	ササン朝成立	○		九品中正法	
235	ロー	軍人皇帝時代(～284)				
			263		魏，蜀を滅ぼす	
			265		司馬炎(武帝)，晋(西晋)建国(都:洛陽)	
			280		晋，呉を滅ぼし中国統一	西晋
284	ロー	ディオクレティアヌス帝即位(位:～305)				
306	ロー	コンスタンティヌス(副帝:306～，正帝:324～337)				
313	ロー	ミラノ勅令→キリスト教公認	316		晋(西晋)滅亡 →◎華北:五胡十六国　匈奴・羯・鮮卑・氐・羌 ◎江南:東晋(都:建康(南京))	
20頃	印	グプタ朝成立				五胡十六国 東晋
4C	印	マハーバーラタ，ラーマーヤナ　現存の形に				
325	ロー	ニケーア公会議				
330	ロー	コンスタンティノープルに遷都				
375		ゲルマン民族の大移動開始				
395	ロー	ローマ帝国の東西分裂(テオドシウス帝没)				
431	東ロ	エフェソス公会議:ネストリウス派異端，追放　→東方へ伝播	420		東晋滅亡→宋建国	
			439		北魏，華北統一→南北朝開始	
476	西ロ	西ローマ帝国滅亡	471		[北朝]北魏:孝文帝即位(位:～499) □均田制 □三長制	北魏 宋
5C	印	ナーランダー僧院	479		[南朝]斉建国	
496	フラ	クローヴィス改宗→フランク王国発展の基礎	494		[北朝]北魏:洛陽に遷都	魏 斉

日本史

時代	年代	年号	出来事	文化
古墳時代				538 仏教伝来
	587		蘇我馬子が物部守屋を滅ぼす→蘇我氏政権独占	
飛鳥時代	592		馬子，崇峻天皇暗殺→推古天皇即位(位：～628)	飛鳥文化 588 飛鳥寺建立
	593		厩戸皇子（聖徳太子），推古天皇の摂政に就任	593 四天王寺建立
	603		冠位十二階制定	
	604		憲法十七条制定	
	607		小野妹子を隋に派遣(遣隋使)	607 法隆寺建立
				623 法隆寺金堂釈迦三尊像 (止利仏師)
	630		第一回遣唐使派遣(犬上御田鍬)	
	645	大化元	大化の改新(中大兄皇子，中臣鎌足)	○ 法隆寺金堂壁画
	646	大化2	改新の詔発布	○ 柿本人麻呂，額田王
	663		白村江の戦い	白鳳文化
	667		近江大津宮に遷都	
	668		天智天皇即位(位：～671)	
	670		庚午年籍作成	
	672		壬申の乱→大海人皇子，大友皇子を破る	
	673		天武天皇即位(位：～686)	
	684		八色の姓制定	685 興福寺仏頭
	689		飛鳥浄御原令施行	
	694		藤原京造営，遷都	698 薬師寺建立
	701	大宝元	大宝律令制定(刑部親王，藤原不比等ら)	
	708	和銅元	和同開珎鋳造	○ 薬師寺東塔(完成は730頃)
奈良時代	710	和銅3	平城京遷都	天平文化 712 『古事記』 (稗田阿礼，太安万侶)
				713 『風土記』撰進命じる
	723	養老7	三世一身法施行	720 『日本書紀』(舎人親王ら)
	724	神亀元	聖武天皇即位(位：～749)	

世界史			東洋(中国)史			
年	国名	出来事	年	国名	出来事	中国
			502		[南朝]梁建国	北魏
527	東ロ	ユスティニアヌス(大帝)即位(位:〜565)				
537	**東ロ**	**聖(ハギア)ソフィア聖堂**	534		[北朝]北魏, 東西分裂→東魏・西魏	東魏 / 西魏 / 梁
			550		[北朝]東魏→北斉	
			556		[北朝]西魏→北周	北斉 / 北周 / 陳
			557		[南朝]陳建国	
			577		[北朝]北周, 北斉を滅ぼす	
			581		[北朝]隋建国(都:大興城(長安)) 文帝(楊堅)即位(位:〜604)	
			589		陳滅亡→隋, 南北朝統一	隋
			○		科挙制	
606	印	ヴァルダナ朝成立				
610	イス	ムハンマド, イスラム教創始				
			618		李淵(唐の高祖), 唐建国(都:長安)	
622	イス	ヒジュラ(聖遷):メッカ→メディナ				
			624		均田制実施	
			626		太宗(李世民)即位(位:〜649)	
632	イス	正統カリフ時代(〜661)	○		三省六部の整備, 都護府の設置	
650頃	**イス**	**『コーラン』**	646		**『大唐西域記』(玄奘)**	
661	イス	ムアーウィア, ウマイヤ朝創始→カリフ世襲制			**唐代の文化** □唐詩:王維, 李白, 杜甫, 白居易 □文章:韓愈, 柳宗元 □山水画:呉道玄 □書:顔真卿 □唐三彩	唐
			676	朝鮮	新羅, 朝鮮半島統一(都:慶州)	
			712		玄宗即位(位:〜756)	
717	東ロ	レオン3世即位(位:741)→皇帝教皇主義	○		節度使設置	
726	東ロ	聖像禁止令				

日本史

時代	年代	年号	出来事	文化		
奈良時代	740	天平12	藤原広嗣の乱	天平文化		741 国分寺建立の詔
	743	天平15	墾田永年私財法成立			743 大仏造立の詔→盧舎那大仏
	749	天平勝宝元	孝謙天皇即位(位:～758，後に称徳天皇として重祚)			750頃 東大寺法華堂(三月堂)
						756頃 正倉院宝庫:校倉造
	757	天平宝字元	養老律令施行			759 唐招提寺金堂建立(～780)
	764	天平宝字8	藤原仲麻呂(恵美押勝)の乱			
	770	宝亀元	光仁天皇即位(位:～781)			770頃 万葉集成立(山上憶良・山部赤人・大伴家持)
	781		桓武天皇即位(位:～806)			
	784	延暦3	長岡京遷都			
平安時代	794	延暦13	平安京遷都			788 比叡山延暦寺(最澄)
	797	延暦16	勘解由使設置 坂上田村麻呂，征夷大将軍に就任			
	806	大同元	平城天皇即位(位:～809)			805 最澄帰国→天台宗 806 空海帰国→真言宗
	809		嵯峨天皇即位(位:～823)			
	810	弘仁元	薬子の変			
	○		蔵人所(蔵人頭)・検非違使の設置			
	820	弘仁11	弘仁格式成立(藤原冬嗣ら編纂)			819 高野山金剛峯寺(空海)
						823 空海，教王護国寺(東寺)を与えられる
	842	承和9	承和の変→伴建岑，橘逸勢配流			
	858	天安2	清和天皇即位→藤原良房，摂政就任(臣下初)			
	866	貞観8	応天門の変→伴善男ら配流，伴・紀氏没落			
	884	元慶8	光孝天皇即位→藤原基経，実質上関白就任(臣下初)			
	894	寛平6	遣唐使廃止(道真の建議)			9C末 ～ 10C初 『竹取物語』
	897	寛平9	醍醐天皇即位(位:～930)→親政:延喜の治			
	○		延喜格式成立			
				国風文化		905 『古今和歌集』(紀貫之ら:勅撰和歌集)
						10C初 『伊勢物語』
	939	承平5	承平・天慶の乱(～941):平将門及び藤原純友の反乱			935頃 『土佐日記』(紀貫之)
	946	天慶9	村上天皇即位(位:～967)→親政:天暦の治			

世界史			東洋（中国）史			
年	国名	出来事	年	国名	出来事	中国
732		トゥール・ポワティエ間の戦い				
750	イス	アッバース朝創始				
756		後ウマイヤ朝建国(イベリア半島，都：コルドバ)	755		安史の乱(安禄山・史思明)(～763)	
762	イス	新首都バグダード建設				
768	フラ	カール(大帝)即位(位：～814)				
			780		両税法	
800	フラ	カール，教皇レオ3世からローマ皇帝の帝冠を授かる：カールの戴冠				唐
			875		黄巣の乱(～884)→藩鎮勢力独立	
			907		朱全忠，後梁建国(都：汴州(開封))→五代十国の始まり	
			923		後唐建国(都：洛陽)	五代十国
			936	朝鮮	後晋建国(都：開封) 高麗，朝鮮半島統一(都：開城)	
946	イス	ブワイフ朝，バグダード入城	947		後漢建国(都：開封(大梁))	

日本史

時代	年代	年号	出来事	文化	
平 安 時 代				国 風 文 化	○ 浄土宗発達→空也，源信 ○ 寝殿造 ○ 『源氏物語』（紫式部） ○ 『枕草子』（清少納言） ○ 大和絵
	969	安和2	安和の変→源高明失脚，藤原氏全盛期		
	1016	長和5	藤原道長，摂政就任		
	1017	寛仁元	藤原頼通，摂政就任 道長，太政大臣就任		
	1019	寛仁3	頼通，関白就任		
	1028	長元元	平忠常の乱（～1031，源頼信鎮圧）		
	1051	永承6	前九年の役（～1062）		1053 平等院鳳凰堂建立 →阿弥陀如来像 （定朝，寄木造）
	1068	治暦4	後三条天皇即位（位：～1072）		○ 『今昔物語集』 ○ 『栄花（華）物語』 　『大鏡』：歴史物語 ○ 『源氏物語絵巻』：絵巻物
	1083	永保3	後三年の役（～1087）		○ 軍記物語→『将門記』
	1086	応徳3	白河天皇，堀河天皇に譲位し上皇となる→院政開始		
			○院庁，北面の武士の設置		
					1126 中尊寺金色堂完成
	1156	保元元	保元の乱		
	1159	平治元	平治の乱		
	1167	仁安2	平清盛，太政大臣就任		○ 今様→『梁塵秘抄』
	1180	治承4	清盛，大輪田泊修築→日宋貿易 以仁王の令旨→平家打倒計画→源頼朝挙兵		○ 『山家集』（西行）
鎌 倉 時 代	1185	文治元	壇ノ浦の戦い→平家滅亡 頼朝，守護・地頭の設置任命権獲得		○ 似絵（藤原隆信・信実）
	1192	建久3	頼朝，征夷大将軍就任		○ 東大寺南大門（重源，大仏様）

世界史			東洋(中国)史			
年	国名	出来事	年	国名	出来事	中国
			951		後周建国(都:開封)	五
962	東フ (独)	オットー1世，ローマ教皇から帝冠授かる →神聖ローマ帝国成立	960		宋建国(都:開封) 太祖(趙匡胤)(位:～976)	代 十
	印	ガズナ朝成立	○		文治主義	国
969	エジ	ファーティマ朝，エジプト征服 →首都カイロ建設	979		宋，中国統一	
					北宋の文化 □羅針盤，火薬の実用化 □木版印刷術の発達 □宋学 □文人画，院体画 □陶磁器の発達→青磁・白磁	
1038	西ア	セルジューク朝成立				宋
1054		東西教会分裂→西:ローマ=カトリック教会 　　　　　　　　東:ギリシア正教会				
○	伊	ピサ大聖堂(ロマネスク様式)				(
1066	英	ノルマン朝成立(ノルマンディー公ウィリアム)	1069		王安石の新法（改革）	北
1071	西ア	セルジューク朝，イェルサレム占領				宋
1075 1077	神ロ 神ロ	聖職叙任権闘争(ローマ教皇vs神聖ローマ皇帝) カノッサの屈辱	1084		『資治通鑑』(司馬光)	)
1095 1096		クレルモン宗教(公)会議→十字軍遠征決定 第1回十字軍遠征(～1099)	1115		完顔阿骨打，金建国	
12C頃	英	『アーサー王物語』	1125 1126 1127		宋，金と結んで遼を滅ぼす 靖康の変(～1027) 北宋滅亡→高宗，南宋建国(都:臨安)	
48頃	印	ゴール朝成立				南
			○		朱子学(朱熹)	金
末 以降	仏	ゴシック式→ステンドグラス				宋
1187	エジ	アイユーブ朝のサラディン，イェルサレム奪還				

日本史

時代	年代	年号	出来事	文化
鎌倉時代	1203	建仁3	北条時政，執権就任	1203 東大寺南大門金剛力士像 （運慶・快慶）
				1205 『新古今和歌集』 （藤原定家ら）
				1212 『方丈記』（鴨長明）
	1213	建保元	2代執権北条義時，和田義盛を滅ぼす→執権の地位確立	1213 『金槐和歌集』（源実朝）
	1221	承久3	承久の乱：後鳥羽上皇，鎌倉幕府打倒のため挙兵→敗北 六波羅探題設置	1220 『愚管抄』（慈円）
	1225	嘉禄元	3代執権北条泰時，連署・評定衆設置	
				○ 『平家物語』
	1232	貞永元	泰時，貞永式目（御成敗式目）制定	
				鎌倉新仏教 □浄土宗（法然） □浄土真宗（親鸞）
	1249	建長元	5代執権北条時頼，引付衆設置	□時宗（一遍） □日蓮（法華）宗（日蓮） □臨済宗（栄西） □曹洞宗（道元）
	1274	文永11	文永の役（元寇）	
	1281	弘安4	弘安の役（元寇）	○ 円覚寺舎利殿（禅宗様）
	1297	永仁5	永仁の徳政令発布	
	1318	文保2	後醍醐天皇即位（大覚寺党）（位：～1339）	
	1333	元弘3	足利尊氏，六波羅探題攻略 新田義貞，鎌倉攻略→鎌倉幕府滅亡 後醍醐天皇，建武の新政開始 □記録所復活，雑訴決断所設置 □鎌倉将軍府，陸奥将軍府設置	1331 『徒然草』（吉田兼好）
南北朝	1336	建武3 （延元元）	尊氏，建武式目発表→建武の新政崩壊 後醍醐天皇，吉野へ→南北朝分立	
	1338	暦応元 （延元3）	尊氏，北朝側から征夷大将軍に任じられる	1339 頃 『神皇正統記』（北畠親房）
	1350	観応元 （正平5）	観応の擾乱（～1352）	○ 『増鏡』
				1356 『菟玖波集』（二条良基） ：連歌
室町時代				1371 頃 『太平記』
	1378	永和4 （天授4）	足利義満，京都室町に花の御所造営	

世界史			東洋(中国)史			
年	国名	出来事	年	国名	出来事	中国
1202		第4回十字軍遠征（〜1204）				
1204		十字軍，コンスタンティノープル攻略 →ラテン王国建国				
1206	印	奴隷王朝成立→デリー=スルタン朝（〜1526）	1206		チンギス=ハン，モンゴル帝国形成	金
1215	英	大憲章（マグナ=カルタ）制定				
			1234		オゴタイ=ハン，金を滅ぼす	
1241		ワールシュタットの戦い	1241		ワールシュタットの戦い	
1250	エジ	マムルーク朝成立				モンゴル帝国
			1259		高麗，モンゴルに服属	
			1260		フビライ=ハン即位（位：〜1294）	
13C	伊	『神学大全』（トマス=アクィナス）	1264		フビライ，大都に遷都	
			1271		国名を元に改める	
			1279		元，南宋を滅ぼし中国統一	
1299	西ア	オスマン帝国成立（〜1922）				
	伊	『世界の記述』『東方見聞録』（マルコ=ポーロ）	○		駅伝制	
1304	伊	『神曲』（ダンテ）（〜1321）				
1309		「教皇のバビロン捕囚」（〜1377）				元
1339	英仏	百年戦争（英vs仏）（〜1453）				
			1351		紅巾の乱（白蓮教徒の乱）（〜1366）	
1353	伊	『デカメロン』（ボッカチオ）				
1370	中ア	ティムール帝国建国（都：サマルカンド）	1368		朱元璋（太祖洪武帝），明建国 （都：南京）	
1378		教会大分裂（大シスマ）（〜1417）	○		衛所制	明
1381	英	ワット=タイラーの乱	1381		里甲制実施→賦役黄冊，魚鱗図冊作成	

南
宋

日本史

時代	年代	年号	出来事	文化	
室町時代	1392	明徳3（元中9）	義満，南北朝の合体実現	北山文化	○ 五山の制 ○ 五山文学 1397 鹿苑寺金閣（足利義満） ○ 能楽（観阿弥，世阿弥） 　→『風姿花伝』 ○ 狂言 ○ 水墨画：如拙，明兆
	1404	応永11	勘合貿易開始（日明貿易，朝貢貿易）		
	1428	正長元	正長の土一揆（徳政一揆）	東山文化	1439 足利学校再興（上杉憲実） ○ 水墨画：雪舟 ○ 大和絵：狩野正信 　　　　　狩野元信 ○ 侘び茶：村田珠光 　→茶の湯（茶道） 1489 慈照寺銀閣（足利義政） ：書院造 1495 『新撰菟玖波集』（宗祇） ：正風連歌 1496 石山本願寺建立（蓮如） 1499 竜安寺石庭：枯山水 ○ 『犬筑波集』（山崎宗鑑） ：俳諧連歌 ○ 御伽草子
	1429	永享元	尚巴志，三山統一→琉球王国建国		
	1438	永享10	永享の乱		
	1441	嘉吉元	嘉吉の乱 嘉吉の徳政一揆		
戦国時代	1467	応仁元	応仁の乱（〜1477）		
	1485	文明17	山城の国一揆		
	1488	長享2	加賀の一向一揆		

世界史			東洋(中国)史			
年	国名	出来事	年	国名	出来事	中国
			1392	朝鮮	李成桂が李氏朝鮮建国 (都:漢城(ソウル)，〜1910)	
			1397		六諭の制定	
1402		アンカラ(アンゴラ)の戦い(ティムールvsオスマン)	1402		永楽帝(成祖)即位(位:〜1424)	
			1405		鄭和の南海遠征開始(〜1433，計7回)	
1414		コンスタンツ公会議(〜1418) □教会分裂解消(1417) □ウィクリフを異端とし，フスを処刑				
1429	仏	ジャンヌ=ダルク，英軍撃退	1428	ベト	黎朝(国号:大越，首都:ハノイ) (〜1527・1532〜1789)	
○	伊	ルネサンス期				
1453	西ア	オスマン帝国がコンスタンティノープル攻略 →ビザンツ帝国滅亡	1446	朝鮮	訓民正音(ハングル)	
1455	英	バラ戦争(〜1485)				
○	伊	ヴィーナスの誕生(ボッティチェリ)				
1479	スペ	スペイン(イスパニア)王国成立				
1488		バルトロメウ=ディアス，喜望峰到達	○		『三国志演義』(羅貫中)	明
1492	スペ	グラナダ占領→国土回復運動(レコンキスタ)完成 コロンブス，サンサルバドル到達				
○	伊	「最後の晩餐」(レオナルド=ダ=ヴィンチ)				
1498		ヴァスコ=ダ=ガマ，カリカット到達				
1501		アメリゴ=ヴェスプッチ，新大陸探検	16C初		陽明学(王陽明)	
	イラン	サファヴィー朝建国				
○	伊	「モナ=リザ」(レオナルド=ダ=ヴィンチ)	16C頃		北虜南倭:北の韃靼，南の倭寇	
16C初	伊	サン(聖)=ピエトロ大聖堂修築				
1509	神ロ	『愚神礼賛』(エラスムス)				
○	伊	聖母子像(ラファエロ)				
1513	伊	『君主論』(マキャベリ)				
1514	神ロ	贖宥状（免罪符）販売				
1516	英	『ユートピア』(トマス=モア)				
1517	神ロ	マルティン=ルター，九十五カ条の論題発表 →宗教改革開始				
1519		マゼラン，世界周航出発(〜1522)	○		『水滸伝』(施耐庵・羅貫中)	
1520	オス	スレイマン1世即位(位:〜1566)				
1524	神ロ	ドイツ農民戦争(〜1525)				
1526	印	バーブル，ムガル帝国建国				
	独	「四使徒」(デューラー)				

日本史

時代	年代	年号	出来事	文化
戦国時代				
	1543	天文12	ポルトガル人，種子島漂着→鉄砲伝来	
	1549	天文18	フランシスコ=ザビエル，鹿児島到着	
	1560	永禄3	桶狭間の戦い→織田信長，今川義元を破る	
	1568	永禄11	信長，足利義昭をたてて入京	
	1570	元亀元	信長，石山本願寺攻め開始（～1580）	
	1571	元亀2	比叡山延暦寺焼き討ち	
	1573	天正元	信長，将軍足利義昭を追放→室町幕府滅亡	
安土桃山時代	1574	天正2	信長，長島一向一揆鎮定	1574「洛中洛外図屏風」（狩野永徳）：風俗画
	1575	天正3	長篠合戦→信長・家康連合軍，武田勝頼軍に勝つ	
	1576	天正4	安土城建築	
	1580	天正8	石山本願寺屈服	○「唐獅子図屏風」（狩野永徳）：障壁画
	1582	天正10	6. 本能寺の変→明智光秀，信長を討つ 7. 太閤検地開始	○ 城郭建築
	1583	天正11	4. 賤ヶ岳の戦い→秀吉，柴田勝家軍を破る 9. 大坂城築城	○ 茶道（侘び茶）完成：千利休
	1584	天正12	小牧・長久手の戦い	
	1585	天正13	7. 秀吉，関白就任	
	1586	天正14	秀吉，太政大臣就任	
	1587	天正15	5. 秀吉，島津義久を征討し九州平定 6. バテレン追放令発令	○ 南蛮屏風
	1588	天正16	刀狩令発布	
	1590	天正18	秀吉，小田原攻め（征討）→北条氏直降伏，伊達政宗服属	
	1591	天正19	身分統制令発布	
	1592	文禄元	文禄の役：朝鮮へ派兵（～1596）	
	1597	慶長2	慶長の役：朝鮮へ再出兵（～1598）	
	1598	慶長3	秀吉死去	
	1600	慶長5	9. 関ヶ原の戦い	○ 阿国歌舞伎：出雲阿国

（桃山文化）

世界史			東洋（中国）史			
年	国名	出来事	年	国名	出来事	中国
1529	オス	ウイーン包囲	1531		一条鞭法施行	
1534	英	ヘンリ8世，首長法発布→イギリス国教会成立 イエズス会設立(イグナティウス=ロヨラ，フランシスコ=ザビエル)		ビル	トゥングー朝(～1752)	
○	ポー	地動説(コペルニクス)				
○	伊	ミケランジェロ:□「ダヴィデ像」，□「最後の審判」				
○	蘭	農民画(ブリューゲル)				
1541		カルヴァン，ジュネーヴで宗教改革開始:予定説				
1545		トリエント公会議(～1563)→反宗教改革開始				
1547	露	イヴァン4世，ツァーリの称号を使用				
○	独	活版印刷術(グーテンベルク)				
1555	神ロ	アウクスブルクの宗教和議→ルター派容認				
1556	スペ	フェリペ2世即位(位:～1598)				
	印	アクバル即位(位:～1605)				
1558	英	エリザベス1世即位(位:～1603)				
1559	英	統一法制定→国教会体制確立				
1562	仏	ユグノー戦争(～1598)				
1564	印	ジズヤの廃止				明
1571		レパントの海戦	16C後半		張居正の改革	
1579	蘭	北部7州，ユトレヒト同盟結成				
1580	仏	『随想録』(モンテーニュ)				
1581	蘭	ネーデルラント連邦共和国独立宣言				
○	英	シェークスピア:□『ハムレット』，□『ヴェニスの商人』				
1588		スペイン無敵艦隊，イギリス海軍に敗れる				
			1596		『本草綱目』(李時珍)	
1598	仏	ナントの勅令発布→ユグノー戦争終結				
			1602		坤輿万国全図(マテオ=リッチ)	

日本史

時代	年代	年号	出来事	文化
江 戸 時 代	1603	慶長8	徳川家康，征夷大将軍就任→江戸幕府成立	
	1605	慶長10	2代将軍秀忠就任→将軍の世襲化	
	1607	慶長12	朝鮮使節(通信使)来日	
	1612	慶長17	禁教令(キリスト教禁止令)	○「舟橋蒔絵硯箱」
	1613	慶長18	9. 伊達政宗，支倉常長をスペインへ派遣:慶長遣欧使節	(本阿弥光悦)
	1614	慶長19	10. 大坂冬の陣	
	1615	元和元	4. 大坂夏の陣→豊臣氏滅亡 7. 武家諸法度制定 7. 禁中並公家諸法度制定	○ 朱子学:藤原惺窩，林羅山
	1623	元和9	7. 3代将軍家光就任	17C前「風神雷神図屛風」 　(俵屋宗達):装飾画 17C前 酒井田柿右衛門 　:有田焼，赤絵完成 ○ 桂離宮:数寄屋造 ○ 仮名草子
	1633	寛永10	奉書船以外の日本船，海外渡航禁止	
	1635	寛永12	6. 武家諸法度改定→参勤交代制度化	1636 日光東照宮完成:権現造
	1637	寛永14	島原・天草一揆(〜1638)	
	1641	寛永18	平戸のオランダ商館を出島へ移設→鎖国完成	
	1643	寛永20	田畑永代売買の禁令	
				○ 住吉如慶・具慶 　:大和絵・住吉派
				○ 陽明学:中江藤樹 　　　　　熊沢蕃山
	1649	慶安2	慶安の触書	
	1651	慶安4	4. 家光死去，4代将軍家綱就任 7. 由井正雪の乱(慶安の変)→末期養子の禁を緩和	○ 古学派:山鹿素行 　　　　　伊藤仁斎
	1663	寛文3	武家諸法度改定→殉死の禁止	(元 禄 文 化) ○ 見返り美人図(菱川師宣) 　:浮世絵 ○ 京焼色絵陶器(野々村仁清) ○ 和算:関孝和 ○ 宮崎友禅:友禅染 ○ 竹本義太夫:義太夫節 1670『本朝通鑑』完成 　(林羅山・鵞峰)
	1673	延宝元	分地制限令発令	○『聖教要録』(山鹿素行)

世界史			東洋(中国)史			
年	国名	出来事	年	国名	出来事	中国
			1607		『幾何原本』(徐光啓漢訳)	
○	蘭	ルーベンス:バロック画(フランドル派)				後
1615	スペ	『ドン=キホーテ』(セルバンテス)	○		『金瓶梅』	
			1616		女真のヌルハチ, 金(後金)建国	
1618	独	ベーメン反乱→三十年戦争(新教徒vs旧教徒)	○		八旗の編成	金
1620	英	『新オルガヌム』(フランシス=ベーコン):経験論, 帰納法				明
1625	蘭	『戦争と平和の法』(グロティウス)				
1628	英	権利の請願				
1632	印	タージ=マハル建築(〜1653)	1631		李自成の乱(〜1645)	
○	伊	ガリレオ=ガリレイ:科学, 天文学(地動説)				---
			1636		太宗(ホンタイジ), 国号を清に改称	
1637	仏	『方法叙説』(デカルト):合理論, 演繹法	1637		『天工開物』(宋応星)	
			1638		理藩院設置	
1642	英	ピューリタン(清教徒)革命(〜1649)				
1643	仏	ルイ14世即位(位:〜1715)				
			1644		3. 李自成, 北京占領→明滅亡	
					10. 3代順治帝(世祖)	
1648	仏	10. ウェストファリア条約締結			:北京に遷都, 李自成の乱を平定	
		→三十年戦争終結				
1649	英	チャールズ1世処刑→共和政開始	○		辮髪の強制(辮髪令)	
			○		満漢併用制	
1651	英	航海法制定				
	英	『リヴァイアサン』(ホッブズ)				
1652	蘭	6. 第1次英蘭戦争(〜1654)				
1653	英	クロムウェル, 護国卿に就任				
1660	英	王政復古→チャールズ2世即位				
1661	英	万有引力の法則発見(ニュートン)	1661		4代康熙帝(聖祖)即位(位:〜1722)	
					□文字の獄, 禁書:思想統制	清
○	蘭	レンブラント:オランダ画派				
1665	蘭	第2次英蘭戦争(〜1667)				
	仏	財務総監コルベール就任(〜1672)				
1667	英	『失楽園』(ミルトン)				
○	仏	古典主義文学→コルネイユ, ラシール, モリエール				
1670	仏	『パンセ』(パスカル)				
1672	蘭	第3次英蘭戦争(〜1674)				
1673	英	審査法制定	1673		呉三桂, 三藩の乱を起こす(〜1681)	

日本史

時代	年代	年号	出来事		文化
江戸時代	1680	延宝8	5代将軍綱吉就任		1682 『好色一代男』(井原西鶴) 　　　：浮世草子 1684 貞享歴(渋川春海)
	1685	貞享4	生類憐みの令発布		
	1688	元禄元	柳沢吉保，側用人就任		1688 『日本永代蔵』(井原西鶴)
				元禄文化	○ 『奥の細道』(松尾芭蕉) ○ 『万葉代匠記』(契沖) 1692 『世間胸算用』(井原西鶴) ○ 歌舞伎→市川団十郎：荒事 　　　　　　　坂田藤十郎：和事 1703 『曽根崎心中』 　　(近松門左衛門)：人形浄瑠璃 ○ 尾形光琳：琳派 　　□「紅白梅図屏風」 　　□「燕子花図屏風」
	1709	宝永6	6代将軍家宣就任→新井白石，間部詮房登用	正徳の治	1708 『大和本草』(貝原益軒)
	1710	宝永7	閑院宮家創設		
	1713	正徳3	7代将軍家継就任		1712 『読史余論』(新井白石)
	1714	正徳4	貨幣改鋳→正徳金銀鋳造		
	1715	正徳5	海舶互市新例(長崎新令(例))発布		1715 『西洋紀聞』(新井白石)
	1716	享保元	8代将軍吉宗就任		○ 『国性(姓)爺合戦』 　　(近松門左衛門)
	1719	享保4	11. 相対済し令発布	享保の改革	
	1721	享保6	8. 目安箱設置		○ 古文辞学派 　　　　→荻生徂徠
	1722	享保7	7. 上米の制実施 小石川養生所の設置		○ 荷田春満：国学 ○ 『蕃薯考』(青木昆陽)
	1732	享保17	享保の飢饉		
	1742	寛保2	4. 『公事方御定書』完成(大岡忠相ら編纂)		
					1748 『仮名手本忠臣蔵』 　　　(竹田出雲ら) ○ 『自然真営道』(安藤昌益) ○「十便十宜図」 　　(池大雅・与謝蕪村) 　　：文人画(南画)
	1760	宝暦10	9. 10代将軍家治就任		

世界史			東洋(中国)史			
年	国名	出来事	年	国名	出来事	中国
1682	露	ピョートル1世(大帝)即位(位:～1725)				
	仏	**ヴェルサイユ宮殿:バロック式**				
1685	仏	5. ナントの勅令廃止				
1688	英	11. 名誉革命				
1689	英	12. 権利の章典	1689		ネルチンスク条約締結	
					→清露国境確定	
1690	英	『統治論二編』(ロック)				
○	独	**バロック音楽:バッハ, ヘンデル**				
1700		北方戦争(～1721)				
		(露・デンマーク・ポーランドvsスウェーデン)				
1701		スペイン継承戦争(～1713)				
		(英・蘭・オーストリアvs仏・スペイン)				
1713		4. ユトレヒト条約締結				
		→スペイン継承戦争終結	○		『康熙字典』	
1719	英	『ロビンソン=クルーソー』(デフォー)				
1720	伊	2. サルデーニャ王国成立				清
1721	英	4. ウォルポール内閣成立(～1742)				
		→責任内閣制成立	1722		5代雍正帝(世宗)即位(位:～1735)	
					□税制:一条鞭法→地丁銀制	
1726	英	『ガリヴァー旅行記』(スウィフト)	1724		キリスト教布教禁止	
			1732		軍機所設置	
			1735		6代乾隆帝(高宗)即位(位:～1795)	
1740	プロ	5. フリードリヒ2世即位(位:～1786)				
	オー	10. マリア=テレジア即位(位:～1780)	○		**『四庫全書』の編纂**	
		→オーストリア継承戦争(～1748)	○		『儒林外史』(呉敬梓)	
1747	独	**サンスーシ宮殿:ロココ式**				
1748		10. アーヘン和約締結				
		→オーストリア継承戦争終結				
	仏	『法の精神』(モンテスキュー)				
1751	仏	『百科全書』(～1772)				
			○		考証学	
1756		5. 七年戦争(～1763)	○		円明園造営	
		(プロイセン・英vsオーストリア・露・仏・スペインなど)				
1757	印	6. プラッシーの戦い→英, 印支配本格化	1757		外国貿易港を広州に限定→公行独占	
1758	仏	『経済表』(ケネー)				
18C後半	英	産業革命始まる				
1762	露	エカチェリーナ2世即位(位:～1796)				
	英	**『社会契約論』(ルソー)**				
1763		2. パリ条約締結→七年戦争終結				

時代	年代	年号	出来事	文化
江戸時代				1765 『国意考』成立(賀茂真淵) 　　:国学 　　『誹風柳多留』(柄井川柳) 　　:川柳 ○ 錦絵(多色刷):鈴木春信
	1772	安永元	1. 田沼意次，老中就任	
			○ 株仲間公認→運上・冥加徴収	1774 『解体新書』:蘭学 　　　(前野良沢・杉田玄白)
			○ 長崎貿易制限の緩和→俵物	
			○ 印旛沼・手賀沼の干拓事業	
	1782	天明2	天明の大飢饉(〜1787)	
	1783	天明3	浅間山大噴火	1784 「不忍池図」(司馬江漢) 　　:西洋画・銅版画
	1786	天明6	8. 田沼意次失脚	
	1787	天明7	4. 11代将軍家斉就任 6. 松平定信，老中首座就任	1788 『蘭学階梯』(大槻玄沢) 　　:蘭学
	1789	寛政元	9. 棄捐令発布 9. 囲米の制実施→社倉・義倉の設置	○ 「雪松図屏風」(円山応挙) 　　:遠近法
	1790	寛政2	2. 人足寄場の設置(石川島) 5. 寛政異学の禁→朱子学を正学に 5. 出版統制令→翌年山東京伝，恋川春町ら弾圧 11. 旧里帰農令発布	○ 四条派(日本画) 　　:呉春(松村月渓)
	1791	寛政3	12. 七分金積立→町入用を積み立て	1791 『海国兵談』(林子平) 　　『仕懸文庫』(山東京伝) 　　:洒落本
	1792	寛政4	5. 林子平処罰 9. ラックスマン，通商要求を目的に漂流民 　　(大黒屋光太夫ら)を伴い根室来航 　　→幕府:通商拒否	○ 黄表紙:恋川春町
	1793	寛政5	7. 松平定信失脚	1793 『西説内科撰要』 　　(宇田川玄随)
				○ 大首絵(浮世絵) 　　:喜多川歌麿，東洲斎写楽
				1796 ハルマ和解:蘭日辞書 　　　(稲村三伯) 1797 昌平坂学問所設置
	1798	寛政10	近藤重蔵ら千島探査	1798 『古事記伝』完成 　　　(本居宣長)
	1804	文化2	9. レザノフ，長崎来航，通商要求→幕府:拒否	1802 『東海道中膝栗毛』 　　　(十返舎一九):滑稽本 ○ 俳句:与謝蕪村 ○ 狂歌:大田南畝(蜀山人) ○ 寄席

田沼時代

寛政の改革

化政文化

世界史				東洋（中国）史			
年	国名	出来事		年	国名	出来事	中国
1765	英米	3. 印紙法成立→「代表なくして課税なし」					
1769	英	ワット，蒸気機関の改良に成功					
1773	英米	5. 茶法制定→ボストン茶会事件					
1774	仏	ルイ16世即位（位：～1792）					
	独	『若きウェルテルの悩み』（ゲーテ）:古典主義					
1775	米	4. レキシントンで武力衝突→独立戦争勃発					
1776	米	7. 独立宣言採択（ジェファソン起草）					
	英	『諸国民の富』（アダム=スミス）					
	英	『コモン=センス』（トマス=ペイン）					
1781	米	10. ヨークタウンの戦い→13植民地側勝利					
	独	『群盗』（シラー）:古典主義					
1783		9. パリ条約締結→独立戦争終結					
1787	米	アメリカ合衆国憲法制定（1788発効）					
1789	仏	5. 三部会召集					
	仏	6. 第三身分が分離して国民議会結成					
	仏	7. バスティーユ牢獄襲撃→フランス革命勃発					
	仏	8. 人権宣言採択					
○	独	ヘーゲル:弁証法→ドイツ観念論哲学					清
18C後		古典派音楽:ハイドン，モーツァルト，ベートーヴェン					
1791	仏	9. 1791年憲法制定					
	仏	10. 立法議会招集					
1792	仏	3. ジロンド派内閣成立					
	仏	4. オーストリアに宣戦布告					
	仏	8. 八月十日事件→王権停止					
	仏	9. 国民公会成立→第一共和政開始					
1793	仏	1. ルイ16世処刑					
	仏	2. 第1回対仏大同盟結成（英首相ピット）					
	仏	6. ジロンド派，国民公会から追放→恐怖政治					
	仏	6. 1793年（ジャコバン）憲法制定					
1794	仏	7. テルミドールの反動→ロベスピエール処刑					
1795	仏	8. 1795年憲法制定					
	仏	10. 総裁政府樹立					
1796	仏	3. ナポレオン:イタリア遠征（～1797）		1796		1. 白蓮教徒の乱	
	イラン	5. カージャール朝（～1925）					
1798	仏	7. ナポレオン:エジプト遠征（～1799）					
	英	『人口論』（マルサス）:古典派経済学					
1799		6. 第2回対仏大同盟					
	仏	11. ブリュメール18日のクーデター→統領政府					
				1802	ベト	5. 阮福暎，阮朝越南国成立（～1945）	
1804	仏	3. ナポレオン法典（フランス民法典）制定					
	仏	5. ナポレオン1世即位→第一帝政開始					
1805	エジ	5. ムハンマド=アリー，エジプト総督（位：～1849）					
		8. 第3回対仏大同盟					
		10. トラファルガーの海戦					
1806		7. ライン同盟結成→神聖ローマ帝国消滅					
		11. 大陸封鎖令（ベルリン勅令）発布					
1807	プロ	10. 農民解放					

日本史

時代	年代	年号	出来事	文化	
江 戸 時 代	1808	文化5	7. 間宮林蔵，樺太探査 8. フェートン号事件：英軍艦，長崎湾内に侵入	化 政 文 化	1809 『浮世風呂』(式亭三馬) 　　：滑稽本 1814 『南総里見八犬伝』 　　(滝沢馬琴)：読本 　○ 平田篤胤：国学，復古神道 1819 『おらが春』(小林一茶) 　『群書類従』(塙保己一) 1821 『大日本沿海輿地全図』 　　完成(伊能忠敬) 1824 鳴滝塾開塾(シーボルト) 1829 『偐紫田舎源氏』 　　(柳亭種彦)：合巻 　○ 「富嶽三十六景」(葛飾北斎) 　　：風景版画(浮世絵) 1832 『春色梅児誉美』 　　(為永春水)：人情本 1833 「東海道五十三次」完成 　　(歌川(安藤)広重)：浮世絵
	1825	文政8	2. 異国船打払令(無二念打払令)発布		
	1837	天保8	モリソン号事件：米船砲撃 12代将軍家慶就任(位：～1853) 大塩の乱(大塩平八郎)		1838 『慎機論』(渡辺崋山) 　『戊戌夢物語』(高野長英) 　適塾開塾(緒方洪庵)
	1839	天保10	蛮社の獄→渡辺崋山・高野長英投獄		
	1841	天保12	5. 天保の改革(老中首座　水野忠邦) 12. 株仲間解散	天 保 の 改 革	
		○	倹約令，棄捐令		
	1842	天保13	7. 天保の薪水給与令		
	1843	天保14	3. 人返しの法(人返し令)発布 9. 上知(地)令発布→失敗，忠邦失脚		
	1846	弘化3	5. ビッドル浦賀来航，通商要求→幕府：拒絶		

		世界史			東洋(中国)史	
年	国名	出来事	年	国名	出来事	中国
1811	英	3. ラダイト運動(機械打ちこわし運動, ～1817)				
1812		6. ナポレオン1世, ロシア遠征→失敗				
		6. 米英戦争勃発(～1814)				
1813		10. ライプチヒの戦い				
1814	仏	4. ナポレオン1世退位→ルイ18世即位				
		9. ウィーン会議(～1815.6):メッテルニヒ主宰 →正統主義, ウィーン体制				
1815	仏	3. ナポレオン1世復位				
		6. ワーテルローの戦い				
		9. 神聖同盟結成				
		11. 四国同盟結成				
○		**ロマン主義音楽:□シューベルト, □ショパン**				
○	英	**バイロン(詩人):ロマン主義**				
1821	ギリ	3. ギリシア独立戦争(vsオスマン帝国, ～1829)				
1822	南米	10. ブラジル独立				
1823	米	12. モンロー宣言				
			1824	ビル	ビルマ(ミャンマー)戦争 (英vsコンバウン朝)～1886, 計3回)	
1830	仏	7. 七月革命→シャルル10世亡命				
	仏	8. ルイ=フィリップ即位(位:～1843)→七月王政				
	ベル	10. ベルギー独立				
	ポー	11. ポーランド反乱(～1831)				
	仏	**『赤と黒』(スタンダール):写実主義**				
1831	伊	4. 青年イタリア結成(マッツィーニ)				
		エジプト=トルコ戦争〔第1回〕(～1833)				
	仏	**「民衆をみちびく自由の女神」(ドラクロワ):ロマン主義**				清
1832	英	6. 第1回選挙法改正				
1833	英	8. 工場法制定				
1834	プロ	1. (ドイツ)関税同盟発足				
1837	英	6. ヴィクトリア女王即位(位:～1901)				
1837頃	英	チャーチスト運動(～1858頃)→人民憲章作成				
1839		6. エジプト=トルコ戦争〔第2回〕(～1840)	1839		林則徐, 広州に着任	
	オス	11. タンジマート実施→挫折				
			1840		アヘン戦争勃発(対英, ～1842)	
○	独	**ハイネ(詩人):ロマン主義**				
○	仏	**コント:実証主義哲学**				
○	仏	**『人間喜劇』(バルザック):写実主義**				
○		**社会主義思想:□ロバート=オーウェン, □フーリエ**				
			1842		8. 南京条約締結→アヘン戦争終結	
			1843		10. 虎門寨追加条約締結	
			1844		7. 望厦条約締結	
					10. 黄埔条約締結	
1847	独	**エネルギー保存の法則(マイヤー, ヘルムホイツ)**				
1848	仏	2. 二月革命→七月王政打倒, 臨時政府樹立 →第二共和政				
	オー	3. ウィーン三月革命				
	プロ	3. ベルリン三月革命				
	仏	6. 六月暴動				
	仏	12. ルイ=ナポレオン, 大統領当選				
	独	**『共産党宣言』(マルクス, エンゲルス)**				
1849	英	6. 航海法廃止→自由貿易実現				

日本史

時代	年代	年号	出来事	文化
江戸時代	1853	嘉永6	6. ペリー浦賀来航 7. プチャーチン長崎来航 10. 13代将軍家定就任	
	1854	安政元	1. ペリー再来航→3. 日米和親条約締結	
	1855	安政2	12. 日蘭和親条約締結	
	1856	安政3	2. 洋学所を蕃所調所に改称 7. ハリス，アメリカ駐日総領事として来日	
	1857	安政4	10. 将軍継嗣問題(徳川慶福(南紀派)vs徳川慶喜(一橋派))	
	1858	安政5	6. 井伊直弼大老就任 6. 日米修好通商条約締結(孝明天皇の勅許得ず＝違勅調印) 7. 安政の五カ国条約(蘭・露・英・仏との同様の条約)締結 10. 14代将軍家茂 (慶福) 就任 10. 安政の大獄(～1859)→橋本左内，吉田松陰ら処刑	1858 慶應義塾設立(福沢諭吉)
	1860	万延元	3. 桜田門外の変→井伊直弼暗殺 12. 金銀比価問題→万延小判鋳造	
	1861	文久元	10. 皇女和宮江戸へ→翌年家茂と結婚:和宮降嫁	
	1862	文久2	1. 坂下門外の変→老中安藤信正失脚 5. 島津久光，江戸へ→幕政改革要求:文久の改革 8. 生麦事件	
	1863	文久3	5. 長州藩外国船砲撃事件 7. 薩英戦争(生麦事件の報復) 8. 八月十八日の政変	
	1864	元治元	7. 禁門(蛤御門)の変 8. 四国艦隊下関砲撃事件 10. 第一次長州征討	
	1866	慶応2	1. 薩長連合(同盟):坂本龍馬，中岡慎太郎の仲介 6. 第二次長州征討 12. 15代将軍慶喜就任 世直し一揆，打ちこわし多発	1866 『西洋事情』(福沢諭吉)
	1867	慶応3	8. 「ええじゃないか」発生 10. 大政奉還上表 12. 王政復古の大号令→三職創設 12. 小御所会議開催	
明治	1868	明治元	1. 鳥羽・伏見の戦い→戊辰戦争勃発 3. 江戸(無血)開城 3. 五箇条の(御)誓文発布，五榜の掲示 3. 神仏分離令→廃仏毀釈 5. 奥羽越列藩同盟結成	○ 文明開化
	1869	明治2	5. 五稜郭の榎本武揚降伏→戊辰戦争終結 6. 版籍奉還 北海道開拓使設置	

世界史			東洋(中国)史			
年	国名	出来事	年	国名	出来事	中国
1851	仏	12. 1851年クーデター	1851		1. 上帝会(拝上帝会)の洪秀全挙兵 →太平天国の乱(〜1864)	
1852	仏	12. ナポレオン3世即位:第二帝政				
1853		11. クリミア戦争勃発(〜1856)	1853		3. 太平軍, 南京占領→「天京」と改称 曾国藩, 湘軍(郷勇)組織	
1855	露	3. アレクサンドル2世即位(位:〜1881)				
			1856		10. アロー号事件→アロー戦争勃発 (対英仏, 〜1860)	
1857	印	5. シパーヒー(セポイ)の反乱(〜1859)				
1858	英	8. 東インド会社解散	1858		5. 天津条約締結	
	印	11. ムガル帝国滅亡			6. アイグン(愛琿)条約締結	
○	仏	ミレー:自然主義絵画 「落穂拾い」,「晩鐘」				
1859		4. イタリア統一戦争	1859		8. 清, 批准書交換を武力で阻止 →戦闘再開	
	英	『種の起源』(ダーウィン):進化論				
1860	サル	3. 中部イタリア併合	1860		10. 北京条約締結→アロー戦争終結	
	南伊	10. ガリバルディ, シチリア王国制服				
1861	露	3. 農奴解放令	○		洋務運動展開	
	米	3. リンカーン大統領就任→南部:アメリカ連合国結成				
	伊	3. イタリア王国成立(都:トリノ→フィレンツェ)				
	米	4. 南北戦争勃発(〜1865.3)				
1862	米	5. ホームステッド法	1862		2. 李鴻章, 淮軍(郷勇)組織	清
	プロ	9. ビスマルク, 首相就任(〜1890)→鉄血政策				
	露	『父と子』(トゥルゲーネフ)				
1863	露	1. ポーランドの反乱	1863	カン	8. 仏, カンボジア保護国化	
	米	1. 奴隷解放宣言				
1864		10. 第一インターナショナル結成(〜1876)				
○	仏	「石割り」(クールベ):写実主義絵画				
1866		6. プロイセン=オーストリア(普墺)戦争勃発				
	伊	10. ヴェネツィア併合				
	露	『罪と罰』(ドストエフスキー)				
1867	オー	6. オーストリア=ハンガリー帝国成立				
	プロ	7. 北ドイツ連邦成立				
	英	8. 第2回選挙法改正				
	独	『資本論』第1巻(マルクス):マルクス経済学				
			1868	タイ	10. ラーマ5世(チュラロンコン)即位 (位:〜1910)	
○		欧米列強諸国, 帝国主義へ				
1869	米	5. 大陸横断鉄道開通				
	エジ	11. スエズ運河開通(仏レセップス)				
	露	『戦争と平和』(トルストイ)				

日本史

時代	年代	年号	出来事	文化
明治	1870	明治3	1. 大教宣布の詔→神道国教化	
	1871	明治4	5. 新貨条例公布(伊藤博文の建議) 7. 日清修好条規締結 7. 廃藩置県 8. 身分解放令 10. 岩倉使節団を欧米へ派遣	1871 『西国立志編』 　　　『自由乃理』 　　　　　(中村正直(敬宇)) 　　　『安愚楽鍋』(仮名垣魯文) 　　　：戯作文学
	1872	明治5	2. 田畑永代売買禁止の解除，地券発行 8. 学制公布 10. 富岡製糸場開設：官営模範工場 11. 国立銀行条例制定(渋沢栄一中心) 11. 徴兵告諭布告	1872 『学問のすゝめ』 　　　　　(福沢諭吉)
	1873	明治6	1. 徴兵令公布 7. 地租改正条例公布 8. 明治六年の政変(征韓派vs内治派)→征韓派下野 岩崎弥太郎，三菱商会を設立：政商	○ 歌舞伎：団・菊・左時代 　　市川団十郎 　　市川左団次 　　尾上菊五郎
	1874	明治7	1. 民撰議院設立の建白書 2. 佐賀の乱(江藤新平)→鎮圧 4. 立志社結成 5. 台湾出兵(征台の役)	
	1875	明治8	1. 大阪会議開催→板垣退助，木戸孝允復帰決定 2. 愛国社結成→板垣復帰後解散 4. 立憲政体樹立の詔 5. 露と樺太・千島交換条約締結 6. 讒謗律，新聞紙条例制定：言論弾圧蜂起 9. 江華島事件	1875 『文明論之概略』 　　　　　(福沢諭吉) 　　　同志社英学校創立(新島襄)
	1876	明治9	2. 日朝修好条規締結 8. 金禄公債証書発行条例→秩禄処分 10. 士族の反乱：神風連の乱，秋月の乱，萩の乱 12. 地租改正反対一揆：真壁騒動(暴動)，伊勢暴動	○ 私議憲法作成 　　「私議憲法案」(交詢社) 　　「東洋大日本国国憲按」 　　　　　(植木枝盛)
	1877	明治10	2. 西南戦争(西郷隆盛)→9月鎮圧	1877 東京大学創設
	1879	明治12	4. 琉球処分完成，沖縄県設置 9. 教育令公布	
	1880	明治13	3. 国会期成同盟結成 4. 集会条例公布	○ 唱歌教育
	1881	明治14	7. 開拓使官有物払下げ事件 10. 明治十四年の政変→大隈重信免官 10. 国会開設の勅諭 10. 自由党結成(総理：板垣退助) 10. 松方正義，大蔵卿就任→松方財政	
	1882	明治15	3. 立憲改進党結党(総理：大隈重信) 11. 福島事件：福島県令三島通庸vs河野広中	1882 『民約訳解』(中江兆民) 　　　東京専門学校創立 　　　(現早稲田，大隈重信)
	1883	明治16	鹿鳴館竣工→欧化政策	1883 『経国美談』(矢野竜渓) 　　　：政治小説

世界史			東洋(中国)史			
年	国名	出来事	年	国名	出来事	中国
1870		7. プロイセン=フランス(普仏)戦争勃発				
	仏	9. ナポレオン3世降伏→第三共和政開始				
1871	独	1. ドイツ帝国成立	1871		7. 日清修好条規締結	
		仏降伏→普仏戦争終結				
	仏	3. パリ=コミューン結成				
1875	英	11. スエズ運河会社株買収	1875	朝鮮	9. 江華島事件	
		(保守党ディズレーリ首相)				
						清
1876	オス	12. ミドハト憲法制定(宰相ミドハト=パシャ)	1876	朝鮮	2. 日朝修好条規締結	
	米	電話機発明(ベル)				
1877	印	1. インド帝国成立(〜1947)				
		4. ロシア=トルコ(露土)戦争勃発(〜1878)				
1878		3. サン=ステファノ条約締結→露土戦争終結				
		6. ベルリン会議開催:ビスマルクの調停で開催				
		7. ベルリン条約締結				
	米	白熱電球(エジソン)				
○	仏	「考える人」(ロダン)				
○		印象派絵画:□マネ, □モネ, □ルノワール				
○	独	コッホ:細菌学				
○	仏	パストゥール:自然発酵の原理				
1881	エジ	2. ウラービー(=パシャ)の反乱(〜1882)				
		→英, エジプトを保護国化				
○	イラン	アフガーニー(思想家):パン=イスラーム主義				
1882		5. 三国同盟締結:独・オーストリア・伊	1882	朝鮮	7. 壬午軍乱	
1883	仏	『女の一生』(モーパッサン):自然主義	1883	ベト	8. 仏, ベトナム保護国化	

日本史

時代	年代	年号	出来事	文化
明治	1884	明治17	7. 華族令公布：公・侯・伯・子・男の爵位 10. 秩父事件 官営事業の民間払い下げ開始	○ 浅井忠：洋画 「春畝」,「収穫」 ○ 高橋由一：洋画 「鮭」
	1885	明治18	11. 大阪事件 12. 内閣制度創設	1885 『小説神髄』(坪内逍遙) ：写実主義
	1886	明治19	4. 学校令公布(文部大臣森有礼) 大同団結運動(〜1889)	○ 狩野芳崖：日本画 「悲母観音」
	1887	明治20	10. 三大事件建白運動 12. 保安条例公布 東京美術学校創立(フェノロサ, 岡倉天心)	1887 『浮雲』(二葉亭四迷) ：言文一致体
	1888	明治21	4. 市制・町村制公布 5. 枢密院設置	1888 『日本人』創刊(政教社) ：三宅雪嶺
	1889	明治22	2. 大日本帝国憲法発布 2. 黒田清隆首相, 超然主義表明	○「読書」(黒田清輝)
	1890	明治23	4. 民法公布(ボアソナード起草) 7. 第1回衆議院議員総選挙→民党過半数 10. 教育勅語発布, 小学校令改正→義務教育明確化	1890 『舞姫』(森鷗外) ：ロマン主義
	1891	明治24	1. 内村鑑三不敬事件 5. 大津事件→青木周蔵外相辞任	1891 『五重塔』(幸田露伴) ニコライ堂：聖堂(コンドル
				1893 『文学界』創刊(北村透谷) ：ロマン主義 「老猿」：木彫(高村光雲)
	1894	明治27	7. 日英通商航海条約締結：陸奥宗光外相 8. 日清戦争勃発(〜1895)	○ 滝廉太郎：作曲家 「荒城の月」,「花」
	1895	明治28	4. 下関条約調印：日清戦争終結 日本全権：伊藤博文・陸奥宗光, 清国全権：李鴻章 →三国干渉：露・独・仏, 遼東半島返還を勧告→臥薪嘗胆	1895 『たけくらべ』(樋口一葉) ：ロマン主義 「竜虎図」(橋本雅邦)：日本画
	1896	明治29	3. 進歩党結成	1896 白馬会結成(黒田清輝ら)
	1897	明治30	3. 貨幣法制定→金本位制確立 7. 労働組合期成会結成(高野房太郎, 片山潜ら)	1897 『金色夜叉』(尾崎紅葉) 『若菜集』(島崎藤村) ：ロマン主義
	1898	明治31	6. 憲政党：自由党と進歩党合同 6. 隈板内閣(大隈重信・板垣退助)成立	1898 日本美術院創立 明治美術会創立(浅井忠ら)
治	1899	明治32	3. 文官任用令改正	1899 『日本之下層社会』 (横山源之助)
	1900	明治33	3. 治安警察法公布 9. 立憲政友会結成(総裁：伊藤博文) 北清事変→清へ出兵	1900 『明星』創刊 (与謝野鉄幹・晶子)
	1901	明治34	3. 田中正造, 足尾鉱毒事件で天皇直訴 11. 八幡製鉄所操業開始	1901 『武蔵野』(国木田独歩) 『みだれ髪』(与謝野晶子)
	1902	明治35	1. 日英同盟締結	1902 『病牀六尺』(正岡子規)
	1903	明治36	11. 平民社結成(幸徳秋水, 堺利彦ら)→『平民新聞』発刊	
	1904	明治37	2. 日露戦争勃発(〜1905) 8. 第一次日韓協約締結	○ 非戦論：内村鑑三, 幸徳秋水 与謝野晶子ら

世界史			東洋(中国)史			
年	国名	出来事	年	国名	出来事	中国
1884	独	11. ベルリン会議(〜1885.2) :アフリカ分割の原則確定	1884	朝鮮	8. 清仏戦争(〜1885) 12. 甲申政変 (保守派:閔氏vs開化派:金玉均)	
	英	12. 第3回選挙法改正				
1885	印	12. インド国民会議創設	1885		4. 天津条約締結	
○	独	ニーチェ:実存主義	1886	ビル	1. 英, ビルマ(ミャンマー)併合	
1887	仏	5. ブーランジェ事件(〜1889)	1887		10. 仏領インドシナ連邦成立 (〜1945)	
1888	独	6. ヴィルヘルム2世即位(位:〜1918)	○	フィ	独立運動 (ホセ=リサール, アギナルドら)	
○	オス	「青年トルコ」結成				
1890	米	政府, フロンティアの消滅発表				
1891	イラン	12. タバコ=ボイコット運動:反英, 反国王運動				
○	露仏	露仏同盟成立				
○		印象派音楽:□ドビュッシー				
○		後期印象派:□セザンヌ, □ゴッホ				
1894	仏	10. ドレフュス事件(〜1899)	1894	朝鮮	2. 甲午農民戦争(東学党の乱) 8. 日清戦争勃発(〜1895)	清
1895	アフ	3. 伊, アドワの戦いでエチオピア軍に敗北	1895		4. 下関条約締結:日清戦争終結	
		映画上映		マレー	7. マレー連合州(マライ連邦)成立 (英保護領)	
			1896		6. 露, 東清鉄道の敷設権獲得	
○	オー	フロイト:精神分析学	○		変法運動:立憲君主制樹立を目指す	
1898	露	3. ロシア社会民主労働党結成 4. アメリカ=スペイン(米西)戦争勃発 9. ファショダ事件(英vs仏)	1898		6. 戊戌の変法:光緒帝, 康有為登用 9. 戊戌の政変 :西太后による変法運動弾圧	
1899	米	9. 門戸開放宣言(国務長官ジョン=ヘイ) 10. 南アフリカ(ブール)戦争(〜1902)	1899	ラオス	4. 仏領インドシナ連邦に編入 9. 門戸開放宣言→米の中国進出	
○		3B政策(独)vs3C政策(英)	1900		義和団事件勃発(〜1901) 6. 列強に宣戦布告→8カ国共同出兵	
1901	オセ	1. オーストラリア連邦形成:英自治領	1901		9. 北京議定書(辛丑和約)締結	
1902	英	1. 日英同盟締結				
1903	仏	『ジャン=クリストフ』(ロマン=ロラン)				
1904	露	2. 日露戦争勃発(〜1905) 4. 英仏協商締結	1904	ベト 韓国	ドンズー(東遊)運動展開 8. 第一次日韓協約締結	
○		野獣派(フォーヴィスム):□マティス				

日本史

時代	年代	年号	出来事	文化
明治	1905	明治38	1. 旅順占領，3. 奉天会戦，5. 日本海海戦 7. 桂・タフト協定締結 9. ポーツマス条約締結→日露戦争終結 9. 日比谷焼打ち事件 11. 第二次日韓協約締結→漢城(現ソウル)に統監府設置	1905 『吾輩は猫である』 　　　　　(夏目漱石)
	1906	明治39	6. 南満州鉄道株式会社設立 8. 関東都督府設置(旅順)	1906 『破戒』(島崎藤村) 　　　　：自然主義
	1907	明治40	6. ハーグ密使事件 7. 第三次日韓協約締結→義兵運動勃発	1907 『蒲団』(田山花袋) 　　　　：自然主義 1908 『何処へ』(正宗白鳥)
	1909	明治42	10. 伊藤博文暗殺事件	1909 自由劇場結成：新劇
	1910	明治43	3. 立憲国民党結成(犬養毅ら) 5. 大逆事件→幸徳秋水ら処刑 8. 韓国併合→朝鮮総督府設置，土地調査事業着手(〜1918)	1910 『一握の砂』(石川啄木) 「女」：ブロンズ像(荻原守衛) 『白樺』創刊→白樺派
	1911	明治44	3. 工場法公布 6. 青踏社設立(平塚らいてうら)：婦人解放を主張 8. 第二次西園寺内閣発足→緊縮財政	1911 『善の研究』(西田幾多郎) 『青踏』：女性のみの文学 　　　　雑誌
大正	1912	大正元	7. 明治天皇崩御，大正天皇即位 8. 友愛会設立：労働団体(鈴木文治) 12. 2個師団増設問題→内閣瓦解 12. 第三次桂内閣発足→第一次護憲運動(犬養毅，尾崎行雄)	○ 民俗学：柳田國男 ○ 歴史学：津田左右吉
	1913	大正2	2. 桂内閣崩壊：大正政変→第一次山本権兵衛内閣発足 12. 立憲同志会 (桂太郎ら)	1913 『大菩薩峠』(中里介山) 　　　　：大衆文学
	1914	大正3	1. シーメンス事件→山本内閣総辞職 4. 第二次大隈内閣発足 7. 第一次世界大戦勃発→連合国側として参戦 10. →青島，独領南洋諸島を占領	1914 二科会設置：洋画団体 院展再興
	1915	大正4	1. 中国に対し二十一カ条の要求 大戦景気(〜1918)→成金の発生	1915 『その妹』(武者小路実篤) 　　　　：白樺派 『羅生門』(芥川龍之介)
	1916	大正5	10. 寺内正毅内閣発足	1916 『腕くらべ』(永井荷風) 『鼻』(芥川龍之介)
	1917	大正6	1. 西原借款(〜1918)：中国段祺瑞政権への政治的借款 11. 石井・ランシング協定：日本の対中特殊権益と米の対中 　　　　　　　　　　　門戸開放を相互承認	○ 大正デモクラシー 民本主義：吉野作造 天皇機関説：美濃部達吉 ○ 作曲：山田耕筰 ○ 細菌学：野口英世
	1918	大正7	8. シベリア出兵(日本のみ〜1922)：日・米・英・仏 8. 米騒動勃発 9. 原敬内閣発足：本格的政党内閣成立，「平民宰相」 　　　　　　　　→積極政策 12. 大学令公布	1918「麗子像」(岸田劉生)：洋画 ○ マルクス主義 「貧乏物語」(河上肇)

世界史			東洋(中国)史			
年	国名	出来事	年	国名	出来事	中国
1905	露	1. 血の日曜日事件→第1次ロシア革命(～9月)	1905		8. 孫文, 日本で中国同盟会結成	
	露	9. ポーツマス条約締結→日露戦争終結			:三民主義	
	印	10. ベンガル分割令(カーゾン法)制定			9. 科挙の廃止	
	イラ	12. イラン立憲革命(～1911)		韓国	11. 第二次日韓協約締結	
1906	印	12. 国民会議派, カルカッタ大会4綱領採択				
	印	12. 全インド=ムスリム連盟結成				
1907		8. 英露協商締結→三国協商成立	1907	韓国	6. ハーグ密使事件	
	オセ	9. ニュージーランド, 英自治領に				清
1908	トル	7. 青年トルコ革命→ミドハト憲法復活	1908		9. 憲法大綱発布, 国会開設公約	
1910	メキ	11. メキシコ革命勃発(～1917)	1910	韓国	8. 韓国併合→日本の植民地化	
					朝鮮総督府設置	
					土地調査事業開始	
1911	アフ	7. 第2次モロッコ事件(独vs仏)	1911		5. 幹線鉄道国有化発令→四川暴動	
		9. イタリア=トルコ(伊土)戦争(～1912)			10. 武昌蜂起	
					10. 辛亥革命勃発(孫文)	
1912	露	3. バルカン同盟結成(～1912.9)	1912		1. 中華民国建国→臨時大総統:孫文	
		→バルカン半島:「ヨーロッパの火薬庫」			2. 宣統帝溥儀退位	
		10. 第1次バルカン戦争(～1913.2)			3. 袁世凱, 臨時大総統に就任	
		:バルカン同盟vsオスマン帝国			8. 国民党結成	
1913		6. 第2次バルカン戦争(～1913.8)	1913		10. 袁世凱, 正式大総統に就任	
		:ブルガリアvsセルビア=モンテネグロ, ルーマニア, オスマン帝国				
1914	ボス	6. サライェヴォ事件:オーストリア皇太子暗殺	1914		7. 孫文, 中国革命党結成	
	オー	7. 対セルビア宣戦→第一次世界大戦勃発				中
	南米	パナマ運河完成				
1915	伊	5. 三国同盟離脱, 連合国側として参戦	1915		1. 二十一カ条の要求→大部分承認	
	英	10. アラブ側とフセイン(フサイン)・マクマホン協定			→反日運動激化	
		締結→アラブ, オスマンとの戦闘開始			12. 袁世凱, 帝政復活宣言→内外反発	
	独	**一般相対性理論(アインシュタイン)**			**『新青年』創刊(陳独秀)**	華
1916	独	1. スパルタクス団結成:急進的革命組織	1916		6. 袁世凱死去	
		5. 英・仏・露, サイクス・ピコ協定締結			→軍閥諸勢力が各地に分立	
1917	独	2. 無差別潜水艦作戦開始	1917		**白話運動:胡適→文学革命**	
	露	3. ペトログラード蜂起→三月革命勃発				
		→ニコライ2世退位, 臨時政府樹立				
	米	4. 第一次世界大戦参戦				民
	印	8. 英, 戦後自治の約束				
	英	11. バルフォア宣言				
	露	11. ボルシェヴィキ武装蜂起→十一月革命勃発				
		→臨時政府打倒, 社会主義政権樹立				
	露	11. 「平和に関する布告」発表				
1918	米	1. ウィルソン大統領, 十四カ条の平和原則発表	1918		**『狂人日記』(魯迅)**	
	露	3. ブレスト=リトフスク条約締結→単独講和				
	露	8. 日・米・英・仏によるシベリア出兵:対ソ干渉				
	ブル	9. 休戦協定締結(無条件降伏)				
	オス	10. 休戦				国
	オー	11. 降伏→オーストリア=ハンガリー帝国崩壊				
	独	11. キール軍港の水兵反乱→ドイツ革命勃発				
	独	11. ドイツ休戦条約調印→第一次世界大戦終了				

日本史

時代	年代	年号	出来事	文化
大 正	1919	大正8	3. 三・一独立運動勃発→弾圧 4. 関東軍設置：旅順に司令部，関東州と南満州鉄道警備 5. 五・四運動発生→排日運動の展開	1919 『或る女』(有島武郎) ：白樺派 『恩讐の彼方に』(菊池寛)
	1920	大正9	3. 株式市場大暴落→戦後恐慌開始 3. 新婦人協会設立(平塚らいてう，市川房枝ら) 5. 第1回メーデー	
	1921	大正10	10. 日本労働総同盟 11. ワシントン会議(～1922.2) 　　→四カ国条約締結(日・米・英・仏)，日英同盟解消	1921 『暗夜行路』(志賀直哉) ：白樺派
	1922	大正11	2. 九カ国条約締結 2. ワシントン海軍軍縮条約締結→ワシントン体制 3. 全国水平社結成：被差別民の差別解消 7. 日本共産党結成(堺利彦，山川均ら)	
	1923	大正12	9. 関東大震災発生 12. 虎ノ門事件	1923 『日輪』(横光利一) ：新感覚派 「生々流転」(横山大観) ：日本画
	1924	大正13	1. 清浦奎吾内閣発足→護憲三派による第二次護憲運動 6. 加藤高明内閣発足(「憲政の常道」) 　　外相幣原喜重郎：協調外交(＝幣原外交)の展開	1924 『痴人の愛』(谷崎潤一郎) ：耽美派 築地小劇場開場
	1925	大正14	3. 普通選挙法成立 3. 治安維持法成立	1925 『キング』創刊 ：大衆(娯楽)雑誌 ラジオ放送開始
昭 和	1926	大正15 昭和元	1. 第1次若槻礼次郎内閣成立 12. 大正天皇崩御，昭和天皇即位	1926 『伊豆の踊子』(川端康成) ：新感覚派
	1927	昭和2	3. 金融恐慌開始→鈴木商店，台湾銀行倒産 4. 田中義一内閣成立：対中積極外交(強硬外交) 　　→北伐に対し山東出兵(～1928，計3回) 6. 立憲民政党誕生 7. ジュネーヴ軍縮会議：米・英・日→不成功	
	1928	昭和3	5. 済南事件：国民革命軍と衝突 6. 張作霖爆殺事件(満州某重大事件)→田中内閣退陣 6. 治安維持法改正 7. 浜口雄幸内閣成立→緊縮財政，産業合理化，金解禁 8. 不戦条約(ケロッグ・ブリアン条約)締結	○ 梅原龍三郎：洋画家 「紫禁城」
	1929	昭和4	10. 世界恐慌発生	1929 『蟹工船』(小林多喜二) 『太陽のない街』(徳永直) ：プロレタリア文学
	1930	昭和5	1. 金(輸出)解禁(井上準之助蔵相)→昭和恐慌発生 4. ロンドン軍縮会議開催→ロンドン海軍軍縮条約締結 　　　　　　　　　　→統帥権干犯問題発生	○ 安井曾太郎：洋画家 「金蓉」
	1931	昭和6	3. 三月事件：桜会(陸軍青年将校秘密結社)のクーデター計画 9. 柳条湖事件発生→満州事変(～1933.5) 10. 十月事件：桜会+民間右翼のクーデター計画 12. 金輸出再禁止→管理通貨制度へ 12. 犬養毅内閣成立	1931 『のらくろ』(田河水泡) ○ 吉川英治：大衆文学

世界史			東洋(中国)史			
年	国名	出来事	年	国名	出来事	中国
1919	露 印 伊 独	1. パリ講和会議開催 3. コミンテルン(第3インターナショナル)結成 3. ローラット法成立→独立運動(ガンディー) 3. ファシスト党結成(ムッソリーニ) 6. ヴェルサイユ条約締結 8. ヴァイマル(ワイマール)憲法制定	1919	朝鮮	3. 三・一独立運動勃発(～1919.5) 5. 五・四運動発生 　→ヴェルサイユ条約調印拒否 10. 中国国民党成立 　(中国革命党を改称)	
1920	米 西ア オス	1. 国際連盟発足 3. 国際連盟不参加決定 4. パレスチナ，英の委任統治領とされる 8. セーブル条約締結	1920	イン	5. インドネシア共産党成立	
1921	露 米	3. ネップ(新経済政策，NEP)採用 11. ワシントン会議(～1922.2) 　→四カ国条約締結(日・米・英・仏)	1921		7. 中国共産党結成 　(初代委員長：陳独秀) 『阿Q正伝』(魯迅)	中
1922	エジ 伊 ソ	2. 九カ国条約締結 2. ワシントン海軍軍縮条約締結 2. 英，保護権廃止→エジプト王国成立(～1952) 10. ローマ進軍→ムッソリーニ政権樹立 12. ソヴィエト社会主義共和国連邦樹立	1922			
1923	独 トル	1. 仏・ベルギーによるルール占領(～1925) 　→インフレーション進行 7. ローザンヌ条約締結：新講和条約 　→トルコ共和国成立(首都：アンカラ)	1923			華
1924	ソ 独 独	1. レーニン死去→トロツキーvsスターリン 8. ドーズ案成立：独の新賠償方式 『魔の山』(トーマス=マン)	1924		1. 中国国民党一全大会 　→「連ソ・容共・扶助工農」 　→第一次国共合作(～1927.8)	
1925	トル イラン	8. 女性解放政策開始 10. ロカルノ条約締結：西欧の安全保障条約 12. パフレヴィー朝(レザー=ハーン，～1979)	1925		5. 五・三〇運動勃発 7. 広州(広東)国民政府樹立 7. 国民革命軍編制	
1926	独 伊	9. 国際連盟加入 ファシスト党の一党独裁制確立	1926		7. 国民革命軍(北伐軍)，北伐開始 　→北方軍閥の打倒(～1928.12)	民
○	米	音楽:ジャズ	1927	イン	4. 上海クーデター勃発 4. 南京国民政府成立(蔣介石) 7. インドネシア国民党創建 　(スカルノ)	
1928	ソ	8. 不戦条約(ケロッグ・ブリアン条約)締結 10. 第1次五カ年計画開始(～1932)	1928		6. 張作霖爆殺事件(奉天事件) 6. 北伐軍，北京入城 10. 蔣介石，国民政府主席に就任 12. 張学良，北伐軍に服属→統一完成	国
1929	米 ユー 印	10. 株価大暴落→世界恐慌の始まり 10. ユーゴスラヴィア成立 12. プールナ=スワラージ決議(ネルー)	1929			
1930	印	1. ロンドン軍縮会議開催 10. 英印円卓会議(～1932，計3回)→失敗	1930	ベト	10. インドシナ共産党結成 　(ホー=チ=ミン)	
1931	米 英 スペ	6. フーヴァー=モラトリアム実施 8. マクドナルド挙国一致内閣成立 　→金本位制停止 「記憶の固執」(ダリ):超現実主義(シュルレアリスム)	1931		9. 柳条湖事件発生 　→満州事変(～1933.5) 11. 中華ソヴィエト共和国臨時政府 　成立(首都:瑞金，主席:毛沢東)	

			日本史	
時代	年代	年号	出来事	文化
昭　　　　　　　　　　　　　　　和	1932	昭和7	2. 国連，満州事変調査のためリットン調査団を現地派遣 2. 血盟団事件→2月井上準之助暗殺，3月団琢磨暗殺 3. 満州国建国(執政:溥儀) 5. 五・一五事件→犬養毅首相暗殺，斎藤実内閣成立 9. 日満議定書締結	
	1933	昭和8	1. 第1次上海事変勃発 3. 国際連盟脱退を通告(1935発効):松岡洋右日本代表 5. 滝川事件→滝川幸辰，京大休職処分 5. 塘沽停戦協定:日本軍と国民政府間の停戦協定 ○ 新興財閥の形成:日産コンツェルン，日窒コンツェルン　など	
	1935	昭和10	2. 天皇機関説問題→美濃部達吉，貴族院議員辞職 8. 第一次国体明徴声明 10. 第二次国体明徴声明	
	1936	昭和11	2. 二・二六事件→斎藤実，高橋是清，渡辺錠太郎殺害 3. 広田弘毅内閣成立 □ 軍部大臣現役制復活 11. 日独防共協定成立	
	1937	昭和12	6. 第1次近衛文麿内閣成立 7. 盧溝橋事件発生→日中戦争勃発→国民精神総動員運動 10. 皇民化政策実施:神社参拝の強要，日本語の強制など 11. 日独伊三国防共協定成立→枢軸国形成	
	1938	昭和13	1. 第一次近衛声明:「国民政府を対手とせず」声明発表 4. 国家総動員法公布 7. 張鼓峰事件発生 11. 第二次近衛声明:東亜新秩序声明発表	1938　『生きてゐる兵隊』 　　　　　　(石川達三)
	1939	昭和14	5. ノモンハン事件発生 7. 国民徴用令発令 11. (朝鮮人に対する)創氏改名公布(1940.2施行) 朝鮮人の強制連行開始(〜1945)	
	1940	昭和15	6. マッチ，砂糖の切符制(配給制の一種)開始 7. 第2次近衛内閣成立→「大東亜共栄圏」構想発表 9. 日独伊三国(軍事)同盟調印 9. 北部仏印(=仏領インドシナ)進駐:南進政策 10. 大政翼賛会成立:部落会，町内会，隣組結成 11. 大日本産業報国会成立	
	1941	昭和16	2. ABCDライン(包囲陣)強化 4. 日米交渉開始(駐米大使野村吉三郎・米国務長官ハル) 4. 日ソ中立条約(日ソ不可侵条約)締結 7. 南部仏印進駐→米:資産凍結，石油対日輸出禁止 10. 東条英機内閣成立 11. 米，ハル=ノート提示 12. 真珠湾攻撃→太平洋戦争勃発	
	1942	昭和17	4. 翼賛選挙実施 6. ミッドウェー海戦敗退:海軍壊滅的打撃 8. ガダルカナル島戦開始	1942 日本文学報国会設置 　　　会長:徳富蘇峰
	1943	昭和18	2. 日本軍，ガダルカナル島から撤退 9. 学徒出陣 11. 大東亜会議開催	
	1944	昭和19	6. 米軍，サイパン島上陸→7月，日本軍玉砕 6. 米軍B29爆撃機，本土空襲開始 8. 学童疎開開始	

		世界史				東洋(中国)史	
年	国名	出来事	年	国名	出来事		中国

年	国名	出来事	年	国名	出来事	中国
1932	独 英	3. 1932年選挙→ナチス，第一党に 7. オタワ連邦会議(イギリス連邦経済会議) 　　→スターリング=ブロック(ポンド=ブロック)形成	1932		3. 満州国建国(執政：溥儀) 10. リットン調査団，報告書発表	
○	仏	フラン=ブロック形成				
1933	米 露 米	3. フランクリン=ローズヴェルト大統領就任 　　→ニューディール政策の実施 11. 第2次五カ年計画→スターリン独裁確立期 11. ソ連承認→善隣外交政策				
1934	独	8. ヒトラー，総統就任→ユダヤ人迫害本格化	1934		10. 長征(～1936.10)	
1935	独 米 伊	3. 再軍備宣言→徴兵制復活 7. ワグナー法制定：労働者の権利拡大 10. エチオピア侵入(～1936)	1935		8. 八・一宣言発表	中
1936	スペ 独 スペ	2. 人民戦線内閣成立 3. ラインラント進駐 7. スペイン内戦勃発 10. ベルリン=ローマ枢軸成立	1936		12. 西安事件→第二次国共合作 　　抗日民族統一戦線成立	
1937	 スペ	11. 日独伊防共協定成立 「ゲルニカ」(ピカソ)：立体派(キュビスム)	1937		7. 盧溝橋事件発生→日中戦争勃発 11. 国民政府，重慶に遷都 　　：重慶政府(～1946) 12. 南京虐殺事件発生	
1938	独 独	3. オーストリア併合 9. ズデーテン地方(チェコスロヴァキア)の割譲を要求 　　→ミュンヘン会談開催 　　→割譲決定：宥和政策	1938			華
1939	チェ スペ 独 ソ	3. チェコスロヴァキア解体 3. フランコ勝利，独裁体制樹立 8. 独ソ不可侵条約締結 9. ポーランド侵攻開始→第二次世界大戦勃発 10. バルト3国併合				
1940	独 英 独 米	5. アウシュビッツ強制収容所建設 5. チャーチル首相就任 6. パリ入城→ド=ゴール，英でレジスタンス 9. 日独伊三国(軍事)同盟調印 『誰がために鐘は鳴る』(ヘミングウェイ)	1940		3. 汪兆銘，(南京)国民政府樹立 　　：日本の傀儡政権	民
1941	ソ 独	4. 日ソ中立条約(日ソ不可侵条約)締結 6. 独ソ戦争開始 8. 大西洋上会談→大西洋憲章発表 12. 日本，真珠湾奇襲 →太平洋戦争勃発	1941	ベト	5. ベトナム独立同盟(ベトミン) 　　結成(指導者：ホー=チ=ミン)	国
1942	 仏	6. ミッドウェー海戦(米vs日)→日本敗退 8. スターリングラードの戦い(～1943.2) 『異邦人』(カミュ)				
1943	伊	7. ムッソリーニ失脚→9. 新政府，無条件降伏 11. カイロ会談→カイロ宣言発表：対日処理方針 11. テヘラン会談				
1944	 米 仏	6. 連合軍，ノルマンディー上陸 6. 日本本土空襲開始 8. パリ解放	1944		6. サイパン：米軍上陸，日本軍壊滅 10. レイテ島(フィリピン) 　　：米軍攻略，12月占領	

日本史

時代	年代	年号	出来事	文化
昭和	1945	昭和20	2. 硫黄島の戦い→3月，日本軍玉砕 3. 東京大空襲 4. 沖縄戦開始→鉄血勤皇隊，ひめゆり隊(女子学徒隊)結成 8. 広島，長崎に原爆投下 8. ソ連，対日参戦 8. 御前会議にてポツダム宣言の受諾決定→無条件降伏 8. GHQ(連合国軍最高司令官総司令部)設置 　　(最高司令官：マッカーサー) 10. 幣原喜重郎内閣成立 10. 五大改革指令発令 12. 労働組合法制定	
	1946	昭和21	1. 公職追放：公職から軍事関係者などを排除 2. 第一次農地改革案→GHQ：改革不徹底と指摘 4. 持株会社整理委員会設置：財閥解体 5. 第1次吉田茂内閣発足 5. 極東国際軍事裁判(東京裁判)開始(〜1948.11) 10. 第二次農地改革開始(実施：1947〜50年) 11. 日本国憲法公布(1947.5施行)	1946 『細雪』(谷崎潤一郎) 『白痴』(坂口安吾)
	1947	昭和22	1. 二・一ゼネスト計画→GHQの中止命令 3. 教育基本法，学校教育法公布 4. 地方自治法公布，独占禁止法成立，労働基準法制定 5. 片山哲内閣発足 12. 民法改正：戸主制廃止，男女同権 12. 過度経済力集中排除法成立 傾斜生産方式採用	1947 『斜陽』(太宰治)
	1948	昭和23	3. 芦田均内閣発足 10. 昭和電工事件(贈収賄事件)で芦田内閣総辞職 　　→第二次吉田内閣発足 11. 教育委員会発足 12. GHQ，経済安定九原則を指示→ドッジ=ライン実施 　　：超均衡予算，単一為替レート($1=¥360)の設定	1948 『俘虜記』(大岡昇平)
	1949	昭和24	2. 第3次吉田内閣発足 7. 下山事件，三鷹事件発生 8. シャウプ勧告：税制改革勧告 8. 松川事件発生	1949 湯川秀樹，ノーベル物理学 賞受賞 『仮面の告白』 (三島由紀夫)
	1950	昭和25	6. 朝鮮戦争勃発→特需の発生(〜1953) 7. レッド=パージ：共産主義者追放 8. 警察予備隊設置 10. 公職追放解除(〜1958)	1950 文化財保護法公布 「羅生門」(映画)(黒澤明)
	1951	昭和26	9. サンフランシスコ講和会議開催 　　→サンフランシスコ平和条約締結(49カ国) 9. 日米安全保障条約締結	1951 『壁』(安部公房) ○ 『鉄腕アトム』(手塚治虫) →漫画，アニメ
	1952	昭和27	2. 日米行政協定締結：安保条約の細目協定 8. 保安庁発足→警察予備隊を保安隊に改組	1952 『真空地帯』(野間宏)
	1953	昭和28	12. 奄美諸島返還	1953 NHK，テレビ本放送開始
	1954	昭和29	3. MSA協定(日米相互防衛援助協定)成立 3. ビキニ水爆実験→第五福竜丸被爆 　　　　　　　　→原水爆禁止運動拡大 7. 防衛庁(保安庁を発展改組)，自衛隊設置 12. 鳩山一郎内閣成立	

世界史			東洋(中国)史			
年	国名	出来事	年	国名	出来事	中国
1945	ユー	3. 連邦人民共和国宣言→ティトー首相就任	1945	フィ	2. 米軍, フィリピン奪回	中
	米	4. 米軍, 沖縄本島上陸		イン	8. インドネシア独立宣言	
	独	4. サンフランシスコ会議開催(〜6月)			(初代大統領:スカルノ)	
		5. ベルリン陥落→ドイツ無条件降伏			→蘭と独立戦争	
	独	7. ポツダム会談→ポツダム宣言発表		ベト	9. ベトナム民主共和国成立	
	米	8. 4カ国分割占領(分割管理)決定:米・英・仏・ソ			11. 国共内戦再開	
	ソ	8. 広島, 長崎に原爆投下				
		8. 対日宣戦布告				
		8. 日本, 無条件降伏→第二次世界大戦終結				
		10. 国際連合発足				
		12. IMF(国際通貨基金)発足				華
1946	西ア	3. シリア独立	1946	ラオ	4. 王国として復活, 独立	
	英	3. 重要産業国有化(〜1949.5)		フィ	7. フィリピン共和国独立	
	西ア	4. ヨルダン王国完全独立		ベト	12. インドシナ戦争勃発(vs仏)	
	仏	10. 第四共和国憲法制定→第四共和政(〜1958.9)				
	米	コンピューター完成				民
1947	米	3. トルーマン=ドクトリン発表				
	米	6. マーシャルプラン発表				
	印	8. インド独立				
	パキ	8. パキスタン共和国独立(印と分離)				
		9. コミンフォルム(共産党情報局)組織				
		10. GATT(関税と貿易に関する一般協定)調印				
		11. 国連, パレスチナ分割案採択→アラブ側:拒否				
1948	チェ	2. チェコスロヴァキア=クーデター	1948	ビル	1. ビルマ連邦共和国として独立	国
	イスラ	5. イスラエル建国		韓国	8. 大韓民国成立(首都:ソウル)	
		→パレスチナ戦争(第一次中東戦争)勃発			初代大統領:李承晩	
		(〜1949.3)→パレスチナ難民発生		北朝	9. 朝鮮民主主義人民共和国成立	
	ユー	6. コミンフォルム, ユーゴスラヴィアを除名			(首都:平壌(ピョンヤン))	
	独	6. ベルリン封鎖			初代首相:金日成	
1949		1. 経済相互援助会議(COMECON)成立	1949	ベト	3. ベトナム国成立	
		4. 北大西洋条約機構(NATO)成立			10. 中華人民共和国建国(首都:北京)	
	西独	5. ドイツ連邦共和国(西ドイツ)成立		カン	11. カンボジア独立	
	東独	10. ドイツ民主共和国(東ドイツ)成立		台湾	12. 中華民国政府成立(蔣介石政権)	
1950	ソ	2. 中ソ友好同盟相互援助条約締結	1950		2. 中ソ友好同盟相互援助条約締結	
				朝鮮	6. 朝鮮戦争勃発(〜1953.7)	
					→国連軍出動(米軍主体)	
				朝鮮	10. 中国, 義勇軍派遣	
1951		4. ヨーロッパ石炭鉄鋼共同体(ECSC)調印				中
		9. サンフランシスコ講和会議開催				
		→サンフランシスコ平和条約締結(49カ国)				華
		9. 日米安全保障条約締結				
1952	エジ	7. エジプト革命:自由将校団, 国王追放				人
1953	米	1. アイゼンハウワー大統領就任	1953		1. 第1次五カ年計画(〜1957)	民
	ソ	3. スターリン死去		朝鮮	7. 朝鮮休戦協定成立	
	エジ	6. エジプト共和国成立			→北緯38度軍事境界線で分割	共
1954		6. ネルー・周恩来会談→平和五原則	1954	ベト	4. ジュネーヴ会議開幕	
	アフ	11. アルジェリア戦争(対仏独立紛争)			6. ネルー・周恩来会談→平和五原則	和
	エジ	11. ナセル首相就任(1956〜大統領)		ベト	7. ジュネーヴ休戦協定締結	
					→米:調印せずベトナム国支援	国
	○ 独	ヤスパース, ハイデッガー:実存主義			9. 東南アジア条約機構(SEATO)成立	

日本史

時代	年代	年号	出来事	文化
昭　　　　　　　　　　　　　　　　　　　和	1955	昭和30	8. 原水爆禁止世界大会開催 55年体制成立（自民党vs社会党） 神武景気（〜1957）→高度経済成長期	
	1956	昭和31	7. 経済白書に「もはや戦後ではない」記述 10. 砂川闘争：基地反対闘争 10. 日ソ共同宣言調印→日ソ国交回復 12. 国際連合加盟 12. 石橋湛山内閣成立	
	1957	昭和32	2. 岸信介内閣成立	1957 『天平の甍』（井上靖）
	1958	昭和33	岩戸景気（〜1961）	1958 『海と毒薬』（遠藤周作）
		○	○公害問題の発生	○ 少年週刊誌
	1960	昭和35	1. 日米新安全保障条約調印→安保闘争激化 4. 沖縄県祖国復帰協議会→祖国復帰運動 7. 池田勇人内閣成立：「所得倍増」	
	1961	昭和36	6. 農業基本法公布→専業農家減少，兼業農家増大	
	1964	昭和39	4. 経済協力開発機構(OECD)に加盟→資本自由化促進 10. 新幹線営業開始 10. 東京オリンピック開催 11. 佐藤栄作内閣成立	
	1965	昭和40	6. 日韓基本条約調印	1965 『黒い雨』（井伏鱒二） 1965 朝永振一郎，ノーベル物理 　　　学賞受賞
	1966	昭和41	いざなぎ景気（〜1970）	
	1967	昭和42	8. 公害対策基本法制定	
	1968	昭和43	6. 小笠原諸島返還 9. 水俣病，公害病に認定 　　GNP世界第2位に	1968 『坂の上の雲』 　　　　（司馬遼太郎） 1968 川端康成，ノーベル文学賞 　　　受賞
	1971	昭和46	6. 沖縄返還協定調印 7. 環境庁設置	
	1972	昭和47	5. 沖縄日本復帰 7. 田中角栄内閣成立 9. 日中共同声明調印→日中国交正常化	

世界史			東洋(中国)史			
年	国名	出来事	年	国名	出来事	中国
1955		4. アジア=アフリカ会議(バンドン会議)開催 →第三勢力結集，平和十原則発表 5. ワルシャワ条約機構結成	1955	ベト	10. ベトナム共和国(南ベトナム 政府)成立(ゴ=ディン=ディエム) →南北統一選挙拒否，米の支援	
1956	ソ アフ ポー エジ ハン	2. フルシチョフ:スターリン批判，平和共存政策 3. モロッコ，チュニジア独立 6. ポーランド反政府反ソ暴動(ポズナニ暴動) 7. ナセル，スエズ運河国有化宣言 10. ハンガリー反ソ暴動(ハンガリー事件) 10. スエズ戦争(第2次中東戦争)勃発				中
1957	アフ	3. ガーナ独立(初代大統領:エンクルマ)	1957	マレー	8. マラヤ連邦として独立	
1958	 仏	1. ヨーロッパ経済共同体(EEC)，ヨーロッパ 原子力共同体(EURATOM)結成 10. 第五共和政発足→初代大統領ド=ゴール	1958		1. 第2次五カ年計画:「大躍進」計画 →失敗 8. 人民公社成立	
1959	キュ	1. キューバ革命(カストロ) 9. フルシチョフ訪米	1959		4. 劉少奇，国家主席就任 9. 中印国境紛争発生(〜1962.11)	華
1960	エジ アフ アフ	1. アスワン=ハイダム着工(1971完成) 6. コンゴ独立→コンゴ動乱(〜1965) 「アフリカの年」:17国独立	1960	ベト	12. 南ベトナム民族解放戦線結成	
1961	米 南ア 独	1. ケネディ大統領就任 5. 南アフリカ共和国成立→アパルトヘイト 8. ベルリンの壁構築 9. 非同盟諸国首脳会議	1961	韓国	5. 軍事クーデター勃発 →朴正熙，政権掌握	人
1962	アフ	7. アルジェリア独立 10. キューバ危機→ソ連，ミサイル撤去，危機回避				
1963	 米	8. 部分的核実験禁止条約調印→仏・中不参加 11. ケネディ暗殺→ジョンソン大統領就任	1963	マレー	9. マラヤ連邦を中心にマレーシア 連邦発足	民
1964	 米	5. パレスチナ解放機構(PLO)結成 7. 公民権法制定:黒人に対する差別撤廃 →黒人解放運動継続(キング牧師など)				共
1965	米 仏	2. 北ベトナム爆撃(北爆)開始→ベトナム戦争 ⟷ ベトナム反戦運動 サルトル:実存主義 『嘔吐』，『存在と無』	1965	ベト シン イン	2. 米軍の北ベトナム爆撃(北爆) 開始→ベトナム戦争 8. マレーシアから分離，独立 9. 九・三〇事件(軍部クーデター) →スハルト，実権掌握	
○			1966		8. プロレタリア文化大革命開始	和
1967		7. ヨーロッパ共同体(EC)発足	1967		8. 東南アジア諸国連合(ASEAN)結成	
1968	チェ チェ	1. チェコスロヴァキア民主化運動開始 7. 核拡散防止条約(NPT)調印(1970.3発効) 8. ソ連・東欧5カ国が軍事介入→民主化運動鎮圧	1968	イン ベト	3. スハルト大統領就任 5. パリ和平会議(〜1973.1)	
1969	米 独	1. ニクソン大統領就任 10. ブラント首相就任→東方外交	1969		3. 中ソ国境紛争発生	国
1971	米	8. ドル=ショック:ドルと金の交換停止 10. 中国の国連代表権交代	1971		10. 国連代表権，中華人民共和国 政府へ	
1972	 米	2. ニクソン訪中→米中共同声明発表 5. 第1次戦略兵器制限交渉(SALT I)調印 6. ウォーターゲート事件	1972		2. ニクソン訪中 →米中共同声明発表 9. 日中共同声明調印 →日中国交正常化	

日本史

時代	年代	年号	出来事	文化
昭 和	1973	昭和48	2. 変動為替相場制へ移行 10. 石油危機(オイル=ショック)発生→狂乱物価	1973 江崎玲於奈，ノーベル物理 学賞受賞
	1974	昭和49	12. 三木武夫内閣成立	1974 佐藤栄作，ノーベル平和賞 受賞
	1976	昭和51	2. ロッキード事件発覚：航空業界汚職事件 12. 福田赳夫内閣成立	
	1978	昭和53	8. 日中平和友好条約調印 12. 大平正芳内閣成立	
	1979	昭和54	1. 第2次石油危機発生 ○日米貿易摩擦問題	
	1980	昭和55	7. 鈴木善幸内閣成立	
				1981 福井謙一，ノーベル化学賞 受賞
	1982	昭和57	11. 中曽根康弘内閣成立	
	1985	昭和60	4. 電電・専売公社民営化→NTT，JTに 6. 男女雇用機会均等法公布(1986施行) 9. G5(5カ国蔵相会議)開催→プラザ合意：ドル高是正	
	1986	昭和61	バブル経済(〜1991)	
	1987	昭和62	4. 国鉄民営化→JRに 11. 竹下登内閣成立	1987 利根川進，ノーベル医学生 学賞受賞
	1988	昭和63	リクルート事件表面化：疑獄事件	
平 成	1989	昭和64 平成元	1. 昭和天皇崩御→今上天皇即位 4. 消費税創設(税率3％) 6. 宇野宗佑内閣成立 8. 海部俊樹内閣成立 ○日本のODA，世界第1位に	
	1991	平成3	11. 宮沢喜一内閣成立 バブルの崩壊→平成不況：不良債権問題	
	1992	平成4	5. 日本新党結成 6. 国際平和協力法(PKO法)成立 9. 自衛隊海外派遣(カンボジア)	
	1993	平成5	8. 細川護熙内閣成立：非自民8党派→55年体制終焉	

世界史			東洋(中国)史			
年	国名	出来事	年	国名	出来事	中国
1973	米	1. パリ和平協定調印→米軍，ベトナム撤退決定 10. 第4次中東戦争勃発→オイル=ショック発生 各国，変動相場制に移行	1973	ベト	1. パリ和平協定調印→米軍撤退	
1974	印 米	5. 世界で第6番目の核保有国に 8. ニクソン大統領辞任				
1975	 スペ	11. 第1回サミット(先進国首脳会議)開催 11. フランコ死去→立憲君主制へ移行(1978)	1975	ベト	4. サイゴン陥落 　　→南ベトナム政府崩壊	
			1976	カン ベト	4. ポル=ポト政権樹立(民主カンプチア) 7. ベトナム社会主義共和国成立	中
1979	イラン ソ	1. イラン革命→イラン=イスラーム共和国成立 3. エジプト=イスラエル平和条約調印 6. 第2次戦略兵器制限交渉(SALTⅡ)調印 12. アフガニスタンに軍事介入	1979	 韓国	1. ベトナム軍，カンボジア侵攻 　　→カン：ヘン=サムリン政権成立 2. 中越(中国=ベトナム)戦争勃発 10. 朴正煕大統領暗殺	華
1980	 ポー	9. イラン=イラク戦争勃発(～1988.8) 9. ポーランド自主管理労組「連帯」成立(ワレサ)	1980	韓国 韓国	5. 光州事件→民主化運動弾圧 9. 全斗煥大統領就任	
1981	米	1. レーガン大統領就任				人
1982	イスラ	4. シナイ半島，エジプトに返還				
1985	ソ	3. ゴルバチョフ共産党書記長就任 　　→ペレストロイカ(改革)，グラスノスチ 　　　(情報公開)実行	1985		6. 人民公社解体	
1986	ソ	4. チェルノブイリ原子力発電所事故発生 　　(現ウクライナ共和国内)	1986	フィ ベト	2. マルコス政権崩壊 　　→コラソン=アキノ大統領就任 12. ドイモイ(刷新)採用	民
1987	米ソ	12. 中距離核戦力(INF)全廃条約調印				
1988	ソ パキ	5. アフガニスタン撤退開始(1989.2完了) 5. 地下核実験成功→核保有国に	1988	台湾	1. 李登輝総統就任	共
1989	米 独 米ソ	1. ブッシュ(父)大統領就任 11. アジア太平洋経済協力(APEC)創設 11. ベルリンの壁崩壊 12. マルタ会談→冷戦終結宣言	1989	 ビル	6. 第2次天安門事件発生 6. ミャンマーに改称	
1990	イラク 独 アフ	8. クウェート侵攻 10. 東西ドイツ統一→ドイツ連邦共和国成立 10. ルワンダ内戦				和
1991	 ユー 米ソ ソ ソ	1. 湾岸戦争勃発(イラクvs米中心の多国籍軍) 6. ユーゴスラヴィア内戦 7. 第1次戦略兵器削減条約(STARTⅠ)調印 8. 保守派クーデタ→失敗，ソ連共産党解散 12. 独立国家共同体(CIS)成立→ソ連消滅 　　→ロシア連邦成立(初代大統領：エリツィン)	1991	朝鮮	9. 韓国・北朝鮮：国連同時加盟	国
1992	 ユー ユー	2. マーストリヒト条約締結 3. ボスニア紛争 4. 新ユーゴスラヴィア連邦成立				
1993	米ソ 米	1. 第2次戦略兵器削減条約(STARTⅡ)調印 1. クリントン大統領就任 9. パレスチナ暫定自治協定調印 11. ヨーロッパ連合(EU)正式発足				

日本史

時代	年代	年号	出来事	文化
平 成	1994	平成6	1. 政治改革関連4法成立 4. 羽田孜内閣成立 6. 村山富市内閣成立	1994 大江健三郎，ノーベル文学 賞受賞
	1995	平成7	1. 阪神・淡路大震災発生	
	1996	平成8	1. 橋本龍太郎内閣成立 9. 民主党結成	
	1997	平成9	4. 消費税増税（3%→5%） 9. 日米防衛協力のための指針見直し→新ガイドライン作成 12. 地球温暖化防止京都会議開催→京都議定書採択	
	1998	平成10	7. 小渕恵三内閣成立	
	1999	平成11	5. 新ガイドライン関連法成立 8. 国旗・国歌法成立 9. 東海村臨界事故発生	
	2000	平成12	4. 森喜朗内閣成立	2000 白川英樹，ノーベル化学賞 受賞
	2001	平成13	1. 省庁再編→1府12省庁に 4. 情報公開法施行 4. 小泉純一郎内閣成立→「聖域なき構造改革」 11. テロ対策特別措置法公布，施行(時限立法)	2001 野依良治，ノーベル化学賞 受賞
	2002	平成14	9. 小泉首相訪朝→日朝平壌宣言署名	2002 小柴昌俊，ノーベル物理学 賞受賞
	2003	平成15	7. イラク復興支援特別措置法成立(時限立法)	2002 田中耕一，ノーベル化学賞 受賞
	2004	平成16	1. 自衛隊イラク派遣 5. 第2回日朝首脳会談→拉致被害者5人帰国 10. 新潟県中越地震発生	
	2005	平成17	4. 個人情報保護法施行 10. 道路関連四公団民営化	
	2006	平成18	9. 安倍晋三内閣成立	
	2007	平成19	1. 防衛省発足 9. 福田康夫内閣成立 10. 郵政民営化	
	2008	平成20	9. 麻生太郎内閣成立 10. 観光庁発足	2008 小林誠，益川敏英，南部陽 一郎，ノーベル物理学賞受 賞 2008 下村脩，ノーベル化学賞 受賞
	2009	平成21	9. 鳩山由紀夫内閣成立 9. 消費者庁発足	
	2010	平成22	6. 菅直人内閣成立	2010 鈴木章，根岸英一，ノーベ ル化学賞受賞
	2011	平成23	3. 東日本大震災発生 9. 野田佳彦内閣成立	2011 地上波デジタル放送へ移行
	2012	平成24	2. 復興庁発足 12. 安倍晋三内閣（第2次）成立	2012 山中伸弥，ノーベル生理学 医学賞受賞
	2014	平成26	4. 消費税増税（5%→8%）	2014 赤崎勇，天野浩，中村修二 ノーベル物理学賞受賞

世界史			東洋(中国)史			
年	国名	出来事	年	国名	出来事	中国
1994	南ア 露	5. マンデラ大統領就任 12. チェチェン紛争				
1996		9. 包括的核実験禁止条約(CTBT)採択				
1997	ユー	6. サミットにロシアが正式参加 →名称を主要国首脳会議に変更 7. ミロシェビッチ大統領就任→コソボ問題発生	1997	北朝	7. 香港返還 7. アジア通貨危機発生 10. 金正日，朝鮮労働党総書記に就任	
			1998	韓国 イン	2. 金大中大統領就任→太陽政策 5. スハルト退陣	
1999	ユー	1. ユーロ使用開始(通貨の使用は2002～) 3. NATO軍，セルビア空爆	1999	カン	4. カンボジア，ASEAN加盟 →東南アジア10カ国加盟 12. マカオ返還	中
2000	露	3. プーチン大統領就任	2000	朝鮮	6. 南北朝鮮首脳会談開催	華
2001	米 米 米	1. ブッシュ(子)大統領就任 9. 同時多発テロ発生 11. アフガニスタンへ空爆開始→12月制圧				
2002	アフ	7. AU(アフリカ連合)結成 9. スイス，東ティモール国連加盟	2002	イン	5. 東ティモール，インドネシア からの独立達成	人
2003		3. イラク戦争勃発 **ヒト=ゲノム解読完了:生命工学**				民
2004	イラク	6. イラク暫定政権発足	2004	イン	12. スマトラ島沖地震発生	共
2005		2. 京都議定書発効 7. ロンドン爆破テロ	2005	パキ	10. パキスタン北部で大地震発生	
2006	イラク	5. 正式政府発足	2006	タイ 北朝	9. 軍事クーデター勃発 10. 地下核実験実施	和
2008	米	9. リーマン=ショックが起こり全世界に不況が 広まる	2008		5. 四川大地震	国
2009	米	1. オバマ大統領就任				
2011		7. スーダンより南スーダンが独立				
2014	露	3. クリミア併合				

日本史

時代	年代	年号	出来事	文化
平 成				2015 梶田隆章，ノーベル物理学賞受賞
				2015 大村智，ノーベル生理学・医学賞受賞
	2016	平成28	4. 熊本地震発生 6. 改正公職選挙法施行→選挙権年齢引き下げ	2016 大隅良典，ノーベル生理学医学賞受賞
	2017	平成29	6. 改正組織犯罪処罰法成立 12. 皇室会議で天皇退位の日程決定	
	2018	平成30	6. 働き方改革関連法成立 9. 北海道胆振東部地震発生	2018 本庶佑，ノーベル生理学・医学賞受賞
	2019	平成31	4. 天皇退位	2019 吉野彰，ノーベル化学賞受賞
令 和		令和元	5. 新天皇即位，「令和」に改元 10. 消費税増税（8%→10%）	
	2020	令和2	新型コロナウイルス感染拡大	
	2021	令和3	7〜8. 東京オリンピック・パラリンピック開催	
	2022	令和4	4. 改正民法施行→成人年齢が18歳に	

世界史			東洋(中国)史			
年	国名	出来事	年	国名	出来事	中国
2015	仏	11. パリ同時多発テロ				
2016	英	6. 国民投票でEU離脱支持が過半数到達	2016	台湾	1. 総統選挙で民進党の蔡英文氏が 当選	
2017	米	1. トランプ大統領就任 7. 核兵器禁止条約採択	2017	韓国	3. 朴槿恵大統領の罷免決定 収賄容疑で逮捕	
2018	米 仏	5. イラン核合意からの離脱表明 6. 初の米朝首脳会談 12. マクロン政権に抗議するデモが暴徒化	2018	北朝	6. 初の米朝首脳会談	
2019	 米	8. 米ロによる中距離核戦力(IMF)全廃条約が失効 10. パリ協定からの離脱を正式通告	2019	香港	逃亡犯条例に反対する大規模 デモ発生	
2020	 英	新型コロナウイルス感染拡大 2. EU離脱	2020		新型コロナウイルス感染拡大	中 華
2021	米	8. 米軍, アフガニスタンからの撤退完了				 人
2022	露	2. ウクライナへ軍事侵攻	2022	中国	習近平国家首席3期目へ	 民 共 和 国

解答・解説

人文科学

Humanities

TAC出版編集部編

テキスト

TAC出版
TAC PUBLISHING Group

目次

第1編　日本史

第1章　旧石器時代～推古朝

（問題，本文5ページ）

No.1

② ×　これは弥生土器の説明。縄文土器は厚手・黒褐色のものが多く，名称は土器の文様から付けられた。

③ ×　稲作が日本に伝わったのは，弥生時代初期。

④ ×　貧富の差が出てきたのは，農業が発達してきた弥生時代からである。

⑤ ×　青銅器や鉄器が普及したのは弥生時代だが，石器や木器も盛んに使用された。

（答）　①

No.2

① ×　現在の日本人は，原型である古モンゴロイドと，この時代に渡来してきた新モンゴロイドが混血して作られた。

② ×　貝塚の出現は縄文時代。

④ ×　青銅器や鉄器などの金属器は，弥生時代に伝来した。

⑤ ×　本州北部に稲作が伝わったのは，弥生前期である。

（答）　③

No.3

① ○　「詔 を承りては必ず謹め。」（第三条）

② ×　改新の詔（646年）の第三条のこと。

③ ×　改新の詔の第一条のこと。

④ ×　「篤く三宝を敬へ。三宝とは仏・法・僧なり。」（第一条）と仏教崇拝を命じている。伊勢神宮などの神社の祭礼を重視したのは天武天皇である。

⑤ ×　鎮護国家は奈良時代の仏教の思想である。

（答）　①

第2章　律令国家の形成～奈良時代

（問題，本文11ページ）

No.1

① ○　誤り。中大兄皇子が天智天皇として即位したのは668年。蘇我氏を滅ぼした645年に即位したのは孝徳天皇。

②③④⑤ ×　正しい。本文9ページの「ポイント　大化の改新」を参照。

（答）　①

No.2

① ×　「八色の姓」は天武天皇が制定した八階の姓。天智天皇は「庚午年籍」を制定した。

② ×　藤原京は大和三山に囲まれた地に持統天皇が建設した694～710年までの帝都で，最初の本格的都城。元明天皇は平城京遷都を行った天皇。

④ ×　検非違使は嵯峨天皇が設置した，京中の治安維持に当たる役職。後に都の警察裁判権を司る要職になった。

⑤ ×　勘解由使は，国司交代の不正を防ぐために桓武天皇が設置した役職。

（答）　③

No.3

① ×　平安京遷都は794年で律令体制の再建に努力した。

② ×　氏姓制度は律令以前の4～5世紀である。

③ ○　大化の改新（645年）で実施を目標にし，大宝律令（701年）が制定された。

④ ×　武士団の成立は10世紀であり，律令体制とは関係ない。

⑤ ×　奈良時代，三世一身法（723年），墾田永年私財の法（743年）が制定され，8～11世紀には荘園制が普及し，律令体制が崩壊した。

No.4

ア　孝徳天皇
　　皇極天皇は中大兄皇子（のちの天智天皇），大海人皇子（のちの天武天皇）の母。乙巳の変の直後に退位した。その後即位したのが孝徳天皇。乙巳の変に始まる一連の改革のことを大化の改新という。

イ　柿本人麻呂
　　額田王は白鳳時代の女流歌人。

ウ　大友皇子
　　大海人皇子は大友皇子の弟である。また，この争いを壬申の乱という。

（答）　②

No.5

①　×　743年に出された墾田永年私財の法によって，開墾した土地を一定面積に限って私有できるようになったのが荘園の始まりである（初期荘園）。

②　×　723年に発布された三世一身法は，開墾者に三世代後までの土地の私有を認めた法である。

③　×　墾田永年私財の法の施行は8世紀である。

④　×　10世紀以降，開発領主が荘園の所有権を中央の権門勢家に名目上寄進する寄進地系荘園が増加するが，荘園整理令の発布や，地頭の設置によって変質を余儀なくされ，応仁の乱によって実質的に崩壊した。

（答）　⑤

No.6

A：口分田
B：三世一身法
C：墾田永年私財の法

（答）　①

No.7

A　太政官
　　四等官は官吏の階級で，長官・次官・判官・主典のこと。

B　八省
　　中務省・式部省・治部省・民部省・兵部省・刑部省・大蔵省・宮内省の8つ。

C　七道
　　東海道・東山道・北陸道・山陰道・山陽道・南海道・西海道の7つ。
　　五畿は畿内と同義語で，大和・山城・摂津・河内・和泉の五国。

D　里
　　制定当初，最も小さな地方行政単位は「里」で，50戸で里，2〜20里で郡，数郡で国を編成していたが，715年頃から里は郷に改められた。

E　摂津職
　　左京職・右京職は，京の司法警察を司る役職。

（答）　①

No.8

A：嵯峨天皇
　　天智天皇（中大兄皇子）は7世紀の人物。

B：藤原不比等
　　太安万侶は『古事記』の筆録者。

C：藤原冬嗣

（答）　④

第3章　平安時代

（問題，本文19ページ）

No.1

A　冬嗣
　　広嗣は藤原式家の祖，宇合の子。

B　蔵人頭

C　承和の変
　　皇太子恒貞親王が謀反を企てたとして伴健岑，橘逸勢らが隠岐・伊豆に配流された事件。
　　なお，薬子の変とは810年，藤原薬子が平城上皇の復位と平城京遷都を企てたが失敗，薬子が自害した事件。

D　安和の変
　　右大臣藤原師尹が左大臣源高明を排斥するために，源満仲に「高明に為平親王擁立

の陰謀がある」と密告させ，高明を失脚させた事件。

なお，延喜の治とは，醍醐天皇の治世のこと。村上天皇の治世と併せて「延喜・天暦の治」ともいう。

（答）④

No.2

律令制度の根本である公地公民の土地政策が，荘園の増加により崩れたのが最大の原因である。

（答）③

No.3

②の守護，地頭は鎌倉幕府の政治機関である。

（答）②

No.4

① × 939〜941年に瀬戸内海西部で藤原純友が，関東では平将門が起こした乱のことである。
② ○ 保元の乱は平清盛と源義朝のついた側が勝ち，平治の乱では源平が対立し，平氏が勝った。
③ × 後醍醐天皇を中心とした鎌倉幕府討幕計画である。
④ × この内乱を終結させたのは室町幕府3代将軍足利義満である。
⑤ × この変は1651年（4代将軍家綱）ですでに幕藩体制は強固なものとなり，鎖国も定着している。

（答）②

No.5

蔵人頭は天皇の側近として機密文書や訴訟を扱う蔵人所の長官。810年嵯峨天皇が藤原冬嗣を任じたのに始まる令外官である。

（答）③

No.6

① × 応天門の変（866年）で失脚した。
② × 承和の変（842年）で失脚した。
③ ○ 901年大宰府へ左遷された。
④ × 菅原道真を左遷した人物。
⑤ × 安和の変（969年）で失脚した。

（答）③

No.7

① × これは初期荘園の説明。
② × 租税の免除は不輸の権。不入の権は，国司の使者である検田使などの立ち入りを拒否する権利。
③ × 国衙領（公領）も存在していた。
④ ○ これを寄進地系荘園という。
⑤ × 延喜の荘園整理令を出したのは醍醐天皇（902年）。堀河天皇の時代だと，祖父（白河天皇の父）である後三条天皇が，延久の荘園整理令を出している。

（答）④

No.8

① × 桓武天皇は，坂上田村麻呂を征夷大将軍として派遣した。
② × 臣下で初めて摂政の地位に就いたのは藤原良房。また，応天門の変で失脚したのは伴善男。
④ × 院政を始めたのは白河天皇。
⑤ × 平氏が源氏を討ったのは平治の乱。またその全盛期は，平清盛のときと言われる。

（答）③

No.9

① ○ 直接関係ない。延久の荘園整理令を出したのは白河天皇の父，後三条天皇。
②③ × 関係がある。堀河天皇は白河天皇の子。このときから，上皇となって院政を始めた。
④ × 関係がある。北面の武士は，白河上皇のときに，院御所の北面に置いた院警護の武士のこと。
⑤ × 関係がある。鳥羽離宮は，白河上皇が建てた後院。

（答）①

No.10

① × 六波羅探題の設置は北条義時。
② ○ 平清盛は音戸の瀬戸を開削，大輪田泊を修築した。
③ × 西面の武士の設置は後鳥羽上皇。
④ × 六勝寺の建立は白河・鳥羽天皇など，院政期の天皇家による。
⑤ × 北面の武士の設置は白河上皇。

（答）　②

第4章　鎌倉時代

（問題，本文28ページ）

No.1

① × 北条氏は執権を世襲した。
② × 廃止されていない。豊臣秀吉によって廃止された。
③ × 安定せず，むしろ衰退した。
④ × これは御成敗式目(貞永式目)の説明である。武家諸法度は江戸時代。
⑤ ○ 公武二元支配であった。

（答）　⑤

No.2

② × これは問注所の説明である。
③ × これは政所の説明である。
④ × 鎮西奉行は，九州の御家人統率と軍事警察の任務を司る地方統治機関。
⑤ × これは京都守護の説明である。

（答）　①

No.3

① × 承久の乱は，後鳥羽上皇が起こした倒幕の反乱。後醍醐天皇は関係ない。
② × 新補地頭は，承久の乱で戦功のあった御家人へ新恩として与えられたが，本補地頭が廃されたわけではない。
③ × 承久の乱が起こったのは2代執権北条義時の頃(1221年)。引付衆が置かれたのは5代執権北条時頼のとき(1249年)。
⑤ × 実朝が暗殺されたのは，承久の乱の前(1219年)である。

（答）　④

No.4

① × 鎌倉幕府で財政を担当したのは公文所(のちの政所)である。
② × 日明貿易，明銭の輸入は室町時代。
③ × 撰銭令の発令は室町幕府。
④ × この時代には，三斎市(月に3回開かれる定期市)が一般化した。月4日以上になるのは，応仁の乱後に六斎市が一般化し始めてからである。

（答）　⑤

No.5

① × 元寇時に異国警固番役を設置。西面の武士は，承久の乱(1221年)の前に後鳥羽上皇が討幕のために設置した。
② × 京都大番役は皇居の警備が主任務。
③ ○ 鎌倉番役や京都大番役は平時における御家人の奉公の一つ。
④ × 北面の武士は白河上皇が置いた院警固の武士のこと。
⑤ × 大番催促は守護の権限である。

（答）　③

No.6

④の評定衆を設置したのは北条泰時。北条時頼が設置したのは引付衆である。

（答）　④

第5章　建武の新政〜室町時代(〜応仁の乱)

（問題，本文33ページ）

No.1

② × 守護と国司は公武の別なく任用することとした。
③ × 幕府の存在も認めなかった。
④ × 建武式目は1336年に足利尊氏が制定した幕府の基本方針である。
⑤ × 高氏が攻め滅ぼしたのは六波羅探題。鎌倉を攻めたのは新田義貞である。

（答）　①

No.2

① × 正しい。建武式目の制定は 1336 年。
② × 正しい。観応の擾乱（1350 ～ 52 年）。
③ × 正しい。室町幕府は貞永式目（御成敗式目）を基本法とした。
④ ○ 誤り。最初の半済令（1352 年）は近江・美濃・尾張の 3 国，一年限りで守護に兵糧米として荘園の年貢半分の徴収権を与えるものであった。
⑤ × 正しい。室町幕府は御成敗式目（貞永式目）を基本法とし，必要に応じて新令を加えた。これを建武以来追加という。

（答） ④

No.3

① × 尊氏が立てたのは光明天皇。光厳天皇は光明天皇の兄。
② ○ これを観応の擾乱という。
③ × 段銭や棟別銭は，守護を通して田畑や家屋に課した税。土倉業者に課したのは倉役，酒造業者に課したのは酒屋役。
④ × 尊氏は関東を重視し，基氏を鎌倉公方として鎌倉府を開かせた。
⑤ × 南北朝の合体を実現させたのは足利義満。

（答） ②

No.4

② × 室町幕府は鎌倉幕府の機構や法制を踏襲することを原則としていた。
③ × 大輪田泊を築造したのは平清盛である。
④ × 鎌倉と室町が逆である。
⑤ × 評定衆は設けられていたが実力はほとんどなかった。

（答） ①

No.5

① × 管領は細川・斯波・畠山の三管領が交代で任命された。
② × 京都市中の警備や刑事裁判を司ったのは侍所。長官の所司には赤松・山名・一色・京極の四職を交互に任命した。
④ × 御料所は幕府の直轄地。酒屋役は酒造業者に課せられた税。関銭は関所の通行税。
⑤ × 鎌倉将軍府，陸奥将軍府は建武の新政時に置かれた機関。室町時代は関東に鎌倉府，陸奥に奥州探題，九州に九州探題が置かれた。

（答） ③

No.6

鎌倉時代，守護の職務は大犯三カ条だけだったが，室町時代に半済令や守護請が加わり，勢力が強くなった。

（答） ②

No.7

① × 正長の土一揆（正長の徳政一揆）についての説明である。
② × 嘉吉の土一揆（嘉吉の徳政一揆）についての説明である。
④ × 播磨の土一揆についての説明である。
⑤ × 加賀の一向一揆についての説明である。

（答） ③

No.8

⑤ × 朝貢形式に反対した足利義持が一時中断し，足利義教が復活させた。

（答） ⑤

No.9

⑤ × 守護大名の勢力は衰え，守護代以下の在地の武士が実権を握った。

（答） ⑤

第6章　戦国時代〜桃山(織豊政権)時代

(問題，本文41ページ)

No.1

① × 鉄砲の伝来は1543年。応仁の乱の後のことである。

③ × 今川義元が敗れたのは桶狭間の戦いである。

④ × 織田信長が楽市・楽座制を実施したのは美濃加納，安土山下町などである。全国的とはいえない。

⑤ × 荘園制は，太閤検地によって名実共に消滅した。

(答)　②

No.2

② × 石山は寺内町(石山本願寺)

③ × 長野は門前町(善光寺)

④ × 草津は宿場町

⑤ × 府内は城下町(大友氏)

(答)　①

No.3

① × 今川義元を破ったのは桶狭間の戦い。

② × 足利義輝の弟義昭を立てて入京し，将軍職に就けた。

④ × 一向一揆の頂点は石山本願寺。

⑤ × 朝倉氏ではなく毛利氏。本願寺ではなく本能寺。

(答)　③

No.4

③ × 戦国・安土桃山時代の戦国大名が行った指出検地の内容。秀吉の検地は，太閤検地や天正の石直しと呼ばれている。

(答)　③

No.5

① × 1549年に日本にキリスト教を伝えた宣教師。

② × リーフデ号で漂着した家康の外交顧問となったオランダ人で，日本名を耶楊子という。

③ ○ 天正遣欧使節に尽力したほか，活字印刷術を伝える。ヴァリニャーノともいう。

④ × 畿内を拠点に伝道する。

⑤ × リーフデ号で漂着し，家康の外交顧問となったイギリス人で，日本名を三浦按針という。

(答)　③

第7章　江戸時代(初期〜三大改革)

(問題，本文52ページ)

No.1

① × 「天下の台所」と呼ばれたのは大坂である。

② × キリスト教禁止令を出したのは，島原・天草一揆より前である。商館を平戸から長崎に移した。

③ × 大老は幕府最高の職であるが，常置ではなく非常のときに置く。老中が幕府一切の重要政務を統括し，若年寄が老中を補佐。

⑤ × 武家諸法度を定め，大名を統制した。

(答)　④

No.2

① × 幕末まで続いた。

② ○ 秀吉の代まで朝鮮との関係が悪く，江戸幕府初代将軍家康になって回復。

③ × 朱印船は秀吉の時代から受け継がれたものである。

④ × 禁止は3代将軍家光の時代である。

⑤ × 九州の諸大名も貿易。長崎に限ったわけではない。

(答)　②

No.3

② × 宋(北宋)は10世紀〜13世紀の王朝であり，日宋貿易が行われたのは平安後期〜鎌倉時代である。

③ × 朱印船である。

④ × 抑圧政策は行っていない。

⑤ × 対清貿易も行っていた(特に生糸)。
　　　　　　　　　　　　（答）①

No.4
① × 田沼意次についての記述である。
② × 新井白石についての記述である。
③ × 2代将軍徳川秀忠についての記述である。
④ × 4代将軍徳川家綱についての記述である。
　　　　　　　　　　　　（答）⑤

No.5
生類憐みの令が発布されたのは1685年。
① ○ 1690年
② × 1715年。長崎新令(例),正徳新令(例)ともいう。
③ × 1710年
④ × 1649年
⑤ × 1627年
したがって,同時期といえるのは①。
　　　　　　　　　　　　（答）①

No.6
① × 老中は譜代城主から選ばれた。
② × 大目付は幕政監察の職。旗本・御家人の監察は目付が行う。
③ × 若年寄は譜代大名から選ばれた。
⑤ × 京都所司代は,朝廷の監察や西国大名の監視を行う。重要直轄地に置かれたのは遠国奉行。
　　　　　　　　　　　　（答）④

No.7
① × 元禄金銀が発行されたのは正徳の治の前。正徳の治では正徳金銀を鋳造し,質を高めた。
② × 海舶互市新例によって,貿易を制限した。
③ × 正徳の治は享保の改革の前である。
⑤ × 正徳の治は積極的な文治政治を展開した。
間部詮房は当時の将軍の側用人だが,

武断政治を断行したわけではない。
　　　　　　　　　　　　（答）④

No.8
① × 1604年,初代将軍徳川家康の政策。
② ○ 1715年の海舶互市新例のこと。年間で清船30隻,オランダ船2隻に制限。
③ × 田沼意次の政策。
④ × 1631年,3代将軍家光の政策。
⑤ × 1808年,11代将軍家斉のとき。
　　　　　　　　　　　　（答）②

No.9
① × これは足高の制の説明。上げ米は,大名から米を上納させた法令。
② × 金銭貸借の争いは,幕府に訴訟せず当事者間で解決する旨定めた相対済し令を出した。
③ × 検見法ではなく,定免法を採用した。
④ × 『徳川禁令考』ではなく,『公事方御定書』。
　　　　　　　　　　　　（答）⑤

No.10
田沼意次が行った政策である。
　　　　　　　　　　　　（答）①

No.11
① × 村々の代表者が領主に直訴する一揆。
② × 全村民が団結して起こす,大規模な一揆。
③ × 村役人の不正を追及し,領主に訴える運動。
⑤ × 参加者が郡や国にまで拡大した農民闘争。
　　　　　　　　　　　　（答）④

No.12
18世紀末ということは「寛政の改革(1787～93年)」に該当する。
① ○ 誤り。異国船打払令は寛政の改革後(1825年)。
② × 正しい。各地に社倉・義倉を設置。

③ × 正しい。貧民救済のために七分積金を命じ，町会所を設置した。

④ × 正しい。貧民の都市流入に伴う治安の乱れを防ぐため，無宿者などを強制収容し職業技術を授けた。

⑤ × 正しい。寛政2年(1790年)，江戸からの帰村を奨励。

(答) ①

No.13
すべて天保（てんぽう）の改革で水野忠邦が行ったことである。

(答) ①

No.14
① × 正しい。役員が置かれ，寄合（よりあい）で意思を決定した。

② × 正しい。幕府は物価統制などのため，享保の改革のときに初めて株仲間を公認し，運上（うんじょう）・冥加金（みょうが）を徴収した。

③ × 正しい。十組問屋（とくみといや）は1694年に結成，二十四組問屋（にじゅうしくみ）もその頃結成され，1784年株仲間として公認された。

④ × 正しい。

⑤ ○ 誤り。田沼意次は運上・冥加金目的に株仲間を積極的に公認し貿易も奨励した。

(答) ⑤

No.15
① 一国一城令（いっこくいちじょう）：1615年発布。大名の居城以外のすべての城郭（じょうかく）を破壊させた。
大塩の乱：1837年，大坂町奉行所元与力（おおしお）（よりき）の大塩平八郎（へいはちろう）が，天保の飢饉（ききん）による町民の窮乏とその救済を奉行所に建議したが，受け入れられなかったため蜂起，1日で鎮圧された反乱。

② 武家諸法度：1615年，2代将軍秀忠（ひでただ）のときに最初に公布され，以後将軍の代替わりごとに改訂されていった，大名統制の基本法典。
島原・天草一揆：1637〜38年，天草四郎時貞（あまくさしろう）（ときさだ）を首領として，キリシタン農民が起こした反乱。

③ 由井（比）正雪の乱（ゆい）（しょうせつ）：慶安の変（けいあん）ともいう。1651年，兵学者由井正雪と牢人丸橋忠弥（ろうにんまるはし）（ちゅうや）らが起こした，江戸幕府転覆未遂事件。
蛮社の獄（ばんしゃ）（ごく）：1839年，「尚歯会」（しょうし）の蘭学者グループ蛮学社中（蛮社）（ばんがくしゃちゅう）の渡辺崋山（かざん）（たか），高野長英（のちょうえい）らが，モリソン号事件を批判したために処罰された，洋学者弾圧事件。

④ 禁教令（きんきょうれい）：キリスト教禁止令のこと。1612年，まず直轄領および直属家臣（かしん）のキリスト教信仰を禁止し，翌13年，全国に及ぼした。
寺請制度（てらうけ）：キリスト教信仰を禁圧するために，一般民衆をいずれかの寺院に檀家（だんか）として所属させ，寺院がそれを証明する制度。

⑤ 打ちこわし：町民や農民が，富裕な米商人や高利貸しを襲って，家屋・家財を破壊し，米や証文を奪った反抗運動。
末期養子の禁緩和：末期養子とは，継嗣（けいし）のいない武家が，死亡直前に急に養子を決めること。江戸初期にはほとんど認められなかったが，4代将軍家綱の頃になると，牢人の増加防止のため認められるようになった。

(答) ④

第8章　江戸末期

(問題，本文62ページ)

No.1
② × レザノフについての記述である。

③ × ゴロー（ウ）ニンについての記述である。

④ × ビッドルについての記述である。

⑤ × プ（ゥ）チャーチンについての記述である。

(答) ①

No.2
① × 独自に決定できなかった。

③ × 一般外国人の国内旅行は認められな

— 8 —

かった。
④ × 井伊直弼である。
⑤ × 下田，箱館のほか神奈川，長崎，新潟，兵庫を開港。

（答） ②

No.3
① × プチャーチンはロシアの使節である。
③ × ロシアとも締結した。
④ × 開市が定められたのは，江戸と大坂。
⑤ × 安政の五カ国条約は，アメリカ，イギリス，オランダ，ロシア，フランスの五カ国。

（答） ②

No.4
A 生麦事件は1862年。島津久光が勅使大原重徳を奉じて江戸へ下り，文久の改革実施の帰路のとき。
B 日米修好通商条約の調印は1858年。アロー号事件（1856年）・天津条約（1858年）の結果を受けてのことである。
C 薩長連合は1866年。土佐藩出身の坂本竜馬，中岡慎太郎らの仲介による。
D 下関海峡での砲撃は1863年である。その報復が1864年四国艦隊下関砲撃事件である。
したがって，B→A→D→Cの順。

（答） ③

No.5
②の生麦事件が，島津久光一行が江戸からの帰途，イギリス人が行列を妨げたとして，薩摩藩士がこれを殺傷した事件。説明はその報復のために起こった薩英戦争のもの。

（答） ②

No.6
① × 和宮と結婚したのは徳川家茂（慶福）。安藤信正が襲われたのは坂下門外。
② × 江戸に赴いたのは島津久光。この時の改革は文久の改革。
③ × 長州藩を中心とする尊攘派を，薩摩・会津の両藩が京から追放した。

⑤ × 池田屋事件は，尊攘派の志士を新撰組が殺傷した事件。この後，京に攻め上り敗走したのは長州藩。

（答） ④

No.7
① 坂下門外の変で襲われたのは，安藤信正。和宮降嫁で憤激した尊攘派の志士6名が起こした。
② 文久の改革で将軍後見職に任用されたのは，一橋慶喜。田安慶頼はその前の将軍後見職。
③ 薩摩藩や長州藩に台頭したのは開国派。外国と戦って攘夷（外国人排斥）の無謀さを知ったことによる。
⑤ 将軍継嗣問題で勝利したのは南紀派。徳川慶福を推す南紀派と一橋慶喜を推す一橋派が対立，南紀派の井伊直弼が大老に就任したことから，14代将軍には徳川家茂（慶福）が就いた。

（答） ④

No.8
④の島津家は藩主であり，島津久光は薩摩藩主島津斉彬の弟。公武合体派の中心人物として重要な役割を果たすが，本人自体は藩主ではない。

（答） ④

第9章　明治初期（〜日清戦争）

（問題，本文73ページ）

No.1
1868年に発布された五箇条の御誓文の原文である。

（答） ②

No.2
① × 王政復古の大号令が出されたのは1867年12月9日。戊辰戦争は1868年1月3日の鳥羽・伏見の戦いに始まる。
② × キリスト教の禁止は，五箇条の御誓文の次の日に出された五榜の掲示で示された。
④ × 「〜，東京の第一国立銀行を最初に，

— 9 —

第百五十三国立銀行まで設立が続いた。」が正しい文。

⑤ × 八幡製鉄所（やはたせいてつじょ）は1901年に操業を開始した官営工場（かんえいこうじょう）。1880年代に払い下げが始まった官営模範工場（もはん）ではない。

(答) ③

No.3
A ○ 正しい。
B × 1884年の華族令（かぞく）の公布によって，公・侯・伯・子・男（こう・こう・はく・し・だん）の5つの爵位（しゃくい）を設け，旧公家・旧大名の華族（くげ・だいみょう）や維新の功臣（こうしん）らに与えた。これによって制度的に特権身分を保障され，この中から後の貴族院議員が出ていることを考えると，一切の政治的特権を失ったとはいえない。
C ○ 正しい。
D × 1871年琉球王国（りゅうきゅう）を鹿児島県に編入した政府は，翌年琉球藩を置いた。琉球藩解体・沖縄県設置は1879年の琉球処分による。
したがって，AとCが正しい。

(答) ②

No.4
② × 明治政府は華族・士族・卒（しぞく・そつ）に家禄（かろく），維新期の功労者に賞典禄（しょうてんろく）を与えていた（家禄と賞典禄を併せて秩禄（ちつろく）という）。しかし，これが財政を圧迫したため，政府は金禄公債証書（きんろくこうさいしょうしょ）を発行し，秩禄を廃止した。

(答) ②

No.5
①～④はすべて内治派（ないち）である。征韓論争（せいかん）に敗れて下野（げや）した者は，他に西郷隆盛（さいごうたかもり），後藤象二郎（ごとうしょうじろう），江藤新平（えとうしんぺい），副島種臣（そえじまたねおみ）らがいる。

(答) ⑤

No.6
① × 立志社（りっし）は，板垣退助（いたがきたいすけ）が片岡健吉（かたおかけんきち），植木枝盛（うえきえもり）と共に土佐で設立した地方

政社。この後，立志社を中心に，全国の有志を大阪に集めて設立されたのが愛国社。

② × 大阪会議は大久保利通（おおくぼとしみち），板垣退助，木戸孝允（きどたかよし）の3人が行った会議。この後，立憲政体樹立の詔が出された。10年後の国会開設が公約されたのは，国会開設の勅諭（ちょくゆ）による。

③ × 国会期成同盟は，愛国社が改称されたもの。国会開設請願書は受理されなかった。

④ × 国会開設の勅諭は開拓使官有物払下げ事件後。福島事件とは関連がない。

(答) ⑤

No.7
① × 条約改正の予備交渉は成功していない。

② × 井上馨（いのうえかおる）は極端な欧化政策を採り，政府内外からの反感を買った。

③ × 福島事件（ふくしま）ではなく大津事件（おおつ）。

⑤ × 関税自主権（かんぜいじしゅけん）の回復は1911年。第一次世界大戦前である。

(答) ④

No.8
① × 血税一揆（けつぜいいっき）は徴兵令（ちょうへいれい）反対の農民一揆のこと。地租軽減のための一揆は地租改正反対一揆という。

② × 1873年に出された徴兵令は，官吏（かんり），官・公立専門学校以上の生徒，戸主とその相続人（長男），代人料を支払った者などは兵役（へいえき）が免除された。例外なく兵役を課したわけではない。

③ × 学制（がくせい）によって設立された小学校などには高額な経費がかかったため，反対一揆などが起こった。

④ × 士族は特権身分ではない。廃刀令（はいとう）に反対した不平士族が神風連の乱（じんぷうれん）を起こしている。

(答) ⑤

No.9

A 西南
西南戦争は1877年に起こった，最後の不平士族の反乱。
日清戦争が勃発したのは1894年。

B 国立銀行

C 松方正義
松方正義は大蔵卿(1881〜85年)，大蔵大臣(1885〜92年)。彼の時代の財政を「松方財政」とも呼ぶ。
大隈重信が大蔵卿だったのは，1873〜80年。

D 日本銀行

E 銀

(答) ③

No.10

① × 五・四運動ではなく甲午農民戦争(東学(党)の乱)。五・四運動は第一次世界大戦後のパリ講和会議で，二十一カ条解消要求が拒否されたことから中国で起こった，反帝国主義の愛国運動。

②③ × これは日露戦争でのこと。

④ × 三国干渉の三国とは，ロシアとドイツとフランスである。

(答) ⑤

第10章　明治中期〜太平洋戦争

(問題，本文86ページ)

No.1

② × ポーツマス条約に賠償金に関する規定はなかった。それを不服とした民衆が暴徒化して起こしたのが日比谷焼打ち事件である。

(答) ②

No.2

① × この時退陣したのは海軍閥の山本権兵衛内閣。なお，シーメンス社はドイツの会社。

② × ドイツに対して宣戦布告し，青島や赤道以北のドイツ領南洋諸島の一部を占領した。

④ × シベリア出兵は日・米・英・仏が行い，他国は大戦終了後間もなく撤兵したが，日本のみ1922年まで進駐を続けた。

⑤ × 大戦景気は長く続かず，1920年に戦後恐慌が，1923年に関東大震災による震災恐慌が，1927年に金融恐慌が起こった。

(答) ③

No.3

① × 二十一カ条の要求は1915年第2次大隈重信内閣のときで，中華民国の袁世凱政府に提出した。

② × 1916年第4次日露協約を更新，アメリカとは1917年石井・ランシング協定を結んだ。

③ × 五・四運動は1919年，パリ講和会議で二十一カ条の要求解消が拒否されたことから日本商品のボイコットなどに発展。

④ × 日露戦争後のポーツマス条約の内容。

⑤ ○ 日本政府の要求に対し袁世凱政府が大部分を受諾した5月9日を国恥記念日とした。

(答) ⑤

No.4

① × 加藤高明内閣は普通選挙法と治安維持法を共に1925年成立させた。

② × 原敬内閣は1919年選挙法を改正し，「直接国税3円以上納入する者」と選挙権を拡大したが，普通選挙には反対した。

③ ○ 1928年の最初の普通選挙では無産政党から当選者が8人出た。

④ × 婦人参政権は1945年に認められ(12月衆議院議員選挙法改正)，日本国憲法は1947年施行された。

⑤ × 第一回普通選挙は田中義一内閣の1928年。

(答) ③

No.5

①	×	1945年の有資格者である。
③	×	1919年の有資格者である。
④	×	1900年の有資格者である。
⑤	×	1889年の有資格者である。

1925年の普通選挙法の成立によって，初めて納税資格による選挙権の制限が撤廃された。

（答）　②

No.6

主権在君(天皇主権)の中での一般民衆の政治参加＝普通選挙に基づく政党政治の確立を目指したもの。

（答）　①

No.7

②	×	張作霖爆殺事件ではなく，柳条湖事件。
③	×	国際連合ではなく国際連盟。
④	×	広田弘毅内閣ではなく近衛文麿内閣。
⑤	×	近衛文麿内閣ではなく東条英機内閣。

（答）　①

No.8

A：ワシントン
B：南満州
C：柳条湖事件
D：盧溝橋事件

（答）　①

No.9

① × 関東大震災は1923年9月1日，関東地区を襲った震度7の大地震によって起こった震災であり国富に大被害を与え，不況が深刻化したが，同時に社会運動の弾圧，朝鮮人虐殺事件などを引き起こした。

治安維持法とは1925年に成立した，国体変革・私有財産否認を目的とする結社を禁止する法律。日ソの国交樹立と普通選挙実施による社会主義運動を弾圧するために制定された。

「社会主義運動の弾圧」では一致するが，相互に関連性はない。

② × 満州某重大事件は1928年6月，満州軍閥の張作霖が乗った列車が奉天郊外で爆破され，張が死亡した事件。関東軍の謀略の一環で，これにより満州占領を企図したが失敗。当時の田中義一内閣は，この真相を意図的に隠したとして天皇の叱責を受け，総辞職した。

重要産業統制法は浜口雄幸内閣の産業合理化政策の一環として，1931年に公布された。各産業におけるカルテルの助成と保護を規定。これにより国家権力と独占資本は，その結びつきを強めた。

③ × 二・二六事件とは1936年2月26日，陸軍皇道派の青年将校が中心となって，首相官邸，陸軍省，警視庁，朝日新聞社などを襲撃したクーデター事件。斎藤実内大臣，高橋是清蔵相，渡辺錠太郎陸軍教育総監らが殺害され，鈴木貫太郎侍従長が重傷を負った。

犬養毅は護憲運動の中心政治家として活躍。1931年組閣するが，翌年の五・一五事件で暗殺された。

④ × 統帥権干犯問題とは1930年に調印されたロンドン海軍軍縮条約について，兵力量の決定は天皇の統帥事項に属し，それを輔弼する海軍軍令部の反対を押し切って条約に調印したのは，統帥権を犯すものだとして，軍令部長加藤寛治が浜口内閣を攻撃した問題。

田中義一内閣は1927〜29年。前若槻礼次郎内閣，幣原喜重郎外相の協調外交を転換し，強硬外交を展開した。

⑤ ○ 大政翼賛会結成とは1940年，第2次近衛文麿内閣の時に結成。ドイツのナチスやイタリアのファシスト党にならって，国民組織を結成するとした新体制運動の指導的組織として設立された。これに伴い，各政党は解党し翼賛議員同盟を結成した。

大日本産業報国会は工場ごとに結成された産業報国会の全国連合体。新体制

運動によって労働組合や労働団体が解散し，代わって組織されたのが産業報国会。

双方新体制運動の過程で成立し，後に大政翼賛会が大日本産業報国会を下部組織に組み込むことからも，関連性があるといえる。

(答)　⑤

No.10

① ×　幣原喜重郎外相による幣原外交。

② ×　ジュネーヴではなくパリ不戦条約。日本も調印した。

③ ×　山東出兵は田中義一内閣。また山東出兵は4回ではなく3回。

④ ×　浜口雄幸内閣ではなく田中義一内閣。

(答)　⑤

No.11

① ×　統帥権干犯問題が起こったのは，ロンドン海軍軍縮条約のとき。またワシントン海軍軍縮条約で定められたのは主力艦制限。

② ×　アメリカはリットン調査団には参加しているが，国際連盟には加わっていない。また対日勧告案は42：1で採択された。

③ ×　汪兆銘政権は日本の傀儡政権。物資援助は蒋介石政権に対して行われた。

⑤ ×　グルー＝ノートではなくハル＝ノート。これが示されたときの内閣は東条英機内閣。

(答)　④

No.12

世界恐慌が起こったのは，1929年である。

① ×　シベリア出兵は1918年の寺内正毅内閣。

② ×　ワシントン会議は1921〜22年，高橋是清内閣のとき。

③ ×　朝鮮半島は1910年に植民地化。

④ ○　柳条湖事件は1931年。その後中国侵略を継続して拡大。

⑤ ×　二十一カ条の要求は1915年の第2次大隈重信内閣。

(答)　④

No.13

① ×　正しい　天皇機関説が反国体的であるとして政治問題になったのは1935年。

② ×　正しい　軍部大臣現役武官制の復活は1936年。

③ ×　正しい　大政翼賛会の成立は第2次近衛文麿内閣の1940年。

④ ×　正しい　日独伊三国同盟の成立は第2次近衛文麿内閣の1940年。

⑤ ○　誤り　日満議定書の締結は1932年。

(答)　⑤

No.14

⑤のポツダム宣言(1945年7月)は，アメリカ，イギリス，中国(ソ連は対日戦参加と同時に加わる)の3国が日本に無条件降伏を勧告した対日共同宣言である。

(答)　⑤

第11章　終戦後

(問題，本文99ページ)

No.1

①の武装解除は幣原内閣の前の東久邇宮内閣のときに，本土防衛陸海軍330万，海外派遣軍375万に対して行っている。五大改革指令のもう一つは圧政的諸制度の撤廃である。

(答)　①

No.2

③のサンフランシスコ講和会議にインド・ビルマ・ユーゴスラヴィアは参加せず，中国は招請すらされなかった。また条約に関しても，ソ連・ポーランド・チェコスロヴァキアが調印を拒否した。したがって，全面講和というわけではない。また，日本の国際連合加盟は，ソ連との間に日ソ共同宣言が調印された1956年である。

(答)　③

No.3
① ×　治安維持法の廃止は 1945 年。
② ×　日米安全保障条約改定は 1960 年。
③ ×　警察予備隊が保安隊に改組されたの
　　　は 1952 年。
⑤ ×　朝鮮戦争の勃発により，ＧＨＱは警
　　　察予備隊の創設を指令した。
　　　　　　　　　　　　　（答）　④

No.4
① ×　1949 年のことである。
② ×　1954 年のことである。
③ ×　1949 年のことである。
④ ○　1967 年のことである。
⑤ ×　1972 年のことである。
　　　　　　　　　　　　　（答）　④

No.5
A　沖縄施政権の返還：返還協定は 1971 年 6
　　月調印，1972 年 5 月沖縄返還
B　国際連合への加盟：1956 年 12 月
C　サンフランシスコ平和条約の発効：1952
　　年 4 月
D　中国との国交正常化：1972 年 9 月
E　日米安保条約の改定：1960 年 1 月
したがって，C→B→E→A→D の順。
　　　　　　　　　　　　　（答）　④

No.6
ア－B　朝鮮戦争による特需景気である。
イ－E　石油危機(石油ショック)のことである。
ウ－C　高度経済成長期である。
　　　　　　　　　　　　　（答）　④

No.7
① ×　日米安全保障条約の改定は岸信介内
　　　閣。
② ×　日ソ共同宣言の調印は鳩山一郎内閣。
③ ×　国際連合加盟は鳩山一郎内閣。
⑤ ×　沖縄の日本復帰は佐藤栄作内閣。
　　　　　　　　　　　　　（答）　④

第 12 章　通史　演習問題

（問題，本文 104 ページ）

No.1
① ×　平清盛が貿易を行ったのは宋である。
② ×　足利義満は勘合符を使った勘合貿易を
　　　行った。
④ ×　日米修好通商条約は，勅許を得ずに締
　　　結された。
⑤ ×　ローズヴェルトが斡旋したのは日露戦
　　　争のときである。
　　　　　　　　　　　　　（答）　③

No.2
① ×　重源が再建したのは東大寺。宋人陳和
　　　卿を招いて大仏様の建築様式を導入し
　　　た。
② ×　五山の制度を確立したのは室町幕府の
　　　足利義満である。
③ ○　夢窓疎石が足利尊氏に天竜寺建立を勧
　　　めた。
④ ×　織田信長は比叡山延暦寺を焼打ちし，
　　　一向一揆を弾圧した。
⑤ ×　初めは布教を認可していたが，バテレ
　　　ン追放令を出し宣教師の国外追放を指
　　　令した。
　　　　　　　　　　　　　（答）　③

No.3
① ×　五刑(笞・杖・徒・流・死)や八虐(天皇・
　　　国家・神社・尊属に対する罪で，重罪
　　　として指定された)などの規定があっ
　　　た。ちなみに，律令の「律」とは刑法
　　　のこと。
② ×　建武式目は，足利尊氏が幕府を開く目
　　　的で当面の政治方針を明らかにしたも
　　　の。
④ ×　大日本帝国憲法は，欽定憲法である。
⑤ ×　改正案は，衆議院・貴族院とも修正の
　　　上で可決，成立した。
　　　　　　　　　　　　　（答）　③

No.4

① × 朝鮮との国交を回復した。

③ × 清と日本が出兵したのは東学党の乱。
またこれが日清戦争に拡大した。

④ × 韓国併合条約。

⑤ × アメリカは朝鮮半島を占領していない。

(答) ②

第2編　世界史

（問題，本文117ページ）

No.1

① ×　世界最古の人類はアウストラロピテクスなどの猿人類とされる。

② ×　ネアンデルタール人は旧人類に属する。

③ ×　骨角器の製作は新人類から。

④ ×　ピテカントロプス＝エレクトゥスはジャワ原人の学名。北京原人はシナントロプス＝ペキネンシス。

（答）　⑤

No.2

⑤のメソポタミアは地理的に独立していないため，異民族の侵入が多く，統一国家形成が遅れた。

（答）　⑤

No.3

① ×　アムル人ではなくシュメール人。またメソポタミアでは，楔形文字が使用されていた。

③ ×　ハラッパーやモヘンジョ＝ダロは，インダス文明の遺跡。

④ ×　これはエジプト文明の記述である。

⑤ ×　長江流域でも，この当時の遺跡が発掘されている。

（答）　②

No.4

A：アテネ

B：スパルタ

C：デロス

D：ペロポネソス

（答）　①

No.5

① ×　王政が存続していることから，完全な民主主義とはいえない。

② ×　ポリスは閉鎖的な集団で，外部の人びとに市民権が付与されるのは例外的な場合だけだった。

③ ×　デロス同盟はアテネ中心の軍事同盟。スパルタ中心の軍事同盟はペロポネソス同盟。

④ ×　ペイシストラトスはBC6世紀頃のアテネの僭主。マラトンの戦いはBC490年で，時代が合わない。

（答）　⑤

No.6

① ×　奴隷社会であった。

② ×　成年男子のみであった。

③ ×　直接選挙である。

④ ×　全員参加である。

（答）　⑤

No.7

A：アケメネス

アケメネス朝（BC550〜BC330年）。

ササン朝は226〜651年。

B：テミストクレス

クセルクセスは当時のペルシア王。テルモピレーは同じ年にスパルタ軍がペルシア軍を迎え撃って玉砕したところ。

C：サラミス

プラタイアはアテネ・スパルタの連合軍がペルシアを撃退したところ。

（答）　①

No.8

① ×　初期の共和政ローマの最高官はコンスル（執政官）である。

② ×　リキニウス＝セクスティウス法ではなく，ホルテンシウス法。

④ ×　オクタヴィアヌスから五賢帝までの

200年間は比較的平和で，ローマは最盛期を迎える。この時代は「ローマの平和（パックス＝ロマーナ）」と呼ばれている。

⑤　×　これはコンスタンティヌス帝のこと。

（答）　③

No.9

②の第1回ポエニ戦争は，当時最大の穀物生産地だったシチリア島の支配権を巡って争われた。

（答）　②

No.10

①　×　遷都したのはコンスタンティヌス。ビザンティウムをコンスタンティノープルに改称した。

②　×　これはテオドシウスに関する記述である。

③　×　西ローマ帝国は，およそ80年で滅びた（395～476年）。

⑤　×　これはユスティニアヌスに関する記述である。

（答）　④

第2章　中世ヨーロッパ

（問題，本文130ページ）

No.1

```
　　部族　　　　　　建国地
①西ゴート―――――イベリア・西部ガリア
②ブルグンド―――――中部ガリア
④アングロサクソン―ブリタニア
⑤東ゴート―――――北イタリア
```
したがって，③が正しい。
なお，イベリアは現スペイン，ガリアは現フランス・ドイツ，ブリタニアは現イギリスに当たる。

（答）　③

No.2

①　×　ニケーア公会議で正統とされたのはアリウス派ではなく，アタナシウス派（三位一体派）である。

②　×　ユスティニアヌス大帝はローマ文化を尊重したが，ヘレニズム文化を排斥したわけではない。ビザンツ様式でハギア（セント）＝ソフィア聖堂をコンスタンティノープルに建立した。

④　×　ビザンツ文化はローマ文化とヘレニズム文化の融合したものである。

⑤　×　オスマン帝国ではなく，セルジューク朝である。第4回十字軍は東ローマ帝国の要請でコンスタンティノープルを攻めたわけではない。ヴェネツィアの商人たちの要請により，コンスタンティノープルを占領し，1204年ラテン帝国を建国，さらに1261年にビザンツ帝国となった。その後オスマン帝国に滅ぼされた（1453年）。

（答）　③

No.3

⑤の神聖ローマ帝国は962年，オットー1世の戴冠で成立した中世ドイツ国家のこと。カール大帝のカロリング家はフランク王国国王。

（答）　⑤

No.4

荘園とは個人の私有地を意味し，領主（国王・貴族・教会・修道院など）の直営地と農民の保有地（託営地）とに分かれる。中世の封建制度の基礎をなす大地主制度である。
農民は土地を保有する代わり，直営地を耕作する義務を負った（賦役＝労働地代）。農民は土地に縛られて自由はなく（農奴），領主の命ずる諸種の賦役や強制に従わなければならなかった。
当時，交易は自由には行われておらず，荘園内の自給自足的な経済であった。
また，佃戸とは，中国では時代によって違いはあるが，小作人のことである。

（答）　④

No.5

②　×　聖職叙任権闘争によって破門された神聖ローマ皇帝ハインリヒ4世が，北イ

タリアのカノッサ城で教皇グレゴリウス7世に謝罪した（カノッサの屈辱）。したがって，選択肢は逆である。

③　×　教皇レオ3世が西ローマ皇帝の帝冠を与えたのは，カール大帝である。

④　×　東方十字軍の発向が決定したのは，クレルモン公会議である。

⑤　×　1309年，フランス王フィリップ4世が教皇クレメンス5世を南仏のアヴィニョンに強制移転し，フランス王の監視下においた（教皇のバビロン捕囚）。1377年，教皇グレゴリウス11世はローマに戻ったが，彼の死後，次の教皇にウルバヌス6世が選ばれると，フランスの枢機卿団はこれを不服として，アヴィニョンにフランス人教皇クレメンス7世を立て，両教皇とも正統を主張して対立した。これが教会大分裂（大シスマ）である。したがって，パリに教皇がいた史実はない。

（答）　①

No.6
①　×　国土回復運動の成功は1492年のこと。十字軍遠征の後である。

②　×　コンスタンツ公（宗教）会議ではなくクレルモン宗教会議（公会議）。

③　×　オスマン帝国ではなくセルジューク朝。

⑤　×　ローマの商人ではなくヴェネツィアの商人。

（答）　④

No.7
①　×　教皇の権威は失墜した。

②　×　戦後，戦費のため諸侯や騎士は没落していった。

③　×　工場制手工業の成立は16世紀後半。

④　×　このような事実はない。王権は伸長した。

（答）　⑤

No.8
①　×　聖職叙任権闘争は教皇グレゴリウス7世のときに最高潮に達した。インノケンティウス3世は教皇権絶頂のときの教皇で，時代が100年ほど違う。

②　×　ギルドは商人や手工業者の同職組合のこと。中世都市に発達した。十分の一税は農奴が教会に納める税金。

④　×　ハンザ同盟はリューベックを盟主として北ドイツに発達した都市同盟。アウクスブルクは南ドイツの都市で，15世紀にフッガー家が台頭した。

⑤　×　メディチ家はフィレンツェの大富豪。

（答）　③

No.9
800年にローマ教皇レオ3世から西ローマ皇帝の帝冠を受けたのは，カール1世（大帝）である。

（答）　②

No.10
②　×　ハンザ同盟はリューベックを盟主として成立した，北ドイツの諸都市を中心とする都市同盟である。

③　×　ノルマンディー公ウィリアムはフランスからイギリスに侵入して，ウィリアム1世としてイギリスにノルマン朝を開いた。

④　×　コンスタンティノープル総主教の任命権はビザンツ皇帝が持っていた（皇帝教皇主義）ため，王権と教皇権が完全に分離しているとはいえない。

⑤　×　西ローマ帝国を滅ぼしたのはオドアケル。アッティラはフン族の大王。

（答）　①

No.11
①　コンスタンツ公（宗教）会議：1414～18年

②　アナーニ事件：1303年

③　教皇のバビロン捕囚：1309～77年

④　大シスマ：1378～1417年

⑤　フス戦争：1419～36年

したがって，②→③→④→①→⑤の順。

（答）　④

（答）　③

第3章　近代ヨーロッパの誕生

（問題，本文 141 ページ）

No.1

A：フィレンツェ

B：ミケランジェロ

C：禁欲

D：人文主義

（答）　②

No.2

① ×　マキァヴェリは政治学者で，代表作は『君主論』。『デカメロン』はボッカチオの作。

② ×　ラファエロは画家で，聖母子像に優れた。代表作は「大公の聖母」など。「ヴィーナスの誕生」はボッティチェリの作。

③ ×　セルバンテスはスペインの作家で，代表作は『ドン＝キホーテ』。『ハムレット』はシェークスピアの作。

④ ×　ミケランジェロは彫刻家・画家・建築家で，代表作は「ダヴィデ像」「最後の審判」など。「最後の晩餐」はレオナルド＝ダ＝ヴィンチの作。

（答）　⑤

No.3

④のコロンブスが到達したのはバハマ諸島のサンサルバドルである。

（答）　④

No.4

① ×　東インド会社設立は，イギリスが 1600年，オランダが 1602 年。

② ×　絹の道（シルク＝ロード）は陸路であり，東インド会社が使った海路との関連はない。

④ ×　コムーネは 12 世紀以降のイタリアに見られる自治都市のこと。

⑤ ×　アメリカ大陸は対象になっていない。

No.5

① ×　当時の教皇はレオ 10 世。

③ ×　ツヴィングリではなくカルヴァンのこと。

④ ×　ヘンリ 8 世がイギリス国教会を創設した動機は，自分の離婚を教皇が認めなかったため。純粋な宗教的動機とはいえない。

⑤ ×　これは各国のカルヴァン派の呼び方。

（答）　②

No.6

① ユグノー戦争（1562 ～ 98 年）：新旧両宗派の争いに貴族間の党派争いが結びついて起こったフランスの内乱。

② 七年戦争（1756 ～ 63 年）：オーストリアのマリア＝テレジアが，フランス・ロシアと同盟し，プロイセンからシュレジエン奪還を目的に起こした戦争。

③ 三十年戦争（1618 ～ 48 年）：ドイツのボヘミア地方で始まった新旧両派諸侯の内戦が拡大し，デンマーク・スウェーデン・フランスなどを巻き込んだ国際紛争。

④ 百年戦争（1339 ～ 1453 年）：フランドル地方（現ベルギー）の毛織物工業をめぐる争いに，フランス王位継承問題が絡んで起こった，イギリスとフランスの戦争。

⑤ バラ戦争（1455 ～ 85 年）：百年戦争後に起こった，ランカスター家とヨーク家のイギリス王位争奪の内乱。

（答）　④

No.7

① ウェストファリア条約（1648 年）：三十年戦争の講和条約。

③ ミラノ勅令（313 年）：コンスタンティヌス帝が出した，キリスト教公認の布告。

④ ヴォルムス協約（1122 年）：聖職叙任権闘争を終結させた協約。

⑤ 金印勅書（1356 年）：神聖ローマ皇帝の選出権を聖俗の七選帝侯に認めたもの。

No.8

① × ユグノー戦争はフランスの宗教戦争。フロンドの乱は王権の伸張に対する貴族の反乱。

② × バラ戦争は王位継承をめぐる内乱。

③ × スペイン継承戦争に宗教内乱は絡んでいない。また終結は，ユトレヒト条約による。

⑤ × 七年戦争は，プロイセンとオーストリアの戦争。

（答） ④

No.9

啓蒙専制君主とは，絶対主義的な統治方法を採りつつも，啓蒙思想の影響を受けて自国の近代化を目指した君主のこと。「君主は国家第一の僕（下僕）」という言葉を残したプロイセンのフリードリヒ2世やオーストリアのヨーゼフ2世，ロシアのエカチェリーナ2世などが有名。

（答） ①

第4章　近代国家の形成

（問題，本文155ページ）

No.1

① × カール5世ではなくフェリペ2世。

③ × エリザベス1世は無敵艦隊を破った。

④ × これはフランスのルイ14世のこと。フリードリヒ2世は啓蒙専制君主として「君主は国家第一の僕（下僕）」という言葉を残している。

⑤ × 北方戦争はロシアとスウェーデンの戦争である。

（答） ②

No.2

① × ユグノー戦争（1562～98年）はフランスの新旧両派の戦いで，ナントの勅令（1598年）で新教徒にも旧教徒とほぼ同じ権利を認めたので戦争は終結した。

③ × ジャックリーの乱はフランスの農民反

乱。これはフロンドの乱。

④ × バラ戦争（1455～85年）はイギリスのランカスター・ヨーク両家の王位争い。

⑤ × スペイン継承戦争（1701～13年）はルイ14世治世のとき。

（答） ②

No.3

A：ピョートル1世
B：清
C：ネルチンスク条約

ロシアのシベリア経営に対し，清の康熙帝はこれを攻撃して屈服させた。その結果結ばれたのがネルチンスク条約で，アルグン川とスタノヴォイ山脈（外興安嶺）を国境とすることが決まった。

（答） ①

No.4

大まかな流れとしては，以下の通り。

権利の請願→国王チャールズ1世，これを無視→国王処刑，共和政成立：清教徒革命（クロムウェル中心）→クロムウェル護国卿に→クロムウェル死去→王政復古（チャールズ2世）→国王ジェームズ2世，専制政治の再建に努める→議会がオランダからメアリと夫のウィレム3世を招く→ジェームズ2世退位：名誉革命→権利の章典。したがって，⑤が正しい。

（答） ⑤

No.5

① × 十五植民地ではなく十三植民地。信仰の自由を求めて移住したプロテスタント系キリスト教徒が多かった。

② × 住民代表によって構成されている植民地議会があった。

③ × 北部と南部の説明が逆である。

④ × 印紙法は，制定の翌年に撤回された。

（答） ⑤

No.6

② × 司令官はワシントン。

③ × 起草者はトマス＝ジェファソンら。

④　×　フランスやスペインも植民地側に
　　　　立って参戦した。

⑤　×　ヨークタウンの戦いに敗れたイギリ
　　　　スは，パリ条約でアメリカの独立を
　　　　承認した。

（答）　①

No.7

②　×　パリ市民が襲撃したのは国事犯の牢獄
　　　　（ろうごく）だったバスティーユ牢獄である。

③　×　死亡したのはミラボー。

④　×　ジャコバン派ではなくジロンド派。

⑤　×　テルミドールの反動である。

（答）　①

No.8

①のブリュメール18日のクーデターで倒したの
は総裁政府（そうさい）であり，ナポレオンが立てたのが統
領政府（とう りょう）。この時，ナポレオンは第一統領に就任
した。

（答）　①

No.9

①　×　ウィーン会議は，ナポレオン後のヨー
　　　　ロッパ国際秩序再建のために開かれ
　　　　た会議。

②　×　主宰はオーストリア外相のメッテル
　　　　ニヒ。タレーラン（正統主義の提唱者）
　　　　はフランスの外相。

④　×　神聖ローマ帝国ではなくドイツ連邦（れんぽう）。

⑤　×　神聖同盟はイギリス，オスマン帝国，
　　　　ローマ教皇を除く各国君主によって
　　　　成立した。選択肢中の4国で成立し
　　　　たのは四国同盟。

（答）　③

No.10

③の七月革命が起こったのはフランス。フラン
ス王シャルル10世の出した七月勅令に反発し
た市民や労働者が革命を起こして王を追放した
もの。これによって，ルイ＝フィリップが七
月王政の王として即位した。

（答）　③

No.11

A：マニュファクチュア

B：囲い込み（かこ こ）

C：綿花

（答）　⑤

No.12

②の当時イギリスで形成されていたのは工場制
手工業（マニュファクチュア）。産業革命によっ
て，それが工場制機械工業に進展した。

（答）　②

No.13

①　×　飛び杼（ひ）はジョン＝ケイが発明（1733
　　　　年）。アークライトは水力紡績機（ぼうせき）を発
　　　　明（1769年）。

②　×　ジェニー紡績機（多軸紡績機）はハーグ
　　　　リーヴズが発明（1764年）。フルトンは
　　　　蒸気船を発明（1807年）。

④　×　綿繰り機（わた く）はホイットニーが発明（1793
　　　　年）。カートライトは力織機（りき しょっ き）を発明
　　　　（1785年）。

⑤　×　蒸気機関車はスティーヴンソンが発明
　　　　（1814年）。ワットは1710年にニュー
　　　　コメンが発明した蒸気力（じょう き）によるポンプ
　　　　を改良し，蒸気機関を完成させた人物
　　　　（1769年）。

（答）　③

No.14

①　×　開拓されたのは合衆国西部。

②　×　これはミズーリ協定の説明。カンザス・
　　　　ネブラスカ法によって否定された。

④　×　グラントは北部の将軍。南部の将軍は
　　　　リー。

⑤　×　これは奴隷（ど れい）解放宣言のこと。

（答）　③

No.15

①　×　ドイツ諸侯は自主権を有する独立国
　　　　となった。中央集権的統一国家がで
　　　　きたのは1871年のことである。

③　×　パリ条約でイギリスが認めたのはア

メリカの独立であり，カナダは関係
ない。

④ × 露土戦争(1877～78年)ではロシアが
勝利した。このためロシアの南進政
策が露骨になってきたのを恐れ，イ
ギリス，フランス，オーストリアと
強く対立した。そこでドイツの宰相
ビスマルクが調停に乗り出したのが
ベルリン会議である。

⑤ × ドイツは海外のすべての植民地を失
い，アルザス・ロレーヌをフランス
に割譲した。また賠償金は大きく過
大であった。

(答) ②

No.16

① × アロー戦争————北京条約
② × クリミア戦争———パリ条約
③ ○ 三十年戦争—ウェストファリア条約
④ × スペイン継承戦争—ユトレヒト条約
⑤ × アヘン戦争————南京条約

(答) ③

No.17

④のジャワ戦争は1825～30年，オランダの暴
政に対して起こった，ジャワ島の反乱のこと。

(答) ④

No.18

ア．米西戦争開始————1898年
イ．日英同盟締結————1902年
ウ．血の日曜日事件————1905年
エ．英露協商成立————1907年
オ．サライェヴォ事件—1914年
したがって，ア→イ→ウ→エ→オの順。

(答) ①

第5章　東洋史

中国史(古代～元)

(問題，本文171ページ)

No.1

① × 『史記』は五帝から前漢武帝まで
② × 後漢時代
④ × 11世紀後半(宋代)
⑤ × 甲骨文字は殷代

(答) ③

No.2

① × 諸子百家は，春秋末期～戦国時代に
現れた，思想家や学派の総称。
② × 儒家の祖は孔子。孟子や荀子に受け
継がれた。
③ × 『春秋』は歴史書。『論語』は孔子の言
行録。いずれも墨子の書物ではない。
④ × これは道家の説明である。

(答) ⑤

No.3

① × 秦の始皇帝が実施したのは郡県制。
② × 秦は法家思想に基づく国家統治を
行った。
③ × 呉楚七国の乱は，漢代に諸侯が起こ
した反乱。
④ × 前漢を建国したのは劉邦(高祖)。郡
国制を実施した。

(答) ⑤

No.4

① × 均田制は北魏に始まる。したがって，
均田制を実施したのは北朝である。
② × 府兵制は北朝の西魏から始まった。
③ × 九品中正法は北朝でも実施。
④ × 南朝でも保護された。

(答) ⑤

No.5

① × 時代が異なる(匈奴はBC4世紀～1
世紀，隋は581～618年)。

② × 時代が異なる（黄巾の乱は後漢末期184年）。

④ × 北魏から唐まで実施された。

⑤ × 唐が実施した（780年）。

（答）③

No.6

① × 諸侯の軍役負担はない。

② × 佃戸は宋代以降の小作農家のこと。

③ ○ 隋，唐と引き継ぎ，李世民（唐の太宗）による律令制の確立。

④ × 一条鞭法は明代後期〜清初。地丁銀制は清代の税制。租・庸・調の税制を実施。

⑤ × 農民を徴兵する府兵制を実施。

（答）③

No.7

① × 唐を建てたのは李淵（高祖）。李世民（太宗）はその息子。

② × 唐の中央集権は三省・六部を中心に行われた。都護府は周辺諸民族統治のために設置された機関。

④ × これは安史の乱。節度使の安禄山とその部将史思明が起こした。

⑤ × 9世紀後半の乱は黄巣の乱。王仙芝の反乱に呼応した黄巣が指導した農民反乱。

（答）③

No.8

郷挙里選：漢の武帝が制定した，地方長官による推薦で官吏を任用する制度。

九品中正：魏の文帝によって始められ，魏晋南北朝時代に施行された官吏任用制度。地方に中央で任命した中正官を置いて，地方の人材を評定する制度。

科挙：隋の楊堅（文帝）に始まり，唐を経て，宋代に完成した，学科試験に基づく官吏任用制度。

したがって，郷挙里選→九品中正→科挙の順。

（答）②

No.9

問題文は両税法のことである。両税法は宰相楊炎が徳宗に建議し，唐の時代となる780年に実施された。

（答）①

No.10

① 紅巾の乱（1351〜66年）：元末の農民反乱。

② 黄巣の乱（875〜884年）：唐末の農民反乱。

③ 赤眉の乱（18〜27年）：新末の農民反乱。

④ 八王の乱（290〜306年）：西晋末に起こった一族諸王による反乱。

⑤ 黄巾の乱（184年）：後漢末の農民反乱。

（答）②

No.11

① × 高句麗の遠征に失敗したのは隋の2代皇帝煬帝。

② × これは元代。

③ ○ これを靖康の変という。

④ × 孝文帝は北魏の第6代皇帝。

⑤ × 黄巣の乱は唐末の農民反乱。

（答）③

No.12

A：宋代

B：元代

C：宋代

D：宋代

E：元代

（答）③

No.13

A：オゴタイ＝ハン

B：カラコルム

C：ワールシュタット

D：色目人

（答）③

中国史（明〜） （問題，本文183ページ）

No.1

① × 洪武帝が帝位に就いたのは，北京では

なく南京である。

② × 租税戸籍台帳が賦役黄冊，土地台帳が魚鱗図冊である。

④ × 明の官学は朱子学。

⑤ × 南海遠征を行ったのは鄭和。燕王は永楽帝の元の名。

（答）③

No.2

A：建文帝

B：靖難の役
靖康の変は，1126年に金が宋の皇帝や貴族を北方に連れ去った事件。

C：永楽帝

D：宦官
北平は1421年以降の明および清の首都。永楽帝がこれを北京と改称した。

（答）②

No.3

① × 清を建てたのは女真族だが，遼を建国したのはモンゴル系の契丹。

② × 滅満興漢をスローガンにしたのは，清末の太平天国。

③ × 三藩の乱が起こったのは，康熙帝のとき。

④ × 八旗制度は太祖ヌルハチが創始した。

（答）⑤

No.4

① × 太平天国の乱ではなく白蓮教徒の乱。

② × 三角貿易によって，清の銀が流出した。

③ × 交易は広州の1港に限定されていた。

⑤ × 望厦条約ではなく南京条約。また賠償金も課せられていた。

（答）④

No.5

② × 里甲制は洪武帝が制定した明の制度。

③ × 賦役黄冊は明代に作成された戸籍簿・租税台帳。李自成は明末の反乱の首領。

④ × 李成桂は朝鮮王朝の初代王。

⑤ × 中国同盟会を結成したのは孫文。

（答）①

No.6

A：洪秀全
曾国藩は太平天国打倒の湘勇を組織した，清末の政治家。

B：天京
建業は呉代の南京の呼び名。

C：滅満興漢
天朝田畝（制度）は太平天国が発布した，社会組織・土地制度のこと。

D：郷勇
八旗は清朝の軍事組織。

（答）③

No.7

① × アヘン戦争の講和条約

③ × アロー戦争中に清と米・英・仏・露が結んだ条約

④ × ロシアと清の国境条約

⑤ × アロー戦争の講和条約

（答）②

No.8

① × 大統領でなく臨時大総統となった（1912年）。

② × 1912年中華民国成立。革命軍は袁世凱（軍閥）の力を借りて清朝を倒した。その後1913年に袁世凱が大総統となり，帝政復活を宣言。孫文はこれに反対して戦った。したがって，援助した事実はない。

④ × 孫文と太平天国一派との関係はない。

⑤ × 大統領になっていない。

（答）③

No.9

① × 西太后は康有為を弾圧した。

③ × 孫文がハワイで結成したのが興中会，東京で結成したのが中国同盟会。

④ × 日清戦争の勃発原因は東学党の乱。

⑤　×　清朝が全権を付与したのは袁世凱。

（答）　②

南アジアと西アジア

（問題，本文191ページ）

No.1

A：マウリヤ朝：BC317年頃〜BC180年頃。インド初の統一国家。

B：デリー＝スルタン朝：1206〜1526年。デリーを都とした5王朝の総称。

C：ムガル帝国：1526〜1858年。インド最大のイスラム王国。シパーヒー（セポイ）の反乱後，イギリスによる直接統治が始まり滅亡した。

D：グプタ朝：320年頃〜550年頃。北インドの統一王朝。

したがって，A→D→B→Cの順。

（答）　②

No.2

A：アショーカ王
チャンドラグプタはマウリヤ朝の創始者。

B：大乗
上座部仏教は東南アジアやスリランカに伝播した。

C：ガンダーラ
ヘレニズム文化の影響を受けている。

（答）　④

No.3

②　×　建国したのがバーブルで，3代皇帝がアクバル。

③　×　オスマン帝国は第一次世界大戦終結まで存続した。

④　×　ティムールはチャガタイ＝ハン国の武将だった。

⑤　×　北京に遷都したのは3代皇帝順治帝のとき。

（答）　①

No.4

①　×　ムハンマドの移住先はメディナである。なお，この移住のことをヒジュラ（聖遷）と呼ぶ。

②　×　『コーラン』はすべてアラビア語で書かれている。

④　×　トゥール・ポワティエ間の戦いでフランク王国に敗れ，ピレネー山脈の南に引きあげた。

⑤　×　アッバース朝は，バグダードを首都とした。

（答）　③

No.5

①　×　ハールーン＝アッラシードはアッバース朝の第5代カリフ。

②　×　トゥール・ポワティエ間の戦いはウマイヤ朝の時代。

③　×　コルドバは後ウマイヤ朝の都。

⑤　×　ナーナクはインドの宗教家でシク教の開祖。

（答）　④

No.6

①のパガン朝は，ビルマ族によるビルマ最初の統一王朝である。

（答）　①

No.7

①　×　フィリピンの宗主国はスペイン。1898年以降はアメリカ。

②　×　タイは独立を守った。

④　×　ベトナムの宗主国はフランス。

⑤　×　インドネシアの宗主国はオランダ。

（答）　③

第6章　現代の社会

（問題，本文210ページ）

No.1

同盟国側で第一次世界大戦に参戦したのは，ドイツ，オーストリア，オスマン帝国，ブルガリアの4カ国。

（答）　①

No.2

①	×	西欧型の緩やかな党組織ではない。
②	×	日露戦争は 1904 ～ 05 年。デカブリストの乱は 1825 年のことであり，日露戦争とは関係ない。
③	×	ロマノフ王朝最後の皇帝はニコライ 2 世（位 1894 ～ 1917 年）である。
④	○	1917 年 3 月に三月革命（ロシア暦では二月革命）が起こり，ケレンスキーの臨時政府が成立。11 月に十一月革命（ロシア暦では十月革命）が起こり，臨時政府が倒れた。
⑤	×	前半はその通りだが，西部辺境はドイツに譲り渡した。

（答）　④

No.3

①	×	十四カ条（十四カ条の平和原則）はアメリカ大統領ウィルソンが 1918 年 1 月，第一次世界大戦終結のために提案した原則。秘密外交の廃止，軍備縮小，植民地問題の公平な解決，民族自決や国際平和機構の設立（＝国際連盟の設立として具体化された）などが提案された。
②	×	アジアやアフリカの植民地の独立は認められていない。
④	×	ソヴィエトの国際連盟加盟が認められたのは 1934 年である。
⑤	×	日本がヴェルサイユ講和条約で認められたのは，山東省の旧ドイツ権益と南洋諸島の委任統治。

（答）　③

No.4

宣言したのはイギリスで，これをバルフォア宣言という。一方アラブ人に対してはフセイン（フサイン）＝マクマホン協定によって同地区の独立を約束していたので，現在も続く深い対立が始まった。

（答）　①

No.5

ア．ヤルタ会談 ―― 1945 年 2 月
イ．カイロ会談 ―― 1943 年 11 月 22 ～ 26 日
ウ．大西洋上会談 ― 1941 年 8 月
エ．テヘラン会談 ― 1943 年 11 月 28 日～
　　　　　　　　　　　　　　　12 月 1 日
オ．ポツダム会談 ― 1945 年 7 ～ 8 月
したがって，ウ→イ→エ→ア→オの順。

（答）　③

No.6

①	×	スターリン批判を行ったのはフルシチョフ。
②	×	キューバ革命を起こしたのはカストロ。ネルーはインドの首相で，中国の周恩来との会談で，平和五原則を協定した。
④	×	北ベトナム爆撃（北爆）によってベトナム戦争に直接介入したのはジョンソン。
⑤	×	ヨーロッパ経済復興援助計画（マーシャル＝プラン）は，アメリカによるヨーロッパ諸国に対する経済援助計画のことで，末期には軍事援助的性格を強めた。平和五原則との関連はない。

（答）　③

No.7

ア：第 2 次天安門事件 ――― 1989 年
イ：東西ドイツ統一 ――――― 1990 年
ウ：ペレストロイカの提唱 ― 1986 年
エ：湾岸戦争勃発 ――――― 1991 年
オ：ベトナム戦争終結 ――― 1975 年
したがって，アとウである。

（答）　②

No.8

フォークランド戦争は 1982 年 4 月，南米アルゼンチン沖にあるイギリス領フォークランド諸島へアルゼンチン軍が侵攻，イギリスがこれを奪還した紛争である。

（答）　②

第7章　通史　演習問題

（問題，本文214ページ）

No.1

A：隋（ずい）—581 ～ 618 年
B：唐（とう）—618 ～ 907 年
C：元（げん）—1271 ～ 1368 年
D：明（ミン）—1368 ～ 1644 年
E：清（シン）—1616 ～ 1912 年
したがって，A→B→C→D→Eの順。

（答）　①

No.2

① × ポエニ戦争はBC264 ～ BC146 年に起こった，ローマとカルタゴの3回にわたる戦い。BC100 年頃に生まれたとされるカエサルとは年代が合わない。

② × ペルシア戦争はBC500 ～ BC449 年に起こった，アケメネス朝のギリシアへの進攻戦。コンスタンティヌス帝は3世紀のローマ皇帝。年代，場所ともに合わない。

③ × 百年戦争は1339 ～ 1453 年に起こったイギリスとフランスの戦争。ウェストファリア条約は三十年戦争の講和条約。

④ ○ ユグノー戦争は1562 ～ 98 年に起こったフランスの宗教内乱。1572 年，王族の結婚式に集まった新教徒を旧教徒が皆殺しにするという「サンバルテルミの虐殺」が起き，ユグノー戦争は宮廷を巻き込んで激化した。

⑤ × 普仏戦争は1870 ～ 71 年に起こった，ドイツ統一を目指すビスマルクとそれを阻もうとするナポレオン3世の激突。メッテルニヒはウィーン会議を主催したオーストリアの外相。

（答）　④

No.3

① × ウィルソンは，第一次世界大戦中に十四カ条（十四カ条の平和原則）を提唱した第28 代大統領。

③ × モンローは，アメリカ外交の基本政策となった孤立主義（モンロー主義）を唱えた第5 代大統領。モンロー主義は，第二次世界大戦で放棄された。

④ × セオドア＝ローズヴェルトは日露戦争の講和を仲介し，ポーツマス会議を幹旋した第26 代大統領。ニューディール政策はフランクリン＝ローズヴェルト（第32 代大統領）。

⑤ × トルーマンは，第二次世界大戦後対ソ封じ込め政策（トルーマン＝ドクトリン）を開始した第33 代大統領。

（答）　②

No.4

① × 朝鮮4 郡で中心的役割を果たしたのは楽浪郡（らくろう）。高句麗（こうくり）によって滅ぼされた。

② × 4 ～ 6 世紀にかけて全盛期を迎えたのは高句麗（こうくり）。唐・新羅（しらぎ）の連合軍によって滅亡した。

③ × 黎朝（れいちょう）はベトナム（大越国）の王朝。10 世紀に朝鮮半島を統一したのは高麗（こうらい）。また，この時滅ぼされたのは新羅。

④ × 訓民正音（くんみんせいおん）（ハングル）を制定したのは，朝鮮王朝（李氏朝鮮）の4 代王世宗（せいそう）。

（答）　⑤

No.5

① × 19 世紀初頭のサンフランシスコはメキシコ領。1848 年にメキシコから割譲（かつじょう）された。

② × アムステルダムは，ネーデルラント北部の港市。

③ × ボストン港が閉鎖されたのは，茶をめぐる対立（ボストン茶会事件）からである。

④ × 清朝が外国貿易を認めたのは広州（こうしゅう）。

（答）　⑤

No.6

① × 董仲舒（とうちゅうじょ）は前漢の儒学者。『漢書（かんじょ）』は班（はん）固が後漢に完成した，紀伝体の歴史

書。

② × 顧愷之は東晋の画家。王羲之は東晋
の書家。唐代の詩人といえば，李白・
杜甫・白居易など。

③ × 朱子学の大成者は南宋の儒学者であ
る朱熹（朱子）。陸九淵は陽明学に影
響を与えた人物。

⑤ × 顧炎武は明末清初の思想家で，考証
学の祖。『農政全書』は明末の学者徐
光啓の撰による，農業関係の総合書。

（答）④

第３編　地理

第１章　地図の図法

（問題，本文 220 ページ）

No.1

① ×　図の中心と任意の点とを結んだ場合に限られる。大圏コース（航路）は最短経路のこと。

② ×　赤道と中央経線の比は２：１である。

③ ○　正しい。

④ ×　組み合わせている図法が逆である。高緯度はモルワイデ図法，低緯度はサンソン図法で表している。

⑤ ×　周辺部のひずみが大きいため，世界全体を描くには適当ではない。

（答）　③

No.2

① ×　正しい。

② ×　正しい。

③ ○　誤り。高緯度になるほど面積が拡大し，ひずみが生じる。

④ ×　正しい。

⑤ ×　正しい。

（答）　③

No.3

① ×　直線で描かれているのが経線，円で描かれているのが緯線である。

② ×　周辺部ほど，大陸の形のひずみが大きくなる。

③ ×　任意の２点ではなく，中心から任意の点までの距離と方位が正しい。

④ ×　北極点が中心なので，北半球は低緯度地方ほど面積が拡大して描かれる。

⑤ ○　正しい。

（答）　⑤

No.4

ア：「緯線と経線が常に直角に交わる」，「航海図として利用」からメルカトル。

イ：正積図は分布図に用いられることが多い。

ウ：正距方位図法は，中心からの距離と方位が正しいので，航空図として用いられる。周囲のひずみが大きいので，分布図には適さない。

（答）　①

第２章　世界の地形

（問題，本文 231 ページ）

No.1

① ×　これは古期造山帯の説明。

② ×　これは安定陸塊の説明。

③ ×　アパラチア山脈は古期造山帯。

④ ○　正しい。

⑤ ×　現在でも造山運動が続いているのは新期造山帯。

（答）　④

No.2

① ×　隆起三角州は洪積台地の関連地形。甲府盆地には扇状地が広がる。

② ×　海岸平野は隆起海岸の関連地形。三陸海岸はリアス式海岸の代表例。

③ ×　リアス式海岸は沈降海岸の関連地形。有明海は干潟の代表例。

④ ×　ラグーンは海岸地形。氷河地形の関連地形とはいえない。またメキシコ湾岸に氷河はない。

⑤ ○　正しい。

（答）　⑤

No.3

① ×　正しい。

② ×　正しい。

③ ×　正しい。

④ ○　誤り。堆積平野の一種で，主に海岸

近くに見られるのは，次の3つである。

- 沖積平野の中の三角州
- 洪積台地の中で隆起した海岸段丘
- 大陸棚が隆起した海岸平野

構造平野は侵食平野の一種である。地質時代に堆積した地層がほぼ水平を保ち，長い間の侵食を受けてできた平坦地である。

⑤　×　正しい。

(答)　④

No.4

① × 正しい。
② × 正しい。
③ ○ 誤り。侵食平野は，日本ではほとんど見られない。
④ × 正しい。
⑤ × 正しい。

(答)　③

No.5

① × 河口付近ではなく，谷口付近に形成される。
② ○ 扇央部では河川水が伏流するため，結果として水無川を伴うことがある。
③ × 最上部が「扇頂」，末端部が「扇端」。
④ × 扇央では水が得にくく，水田には向いていない。
⑤ × 大きな礫は，扇頂（最上部）に多い。

(答)　②

No.6

① × ウラル山脈はロシアの西側を南北に伸びる山脈。また，アムール川は中国とロシアの国境河川で，間宮海峡（タタール海峡）に注ぐ。
② ○ 正しい。
③ × ロッキー山脈があるのは北アメリカ大陸の西側。大陸東側に存在する五大湖と関連性はない。
④ × アルプス山脈はヨーロッパ大陸の南側に位置する。山腹が海岸線に面しても

いないし，フィヨルドも形成されていない。
⑤ × アンデス山脈があるのは南アメリカ大陸の太平洋側（西側）。東側にあるギアナ高地やブラジル高原とは位置が違う。

(答)　②

No.7

① × 平野部の河口が沈水することによって形成される，ラッパ状の入り江。
② × 海岸から少し離れたところに形成される，砂の州。
③ ○ 正しい。
④ × サンゴ礁の一種。
⑤ × 周囲を氷河によって削られた岩峰。

(答)　③

No.8

A：構造平野のことである。構造平野と準平原，またメサ，ビュート，ケスタ，モナドノックの違いを押さえておくこと。
B：自然堤防のことである。後背湿地や三日月湖なども確認しておくこと。
C：谷口に形成されるのが扇状地。三角州は河口に形成される。

(答)　②

No.9

① × 自然堤防の説明である。自然堤防・後背湿地・三日月湖などが見られる低平地の総称が氾濫原である。
② × 海岸平野の説明である。
③ × 構造平野の説明。構造平野には，日本的スケールでは考えられないような広大な大平原となるものが多い。
④ ○ 正しい。
⑤ × 果樹園は扇央に見られる。

(答)　④

No.10

① × リアス式海岸は沈降海岸の一種。山地や丘陵に海水が侵入し，谷の部分が沈水することで形成される。

② × 三角州は，河口付近に土砂が堆積することで形成される。

③ × カルデラ湖は，カルデラに水がたまって形成される。

④ ○ 正しい。

⑤ × サンゴ礁は，サンゴの死骸が堆積して形成される。

（答）　④

No.11

A：砂礫の運搬によってできる，海に突き出した嘴状の州＝海で見られる

B：カルスト地形で見られる，溶食でできた洞窟＝陸で見られる

C：氷河の侵食で山頂付近などに形成される，半椀状の凹地＝陸で見られる

D：砂州などによって海と隔てられた水域＝海で見られる

E：石灰岩の溶食などによって生じた，漏斗状の小凹地＝陸で見られる

F：中央に島がなく，リング状に発達したサンゴ礁＝海で見られる

したがって，A，D，F。

（答）　②

No.12

① × フィヨルドは寒帯地域に形成される氷河地形である。世界各地で見られるものではない。

② × ともに沈降海岸である。

③ × リアス式海岸の海岸線は鋸歯状で入り組んでおり，陸地部分は起伏が激しい。

④ ○ 正しい。

⑤ × フィヨルドの湾の幅は狭い（数kmほど）。

（答）　④

第3章　世界の気候

（問題，本文245ページ）

No.1

① × セルバはアマゾン川流域の熱帯雨林。オーストラリア北部のダーウィンは，サバナ気候（Aw）。

② × コルクガシは地中海性気候（Cs）の樹木。モンゴルの首都ウランバートルは砂漠気候（BW）。

③ ○ 正しい。

④ × エジプトの首都カイロは砂漠気候（BW）。

⑤ × 北半球の寒極であるオイミャコンは冷帯冬季少雨気候（Dw）。

（答）　③

No.2

最寒月平均気温が－3℃未満で，最暖月平均気温が10℃以上なので冷帯気候。年中降水があるので湿潤。

（答）　④

No.3

A：夏乾燥（グラフの左上で左上がり）→地中海性気候（Cs）

B：年中高温多雨（グラフの右上で横に長い）→熱帯雨林気候（Af）

C：最寒月平均気温－3℃以上，最暖月平均気温22℃未満，（縦に長い）→西岸海洋性気候（Cfb）

（答）　④

No.4

恒常風には，中緯度高圧帯から赤道低圧帯に吹く「貿易風」，中緯度高圧帯から高緯度（亜寒帯）低圧帯に吹く「偏西風」，極高圧帯から高緯度低圧帯に吹く「極東風」がある。熱帯低気圧が発達したものとしては，日本などの台風（英語ではタイフーン）のほかに，ベンガル湾・アラビア海沿岸の「サイクロン」，カリブ海・メキシコ湾沿岸の「ハリケーン」，オーストラリア北部沿岸の「ウィリー・ウィリー」（厳密には

熱帯低気圧とは別物）がある。

（答）　④

No.5
① ×　サバナ気候（Aw）の説明である。
② ×　砂漠気候（BW）は日較差が大きいが，一年を通じて平均気温0℃未満はあり得ない。
③ ○　正しい。
④ ×　温暖冬季少雨気候（Cw）の説明である。
⑤ ×　氷雪気候（EF）の説明である。

（答）　③

No.6
① ×　温暖湿潤気候（Cfa）
② ×　砂漠気候（BW）。地中海性気候（Cs）のアメリカのカリフォルニア州とは異なる地域であり，注意を要する。
③ ×　サバナ気候（Aw）
④ ○　正しい。
⑤ ×　ステップ気候（BS）

（答）　④

No.7
① ○　正しい。
② ×　バオバブの樹が広がるのはサバナ気候。
③ ×　砂漠土が広がるのは砂漠気候。
④ ×　ブラジルは国土の大半が熱帯気候。
⑤ ×　プランテーション農業は，主に熱帯地域で行われる。

（答）　①

No.8
① ×　Af では常緑広葉樹が広がる。土壌はラトソル。
② ×　サバナはサバナ気候に広がる長草草原のこと。Cs の土壌はテラロッサや黄色土。
③ ×　Cfb はブナなどの落葉広葉樹が多い。レグールはデカン高原（サバナ気候）の土壌。

④ ○　正しい。
⑤ ×　ET は夏期に地衣類や蘚苔類が生育するので，不毛地ではない。プレーリー土は北米にある Cfa の土壌。

（答）　④

No.9
① ×　テラローシャの説明である。シラスは，日本の鹿児島県をはじめとする九州南部一帯に分布している，白色の火山噴出物（細粒の軽石や火山灰など）が堆積した地層。
② ×　レグールの説明である。
③ ×　テラロッサの説明である。
④ ×　ラトソルの説明である。ポドソルは，冷帯に見られる酸性の強い灰白色土である。
⑤ ○　正しい。

（答）　⑤

No.10
① ×　イタリア半島の付け根，黒海，カスピ海を通過するのは北緯45°線。
② ○　正しい。
③ ×　スリランカは北緯5～10°の間，香港付近を通るのは北回帰線である。また，北緯30°のアフリカは，BW 気候の地域を通過する。（Bの気候区表示は，北緯35°付近のもの。）
④ ×　北緯20°線はモーリタニアからアラビア半島を抜け，インドやインドシナ半島北部を通過する。サハラ砂漠の北部，マレー半島の南端などは通らない。
⑤ ×　Cは北緯10°の気候区を示しているが，コンゴ，タンザニア，スマトラ島，ニューギニア島を通過するのは南緯5°，アラビア半島南端は北緯15°。

（答）　②

第4章　世界の産業

（問題，本文 260 ページ）

No.1

アジアの生産量が9割程度であることを考えれば，Bは米と分かる。

ヨーロッパの生産量が北アメリカを上回っているので，Aは小麦。

よって，Cはトウモロコシ。

（答）　②

No.2

グラフは，アジアが大半を占めているCが茶，アフリカが大半を占めているBがカカオ豆，他の2つに比べて南米での生産割合が大きいAがコーヒー豆。

説明文は原産地などから，ア＝カカオ豆，イ＝コーヒー豆，ウ＝茶。

（答）　③

No.3

A：カナダとの国境にまたがる北部が春小麦地帯（中央部が冬小麦地帯）である。

B：五大湖の南側にトウモロコシ地帯（五大湖周辺に酪農地帯）が広がる。

C：南部のミシシッピ川下流域は綿花地帯（太平洋側は地中海式農業地帯）である。

（答）　①

No.4

① ×　これは移動式焼畑農業の説明である。

② ×　これは移牧の説明である。

③ ○　正しい。

④ ×　これは企業的穀物農業の説明である。

⑤ ×　これは地中海式農業の説明である。

（答）　③

No.5

① ×　イギリスの穀物自給率は，ほぼ100％である。

② ×　フランスは世界でも有数の小麦生産国である。

③ ○　正しい。

④ ×　小麦生産量は世界第9位，大麦の生産は世界第3位，ジャガイモの生産は世界第6位であることを考えると，適切ではない（2020年データ）。

⑤ ×　三圃式農業は中世ヨーロッパの農業形態であり，現在はそれから発達した混合農業が行われている。またイタリア国内で農業が盛んなのは北部であり，農業生産性が低いのは南部の方である。

（答）　③

No.6

① ○　正しい。

② ×　大西洋北東部漁場の説明である。大西洋北西部漁場に関係するのは，メキシコ湾流とラブラドル海流。

③ ×　太平洋北東部漁場の説明である。太平洋北西部漁場の基地は日本や韓国・中国などの港。

④ ×　大西洋北西部漁場の説明である。太平洋北東部漁場では大規模なバンク（堆。海底の平らな隆起部）の発達は見られない。

⑤ ×　ペルー沖の太平洋南東部漁場では，アンチョビー（カタクチイワシ）の漁獲が多い。

（答）　①

No.7

生産統計は毎年変化する。キーポイントとなる国を押さえることで，変化に対応できる。

A：オーストラリア，ギニア→ボーキサイト

B：インド→鉄鉱石

C：カナダ，ニューカレドニア（フランス自治領）→ニッケル

（答）　②

No.8

① ×　アンシャン（鞍山）は鉄鉱石産地で，中国の三大鉄鋼コンビナートの1つ。

② ×　いずれも刃物産業の盛んな都市。

③ ×　EUの玄関ユーロポートがあるロッテ

ルダムは，港湾・商業都市。フーシュン（撫順）は中国東北部の石炭産地。

④　○　正しい。

⑤　×　デトロイト，トリノは自動車工業，ダラスは航空機工業や石油化学工業が盛んな都市。

(答)　④

No.9

●：石炭

いくつか判断基準があるが，オーストラリアの東側にマークがある（鉄鉱石なら西側），ブラジルにマークがない＝鉄鉱石の可能性は薄い，などから分かる。

▲：銅

アフリカのカッパーベルト，チリに2つマークがある，などから分かる。

■：ニッケル

ニューカレドニアにマークがある，南アフリカやオーストラリアにマークがない＝金の可能性は薄い，などから分かる。

(答)　①

第5章　各国地誌，人種，言語など

(問題，本文290ページ)

No.1

A：大小の島々，ココナッツ・パイナップル・バナナ，キリスト教→フィリピン

B：多民族国家，天然ゴム・油ヤシ，すず，イスラム教→マレーシア

(答)　④

No.2

A：アフリカ大陸では，人口2億人以上の国はナイジェリアだけ。

B：第二次世界大戦前からの独立国はリベリア・エチオピア・南アフリカの3カ国。便宜置籍船の多い国はリベリアや中米のパナマなど。

C：アスワンハイダム，首都カイロでエジプトである。

(答)　①

No.3

① 　○　正しい。

② 　×　オランダ語，フランス語，ドイツ語

③ 　×　英語，フランス語

④ 　×　シンハリ語，タミル語

⑤ 　×　マレー語

(答)　①

No.4

説明文は，アルゼンチンについてのもの。その他の位置は次の通り。

① 　ベネズエラ

② 　ペルー

③ 　ブラジル

④ 　チリ

(答)　⑤

No.5

① 　×　ヒンドゥー教とイスラム教

② 　×　ギリシア正教とイスラム教

③ 　○　正しい。

④ 　×　仏教とヒンドゥー教

⑤ 　×　イスラム教とユダヤ教

(答)　③

No.6

① 　×　ベトナムの説明である。

② 　×　カンボジアの説明である。

③ 　×　ブルネイの説明である。

④ 　○　正しい。

⑤ 　×　シンガポールの説明である。

(答)　④

No.7

① 　×　酪農地帯は見られない。

②⑤ 　×　動力資源（石炭）は産出するが，原料資源は産出していない。

③ 　○　正しい。

④ 　×　地下資源の産出は見られない。

(答)　③

No.8
①　中国
②　アメリカ
③　オーストラリア
⑤　ブラジル

（答）　④

No.9
①　○　正しい。
②　×　新期造山帯は，南北アメリカとも太平洋側を南北に走っている。
③　×　北米の南部には，温帯や乾燥帯も見られる。南米の熱帯雨林気候（Af）は赤道直下だけで，最も広範囲なのはサバナ気候（Aw）である。
④　×　南米にもプランテーションは見られる。
⑤　×　南米に大規模な炭田は存在しない。

（答）　①

No.10
①　×　ニュージーランドはそうだが，オーストラリアは国土の7割が乾燥気候である。
②　×　白豪主義は以前オーストラリアが採っていた政策だが，現在は撤廃されている。ニュージーランドには，もともとそういう政策はない。
③　×　オーストラリアはそうだが，ニュージーランドは酪農品や食肉など，農産物の輸出が多い。
④　○　正しい。
⑤　×　日本の人口密度は326人/km^2。オーストラリアは3人/km^2，ニュージーランドは19人/km^{2}なので，ともに日本よりも人口密度が低い（2021年データ）。

（答）　④

No.11
A：氷河湖，国土の70%が森林，アジア系，人種島→フィンランド
B：対外進出，国土の全域が地中海性気候，オ

リーブ・コルクガシ→ポルトガル
C：西ヨーロッパ最大の農業国，原子力発電→フランス

（答）　⑤

No.12
ア：「北部以外は乾燥気候」，「OPECに所属」からアルジェリアとなり，Bである。
イ：「赤道直下」，「首都ナイロビ」からケニアとなり，Dである。
ウ：「希少な鉱産資源が豊富」，「アパルトヘイト」から南アフリカとなり，Fである。

（答）　⑤

No.13
①　×　ペルーの人口に占める東洋人等の割合は1％程度。
②　○　正しい。
③　×　フラマン語はオランダ語の一種，ワロン語はフランス語の一種。また，ドイツ語も使われる。
④　×　オーストラリアは大半が白人（ヨーロッパ人）。
⑤　×　シンガポールは中華系が過半数を占める。

（答）　②

No.14
A：ピレネー山脈西側のバスク地方→スペイン
B：フラマン語，ワロン語→ベルギー
C：ミンダナオ島，モロ族→フィリピン
D：ケベック州，フランス系住民→カナダ

（答）　⑤

（問題，本文303ページ）

No.1

① ×　いずれも政治都市。

② ×　いずれも学術都市。

③ ○　正しい。

④ ×　いずれも住宅都市。

⑤ ×　いずれも水産都市。

（答）　③

No.2

化石燃料の大量消費（燃焼）によって二酸化炭素が生じる。それが原因となるものを選ぶ。

（答）　②

No.3

① ○　正しい。

② ×　スラム化ではなく，スプロール現象の説明である。

③ ×　中心業務地区（C.B.D.）では，夜間の定住人口より昼間人口が多くなる。

④ ×　ほとんどすべての自治体で定められている。身近な地域で考えてみるとよい。

⑤ ×　これは都市計画の説明である。

（答）　①

No.4

① ×　現在，エクメーネは全陸地面積の約90％で，残りのアネクメーネ（非居住地域）は，砂漠・高山・極地などである。人類の歴史は，エクメーネ拡大の歴史である。

② ×　政府の少子化対策でも，合計特殊出生率が1.5までは回復していない。

③ ×　先進国では高齢化が進む一方で，少子化も進んでいる。そのため，人口ピラミッドはつりがね型（人口停滞）→つぼ型（人口減少）となっている。日本，ドイツはつぼ型である。富士山型は，多産多死型で途上国に多い。年少人口は多く，老年人口が少ないのが特徴。

④ ○　星型（都市型）に対して，生産年齢人口が少なく，老齢人口，幼年人口（厳密には老年人口，年少人口の表記が正しい）の割合が高いものをひょうたん型（農村型）という。わが国は，この形へと変化しつつある。

⑤ ×　日本は第三次産業の割合が高い。

$$
\left\{
\begin{array}{l}
\text{第一次産業（農林水産業・牧畜業）3.2\%} \\
\text{第二次産業（鉱工業・建設業）24.0\%} \\
\text{第三次産業（商業・サービス業）72.8\%}
\end{array}
\right.
$$

（2020年）である。経済の発展とともに産業構造が変化し，産業別人口構成は第一→第二→第三次産業へと比重が移る。

（答）　④

No.5

A ×　砂漠化は気候的・人為的要因に大別されるが（相互に関連しており），砂漠化の原因を特定するのは難しい。サヘル地域（サハラ砂漠の南側）は半乾燥地で，干ばつに見舞われることも多い。また過放牧，輸出向け作物の栽培による過耕作も，砂漠化を加速させている。

B ○　正しい。

C ×　オゾン層の破壊は，フロンやハロンが原因。化石燃料の燃焼による地球環境問題は，地球温暖化や酸性雨である。

D ○　正しい。

したがって，BとDが正しい。

（答）　④

No.6

① ×　国土が広いため，人口密度は低い。

② ×　ここ10年は1％台で推移している。

③ ×　ドイツは，他の先進諸国よりも早く人口増加率がマイナスになった。

④ ○　正しい。

⑤ ×　つぼ型とつりがね型が逆である。

（答）　④

第7章　日本の地誌

（問題，本文 310 ページ）

No.1

① ×　山形県の県庁所在地は山形市。仙台市は宮城県の県庁所在地。

② ×　茨城県の県庁所在地は水戸市。宇都宮市は栃木県の県庁所在地。

③ ×　愛知県の県庁所在地は名古屋市。愛知市という市町村はない（2022年現在）。

⑤ ×　滋賀県の県庁所在地は大津市。津市は三重県の県庁所在地。

（答）　④

No.2

① ×　南北約 3,000km に広がる国土のため，気候・風俗・習慣ともに大きな差異がある。常識的な問題といえる。

② ○　正しい。

③ ×　やませは，東北地方の太平洋側で初夏に吹く冷たい風で，冷害をもたらす。

④ ×　世界の年平均降水量は 743mm，温暖湿潤気候（Cfa）の日本のほうが多雨である。

⑤ ×　世界の気候区分では，北海道が冷帯湿潤気候（Df），それ以外の沖縄を含む全域が温暖湿潤気候（Cfa）である。

（答）　②

No.3

A：小麦

北海道の割合が大きいこと，新潟県や東北各県などのいわゆる「こめどころ」が入っていない＝米ではない，などから分かる。

B：ジャガイモ

大豆は東北各県や新潟県の生産量が多い。

C：鶏卵

鶏卵は消費期限が短いため，消費量の多い大都市近辺で生産されることが多い。肉用牛の飼育頭数が多いのは，北海道，鹿児島県，宮崎県など。

No.4

① ×　関東内陸部に発達しているのは，伝統的な繊維や機械工業である。原料を輸入に依存している石油精製工業は臨海部に立地している。

② ×　自動車工業の中心地は，豊田のある愛知県や神奈川県である。

③ ×　製紙工業の生産高上位は，静岡・大阪・愛媛・北海道・埼玉の順である。

④ ○　正しい。

⑤ ×　夕張地方では炭鉱閉山後の衰退が激しい。また，国内におけるレアメタルの産出はほとんどない。

（答）　④

No.5

① ×　鉛・亜鉛・アルミとも，ほとんどを輸入に依存しているが，わずかながら国内でも採掘されている。設問で「アルミの埋蔵量，採掘」となっているが，アルミ（ニウム）という鉱石があるわけではない。厳密にいえば，アルミの原料である「ボーキサイトの埋蔵量，採掘」となる。

② ○　正しい。

③ ×　現在では，銅も 99％以上を輸入に依存している。

④ ×　埋蔵量は少ないが，国内でも採掘されている。

⑤ ×　日本は「鉱産資源の博物館」と呼ばれ，鉱産資源の種類は多い。地質が複雑で鉱床が小さいため，産出量は少ない。

（答）　②

No.6

A：関東地方，落花生→千葉県

B：米の二期作，促成栽培→高知県

C：水田の割合は 96％→富山県

D：桜桃（さくらんぼ），りんご→山形県

（答）　④

第4編　文化史

第1章　音楽史

（問題，本文 321 ページ）

No.1

古典派音楽の代表的な作曲家としては，モーツァルト，ハイドン，ベートーヴェンなどが挙げられる。

（答）　⑤

No.2

ドビュッシー作曲の印象派音楽としては，「月の光」，「牧神の午後への前奏曲」などがある。

（答）　②

No.3

この問題のキーワードは，「オーストリア出身」，「古典派」，「神童」，「ケッヘル」である。
選択肢の中でオーストリア出身の作曲家は，ハイドン，シューベルト，モーツァルトで，ベートーヴェンはドイツ，ショパンはポーランド出身である。古典派の作曲家は，ハイドン，ベートーヴェン，モーツァルトで，シューベルト，ショパンは，前期ロマン派の作曲家である（ベートーヴェンは古典派からロマン派の過渡期に位置する）。「神童」と呼ばれたのはモーツァルトで，ハイドンは「交響曲の父」，シューベルトは「歌曲の王」，ベートーヴェンは「楽聖」，ショパンは「ピアノの詩人」と言われている。ケッヘルは，モーツァルト研究家で作品にナンバーを付けたことで有名である。

（答）　④

No.4

ここで間違えやすいのはフルート，サクソフォーンである。フルートは金属でできているが，元々木製の物が発展したものである。したがって木管楽器。サクソフォーンは金属だが，竹のリードを震わせ音を出す物であるから木管

楽器である。

（答）　③

No.5

②のチャランゴは南米アンデスの楽器であり，フォルクローレを演奏するときに欠かせない楽器である。

（答）　②

No.6

① 「ドン・ジョバンニ」はモーツァルトの作品。

② 「タンホイザー」はワグナーの作品。

③ 「蝶々夫人」はプッチーニの作品。

⑤ 「カルメン」はビゼーの作品。

（答）　④

No.7

各作曲家の出身地は，ビバルディ（イタリア），バッハ，ベートーヴェン，ワグナー（ドイツ），リスト（ハンガリー），フォスター（アメリカ），ラヴェル（フランス），モーツァルト，ヨハン＝シュトラウス，ハイドン（オーストリア）である。したがって組合せで正しいのは，ヨハン・シュトラウスとハイドンの④である。

（答）　④

No.8

① コンチェルトは協奏曲

② オペレッタは喜歌劇曲

③ シンフォニーは交響曲

⑤ セレナードは小夜曲

（答）　④

No.9

① ベートーヴェンは「楽聖」

② モーツァルトは「神童」

③ シューベルトは「歌曲の王」

⑤ バッハは「音楽の父」

ちなみに，ヘンデルは「音楽の母」，ショパン

は「ピアノの詩人」，リストは「ピアノの魔術師」
と呼ばれている。

(答) ④

No.10

① フォルクローレは南米アンデス地方の音
楽。
② ラ・マルセイエーズはフランスの国歌。
③ ジャズはアメリカのもの。
④ ポルカは表現様式のひとつ。
⑤ イタリアはカンツォーネ，フランスはシャ
ンソン，アメリカはフォークソング。
したがって，シャンソンが正しい。

(答) ⑤

第2章　西洋美術史

（問題、本文 334 ページ）

No.1
ローマ美術はギリシア美術の流れを残しつつ，
実用的に発展したものである。

(答) ④

No.2
パルテノン神殿はギリシア美術の代表的な建築
物で，なかでもドーリア式の簡素な様式である。

(答) ⑤

No.3
レオナルド＝ダ＝ヴィンチは盛期ルネサンス期
の人物で，「岩窟の聖母」，「最後の晩餐」，「モ
ナ＝リザ」が代表作品である。

(答) ④

No.4
ゲルニカはピカソの代表作。本文 332 ページ参
照。

(答) ⑤

No.5
① ×　レオナルド＝ダ＝ヴィンチは正しいが
ピカソ，ルノワールが間違い。
② ×　ボッティチェリ，レオナルド＝ダ＝

ヴィンチは正しいがゴッホが間違い。
③ ×　ラファエロ，ミケランジェロは正し
いがレンブラントが間違い。
⑤ ×　レオナルド＝ダ＝ヴィンチ，ミケラン
ジェロは正しいが，レンブラントが
間違い。

イタリア＝ルネサンスは，1400 年頃から 1600
年頃までのイタリアにおける時代運動である。
同時期，北方の画家達も流れは違うが大胆な活
動を進めていった。
この2つの流れには共通点がいくつもあるが，
イタリアの流れを［初期ルネサンス］，北方の
流れを［末期ゴシック］と呼ぶ。
イタリアではこの運動のことを，「リナシタ」
もしくは「再生」と呼んでいた。ルネサンスと
は，フランス語で（再生）の意味で現在でもこ
れを継承しており，日本語では「文芸復古」と
訳されている。
各作家が最も活躍した年を見てみると，
1480 年頃〜〔ボッティチェリ，ダ＝ヴィンチ〕，
1500 年頃〜〔ダ＝ヴィンチ，ミケランジェロ〕，
1510 年頃〜〔ミケランジェロ，ラファエロ〕
であり，イタリア＝ルネサンス最盛期の作家で
あることが分かる。
次にレンブラント，ゴッホはオランダの作家
であり活躍した時代も，レンブラント（17 世
紀），ゴッホ（19 世紀）と違う。また，ルノワー
ル，ピカソについては，ルノワール（19 世紀）
はフランス，ピカソ（20 世紀）はスペインと，
当てはまらないことが分かる。

(答) ④

No.6
作家の代表作は，次の通りである。
① レオナルド＝ダ＝ヴィンチ…「最後の晩
餐（ばん）」，「モナ＝リザ」，「岩窟の聖母」
② ミケランジェロ…「最後の審判」，「ダヴィ
デ像」，「アダムの創造」
③ レンブラント…「夜警（やけい）」，「説教するキリス
ト」，「自画像」
④ パブロ＝ピカソ…「アヴィニョンの娘た
ち」，「泣く女」，「ゲルニカ」
⑤ ボッティチェリ…「ヴィーナスの誕生」，

「プリマヴェーラ」
したがって，ボッティチェリ…「プリマヴェーラ」が正しいということになる。

（答）⑤

No.7
このような説明文形式の問題には，いくつかのキーワードが隠されている。
この問題文におけるキーワードは，「後期印象派の画家」，「オランダ出身である」，「絵の特徴」，「エピソード」，「代表作」の5点である。これらのキーワードをもとに選択肢を消去していけばよいのである。では，それぞれのキーワードと消去の仕方を簡単に説明する。「後期印象派の画家」という言葉から②レンブラント，③ピカソ，④モネの3つを外すことができる。レンブラントは，（1606〜69年）の生没であり印象派以前の画家である。ピカソは，印象派の影響を受けた画家ではあるが彼の作風はキュビスムと呼ばれる表現主義である。モネは，印象主義という批評家の悪評を自ら進んで旗印とした印象派の元祖のような画家である。したがって，後期印象派以前の作家であると言える。
次に「オランダ出身の画家」では，①，③，④を外すことができる。
①セザンヌはフランス，③ピカソはスペイン，④モネはフランスの出身である。
「絵の特徴」，「エピソード」，「代表作」は，作家各々の個性であり，その物とも言えるので覚えておいたほうがよい。

（答）⑤

No.8
こういった出身地を問う問題では，作家の出身地を覚えておくにこしたことはないのだが，その国独特の名前や呼び方もまた決め手となる。
ラテン系，ゲルマン系，英語圏で，つづりは同じでも発音が違うこともある。
例えば，ジョージ→ゲオルグ，ピーター→ピエトロ　など。
また，その国の風習によっての名前というものもある。例えば，名前に称号が付いているものでイギリスのサー，ドイツのフォン等は貴族

の称号である。ルードヴィッヒ＝フォン＝ベートーヴェンなどは分かりやすいだろう。
ラテン系においても名前の途中に，「デ」という文字が入ることがある。問題の中では，ジョルジョ＝デ＝キリコで分かる。
① ノルウェー
③ アメリカ
④ イタリア
⑤ 韓国
ウォーホールとパイクは，現代美術の作家であり，ウォーホールは，写真を使ったシルクスクリーン版画，パイクは，ビデオの映像を数台のモニターで構成するインスタレーションの作家である。

（答）②

第3章　日本の文化

（問題，本文342ページ）

No.1
1993年に指定を受けた建造物は「姫路城」，「法隆寺」である。姫路城は飛鳥時代のものではないので正解は「法隆寺」である。

（答）④

No.2
① ×　勅撰和歌集とは，天皇や上皇・法皇の命によって歌人が編集した和歌集のことで，日本最古の和歌集は『古今和歌集』である。
② ×　紀友則，壬生忠岑はともに『古今和歌集』の撰者である。他に『古今和歌集』の撰者には紀貫之，凡河内躬恒がいる。
③ ×　六歌仙とは，平安初期の優れた6人の歌人のことで，僧正遍昭，在原業平，僧喜撰，文屋康秀，大友黒主，小野小町を指す。『万葉集』の成立は770年頃，彼らの活躍以前に成立している。
④ ○　東歌は東国地方で歌い継がれていた民謡，防人の歌は九州北岸の警備にあたる防人が詠んだ歌で，ともに『万葉集』に収録されている。
⑤ ×　本歌取りは，有名な古歌（本歌）の一

部を詠み込むことで内容を深めるという，『新古今和歌集』によく見られる技法である。

（答）④

No.3
① × これは奈良時代の天平文化の特徴である。
② × 白鳳文化，天平文化の特徴（7～9世紀）。
③ × 平安末期の特徴。
④ × 国風文化である。
⑤ ○ 仏教伝来は6世紀の中頃，大化の改新は645年で，この間の約100年間を飛鳥文化と称し，仏教文化である。

（答）⑤

No.4
高松塚古墳の主題は「四神図」，「人物風俗図」である。
① × これは人物風俗図の部分。
② × 仏教の教典図。
③ × これも人物風俗図の部分。
④ ○ 正しい。
⑤ × これは「鳥羽絵」といわれるもの。

（答）④

No.5
日本での「三筆」とは全て中国風の書道をした橘逸勢，嵯峨天皇，空海の3人の能筆家のことで，最澄を入れて四筆ともいう。
・天智天皇…光明皇后とともに能書家として知られる。
・最澄………「書聖」王羲之風の清澄高雅な書を書いた。
・橘逸勢……変化自在の書を書いた。
・嵯峨天皇…気格が高く鋭い書を書いた。
・空海………平安時代の僧。最澄とともに遣唐使として中国に学び，真言密教をおこした。また，王羲之風の書，顔真卿風の書ともに書けた能書家でもある。
・菅原道真…学問の神様として知られ，能書家

であった。
・小野道風…空海の書風をもっと和風にし，豊麗な書を書いた。
・小野小町…平安時代前期の女流歌人。非常な美人であったといわれている。
・紀貫之……平安時代前期の歌人。『土佐日記』の著者。『古今和歌集』の編纂に携わる。

（答）③

No.6
日本での「三蹟」とは和風書道をした人たちで，菅原道真等の遣唐使派遣の中止と藤原文化の最盛期とが重なり，日本風の文化が花開き，その一端を担った。
・小野道風…空海の書風をもっと和風にし，豊麗な書を書いた。
・藤原佐理…鋭く流れるような書を書いた。
・藤原行成…高尚温雅な書を書いた。和様書道の粋ともいえ，江戸時代の御家流の祖となった。

（答）①

No.7
① × 天平文化の特徴。
② × 弘仁・貞観文化の特徴。
③ ○ 正しい。
④ × 現存する最古の漢詩集は『懐風藻』（751年成立，天平文化）。『凌雲集』は最初の勅撰漢詩文集（814年成立，弘仁・貞観文化）。
⑤ × 最初の勅撰和歌集は『古今和歌集』（905年成立），撰者は紀貫之ら。『新古今和歌集』は1205年に成立。

（答）③

No.8
① × 仏教伝来は6世紀とされる。
② × 飛鳥寺は蘇我馬子，薬師寺は天武天皇がそれぞれ建立した。聖徳太子が建立したのは，四天王寺や法隆寺（斑鳩寺）。

③ ○ 正しい。
④ × 顕教大師という人物はいない（顕教
は仏教分類の一つ）。末法思想が発達
を刺激したといえるのは浄土教。
⑤ × 浄土教は，阿弥陀仏への信仰によっ
て極楽浄土へ往生することを願うの
で，阿弥陀如来像などが盛んに作ら
れた。

（答）　③

No.9
運慶と快慶は鎌倉時代の仏師であり，東大寺南
大門の金剛力士像で知られている。

（答）　①

No.10
④の源頼朝が正しい。

（答）　④

No.11
① ○ 正しい。
② × 『歎異抄』は，親鸞の弟子唯円が親鸞
の死後に記したものである。
③ × 法華宗は日蓮が開いた日蓮宗のこと。
文章は一遍の開いた時宗の説明。
④ × 黄檗宗は禅宗の一派だが，開祖は隠元
隆琦で江戸時代に開いた。栄西が開い
たのは臨済宗。
⑤ × 建仁寺は臨済宗の本山。道元が開いた
のは福井県にある永平寺。

（答）　①

No.12
① × 応天門の変を題材にしているのだか
ら，伴大納言は伴善男。
② × 文章は『将門記』について書かれたも
の。『陸奥話記』は前九年の役につい
て書かれたもの。
③ ○ 正しい。
④ × 『蒙古襲来絵詞』は肥後の御家人竹崎
季長が描かせたといわれる。男衾三郎
については『男衾三郎絵巻』がある。
⑤ × 『愚管抄』は歴史書であり，軍記物で

はない。

（答）　③

No.13
① × 『平家物語』は鎌倉時代の成立だが，
はっきりとした作者は不明。一条兼
良は室町時代の学者。
② ○ 正しい。
③ × 『栄花（華）物語』は11世紀頃に成立。
作者は赤染衛門ともいわれているが，
はっきりしたことは分からない。阿
仏尼は『十六夜日記』の作者。
④ × 『土佐日記』は紀貫之の作だが，935
年頃の成立。
⑤ × 『蜻蛉日記』は900年代後半に成立。
作者は藤原道綱の母。菅原孝標の女
は『更級日記』の作者。

（答）　②

No.14
②〜⑤は北山文化について書かれたものであ
る。

（答）　①

No.15
銀閣の様式は書院造りである。
① × これは金閣寺。
② × ①と同じく「しんでんづくり」と読め
るが，通常この字を書くことはない。
③ × このような造りはない。また，仏像な
どの造り方で頭部と胴体が一本の木材
で造られているものを，通常「一木造
り」といわれる。
④ × これは彫刻の技法。
⑤ ○ 正しい。

（答）　⑤

No.16
① × 水墨画の大家。
② ○ 正しい。
③ × 宣教師。
④ × 江戸時代の浮世絵師。
⑤ × 江戸時代の浮世絵師。

No.17

① ○　正しい。

② ×　『風神雷神図屏風』の作者は俵屋宗達。描かれたのは江戸時代初期。

③ ×　似絵は鎌倉時代に発達した。如拙は室町時代初期に日本の水墨画を開拓した人物。

④ ×　水墨山水画を完成させたのは雪舟。時代は戦国時代。

⑤ ×　住吉具慶は江戸時代の画家。

（答）　①

No.18

②の琳派が正しい。

（答）　②

No.19

いろいろな浮世絵師がいたが，確立したのは菱川師宣である。

なお，④の平賀源内は江戸の大天才，エレキテルの発明が有名。獄中死している。

また，⑤の杉田玄白は医者であり，『解体新書』（ターヘル・アナトミア）の作者（訳者）。

（答）　②

No.20

本文 340 ページの「元禄文化と化政文化の比較」の表を参照。なお，③の鳥居清信（1664 〜 1729 年）は，元禄期の浮世絵師で鳥居派の開祖。

（答）　②

No.21

① 青木繁――1882 〜 1911 年『わだつみのいろこの宮』『海の幸』

② 黒田清輝―1866 〜 1924 年『湖畔』

③ 岸田劉生―1891 〜 1929 年『麗子像』

④ 佐伯祐三―1898 〜 1928 年『新聞屋』

⑤ 小磯良平―1903 〜 1988 年『練習場の踊り子たち』

（答）　②

No.22

まず，作品と作者が正しいのは②と⑤。（①の『竜虎図』は橋本雅邦作の日本画，③の『老猿』は高村光雲作の木彫，④の『悲母観音』は狩野芳崖作の日本画。）

②の『生々流転』は水墨画なので，洋画ではない。したがって⑤が正しい。

（答）　⑤

No.23

① ○　正しい。

② ×　『新古今和歌集』は 1205 年，後鳥羽上皇の命によって藤原定家らが編集した勅撰和歌集。したがって，鎌倉文化に該当する。国風文化の勅撰和歌集は『古今和歌集』。

③ ×　平等院鳳凰堂は藤原頼通が宇治の別荘を改めて阿弥陀堂にしたもので，1053 年に建立された。したがって，国風文化に該当する。

④ ×　世阿弥の書いた『風姿花伝（花伝書）』『申楽談儀』は北山文化に該当する。

⑤ ×　御伽草子は室町時代の庶民的な短編小説。元禄文化で広く読まれたものは浮世草子。

（答）　①

No.24

ア ×　仏教伝来は 538 年。飛鳥時代は推古天皇（592 年〜）より始まるとする。

イ ○

ウ ×　ザビエルは 1549 年に渡来した。安土・桃山時代は 1568 年に織田信長が足利義昭とともに入京したその年からとされる。

したがって，イのみ正しい。

（答）　③

第4章　文学史

（問題，本文362ページ）

《古代文学史》

No.1

八代集とは，『古今和歌集』，『後撰和歌集』，『拾遺和歌集』，『後拾遺和歌集』，『金葉和歌集』，『詞花和歌集』，『千載和歌集』，『新古今和歌集』の8つの勅撰和歌集のこと。

（答）　③

No.2

① ×　『源氏物語』の作者。
② ×　『和泉式部日記』の作者。
③ ○　正しい。
④ ×　歌人。六歌仙の一人。
⑤ ×　清少納言が仕えた人物。

（答）　③

No.3

平安時代の説話集は『今昔物語集』である。『梁塵秘抄』は平安末期の歌謡集。その他は鎌倉時代の説話集。

（答）　①

No.4

① ×　『大鏡』は歴史物語。短編小説集ではない。
② ×　これは『平家物語』の説明。
③ ○　正しい。
④ ×　これは『栄花物語』の説明。
⑤ ×　これは『徒然草』の説明。

（答）　③

No.5

① ×　『蜻蛉日記』の作者は藤原道綱の母。
② ○　正しい。
③ ×　『土佐日記』の作者は紀貫之。
④ ×　『更級日記』の作者は菅原孝標の女。
⑤ ×　『和泉式部日記』の作者は和泉式部。

（答）　②

No.6

『方丈記』の作者は鴨長明である。

① ○　正しい。
② ×　『拾玉集』は慈円の作品である。
③ ×　『沙石集』は無住の作品である。
④ ×　『宝物集』は平康頼の作品である。
⑤ ×　『毎月抄』は藤原定家の作品である。

（答）　①

No.7

『源氏物語』は11世紀初め（平安中期）に成立。

① ×　9世紀末〜10世紀初。
② ○　平安後期。
③ ×　967〜984年。
④ ×　10世紀後半。
⑤ ×　10世紀前半。

（答）　②

No.8

A：浮世草子
B：世間胸算用
C：元禄
D：近松門左衛門
E：松尾芭蕉

（答）　③

《近現代文学史》

No.1

① ×　志賀直哉の作。
② ×　泉鏡花の作。
③ ×　太宰治の作。
④ ×　島崎藤村の作。
⑤ ○　正しい。

（答）　⑤

No.2

① ×　高村光太郎の作。
② ×　萩原朔太郎の作。
③ ×　石川啄木の作。
④ ○　正しい。
⑤ ×　田山花袋の作。

（答）　④

No.3
作品名と作者の組合せは，いずれも正しい。
① ×　森鷗外はロマン主義。
② ○　正しい。
③ ×　永井荷風は耽美派。
④ ×　田山花袋は自然主義。
⑤ ×　谷崎潤一郎は耽美派。
（答）　②

No.4
① ×　与謝野鉄幹が創刊した，詩歌中心の文芸雑誌。
② ×　斎藤茂吉の歌集。
③ ○　正しい。
④ ×　島崎藤村の詩集。
⑤ ×　幸田露伴の小説。
（答）　③

No.5
① ×　島崎藤村の詩集。
② ×　北原白秋の詩集。
③ ○　正しい。
④ ×　山本有三の小説。
⑤ ×　萩原朔太郎の詩集。
（答）　③

No.6
① ○　正しい。
② ×　堀辰雄の作。
③ ×　梶井基次郎の作。
④ ×　三島由紀夫の作。
⑤ ×　太宰治の作。
（答）　①

No.7
① ×　遠藤周作の作。
② ×　太宰治の作。
③ ×　開高健の作。
④ ×　川端康成の作。
⑤ ○　正しい。
（答）　⑤

《外国文学史》

No.1
① ×　『デカメロン』はボッカチオの作。
② ×　『ガルガンチュアとパンタグリュエルの物語』はラブレーの作。
③ ×　『ドン＝キホーテ』はセルバンテスの作。
④ ○　正しい。
⑤ ×　『ユートピア』はトマス＝モアの作。
（答）　④

No.2
⑤は，トルストイの作品である。
（答）　⑤

No.3
『ワレンシュタイン』はシラーの戯曲。
『ファウスト』はゲーテの戯曲。
『草の葉』はホイットマンの詩集。
『赤と黒』はスタンダールの小説。
『父と子』はトゥルゲーネフの小説。
したがって，ゲーテの書いたものは1つ。
（答）　②

No.4
ドストエフスキー作『罪と罰』の説明である。
（答）　①

No.5
① ×　『異邦人』はカミュの作。
② ○　正しい。
③ ×　『武器よさらば』はヘミングウェーの作。
④ ×　『魅せられたる魂』ならロマン＝ロランの作だが，『見せられた魂』という名の作品は聞かない。
⑤ ×　『魔の山』はトーマス＝マンの作。
（答）　②

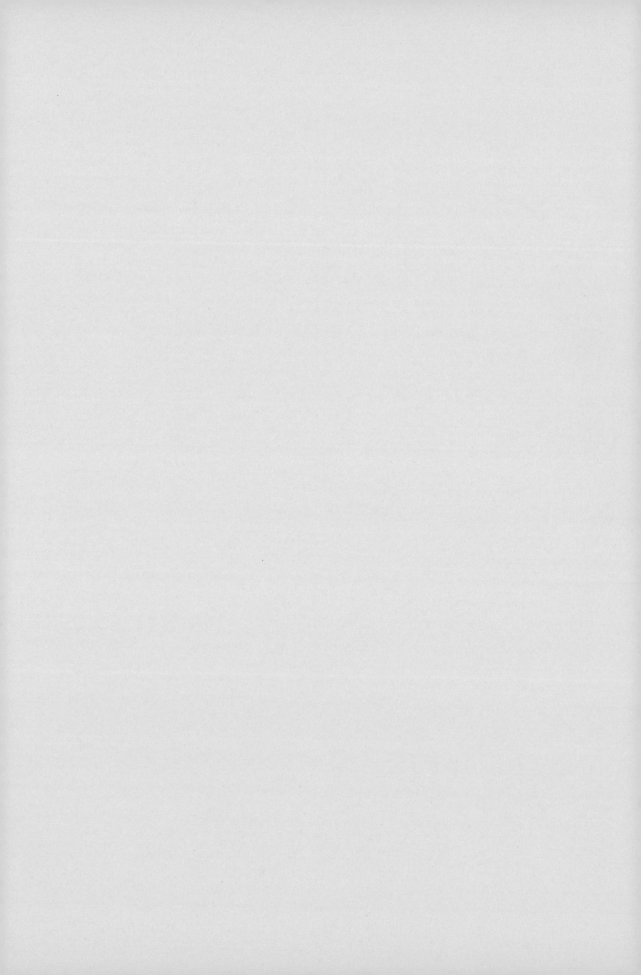